汉字国学

汉 字 里 的 生 活 常 识

徐建中◎著

中国商业出版社

图书在版编目（CIP）数据

汉字国学. 汉字里的生活常识 / 徐建中著. -- 北京：中国商业出版社，2016.7

ISBN 978-7-5044-9490-0

Ⅰ. ①汉… Ⅱ. ①徐… Ⅲ. ①汉字—通俗读物 Ⅳ. ①H12-49

中国版本图书馆CIP数据核字（2016）第147552号

责任编辑：王彦

中 国 商 业 出 版 社 出 版 发 行

010-63033100 www.c-cbook.com

（100053 北京广安门内报国寺1号）

新华书店总店北京发行所经销

北京市燕鑫印刷有限公司

* * * * *

710毫米×1000毫米 1/16开 18印张 285千字

2016年11月第1版 2016年11月第1次印刷

定价：39.80元

* * * * *

（如有印装质量问题可更换）

前言

本书是一本关于古汉字解释的书，本套书共解释汉字516个，且都是常用的汉字。

本人从1981年大学中文系毕业到退休，一直在教育第一线从事课堂语文教学。如果加上当民办教师的时间，其教学经历更长。本人教过小学、初中、高中；在湖北西部山区的农村学校、城市学校教过，在广东沿海的城市学校教过；在一所学校里，教过实验班、普通班。三十多年的教学经历，我深深地感受到学生学习语文很辛苦。但是从小学到高中毕业，学了十二年，大部分学生识记汉字、运用汉语的水平及能力并不理想。这中间原因很多，其中就与识记汉字的字形、字义的方法不佳有关。小学生开始学习汉字，就要求记字形、记读音、记字义。在学习汉字的过程中，这三者是分开识记的：记字形就在练习本上反反复复地写，记字义就死记字的基本义，有些学生甚至背记字典的字义条。学生在识记汉字的字形和字义中，虽然花费许多时间和精力，但识记的效果不佳。本人在工作之余常常思考，能有什么方法使学生不用花这么多时间和精力，做到既记住字形，也记住字义。更进一步说，认识了字形就能知道字义。

教学之余，我翻阅汉语字典，看出其中存在的问题：（1）大部分字典所解释的汉字，字形是宋体字形，不是汉字最早出现的字形，即甲骨文或金文字形，因此无法做到看字形知其字义。更何况现在的汉字都是简体字形体。（2）大部分字典在解释字义时，第一个义项大多是现在人们常用的那个字义（基本义）。它不是甲骨文或金文字形所表现出的字义，因此这个字义（基本义）与字形之间联系不紧密，或者看不出什么联系。从这两点出发，可以看出，汉字在学生识记过程中，呈现出字形与字义分裂状态。学生在认知过程中，既要死记字形（不知道该字为何是这样的字形，就只能死记），又要死记字义（不知道该字为何表达这个字义，也只能死记）。这就导致小学生识记汉字，费精力、效果差。初中学生和高中学生过了识字关，但摆在他们面前的是如何轻松地记住字的引申义。一个汉字在浩瀚的历史文献中，会呈现出很多个不同的意思，这被人们称作字义的引申。一般字典在列举汉字的引申义时，其字义项的排列是无序的。学生在查字典的过程中，只能单个地、独立地记住该字的某个引申义。当该字在同一篇文章中多次出现，并呈现多个不同字义时，学生只能不停地翻字典，一个个地死记该字不同的意思，这就增加了学生阅读文言文作品的难度，同时也养成了死记字义的习惯。

于是我就想，能否编一种新形式的字典，把字形、字义联系起来，使学生看见字形，就能猜到字义，或者说猜到字的大概意思。于是我就开始看甲骨文、金文、篆文、隶书的相关书籍及各种字典。利用业余时间，编著了这本新的类似字典的书。该书所解释的每个常用汉字分三部分：第一部分，列出该字的甲骨文、金文、篆文、隶书的字形，并附有插图，使读者能形象地了解甲骨文、金文字形。第二部分，对该字的甲骨文、金文、篆文、隶书的字形进行分析，并表明该字的最初字义，即甲骨文字形或金文字形所表达的字义。第三部分，立足于该字的最初字义，进行字义的逻辑引申，在字义引申过程中，表明字义引申之间的逻辑联系。在列举每一个字的义项时，尽可能列举两个古文献的例句，并注明该例句的出处。并在书后列有主要参考书目。

从产生想法开始，历时十五载。其间看了很多古代作品及字典。整个编著是自己在键盘上一个字一个字打出来的，其中的辛劳只能自知。现在终于完成，也了却了自己的心愿。本书在编排上有很多不尽人意的地方，其中字义引申的逻辑顺序并不是很严谨，这主要是本人学识浅薄。另外，汉字的形象性、字义的模糊性（可这引申，也可那引申）也导致在引申义的排序上存在不严谨的现象。此问题希望后继者去解决。

当前，阅读古代作品氛围不是很浓。再加之，本书阅读、使用的对象，多于是爱好古文的语文教师。其读者之少可想而知。但作者仍希望本书受到读者的青睐。

目 录

第六章 连词集合

第七章 天干地支

第八章 地域名称

第九章 身体器官

第十章 朝夕四季

第十一章 林木植被

第十二章 农田庄稼

第十三章 鲜蔬瓜果

第十四章 飞禽走兽

第十五章 江河生物

第十六章 动物器官

音序目录

第一章 统计数词

万、千、百、十、九、八、七、六、五、四、三、单、双、多、几

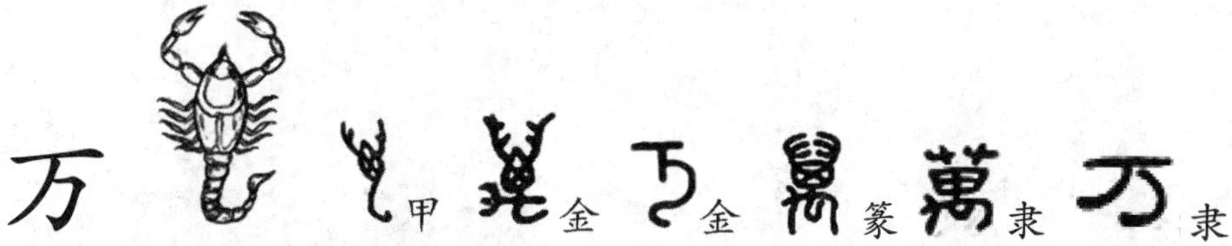

万（萬）（wàn）是一个象形字。甲骨文字形是蝎的形状，头部伸着两个大钳夹，中间是它的身子，下面是长长的尾巴。金文字形与甲骨文相似，突出蝎的两个大钳夹，尾巴变得复杂了，加上了一个横杈。金文另一种字形，上面是一横，下面是一竖，连结一竖的是一个反“S”符号。金文这个字形就引申出后世的简化字“万”。秦篆字形在金文基础上进一步变化，头部的两个大钳夹变成了两个“屮（chè）”，尾巴则在金文的基础上变成了“禸（róu）”字。汉隶字形在秦篆的基础上，将蝎子的大钳夹变成“艸”字，身子变成“田”字，尾巴变成“禸”字。成为“萬”字，简化字则将“萬”字简化成“万”字。从甲骨文字形来看，“万”最初之义是指蝎子。《说文解字》：“万，虫也。象形。”后来“万”被借用为表示数字（千万的万）。人们就在“万”字下面加一个“虫”旁，形成新字“虿（chài）”，用“虿”来表示蝎子之类的虫。段玉裁《说文解字注》：“（万）谓虫名也，假借为十千（万）数名，而十千无正字，遂久假不归，学者昧其本义矣，唐人十千作万。”《诗·小雅·都人士》：“比君子女，卷发如虿。”朱熹《诗集传》：“虿，螫虫也，尾末揵然，似发之曲上者。”

一、“万”：十千

（1）借用作千万的万。《玉篇·艸部》：“万，十千也。”《韩非子·十过》：“步卒五万。”《孟子·梁惠王上》：“万取千焉，千取百焉，不为不多。”《汉书·律历志上》：“数者，一、十、百、千、万也。”如：～年、百～雄师、十～火急、亿～斯年。

（2）由千万之万引伸为多、极多。《尚书·尧典》：“协和万邦。”《周易·乾》：“万国咸宁。”毛泽东《七律·冬云》：“雪压冬云白絮飞，万花纷谢一时稀。”如：巨～、～端、～人坑、～事通、～历年、～花筒、～户侯、仪态～方、～事～物、日理～机、瞬息～变、～有引力、～无一失、三呼～岁、～籁俱寂、～死不辞、～念俱灰、～贯家产、一本～利、遗臭～年、千秋～代、千秋～世、千家～户、～众一心、～人空巷、雷霆～钧、～马齐喑、

～马奔腾、～里长城、～丈深渊、～水千山、～紫千红、包罗～象、～古长青、～古流芳、～象更新、气象～千、～家灯火、千变～化、千差～别、千辛～苦、千难～险、千丝～缕、千军～马、千千～～、成千成～、挂一漏～、赢千累～、千头～绪、思绪～千、～事大吉、～事亨通、～变不离其宗。

(3) 由极多引伸为极、绝对。《汉书·黥布传》:“我之取天下,可以万全。”唐朝韩愈《柳子厚墓志铭》：“且万无母子俱往理。”如：～恶、～幸、～难、～全之策、～不得已、～寿无疆、～劫不复、千真～确、～分感慨、～般无奈、～～想不到。

二、“万”：舞蹈

“万”引申指古代一种大型舞蹈。《初学记》卷十五引《韩诗》：“万，大舞也。”《诗·邶风·简兮》：“简兮简兮，方将万舞。”郑玄笺：“万舞，干羽也。”《大戴礼记·夏小正》：“万也者，干戚舞也。”

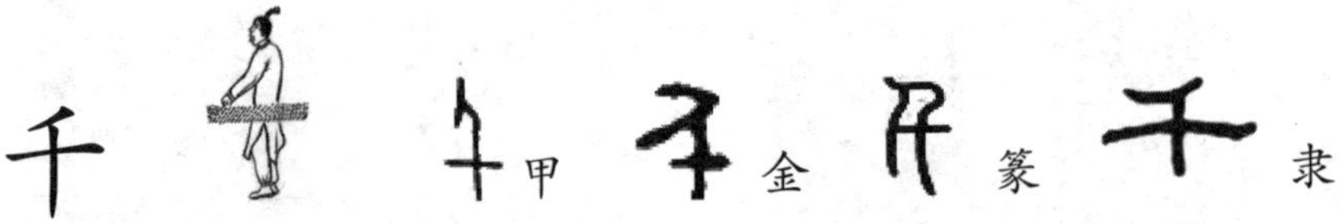

千 (qiān) 是一个会意字。甲骨文字形，是一个人，腰间一横，以表示一千的合文。古人以此来表示抽象的数字。两千是一个人的腰间两横，三千是三横，四千是四横。金文字形与甲骨文大体相比，看不出人的形状。秦篆字形与金文同，只是符号化了。汉隶字形在秦篆基础上变成今天的“千”字。《说文解字》：“千，十百也。从十，从人。”从甲骨文字形来看，“千”最初之义是表十百的数词。《汉书·律历志上》：“数者，一、十、百、千、万也。”《孟子·梁惠王上》：“万取千焉，千取百焉，不为不多。”

一、千：十百

“千”由表十百引伸为表示多。《诗·小雅·甫田》：“乃求千斯仓，乃求万斯箱。”如：～夫所指，～奇百怪，～呼万唤、～方百计、成～上万、～里之行。

二、千：阡

“千”的甲骨文字形还有另一种解释：人与腰间一横，表示人走在田间的小道上，这个腰间的“一”字，表示田间的小道。此意后来写成阡陌的“阡”。《管子·四时》：“修封疆，正千伯。”尹知章注：“千伯，即阡陌也。”

百 (bǎi) 是一个形声字。甲骨文字形，上面是一横以表其意；下面是米粒，借以表声。为了区别表白色的米粒，就在米粒中间加上一个三尖角。实质上“百”是“一白”的合体字。甲骨文的一至三百，是在“白”字上面分别加上一、二、三横。金文字形则有一些变化，下面的米粒形状变成长方形，字体也变得圆润。秦篆字形在金文基础上进一步变化，中间的三尖角变成人字形，并与上面一横单独相连。汉隶字形在秦篆的基础上，变成今天的“百”字。从甲骨文字形来看，“百”最初之义是数词，表示十的十倍。《说文解字》“百，十十也。从一、白。”《汉书·律历志上》：“纪于一，协于十，长于百，大于千，衍于万。”

（1）由十的十倍引伸为指百倍。《诗·秦风·黄鸟》：“如可赎兮，人百其身。”《礼记·中庸》；“人一能之，己百之。”孔颖达疏：“谓他人性识聪敏，一学则能知之，己当百倍用功而学，使能知之。”

（2）由百倍引伸为概数，言其多。《诗·周颂·噫嘻》：“率时农夫，播厥百谷。”宋朝范仲淹《岳阳楼记》：“政通人和，百废俱兴。”如：～家争鸣、～花齐放。

（3）由言其多引伸为凡。《诗·邶风·雄雉》：“百尔君子，不知德行。”朱熹注：“百，犹凡也。言凡尔君子岂不知德行乎？”

十

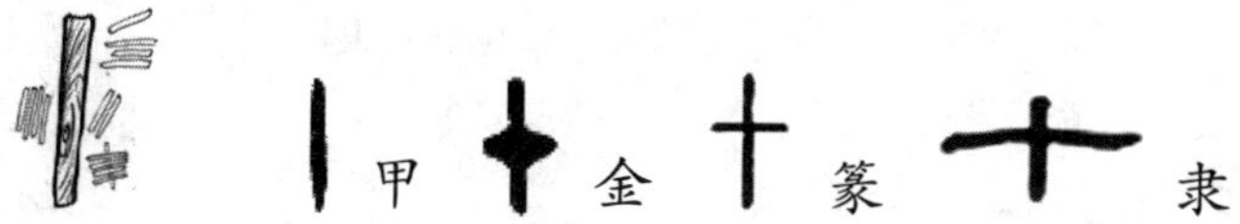

十（shí）是一个会意字。甲骨文字形是一竖。学术界对甲骨文“十”的解释不一。有人认为，十是手掌竖起的侧面形状。有人认为，一二三四都是横着的笔画，十就用竖着的笔画来表示，以表示思维的飞跃。金文则在一竖的中间加上一点，突出表明这个“十”与横竖的竖的笔画不同。秦篆字形则在金文基础上，将一点变成一横。汉隶字形沿袭秦篆就称为今天的“十”字形体。从甲骨文字形来看，“十”最初是表数词，其义就是九加一的和。《广韵·缉韵》：“十，数名。”《周易·屯》：“女子贞不字，十年乃字。”《汉书·律历志》：“数者，一、十、百、千、万也。”甲骨文字中是有“十”字，但是这个“十”是“七”的字形。可以参看“七”字的解释。

（1）由基数词引伸为表序数词第十。《诗·豳风·七月》：“八月剥枣，十月获稻。”

（2）①由十引伸为指十倍。《孙子兵法·谋攻》：“故用兵之法，十则围之，五则攻之，倍则分之。”《汉书·韩安国传》：“利不十者不易业，功不百者不变常。”②由十倍引伸为完备、极点。《周礼·天官·医师》：“岁终，则稽其医事，以制其食。十全为上，十失一次之。”宋朝孔平仲《对菊有怀郎祖仁》：“庭下金龄菊，花开已十分。”如：～分、～足、～全～美。

（3）由于十表数，就迁移到表示户籍的单位，指十户。后作“什”。

九 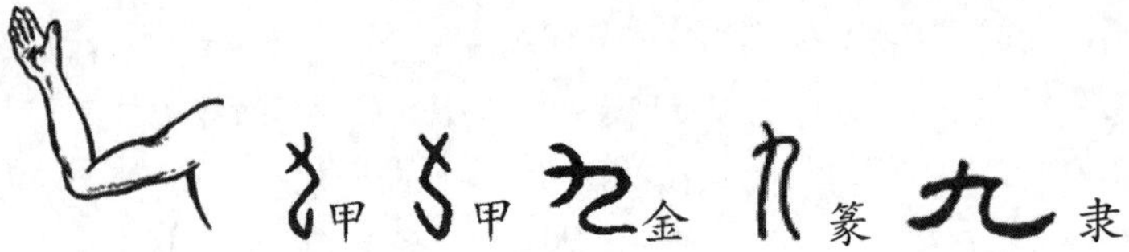

九（jiǔ）是一个会意字。甲骨文字形，上半部分是人的手腕与手掌，手指张开着；下半部分是弯曲着的手臂。于省吾先生认为“九”是“肘”的古字。金文字形能看出张开的手掌和手臂。秦篆字形由于符号化变得看不出手掌与手臂的形状。汉隶字形沿袭金文，并在其基础上变成今天的“九”字形体。从甲骨文字形来看，“九”最初之义应该是指手肘，字形出现不久就被挪去作表达数词。而表示“肘”的意思则随之消失了，后来人们就造了一个“肘”字来表达“九”的最初义。《玉篇·乙部》：“九，数也。”《六书故·疑》：“九，数。八而加一为九。”《淮南子·天文》：“三三如九。”

一、“九”：数字

(1) 由基数词引伸为表序数。《诗·豳风·七月》：“九月授衣。”《周礼·地官·大司徒》：“八日以誓教恤，则民不怠；九日以度教节，则民知足。”

(2) 由数字引伸为泛指多数。清朝汪中《述学·释三九上》：“凡一二之所不能尽者，则约之三以见其多，三之所不能尽者，则约之九以见其极多，此言语之虚数也。”如：《楚辞·九歌》本十一篇，却以九数标之，言其多也。

(3) 由泛指多数引伸为极数，凡极者皆称九。《尚书·旅獒》：“为山九仞，功亏一篑。”《楚辞·离骚》：“虽九死其犹未悔。”刘良注：“九，数之极也。”

(4) 由于九是一三五七的奇数的极数，所以《周易》以阳爻为九。《说文解字》：“九，阳之变也。”《周易·乾》：“初九，潜龙勿用。”孔颖达疏：“以其阳爻，故称九。”

二、九：时令

“九”由数字引伸为指时令，从冬至起每九天为一“九”。《五灯会元》卷五十五：“一九与二九，相逢不出手。”如：今日进～，数～寒天，～尽寒尽。

八 

八（bā）是一个会意字。甲骨文、金文字形是相同的。都像一个物体被分成两半的样子。甲骨文、金文用分成两半对等物体来表示物体被分的情景，所以说“八”的字义就是分。秦篆字形则变符号化了。汉隶字形则沿袭金文，只是字形方块化了。从甲骨文字形来看，“八”最初之义是分。高鸿晋《中国字例》：“八之本意为分，……后世借用为数目八九之八，久而不返，乃如刀为意符作分。”八作分开之义，应该汉朝还存在。许慎的《说文解字》就是这样解释的：“八，别（‘别’就是‘分’）也。”但是古代文献则没有字例的记载。

一、“八”：数字

“八”借作为数词是七加一之和。《玉篇·八部》：“八，数也。”《周易·系辞上》：

“天七，地八。”唐朝白居易《凶宅》：“一兴八百年，一死望夷宫。”

二、“八”：拟声词

“八”还借作拟声词，同“叭”。明朝刘兑《金童玉女娇红记》：“忽的阵麝兰风散满荼靡院，八的阵凤鸾衾绣断鸳鸯线。”

七（qī）是一个象形字。甲骨文字形像（用刀）在物体上横竖切割，成为“十”的形状。从这个意义上讲，甲骨文的“七”最初之义是切割，即“切”的古字。金文字形与甲骨文相同。甲骨文表数字的十不是“十”，而是一竖“丨”的字形。直到秦篆字形出现，表数字的十才成为“十”的字形。为了区分甲骨文、金文字形表示七的“十”，与秦篆字形的“十”，就将甲骨文、金文字形“十”的中间一竖的下半部分变成弯曲状，就成为“七”的字形。汉隶字形则在秦篆基础上形成今天的“七”字。“七”出现后就被挪用为作数词，于是在“七”的基础上再造一个字，将“七”与“刀”合成“切”字，“七”最初的切割之义就由“切”来承担。从此“七”与“切”就各表其义。丁山《数名古谊》：“七古通作‘十’者，……自中切断之象也……考其初形，七即切字。”“自借为七数专名，不得不加刀于七，以为切断专字。”

一、“七”：数字

（1）借着为数词，其义为六加一之和。《玉篇·七部》：“七，数也。”《六书故·疑》：“七，数。六而加一为七。”《周礼·考工记·叙》：“凡攻木之工七。”

（2）由基数词七引伸为序数词第七。《诗·豳风·七月》：“七月流火，九月授衣。”唐朝白居易《长恨歌》：“七月七日长生殿，夜半无人私语时。”

（3）由序数词七引伸为指农历正月初七，即人日。唐朝韩愈《人日城南登高》：“初正候才兆，涉七气已弄。”

（4）由序数词七引伸为指人死后，每七天一祭，俗称“七”，至四十九日为止，称“满七”。明朝汤显祖《牡丹亭·遇母》：“空和他做七做中元。”《儒林外史》第五回：“自此，修斋、理七、开丧、出殡，用了四五千两银子。”

二、“七”：一种文体

“由”数词七引伸为指一种文体，称“七体”，骚赋的一种。明朝徐师曾《文体明辩·七》：“七者，文章之一体也。词虽八首，而问对凡七，故谓之七；则七者，问对之别名，而《楚辞·七谏》之流也。”

六（lìu）是一个象形字。甲骨文字形是一个侧面的房屋形状。金文字形与甲骨文相比，更形象。秦篆字形则符号化了，字形更像“穴”字。汉隶沿袭秦篆字形，后期字形方块化而称为今天的“六”字。从甲骨文字形来看，“六”最初之义是指简易的房屋。应该说“六”

与“宀”是同源字。“宀”就是指房屋。“宀”与“穴”是古今字，先有“宀”字，后才有“穴”。“穴”指土室而已。“六”与“庐”在古代是同音字。“庐”与“六”都是指简易房屋。因此“庐”出现后，“六”就挪用作数词，“庐”就表达“六”的房屋之义。

一、“六”：数字

“六”（1）作为数词，其义为五加一之和。《易·系辞下》：“兼三材而两之，故六。”《九章算术·方程》：“四羊二犬六鸡三兔，直钱一千一百七十五。”

（1）六作为偶数为大，故《周易》取六为阴爻之数。《说文解字》：“六，易之数，阴变于六。”《易·坤》：“用六永贞，以大终也。”

（2）六借用为作工尺谱记符号之一，表示音阶上的一级。《宋史·乐志十七》：“其黄钟清用‘六’字。”

二、“六”：地名，古国名

“六（lù）”是六的古读音。因此一些古国名仍读此音。《春秋·文公五年》：“秋，楚人灭六。”杜预注：“六国，今庐江六县。”今安徽省六安县读此音。姓氏也读此音。

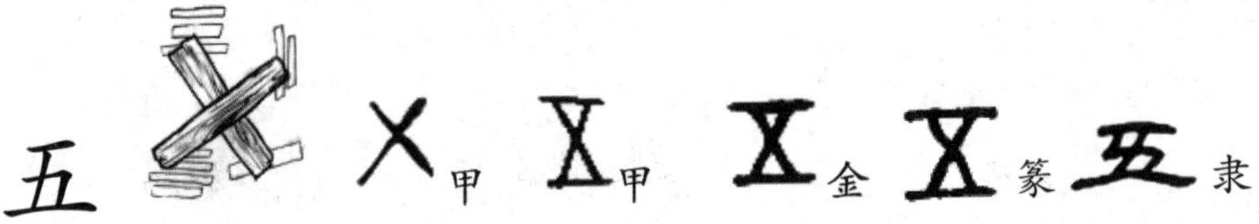

五（wǔ）是一个会意字。甲骨文字形，是左右两根木棍相互交叉着，就像数学的“+、—、×、÷”的“×”。后期甲骨文再在“×”的上下各加一横。从甲骨文早期字形来看，五最初之义是交错。后期增加上下平行两横，实质是突出×的交错含义。林义光《文源》：“五，本义为交午：纵横交错，假借为数名。二象横平，×象相交，以二之平见×之交也。”朱芳圃《殷周文字释丛》：“×象交错形，二谓在物之间也。当以交错为本义。自用为数名后，经传皆借午为之。”金文、秦篆字形与甲骨文一样。汉隶字形则在秦篆基础上变成今天的“五”字。从甲骨文字形来看，“五”最初之义是交错。五出现不久就被挪用去表达数目。

一、“五”：交错

“五”的交错之义，后来引伸为两物之间的交错联系，纵横交错。《说文解字》：“五，阴阳在天地间交午也。”

二、“五”：数字

（1）作为数词，其义为四加一之和。《玉篇·五部》：“五，数也，次四也。”《淮南子·原道》：“音之数不过五。”

（2）由表基数引伸为表序数，第五。如：～组、～班。

（3）由序数词引伸为指五行（水火木金土）。《说文解字》：“五，五行也。”

（4）由序数词引伸为表工尺谱符号之一，表示音阶上的一级。《宋史·乐志十七》：“大吕、太簇、夹钟清各用‘五’字。”

四

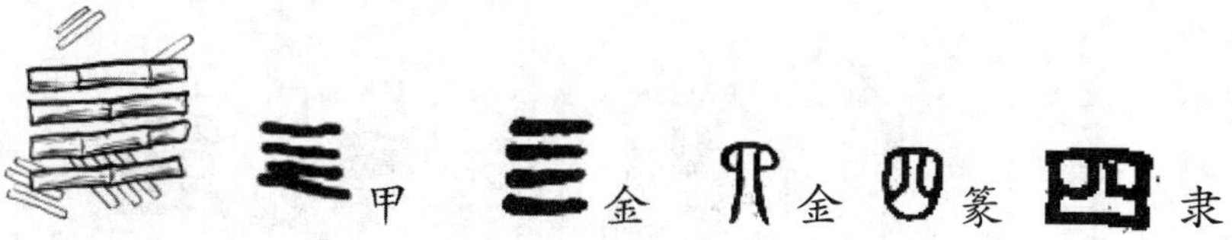

四（sì）是一个指事字。甲骨文、早期的金文字形是四根排列的小木棍。远古的先民为了计算事物的数目，就用小木棍作算筹，“一、二、三、四”都是用木棍排列来表示多少（“一”就排列一根，“二”就排列两根等，“五”则变成木棍相交来表达）。后期的金文字形则变化很大，变成上面是两个鼻孔，下面两竖是鼻孔出气之状。是“呬（xì）”的本字。秦篆字形则在金文基础上变成现在的“四”字。汉隶字形与秦篆相同，只是字形方块化了。从甲骨文字形来看，“四”最初就是表数目，其义为三加一之和。

（1）作为数词。《玉篇·四部》：“四，数也。”《字汇·口部》：“四，倍二为四。”《周易·系辞上》：“两仪生四象，四象生八卦。”

（2）由数词引伸为序数词，第四。《尚书·洪范》：“五行：一曰水，二曰火，三曰木，四曰金，五曰土。”

（3）由四引伸为指古代一车四马，通“驷”。《韩非子·爱臣》：“人臣处国无私朝，军无私交……是故不得四纵；不载奇兵。”王先慎集解引孙诒让曰：“四与驷通，谓驷乘也。”

（4）由序数词引伸为工尺谱记音符号之一，表示音阶上的一级。《辽史·乐志》：“曰：五、凡、工、尺、一、四、六、勾、合。”

三

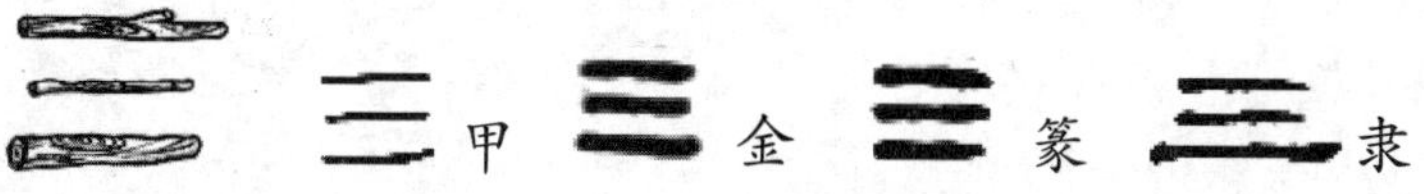

三（sān）是一个会意字。甲骨文、金文、秦篆、汉隶字形都是三横。用三根条形木排列成三行，以此种形式来表示数字“三”。远古的先民最初是结绳记事，即在一根绳上结上大小不一的疙瘩，以此表示事物的多少。后来祖先的思维能力提高，就用条形的木棍来表达数字。这样就出现“一”、“二”、“三”的“三”。后来将“三”复杂化，就出现了“弎”字。后来就借用天上的星宿名作“三”的大写，即“叁（叄）”。从甲骨文字形来看，“三”最初之义就是表示一加二之和的数目。《汉语大字典》：“古文字三用三横画表示，是原始记数符号。”

（1）数词。《广韵·谈韵》：“三，数名。”《庄子·齐物论》：“二与一为三。”如：～轮车、狡兔～窟、约法～章。

（2）由三引伸为多数或多次。《诗·魏风·硕鼠》：“三岁贯汝，莫我肯顾。”《论语·公冶长》：“季文子三思而后行。”刘宝楠《论语正义》：“三思者，言思之多，能审慎也。”如：举一反～。

（3）由数词引伸为序词，表示第三。《左传·庄公十年》：“一鼓作气，再而衰，三而竭。”《儒林外史》第七回：“一等、二等、三等都发落过了。”

单  甲 金 篆 隶

单(dān)是一个象形字。甲骨文字形是一个树杈形状，叉的头部缠着绳套或捆绑着石头，以此来打击鸟兽。金文字形在甲骨文基础上增加一个像“田”字的东西，其实是在树杈的分叉处编织一个网，用它来网鸟。秦篆字形则将金文的树杈前的圆陀变成两个口字。成为现在的“單”字。汉隶字形与秦篆相同。后来将“單”简化成“单”字。从甲骨文字形来看，“单”最初之义是指打击鸟兽的工具，后来成为打仗的武器。罗振玉《增订殷虚书契考释》：“卜辞中獸（兽）字，从此，獸即狩之本字（看“兽”字的解释）。征戰之戰从單，与獸同意。”罗振玉先生的《考释》表明：野獸的“獸”就是狩猎的“狩”的本字，这表明我们的远古祖先在围猎时，就是用“单”这种工具来捕杀鸟兽的，只是单作为捕鸟兽工具的含义后来则消失了。至于“單”与“戈”组成“戰”字，“單”的征战含义更明显。《马王堆汉墓帛书·老子乙本·德经》：“夫兹，以单（zhàn）则朕（“朕”即“胜”），以守则固。”今本的《老子》六十七章则作：“夫慈，以战则胜，以守则固。”《说文解字》：“单，大也。”这一含义后世文献未见。而后世文献出现较多的“单”的字义是“单独”，“一个”。

一、“单”：单独

(1) ①单有单独、一个的含义。《玉篇·吅（xuān）部》：“单，一也；只也。”《荀子·正名》：“单足以喻则单，单不足以喻则兼。”杨倞注：“单，物之单名也。”如：～项，～扇门，～枪匹马。②由单独，一个引伸为指奇数，与“双”相对。如：～数、～号、～日、～月。

(2) 由单独引伸为孤独。《正字通·口部》：“单，孤也。”三国魏孔融《论盛孝章书》：“单孑独立，孤危愁苦。”宋朝范成大《西江有单鹄行》：“西江有单鹄，托身万里云。”

(3) 由孤独引伸为弱，微。《韩非子·有度》：“朝廷群下，直凑单微，不敢相逾越。”唐朝孟郊《秋怀》：“秋月颜色冰，老客志气单。”如：～弱、势～力薄。

(4) 由弱、微引伸为尽。这个意义上后世写成“殚”字。文献中用“单”来表示“殚”时，就为通“殚”。清朝朱骏声《说文通训定声·乾部》：“单，假借为殚。”《尚书·洛诰》：“考朕昭子刑，乃单文祖德。”孔传：“我所成明子法，乃尽文祖之德。”《史记·春申君列传》：“王之威亦单矣。”司马贞《史记索隐》：“单者，尽也。言王之威尽行矣。”

二、“单”：单层

(1) 单的单独、一个的含义引伸为指单层的（指衣服等物）。本作“襌”。《集韵·寒韵》：“襌，《说文解字》：‘衣不重’。通作单。”《管子·山国轨》：“春縑衣，夏单衣。”《韩诗外传》：“齐君重鞇（yīn，古代车中座垫）而坐，吾君单鞇而坐。”如：～衣、～裤。

(2) 由单层引伸为单薄。唐朝白居易《卖炭翁》：“可怜身上衣正单，心忧炭贱愿天寒。”朱德《寄语蜀中父老》：“战士仍衣单，夜夜杀倭贼。”

(3) 由单层引伸为指记载事物的纸片、单子。宋朝胡太初《昼簾绪论·听讼》：“不若令自逐一披览案卷，切不要案吏具单。”如：账～、名～、传～、～据。

三、“单（shàn）”：姓氏

“单”作姓氏。《广韵·獮韵》：“单，亦姓，出周卿士单襄公之后。”《通志·氏族略三》：“成王封蔑于单邑，故为单氏。”

双  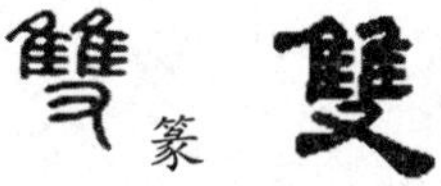

篆 隶

雙（双）（shuāng）是一个会意字。秦篆字形，上部分是两只鸟，即“雔（chòu）”字，下部分是一只手（又，右手），整个字形表示一只手捉住两只鸟。汉隶字形与秦篆相同。简化字则将“雙”变成“双”（两只右手为“双”，会意字）。从秦篆字形来看，“雙”最初之义是一只手捉两只鸟。“雙（双）”是在“隻（只）”的基础上产生的。这两个字义的相同点是：都是用一只手捉鸟。不同点是：一只手捉的是一只鸟，还是两只鸟。

（1）由手捉两只鸟引伸为指禽鸟两只。《说文解字》：“双，隹二枚也。”《左传·襄公二十八年》：“公膳日双鸡，饔人窃更之以鹜。”《礼记·少仪》：“其禽加于一只，则执一双以将命，委其余。”唐朝杜甫《滟滪》：“江天漠漠鸟双去，风雨时时龙一吟。”

（2）由禽鸟两只引伸为两个、一对。《史记·项羽本纪》：“（沛公）曰：‘我持白璧一双，欲献项王；玉斗一双，欲与亚父。”宋朝苏轼《石钟山记》：“至唐李渤始访其遗踪，得双石于潭上。”如：～唇、～手、～蛾、～肩、～方、～簧、～边、～杠、～轨、～翅、～栖、～丸、～星、～幅路、～瞳剪水、成～作对、成～成对、～宿～飞、成～配对。

（3）由两个、一对引伸为偶数。《玉篇·雔部》：“双，偶也。”《新唐书·百官志三》：“只（只，单）日，台院受事；双日，殿院受事。”如：～数、～号、～日、～薪、～亲、～拥、～打、～枪、～抢、～鲤、～关、～响、～声、～宾语、～眼皮、～胞胎、～职工、～季稻、～丰收、～休日、～月刊、～引号、～学位、一箭～雕、～语词典、～重国籍、～凤朝阳、～百方针、～管齐下、福无～至、～喜临门、～向选择。

（4）由偶数引伸为加倍的。如：～料、～份。

（5）①由偶数引伸为量词，表示成对。如：一～手、一～鞋、一～筷子，一～袜子。②由表示成对的量词引伸为计算田亩的量词。云南少数民族将五亩都称为双。（唐）樊绰《蛮书·蛮夷风俗》：“田曰双，汉五亩也。”

（6）由偶数引伸为匹敌。宋玉《神女赋》：“其象无双，其美无极。”《史记·淮阴侯列传》：“（萧）何曰：‘诸将易得耳，至如信者，国士无双。’”如：天下无～、举世无～。

多  

甲 金 篆 隶

多（duō）是一个会意字。甲骨文字形像两块肉，上下垒着。徐中舒在《甲骨文字典》中提出了“象块肉形……古时祭祀分祚肉，分两块则多义自见”的解释。金文字形则将上下累着之形，变成左右横着之形。秦篆字形沿袭甲骨文并符号化了。汉隶字形则在秦篆基础上字形方块化，成为今天的“多”字。从甲骨文字形来看，“多”最初之义是指肉的块数多。古人聪明，用肉的块数多将“多”的含义显现出来。

一、“多”：数量大

(1) 由肉的块数多引申指数量多、数量大，与“少”相对。《尔雅·释诂上》：“多，众也。”《诗·周颂·访落》：“维予小子，未堪家多难。”郑玄注：“多，众也。”唐朝杜牧《阿房宫赋》：“使负栋之柱，多于南亩之农夫。”

(2) 由数量多引申为增多。《荀子·天论》：“因物而多之，孰与骋能而化之？”《后汉书·鲍昱（yù）传》：“溉田倍多，人以殷富。”

(3) 由增多引申为胜过、超过。《正字通·夕部》：“多，胜也。”清朝段玉裁《说文解字注·多部》：“多者胜少者，故引伸为‘胜’之称。”《楚辞·天问》：“东西南北，其修孰多？”明朝汤显祖《紫箫记·巧探》：“想他才似相如，貌多王粲。”

(4) 由超过引伸为剩余。《水浒全传》第三十九回：“（宋江）便唤酒保计算了，取些银子算还，多的都赏了酒保。”如：这块布是做上衣～下来的。一元钱买六斤盐还～一角钱。

(5) 有剩余引伸为过多、不必要。《仪礼·聘礼》：“多货则伤于德。”《镜花缘》第七十一回：“妹子与紫芝妹妹说顽话，姐姐莫要多心。”如：～嘴，～疑、～心。

二、“多”：多数

(1) 由数量大，数量多引伸为表示多数。作数词。《左传·襄公三十一年》：“韩子懦弱，大夫多贪，求欲无厌，齐、楚未足与也。鲁其惧哉！”《史记·秦本纪》：“大费拜受，佐舜调驯鸟兽，鸟兽多驯服。”

(2) 由多数引伸为表示整数后面的余数。《高玉宝》第十二章：“厂里共有一千多工人。”如：三尺～宽、一百～个。

(3) 由整数的余数引伸为表示大约，相当于“大都”。《大唐三藏取经诗话》卷上：“此去百万程途，经过三十六国，多有祸难之处。”明朝凌濛初《北红拂》第三出：“这家私少也挣几年，这家私轻也抵万家，一时间，挥手多丢下。”

(4) 由大约、大都引伸为询问程度，数量。用于疑问句。《红楼梦》第九十三回：“你多早晚来的？”巴金《一件小事》：“多钱一斤？这样坏的白菜！”

(5) 由询问程度引伸为表示程度。用于感叹句。《儿女英雄传》第二十六回：“姐姐想，从这里去，这是多远的道儿。”张天翼《宝葫芦的秘密》四：“听听它的话，可说得多亲切！”

三、“多”：大、重、程度深

(1) 由数量大引伸为表示大。《吕氏春秋·知度》：“穷而不知其穷，其患又将反以自多。”高诱注：“多，大。”《史记·五帝本纪》：“万国和，而鬼神山川封禅与为多焉。”司马贞《史记索隐》：“多，犹大也。”

(2) 由大引伸为重。与“轻”相对。《老子》四十四章：“名与身孰亲？身与货孰多。”朱谦之校释引奚侗曰：“《说文解字》：‘多，重也。’宜为重叠之重，引申可训为轻重之重。”

(3) 由轻重之重引伸为看重、重视。《逸周书·程典》：“为上不明，为下不顺，无丑；轻其行，多其愚，不智。”《汉书·张耳陈馀传》：“张王已出，上多足下，故赦足下。”

(4) 由重视引伸为贤、好、赞美。《吕氏春秋·瑾听》：“少人，则说者持容而不极，听者自多而不得。”高诱注：“自多，自贤也。”《史记·商君列传》：“反古者不可非，而循礼者不足多。”唐朝皮日休《周易商君列传赞》：“在商君，有心于是道，不亦多乎！”

几

几（jī）是一个象形字。甲骨文字体像一张小的桌子。秦篆字形把桌子的脚升高，还是像桌子。隶书字形把桌子的脚变得向外弯曲，还是像桌子的形状。《说文解字》：“几，踞几也。象形。”段玉裁注：“踞几者，谓人所踞之几也。踞，处也。……古人坐而凭几。”从甲骨文字形来看，“几”最初之义是席地而坐供依靠的桌子。《尚书·顾命》：“相被冕服，凭玉几。”《孟子·公孙丑》：“隐几而卧。”就是伏在小桌子上睡觉。据《周礼·春官》记载，上古有“五几：玉几、雕几、彤几、漆几、素几。”如：～案、茶～、窗明～净。

一、“几”由供依靠的桌子之义引伸为指搁物件的小桌子。《玉篇·几部》：“几，案也。”《汉书·刑法志》：“文书盈于几阁，典者不能徧睹。”宋朝苏轼《雨中过舒教授》：“窗扉静无尘，几砚寒生雾。”

二、“几”还有多少、几乎的含义，就是从“幾”的字义中引申出来的。这是因为“几”是“幾”的简化字。

第二章　方位名词

位、央、方、向、左、右、上、下、前、东、南、西、北、中、先、后、後、内、外

位

位(wèi)是一个指事字。甲骨文字形是一个人正面站立的形态，站立的下方是一条横线，这条横线表示人站立的位置。站立的人加上横线就成为“立”字。金文字形与甲骨文相同。秦篆字形则增加了一个侧面的人形，就是“亻”旁加上“立”，成为篆体的“位”字。汉隶字形与秦篆相同，只是字形方块化了。“位”是“立”的后起字，“立”是“位”的初文。从甲骨文字形来看，“位”最初之义是指人站立的位置。

(1) 由人站立的位置引申指人所处之位置。《周礼·夏官·太仆》：“掌正王之复位。”郑玄注：“位，立处也。”《左传·成公十七年》：“(长鱼)矫以戈杀驹伯、苦成叔于其位。”杜预注：“位，所坐处也。”如：座～、席～、铺～。

(2) 由人所处的位置引申到指朝廷中群臣的列位。《说文解字》：“位，列中庭之左右谓之位。”段玉裁《说文解字注》：“庭当做廷，字之误也。”《尔雅·释宫》：“中庭之左右谓之位。”郭璞注：“群臣之侧位也。”邢昺疏：“位，群臣之列位也。”《礼记·燕义》：“别其等，正其位。”郑玄注：“位，朝位也。”

(3) 由朝廷中群臣的列位引伸为指爵次、等列。《周礼·天官·大宰》：“以八则治都鄙……四曰禄位，以驭其士。”郑玄注：“位，爵次也。”《孟子·万章下》：“天子一位，公一位，侯一位，伯一位，子男同一位，凡五等也。”《水浒全传》第二十回：“苦苦地请刘唐坐了第五位，阮小二坐了第六位。”

(4) 由爵次、等列引伸为专指君王、诸侯之位。《尚书·尧典》：“朕在位七十载。”《史记·伯夷列传》：“尧将逊位，让于虞舜。”

(5) 由爵次，等列引伸为指官爵，职务。《广雅·释言》：“位，禄也。”《周易·系辞上》：“贵而无位。”唐朝韩愈《师说》：“位卑则足羞，官盛则近谀。”

(6) 由爵次，等列引伸为指对人的尊称。《水浒全传》第十九回：“弟有片言，不知众位肯依我麽？”如：诸～、列～、几～。

(7) 由对人的尊称引伸为对死人的尊奉。即祭祀时设立的灵位，神位。《周礼·春官·小宗伯》：“成葬而祭墓为位。”《礼记·奔丧》：“诸臣在他国，为位而哭。”如：灵～、神～、冢～。

央

央（yāng）是一个会意字。甲骨文字形是一个站立的人，颈部有一个“凵（qū）”，对这个“凵”的符号，学术界有多种解释：有的学者认为：“央”字的字形“凵”表示人在挑东西，人在担子的中央，“央”即有中央之义。有的学者认为“凵”是一种刑具，即“枷”。因为枷戴在人的颈部，是人两臂的中央，因此“央”也有中央之义。金文字形则将“凵”变成两边上下都变长。秦篆字形与金文一样，只是字形符号化了。汉隶字形在秦篆基础上将字形方块化，成为现在的“央”字。从甲骨文字形来看，“央”最初之义为指人在担子中央。“央”字在古代文献中为中间的意思。《说文解字》：“央，中央也。”《玉篇·冂部》：“央，亦位内，为四方之主也。”《诗·秦风·蒹葭》：“溯游从之，宛在水中央。”张衡《西京赋》：“渐台立于中央。”

(1) 由中间引伸为指古代乡社的中心点——邑。《字汇补·大部》：“央，邑也。”《管子·乘马》：“方六里，名之曰社，有邑焉，名之曰央。”

(2) 由中心点延伸到边的尽头，由边的尽头引伸为指其他方面的尽，央就引伸为尽。《广雅·释诂一》：“央，尽也。”《诗·小雅·庭燎》：“夜如何其？夜未央。”南朝谢朓《暂使下都夜发新林至京邑》：“大江流日夜，客心悲未央。”

(3) 由尽引伸为久，远。《说文解字》：“央，久也。”《素问·四气调神大论》：“贼风数至，暴雨数起，天地四时不相保，与道相失，则未央绝灭。”王冰注：“央，久也，远也。”

方

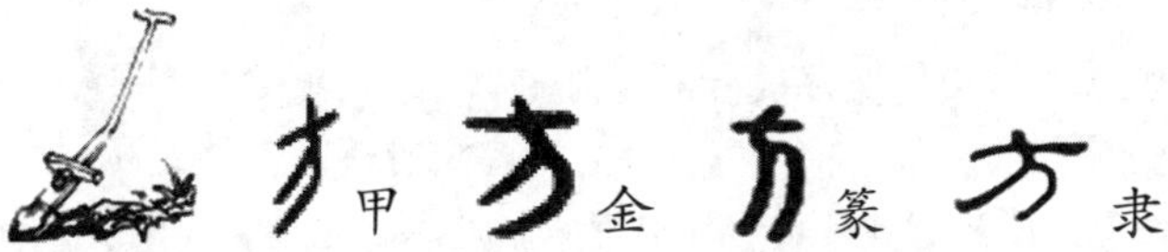

方是一个象形字。甲骨文字形的“方”，学术界有多种解释。但很多学者倾向“耒耜说”。认为“方”像一个插地翻土的农具。上面一横是一条横木，中间像人字的形状是翻土的插架。远古之人耕田，用双手握住横木，用力下压，使插架插入土里，然后用力向后压，使泥土翻起，以此来耕种庄稼。金文字形与甲骨文相同。秦篆字形与金文相同，只是字形符号化了。汉隶字形在秦篆基础上将字形方块化，成为现在“方”的字形。从甲骨文字形来看，“方”应该是指耒这种农具。《汉语大字典》解释：“方象耒，上短横象柄首横木，下长横即足所蹈履处，旁两短画或即饰文，古者秉耒而耕，刺土曰推，起土曰方。”但是“方”的耒的含义未出现在古文献中。而《说文解字》则解释为“方，并船也，象两舟省总头形。”

一、“方”：并排

(1) 有并船的含义，指竹木编成的排筏。《说文解字》：“方，并船也。象两舟省总头形。”段玉裁注：“并船者，并两船为一。”《诗·周南·汉广》：“江之永矣，不可方思。”

(2) 由并船引伸为并排，并。清朝徐灏《说文解字注笺·方部》：“方之引伸为凡相并之称。”

《仪礼·乡射礼》："左足履物，不方足。"郑玄注："方，犹并也。"《汉书·扬雄传上》："敦万骑于中营兮，方玉车之千乘。"颜师古注："方，并也。"

(3) 由并排引伸为齐等、相当。《诗·大雅·民生》："实方实苞，实种实褎（yòu，禾苗渐长）。"《战国策·赵策三》："今者，齐、韩相方。"鲍彪注："方，犹比，犹敌。"

(4) 由相当引伸为比拟。《广韵·阳韵》："方，比也。"清朝段玉裁《说文解字注·方部》："方，引伸为比方。"《列子·天端》："虽未及婴孩之全，方于少壮，间矣。"郑观应《盛世危言·藏书》："其大公无我之心，方之古人，亦何多让？"

(5) 由比拟引伸为品类、辈类。《广雅·释诂三》："方，类也。"《礼记·缁衣》："故君子之朋友有乡，其恶有方。"郑玄注："乡、方，喻辈类也。"三国魏嵇康《难宅无吉凶摄生论》："天地广远，品物多方。"

(6) 由品类、辈类引伸为法度、准则。《诗·大雅·皇矣》："万邦之方，下民之王。"毛传："方，则也。"汉朝马融《长笛赋》："取予时适，去就有方。"

(7) 由准则引伸为方法、办法。《韩非子·扬榷》："上有所长，事乃不方。"俞樾平议："未不得其方（法）也。"《史记·周本纪》："褒姒不好笑，幽王欲其笑万方，故不笑。"

(8) 由法度引伸为义理、道理。《广雅·释诂二》："方，义也。"《广韵·阳韵》："方，道也。"《周易·系辞上》："方以类聚，物以群分。"孔颖达疏："方，道也。"《礼记·乐记》："乐行而民向方。"孔颖达疏："方，犹道也。而民归向仁义之道也。"

(9) 由道理引伸为正直、方正。《广雅·释诂一》："方，正也。"《老子》五十八章："是以圣人方而不割，廉而不刿，直而不肆，光而不耀。"唐朝韩愈《送穷文》："矫矫亢亢，恶圆喜方。"

二、"方"：方形

(1) 由併船（两船相并，整体成方形）引伸为方形。跟"圆"相对。《集韵·阳韵》："方，矩也。"《正字通·方部》："方，圆之对，矩所出也。"《周礼·考工记·舆人》："圜者中规，方者中矩。"《孙子兵法·势篇》："木石之性，安则静，危则动，方则止，圆则行。"

(2) 由方形引伸为指大地。古人认为天圆地方。《淮南子·本训》："载圆履方。"高诱注："圆，天也；方，地也。"

(3) 由大地引伸为方向，方位。《周易·未济》："君子以慎辨物居方。"俞樾平议："居方者，处置其方位也。"《史记·天官书》："日方南金居其南，日方北金居其北，曰赢。"

(4) 由方位此引伸为对指或对称。《诗·秦风·蒹葭》："所谓伊人，在水一方。"朱熹注："一方，彼一方也。如：对～，双～，敌～。

(5) 由方向引伸为地方，区域。《广雅·释言》："方，所也。"《论语·学而》："有朋自远方来，不亦乐乎？"明朝朱有燉《义勇辞金》第四折："英雄割据，非止一方。"

(6) 由地方，区域引伸为边境，境。《史记·孝文本纪》："朕既不明，不能远德，是以使方外之国或不宁息。"明朝余继登《典故纪闻》卷十五："而边方险远，类难急攻。"

(7) 由边境引伸为指殷、周两朝对邦国的称呼。《周易·观》："先王以省方观民设教。"《尚书·多方》："告尔四国多方，惟尔殷侯尹民。"杨树达《积微居小学述林》："方者，殷、周称邦国之辞。”

三、“方”：竹片、药方

(1) 由编排筏之竹木引申指古代书写用的竹片、木板。《正字通·方部》：“方，策，版也。大曰策，小曰方。”《仪礼·聘礼》：“百名以上书于策，不及百名书于方。”郑玄注：“策，简也；方，板也。”唐朝韩愈《与孟尚书书》：“圣贤事业，具在方册。”

(2) 古人也把药名写在木板上，因而引伸为指药方，单方。《庄子·逍遥游》：“客闻之，请买其方百金。”《镜花缘》第二十九回：“此跌打损伤第一奇方。”

(3) 由药方（医术）引伸为指医卜星相的方术。《庄子·天下》：“惠施多方，其书五车。”《史记·秦始皇本纪》：“秦法，不得兼方，不验，辄死。”

向（xiàng）是一个象形字。甲骨文、金文的字体是：外形像房子侧面带屋顶的一面墙，中间有个“口”，像是在墙中开的一面窗。秦篆字形符号化了，但还可以看出墙和窗的形状。汉隶字形则变成由“宀”和“口”组成的“向”字。从甲骨文字形来看，“向”最初之义是指朝北开的窗子。《说文解字》：“向，北出牖也，从宀，从口。”《玉篇·宀部》：“向，窗也。”《诗·豳风·七月》：“塞向墐（用泥涂）户。”

一、“向”：朝着、爱

(1) 由朝北的窗子引伸为朝着、对着。《庄子·秋水》：“望洋向若而叹。”唐朝李白《草书歌行》：“起来向壁不停手，一行数字大如斗。”如：～日、转～、走～、导～、～日葵、～前看、～隅而泣、～壁虚构、～先进学习。

(2) 由朝着、对着引伸为表示方向。《国语·周语上》：“明利害之向。”《徐霞客游记·黔游日记》：“壑圆而狭长，南北向皆有脊中互。”如：风～、方～、航～、流～、趋～、晕头转～。

(3) 由方向引伸为心理意向，崇尚、归趋。《集韵·漾韵》：“向，趣也。”《史记·汲郑列传》：“上方向儒术，尊公孙弘。”《新唐书·循吏传·贾敦颐》：“敦实为洛州长史，亦宽惠，人心怀向。”如：倾～、～往、～慕。

(4) 由崇尚、归趋引伸为爱。张相《诗词曲语词汇释》卷三：“向，犹爱也。”宋朝陆游《朝中措·代谭德称作》：“总是向人深处，当时枉道无情。”宋朝李景元《梦玉人引》：“料伊情怀，也应向人端的，何故近日，全然无消息。”

(5) 由崇尚引申偏爱、偏袒。《红楼梦》第五十五回：“偏一个向一个，仗着老太太、太太威势的就怕，不敢惹，只拿着软的做鼻子头。”贺敬之、丁毅的《白毛女》第一幕：“官向官来民向民，穷人向的是穷人。”

(6) 由趋向引伸为去、往。宋朝王安石《咏风》：“问风来何事，去复欲何向。”《水浒全传》第三十八回：“闲向溪边磨巨斧，闷来岩畔斫乔松。”

(7) 由去、往引伸为接近、临近。张相《《诗词曲语词汇释》卷三：“向，犹临也。”唐朝白居易《东坡种花二首》之二：“东坡春向暮，树木今何如？”李商隐《乐游原》：“向晚意不适，驱车登古原。”如：～晓雨止。

(8) 由临近引伸为刚才。《庄子·庚桑楚》：“向吾见若眉睫之间，吾因以得汝矣。”《三国志·吴志·鲁肃传》：“向察众人之议，专欲误将军，不足与图大事。”

(9) 由刚才引伸为原来的、旧的。晋朝陶渊明《桃花源记》：“既出，得其船，便扶向路，处处志之。”《梦游天姥吟留别》：“惟觉时之枕席，失向来之烟霞。”

(10) 由原来的、旧的引伸为从来、向来。《三国演义》第十四回：“操曰：‘臣向蒙国恩，刻思图报。”清朝洪昇《长生殿·私祭》：“我与你向受娘娘之恩，无从报答。”

(11) 由从来、向来引伸为从前。元朝王实甫《西厢记》第四本第二折：“腰肢体态，比向日不同。”《儒林外史》第十三回：“尊名向在诗上见过，久仰久仰。”

二、“向”：趋向

(1) 作为介词，由朝着引伸为表动作的趋向。唐朝李白《赠崔郎中宗之》：“日从海边没，水向天边流。”《徐霞客游记·黔游日记十》：“由（竹家）寨东向北行，寨后复起一峰。”

(2) 由动作的趋向引伸为指动作引出对象。《儒林外史》第十一回：“明日我回去向他说了，同他来见二位老爷。”

左

左（zuǒ）是一个象形字。甲骨文字形像人的左手“ナ（zuǒ）”。金文早期字形与甲骨文相同，并且更形象。金文后期字形则在“ナ”的下面加上“工”字。就成了上“ナ”下“工”的“左”字。秦篆字形与金文相同。汉隶字形则在秦篆基础上字形方块化，成为今天的“左”字。从甲骨文字形来看，“ナ”是指人的左手。从金文形体来看。“左”是由“ナ”和“工”构成。“工”表示器物，“ナ”加“工”表示人手持器物，其字形之义是人借用器物来作事。由于借用器物来帮人做事，因此“左”就有辅助、帮助之义。甲骨文中的“ナ”，表示人的左手，后来金文出现“左”，人们就用“左”替代“ナ”来表示左手。“ナ”就成为汉字的偏旁部首。《说文解字》说：“ナ者，今之左字。”金文“左”字的辅助、帮相之义，就用“佐”字来表达。段玉裁《说文解字注》：“左者，今之佐字。”《说文解字》：“左，手相左，助也。从ナ、工。”《玉篇·左部》：“左，助也。”

一、“左”：方位词

(1) 由左手之义引伸为方位的左。《字汇·工部》：“左，右之对也。”如：～右、～边、～面、～首、～膀右臂、～邻右舍、～右开弓。

(2) 由方位的左引伸为东方（人面朝南，左为东方）。如：江～。

(3) 由方位的左引伸为方方面面。如：～思右想、～右为难、～右逢源、～顾右盼。

二、“左”：卑下

(1) 卑下之义。人有左右手，人们习惯用右手，生活中使右手方便而使左手不方便，古人由此产生了尚右而贬左，右尊左卑，右升而左降的观念。如：～榜、闰～、～降、～迁、

～官、～丞相、披发～衽。

(2) 由卑引伸为第二。《字汇 · 工部》：“左，二也。”如：～夫人（第二夫人）。

三、“左”：帮助

(1) 辅助、帮相之义。《周易 · 泰》：“辅相天地之宜，以左右民。”如：～辅右弼。

(2) 由辅助、帮相引伸为以左为尊（专指坐车）。如：虚～。

(3) 由左尊引伸为进步、革命。如：～派、～联。

(4) 由进步引伸为激进。如：～倾。

四、“左”：反对

(1) 由辅助、帮相反相引伸为不帮助、反对。《左传 · 襄公十年》：“范宣子曰：‘天子所右，寡君亦右之；所左，亦左之。’”孔颖达疏曰：“所助者为右，不助者为左。”

(2) 由不帮助、反对引伸为错、不对。唐朝韩愈《答窦秀才书》：“身勤而事左，辞重而请（轻）约，非计之得也。”如：想～了、说～了。

(3) 由不对引伸为相反、相对。如；意见相～。

(4) 由相反、相对引伸为乖僻。如：性子太～。

(5) 由乖僻引伸为偏邪，不正。《增韵 · 哿（gě）韵》：“左，人道尚右，以右为尊，故非正之术为左道。”如：旁门～道。

右(yòu)是一个象形字。甲骨文字形像人的右手。上方表示手指、手掌；下方表示手臂(甲骨文的字是刻写的，所以不太像）。其实就是“又”字。金文字形则在右手（“又”）下面加了一个口，就变成“右”字。秦篆字形与金文字体相同，只是字形符号化了。汉隶字形在秦篆基础上方块化，就成为今天的“右”字。从甲骨文字形来看，“右”的字形是“又”，所以“右”的最初之义是指右手。从金文的字形来看，“右”是由“又”（右手）和“口”构成，这就表明“右”不仅仅只表示右手，还应该有“口”的含义在里面。《说文解字》：“右，手口相助也。从又，从口。”段玉裁注：“又者，手也。手不足以口助之，故曰助也。”金文字形的字义应该是助、帮助。从字形的变化来看，甲骨文只有“又”字，没有“右”字。后来“又”被借用来表示“再”、“又”之义，右手之义就借“右”来表示。“右”字本身的帮助之义用另造一个“佑”字来表示。“右”既有“助”之义，又有右手之义。因此“右”字后来产生的字义就向这两个方面延伸。

一、“右”：帮助

(1) 帮助之义。《左传 · 襄公十年》：“王右伯舆。”杜预注：“右，助。”《左传 · 襄公十年》：“天子所右，寡君亦右之。”

(2) 由帮助之义引伸为亲近。《战国策 · 魏策二》：“张仪相魏，必右秦而左魏；薛公相魏，必右齐而左魏；犀首相魏，必右韩而左魏。”高诱注“右，亲也；左，疏外也。”

(3) 由亲近引伸为保佑。后写作“佑”。林纾《蜀鹃啼传奇·罗桃》：“看来天意右清朝。”

二、“右”：右手

(1) 借用来指右手。《左传·成公二年》：“左并辔，右援枹而鼓。”宋朝苏轼《江城子·密州出猎》：“左牵黄，右擎苍。”

(2) 由右手引申指右手的一方，与左相对。《周易·丰》：“折其右肱。”明朝李东阳《灵寿杖歌》：“左扶右策夹以二童子。”如：～手、～边、～侧、～方、～面、～首、～翼。

(3) 由表示右边引申往右。《左传·宣公十二年》：“晋师右移，上军未动。”《红楼梦》第十七回：“左右一望，雪白粉墙。”

(4) 由表示右边引伸为指西边（人面向南，则右为西面）。《仪礼·士虞礼》：“陈三鼎于门外之右。”郑玄注：“门外之右，门西也。”如：江西称江～、山西称山～。

三、“右”：尊

(1) 引伸为尊。古代以右为上、尊、贵。《史记·廉颇蔺相如列传》：“以相如功大，拜为上卿，位于廉颇之右。”如：～职、～丞、～姓、～族、豪～、无出其～。

(2) 由尊、贵引申崇尚。《淮南子·泛论》：“兼爱尚贤，右鬼非命，墨子之所立也。”高诱注：“右，犹尊也。”唐朝刘禹锡《天论》：“右贤尚攻，建极闲邪，人之能也。”如：～文、～武。

(3) 由于地位高贵而引申出极力维护地位被称作政治保守。如：～派、～倾、～翼团体。

四、“右”与“左”连用，即左右

(1) 左与右两方面。如：～～为难、～～逢源。

(2) 支配。如：～～局势。

(3) 概数。如：三十岁～～。

上（sh à ng）是一个指事字。甲骨文字形，下面是一条弧线，可能是表示黄土高原起伏的山坡，弧线上面一短横是所指之物，表示所指之物在这范围（黄土高原起伏的山坡）之上。金文字形则变成下长上短的两条横线，其义未变。秦篆字形则将上面的短横变成一竖，立在下面长横之上，成为“丄（sh à ng）”字。汉隶字形在秦篆字形“丄”的基础上，增加一短横，专指这个“丄”字的“丨”，就成为今天的“上”字。从甲骨文字形来看，“上”最初之义是表示某物在其范围之上。

一、“上”：高处、登

(1) 由表示某物在其范围之上引伸为指高处。《说文解字》：“丄，高也。指事也。”《汉书·东方朔传》：“抗之则在青云之上，抑之则在深泉之下。”清朝施闰章《蠖斋诗话·龙济寺》：“天上楼台山上寺。”

(2) 由高处引伸为从低处升高、登、升。《广韵·养韵》：“上，登也，升也。”《周易·需》：“云上于天。”《礼记·曲礼上》：“拾级聚足，连步以上。”唐朝王之涣《登鹳雀楼》：“欲穷千里目，更上一层楼。”

(3) 由低处升高、登引伸为向前。《战国策·秦策二》：“三鼓之而卒不上。”鲍彪注：“上，犹前也。”如：迎难而～。

(4) 由向前引伸为往、去。宋朝辛弃疾《山间竞传诸将有下棘寺者》：“去年骑鹤上扬州。”如：～街，～剧院，～东北。

(5) 由去、往引伸为达到、够。《儒林外史》第七回：“王员外共借了上千两银子与荀家。”《清平山堂话本·快嘴李翠莲记》：“不上三年之内，死得一家干净。”

二、“上”：天、君主

(1) 由高处引伸为指天。《尚书·文侯之命》：“昭升于上，敷闻在下。”马融注：“上，谓天。”《楚辞·天问》：“上下未形，何由考之。”王逸注：“言天地未分。”

(2) 由天引伸为指君主、帝王。《广雅·释诂一》：“上，君也。”《广韵·漾韵》：“上，君也，犹天子也。”《史记·高祖本纪》：“上问左右，左右争欲击之。”

(3) 由君主、帝王引伸为指高位。汉朝蔡邕《独断》卷上：“上者，尊位所在也。”唐朝柳宗元《封建论》：“使贤者居上，不肖者居下，而后可理安。”

(4) 由高位引伸为指尊者或在上位的人。《论语·学而》：“其为人也孝悌，而好犯上者鲜矣。”何晏注：“上，谓凡在己上者。”《吕氏春秋·审应》：“其在于民而君弗知，其不如在上也。”高诱注：“上，谓官。”

(5) 由尊者引伸为指在上面的一方。《汉书·东方朔传》：“上乏国家之用，下夺农桑之机。”《后汉书·儒林传·欧阳歙》：“上令陛下获杀贤之讥，下使学者丧师资之益。”

(6) 由指尊者引伸为尊贵，用于敬辞。唐朝王维《晚春严少尹与诸侯见过》：“烹葵邀上客，看竹到贫家。”《儿女英雄传》第十四回：“足下上姓？”

(7) 由尊者引伸为指上座、上首。《礼记·曲礼上》：“席南乡北乡，以西方为上。”郑玄注：“上，谓席端也。”《镜花缘》第七十一回：“阖儿虽按次序，坐位仍无上下。”

(8) 由尊者引伸为(对尊者)进呈、奉献。《释名·释书契》：“下言于上曰表……又曰上，示之于上也。”《庄子·说剑》：“宰人上食。”唐朝王建《赛神曲》：“新妇上酒莫辞勤。”

(9) 由进呈、奉献引伸为加、添。《论语·颜渊》：“草上之风必偃。”何晏注引孔安国曰：“加草以风，无不仆者。”《太平广记》卷二百三十二引戴孚《广异记》：“初还一千，累上至百贯。”如：～油、～煤、～货。

(10) 由加、添引伸为缴纳。《儒林外史》第九回：“兑七百五十两替他上库。”清朝唐甄《潜书·明鉴》：“闯王来，三年不上粮。”如：～税。

(11) 由缴纳引伸为凌驾、欺凌。《左传·桓公五年》：“君子不欲多上人，况敢陵天子乎？”《国语·周语中》：“《尚书》曰：‘民可近也，而不可上也。”韦昭注：“上，陵也。”

三、“上”：上面、表面

(1) 由上面一方引伸为指物体的上面或表面。《左传·襄公二十九年》：“犹燕之巢于幕上。”《周易·涣》：“风行水上，涣。”如：山～、房～、门～、脸～。

(2) 由物体表面引伸为指侧畔。《论语·子罕》：“子在川上曰：‘逝者如斯夫！不舍昼夜。’”《史记·孔子世家》：“唯子赣庐于冢上。”

(3) 由事物表面引伸为表示范围或方面。《战国策·秦策一》：“人生世上，势位富贵，盖可忽乎哉。”元朝郑德辉《倩女离魂》第三折：“茶饭上不知滋味。”如：会~，书~，思想~、政治~。

(4) 由表示范围引伸为表示时间范围。元朝王实甫《西厢记》第一本第一折：“五旬上因病身亡。”《清平山堂话本·汉李广世号飞将军》：“十四年上，匈奴数十万入寇萧关。”

(5) 由时间范围引伸为古、久远。《吕氏春秋·荡兵》：“兵之所自来者上矣。”高诱注：“上，古。”清朝龚自珍《农宗》：“生民之故，上哉远矣。”

(6) 由时间范围引伸为表时间、次序在前的。清朝王引之《经义述闻·毛诗上》：“古者上与前同义。”《商君书·开塞》：“上不及虞夏之时，下不修汤武。”《红楼梦》第二回：“可惜上月其母竟亡故了！”

(7) 由时间、次序在前的引伸为按规定时间参加。如：~班、~学、~课、~操。

四、“上”用在动词后面

(1) 表示开始并继续。《红楼梦》第十五回：“那李少爷一眼看见金哥就爱上了。”如：大家讨论~了。他又迷~无线电了。

(2) 表示达到目的或结果。《红楼梦》第十二回：“忽听得‘咯噔’一声，东边的门也关上了。”如：考~了大学，住~了新房，买~了手机。

下

下（xià）是一个指事字。甲骨文字形，上面是一条弧线，可能是表示黄土高原起伏的山坡，弧线下面的一短横是所指之物，表示所指之物在这个范围（黄土高原起伏的山坡）之下。金文字形则变成上长下短的二条横线，其义未变。秦篆字形则将下面的短横变成一竖，立在上面长横之下，成为“丅（xià）”字。汉隶字形在秦篆字形“丅”的基础上，增加一斜笔，专指这个“丅”字的“丨”，以表示对象或事物在其下面。后来简化字就将这一短横变成“丶”，就成为今天的“下”字。从甲骨文字形来看，“下”最初之义就是表示某物在其范围之下。

一、“下”：低处

(1) 由表示某物在其范围之下引伸为指低处、底部。《说文解字》：“丅，底也。指事。”段玉裁注：“有物在一之下也。”《尚书·太甲下》：“若升高，必自下。”《史记·李将军列传》：“谚语：‘桃李不言，下自成蹊。’”

(2) ①由低处、底部引伸为指大地。《尚书·尧典》：“格于上下。”孔传：“至于天地。”《楚辞·天问》：“上下未形，何由考之？”王逸注：“言天地未分。”② 由大地引伸为指地表之下。《礼记·檀弓下》：“夫子疾，莫养于下，请以殉葬。”郑玄注：“下，地下。”《亢仓子·农道》：“畎欲深以端，亩与沃以平，下得阴，上得阳，然后盛生。”

(3) 由低处、底部引伸为指位置低。与“高”相对应。《礼记·乐记》：“天高地下。”宋朝王安石《即事十五首》之七：“纵横一川水，高下数家村。”

(4) 由位置低引伸为指从高处到低处、降落。《尔雅·释诂》：“下，落也。”邢昺疏：

“下者，自上而落也。”《论语·八佾》：“揖让而升，下而饮。”唐朝王维《赠房卢氏琯》：“萧条人吏疏，鸟雀下空庭。”如：～山、～楼、～雨。

（5）①由从高处到低处引伸为指时间（次序在后的）。《唐韵·马韵》：“下，后也。”宋朝王安石《上时政疏》：“自秦以下，享国日久者，有晋之武帝，梁之武帝，唐之明皇。”《儒林外史》第一回：“在下半月后，下乡来取。”如：～次、～册、～一个。②由时间在后引伸为指当某个时间、时节。《红楼梦》第七回：“趁着他家有年下送鲜的船，交给他带了去了。”如：眼～、时～。③由指某个时间引申指按规定时间结束工作或学习。《新唐书·仪卫志上》：“朝罢，皇帝步入东序门，然后放仗，内外仗队，七刻乃下。常参、辍朝日，六刻即下。”如：～工、～课、～班。

（6）由于中国的整体地形是西高东低、因此从高处到低处引伸为去、往。这个去、往通常是指由西向东，由上游向下游，由北相南。《左传·襄公十六年》：“警守而下，会于湨梁。”杜预注：“顺河东行，故曰下。”唐朝李白《黄鹤楼送孟浩然之广陵》：“故人西辞黄鹤楼，烟花三月下扬州。”如：东～、南～、顺流而～。

二、“下”：地位低

（1）由物体位置低引伸为指人的地位低。《周易·系辞下》：“君子上交不谄，下交不渎。”侯果注：“上为王后，下为凡庶。”《三国志·蜀志·诸葛亮传》：“群下劝先王称尊号。”唐朝柳宗元《封建论》：“使贤者居上，不肖者居下，而后可以理安。”

（2）由地位低引伸为尊者自谦之词。《南齐书·豫章文献王传》：“下情窃所未安。”《水浒传》第三回：“下官问了情由，合行申禀老经略相公知道，方敢断遣。”

（3）由尊者自谦之词引伸为谦让，谦恭。《周易·屯》：“以贵下贱，大得民也。”唐朝王维《夷门歌》：“公子为嬴停驷马，执辔愈恭意愈下。”

（4）由谦恭引伸为轻视。《尚书·五子之歌》：“民可近，不可下。”孔颖达疏：“下，谓卑下轻忽之。”《后汉书·荀彧传》：“古人尚帷幄之规，下攻拔之力。”

（5）由轻视引伸为等级低、质量低的。《战国策·齐策》：“能谤议于市朝，闻寡人之耳者，受下赏。”《论衡·实知》：“人才有高下，知物由学。”如：～品、～等、～策。

三、“下”：范围、方面

由表示某物在其范围之下引伸为属于一定的范围、处所、条件等。《三国志·魏志·武帝纪》：“汝南降贼刘辟等叛应绍，略许下。”《南史·齐武帝诸子传·竟陵文宣王子良》：“九年，都下大水。”元朝马致远《汉宫秋》：“这里属哪位下？”如：手～、名～、部～。

（1）由一定范围引申指方面。《水浒传》第四十八回：“四下都有埋伏军马。”《清平山堂话本·柳耆卿诗酒玩江楼记》：“两下相思不相见。”

（2）由指方面引申指里面、内。《三国演义》第一百零一回：“众军心下大乱，不敢交战，各自奔走。”《儿女英雄传》第一回：“这都不在话下。”

（3）由里面、内引伸为进入（处所）。《儒林外史》第四十二回：“我家太老爷做着贵州的都督府，我是回来下场的。”如：～考场、～馆子。

（4）由进入引伸为投入，置入其中。《水浒传》第二十四回：“下了一箸面，与那妇人吃了。”如：～种、～网、～油锅、～火锅料。

（5）由投入引伸为投送。《水浒传》第九回：“相烦老哥将这两封书下一下。”《镜花缘》

第六十七回：“改日我还下帖请来你们大家聚聚。”

(6) 由投入引申（反向）为退出、离开。《史记·平原君虞卿列传》：“楚王叱曰：‘胡不下！吾乃与而君言，汝何为者也！’”北周庾信《对宴齐使》：“归宴下宾客，送盖出河堤。”如：～岗、～火线。

(7) 由退出、离开引伸为去掉、除掉。《新唐书·杜如晦传》：“与（房）玄龄共管朝政，引士贤者，下不肖，咸得职。”宋朝罗大经《鹤林玉露》丙编卷一：“盖酒后嚼之，则宽气下痰，余酲顿解。”

(8) 由去掉、除掉引伸为拆除、卸掉。《儒林外史》第十六回：“过三日再不出，叫人来摘门下瓦。”如：～枪、～装、～零件。

(9) 由拆除、卸掉引伸为攻克。《战国策·齐策六》：“燕攻齐，取七十余城，唯莒、即墨不下。”《史记·陈涉世家》：“攻陈下之，杀庄贾。”

(10) 由攻克引伸为投降。《左传·僖公七年》：“国危矣，请下齐以救国。”《韩非子·十过》：“吾恐不能守矣，欲以城下，何国之可下？”

四、“下”：助词、量词

(1) 作为助词，用在动词后面。①表示动作的完成或结果。《水浒传》第三十六回：“兄弟已寻思下了，自有个所在。”《红楼梦》第七回：“等我送下林姑娘的花儿就回去。”②表示能容纳。如：这椅子坐得～三人，这屋子容得～两张大床。

(2) 作为量词。①表示动作的次数。《清平山堂话本·合同文字记》：“包相公交将老刘打了三十下。”《红楼梦》第四十七回：“只使了三分气力，向他脸上打了几下。”②指器物的容量。如：这么大的碗，一口气吃了三～。

前

前（歬）(qián) 是一个会意字。甲骨文字形，上面是一只脚，即“止”字；下面是一只船。金文字形与甲骨文大体相同，只是船的形状变了一些。秦篆字形就变成上“止”下“舟”的“歬”字。汉隶字形在秦篆基础上又一变，将“止”字下面一横拉长，上面变成“丷”字。“止”字下面的“舟”变成“月”，并增加“刀”字。汉隶的另一字形将“刀”变成“刂”，就成为现在的“前”字。从甲骨文字形所表达来看，“前”最初之义是人坐船在水上行走。《说文解字》：“歬，不行而进谓之歬。从止，在舟上。”后来演变成“前”字，其字形已经看不出它的最初之义了。

一、“前”：前进、方位

(1) 由坐船行走引伸为往前走、前进。《广雅·释诂二》：“前，进也。”《吴子·治兵》：“前却有节，左右应麾。”《史记·项羽本纪》：“项羽召见诸侯将，入辕门，无不膝行而前。”唐朝韩愈《左迁至蓝关示侄孙湘》：“云横秦岭家何在，雪拥蓝关马不前。”如：勇往直～、畏缩不～。

(2) 由前进引伸为表示方位、前方。《论语·子罕》：“瞻之在前，忽焉在后。”唐朝李白《望庐山瀑布》：“日照香炉生紫烟，遥看瀑布挂前川。”

(3) 由前方引伸为面前、跟前。《孟子 · 梁惠王上》：“便嬖不足使令于前与？”清朝陈恭尹《赠余客》：“眼前得丧等烟云，身后是非悬日月。”

(4) 由前方引伸为引导。《周易 · 系辞上》：“是兴神物，以前民用。”《礼记 · 士虞礼》：“祝前尸出户，踊如初。”郑玄注：“前，道（导）也。”

(5) 由前方引伸为时间在前。《尚书 · 盘庚下》：“古我先王，将多于前功。”陈子昂《登幽州台歌》：“前不见古人，后不见来者。”如：从～、～天、～功尽弃。

(6) 由时间在前引伸为在…之先，预先。《正字通 · 刀部》：“前，先也。”《周礼 · 天官 · 太宰》：“祀五帝……前期十日，帅执事而卜日。”《礼记 · 中庸》：“凡事预则立，不预则废。言前定则不跲（jiá），事前定则不困，行前定则不疚，道前定则不穷。”

(7) 由时间在前引伸为未来。如：～景、向～看。

二、“前（jiǎn）”同“剪”

《说文解字》对“前”字作另样的解释：“前，齐断也。”《说文解字》作的解释，是对后世出现的“前”字的字形所作的解释。即现在的“前”是“剪”字的初文。《字汇 · 刀部》：“前，即剪也。”

东

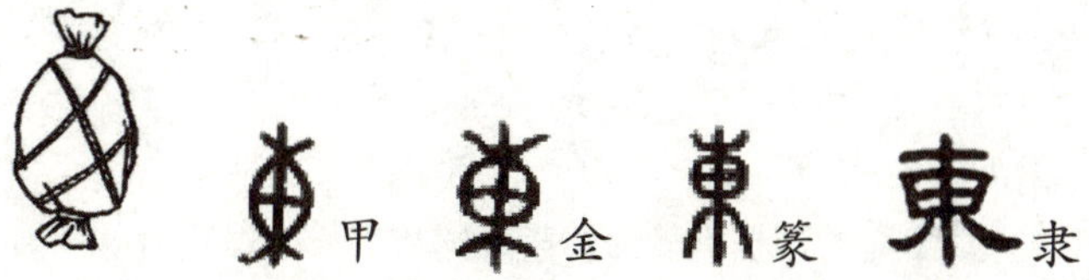

东（東）（dōng）是一个象形字。甲骨文字形，像一个上下打了结，里面装满东西的口袋形状，中间的“十”表示口袋内的东西。金文字形与甲骨文相同。秦篆字形在甲骨文、金文基础上符号化。汉隶字形在秦篆基础上进一步方块化，就成“東”字。后来字形简化成今天的“东”字。古代，人们出行要带装东西的布口袋。布口袋有两种：一种是一头有底，有底的口袋叫“囊”，与现在的口袋一样。一种是无底的口袋，装东西须用绳索将两端扎紧，这种无底的口袋叫“橐（tuò）”。甲骨文字形就像“橐”的形状。“東”最初之义应该是指“橐”这种装了东西的口袋。确切地说“東”是“橐”的初文。《汉语大字典》：“甲骨文象实物囊中括其两端之形，为‘橐’的初文。后世借为‘东西’、‘东方’之东。”

(1) 由装东西的口袋假借为指太阳升起的地方，即东方（其原因不明）。与“西“相对应。《尚书 · 禹贡》：“南至于华阴，东至于底柱。”唐朝杜甫《秋兴八首》之五：“西望瑶池降王母，东来紫气满函关。”如：～海、～边、～道主、声～击西。

(2) 由东方引伸为向东、东行。《左传 · 僖公三十二年》：“秦师遂东。”《战国策 · 东周策》：“大王勿忧，臣请东借救于齐。”周恩来《大江歌罢棹头东》：“大江歌罢棹头东，邃密群科济世穷。”如：大江～去。

(3) 由向东、东行引伸为指主人。在古代，主人的座位在东面，宾客的座位在西面。由此称主人为东。唐朝杜甫《偪仄行赠毕曜》：“东家蹇驴许借我，泥滑不敢骑朝天。”《儒林外史》第十三回：“马二先生做东，大盘大碗请差人吃着。”《红楼梦》第六十三回：“今日我还東，短一个也使不得。”如：房～、股～。

南

南（nán）是一个象形字，甲骨文字形，学术界认为是一个瓦制的乐器形状。上面的部分是吊挂乐器的钩环与绳索，下面是乐器的形状。大概像古代编钟的形状。金文字形与甲骨文相同，乐器的身体部位有更多的装饰线条，上面吊挂的钩环与绳索更漂亮。秦篆字形与金文相比，由于字形符号化的原因，乐器的身体部分变得不像了。汉隶字形在秦篆基础上进一步字形方块化，而成为现在“南”的字体。从甲骨文字形来看，“南”最初之义就是指一种瓦制的乐器。只是后来借为指南方。怎么借为指南方？这可能是因为南方的民族喜欢使用“南”这种瓦制的乐器演奏音乐，就用这种乐器來代指南方吧。徐中舒《甲骨文字典》：“唐兰以为古代瓦制之乐器，借为南方之称。”

一、“南”：乐器、乐曲

(1) 以乐器之称引伸为指古代南方少数民族用“南”演奏的音乐。《诗 · 小雅 · 鼓钟》：“以雅以南，不龠不僭。”毛传：“南夷之乐曰南。”《礼记 · 文王世子》：“胥鼓南。”郑玄注：“南，南夷之乐也。”

(2) 由用“南”演奏的音乐引伸为指南方的乐曲。《吕氏春秋 · 音初》：“禹行功，见涂山之女。禹未之遇，而巡省南土。涂山氏之女乃令其妾候禹于涂山之阳。女乃作歌。歌曰：‘候人兮猗！’实始作为南音。周公及召公取风焉，以为《周南》、《召南》。”

(3) 由南方乐曲的名称引伸为对《诗经》中的《周南》、《召南》的简称。《晋书 · 乐志上》：“周始二《南》，《风》兼六代。”清朝顾炎武《音学五书序》：“而休文作谱，乃不能上据《雅》、《南》，旁摭《骚》、《子》，以成不刊之典。”

二、“南”：南方

(1) 由于使用“南”演奏音乐的少数民族在南方，“南”就引伸为指南方。与北相对。《玉篇 · 市（fú）部》：“南，方名。”《诗 · 小雅 · 何人斯》：“胡不自北，胡不自南。”唐朝李白《长干行二首》：“五月南风兴，思君下巴陵。”

(2) 由南方引伸为向南走，向南移动。《周礼 · 地官 · 大司徒》：“日南，则景短，多署；日北，则景长，多寒。”《墨子 · 贵义》：“子墨子曰：‘南之人不得北，北之人不得南。’”

(3) 由向南走引伸为指南边的地方。《左传 · 成公九年》：“使与之琴，操南音。”杜预注：“南音，楚声。”《陈书 · 王固传》：“魏人以南人嗜鱼，大设罟网。”

(4) 由南边地方引伸为姓氏。《通志 · 氏族略三》：“又楚有子男氏，亦为南氏。是皆以字为氏者，或言晋高士居隐于南乡。此以乡为氏者。”

西   甲  金  篆  隶

西（xī）是一个象形字。甲骨文字形像一个鸟巢的形状。外边的线条表示巢的形状，中间的横竖线条表示巢的网状。金文字形变成上小下大的三角形，但仍能看出鸟巢的形状。秦篆字形有了很大的变化，下面的方形巢状还是能看出，上面增加了一条弯曲的线条，以表示长尾鸟。汉隶字形将鸟与巢融为一体，并进行字体简化，就成为现在的“西”字。从甲骨文字形来看，“西”最初之义是指鸟巢。应该说：“西”是“栖”的初文。《说文解字》：“西，鸟在巢上，象形。”商承祚《殷墟文字类编》：“今诸文正象鸟巢状。”远古时期，表示东南西北这些方向的字是很难造出的，祖先们就采用借字的方式来表示。由于鸟入巢之时正是太阳西落之时，就用鸟巢网状形状的“西”来表示太阳西落之西。这样，表示西方意思的字就造出来了。“西”应该说是被借来指西方的，这一借就成为“西”字的本义，“西”最初之义却丢失了，后人就造一个“栖”字来表示它的最初之义。《说文解字》：“西…日在西方而鸟栖，故因以为东西之西。”

（1）指太阳落下的方向。与“东”相对。《诗·大雅·桑柔》：“自西徂东，靡所定处。”《史记·历书》：“日归于西。”唐朝杜甫《义鹘行》：“其父从西归，翻身入长烟。”如：～边、～山、～域。

（2）由西方引伸为指西边的邻国。《左传·成公十三年》：“文公恐惧，绥静诸侯，秦师克还无害，则是我大造于西也。”杜预注：“言晋有成功于秦。”

（3）由指西边邻国引伸为指宋朝人称西夏为西。《宋史·苏辙传》：“顷者西人虽至，疆场之事，初不自言。”

（4）由指西边的邻国引伸为指西方传来的东西。《明史·天文志》：“古今中星不同，由于岁差，而岁差之说，中西复异。”鲁迅《彷徨·兄弟》：“我想还是去请一个西医来，好得快一点。”如：～服、～餐。

（5）由指西方引伸为向西、往西。《左传·僖公十五年》：“寡人之从君而西也。”《汉书·张良传》：“且布闻之，鼓行而西耳。”

北   甲  金  篆 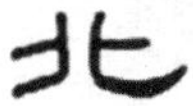 隶

北（běi）是一个会意字。甲骨文字形是两个人背靠背地站着。金文字形与甲骨文相同。秦篆字形也是相同，只是字形符号化了。汉隶字形有很大变化，已经看不出两人相背的形状。从甲骨文字形来看，“北”最初之义是指两人相背，其字音应该读“bèi”，是后来的“背”字的本字。《说文解字》：“北，乖也。从二人相背。”唐兰《释四方之名》：“北由二人相背，引申而有二义：一为人体之背，一为北方。”应该说由“人体之背”引伸为指“北方”，后来“北”就专指北（与“南”相对应），而人体之背的意思就另造一个“背”字来表达。

一、“北（bèi）”

(1) 由两人相背引伸为乖违，违背。《集韵·队韵》：“北，违也。”《战国策·齐策六》：“食人炊骨，士无反北之心，是孙膑、吴起之兵也。”

(2) 由相背引伸为指脊背。《睡虎地秦墓竹简·封诊式·贼死》：“某头左角刃痏一所，北（背）二所。”

二、“北（běi）”

(1) 古代军队打了败仗，士兵逃跑时的状态是背朝着追击的一方，由此“北”（背）引伸为指（军队的）败走。《玉篇·北部》：“军败走曰北。”《韩非子·五蠹》：“鲁人从君战，三战三北。”《孙子兵法·军争》：“佯北勿从。”

(2) 由军队的败走引伸为指逃兵、败兵。《庄子·则阳》：“逐北旬有五日而后返。”贾谊《过秦论上》：“秦有余力制其敝，追亡逐北，伏尸百万。”《汉书·高帝纪上》：“田荣归，沛公、项羽追北。”

(3) 北由军队败走引伸为指北方。远古华夏民族生活在中原，多与北方异族进行战争，当中原军队被打败时，其逃跑状态是面朝南方，而北（背）朝北方，由此就将这个“北”来指代北面的方向。《玉篇·北部》：“北，方名。”《诗·邶风·北门》：“出自北门，忧心殷殷。”《史记·项羽本纪》：“将军战河北，臣战河南。”毛泽东《沁园春·雪》：“北国风光，千里冰封，万里雪飘。”

(4) 北由指北的方向引伸为指臣服。中国地处北半球，太阳是从南方照射过来，面朝南方能获得更多光线，也易被别人看清楚，古代帝王为了让别人看见自己的威严形象，就坐北朝南；臣子面对君王行礼，就必须朝北下拜，因此把别人投降称臣叫“北面”、“北面而事”。《资治通鉴·汉献帝建安十三年》：“何不按兵束甲北面而事之？”

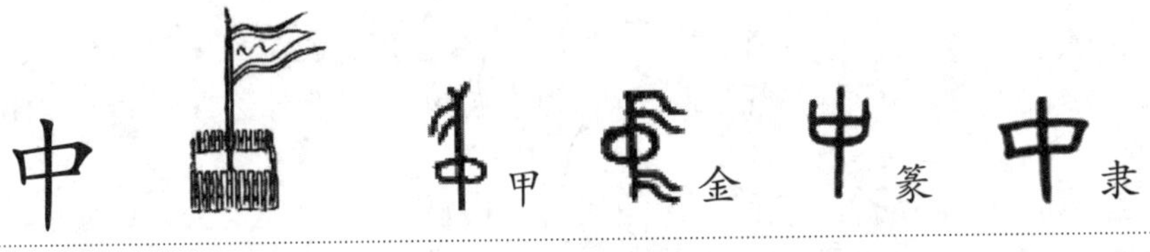

中（zhōng）是一个象形字。甲骨文字形，中间一竖是旗杆，旗杆头的“丫”形是装饰品，上面的两根斜线表示旗帜的飘带，下面的圆圈表示旗帜所竖立的场地。金文字形在甲骨文基础上有一些变化，把圆圈移到中间表示旗帜，上下各两条波浪线条表示旗帜的飘带，其波浪线条更突出旗帜的飘动形态。秦篆字形将字形简化，沿袭甲骨文字形，将旗帜的形状简化成叉形，用一竖表示旗杆所立之处在中间。汉隶字形沿袭秦篆进一步变化，成为现在的“中”字。从甲骨文字形来看，“中”最初之义为立旗杆于场地之中央，以便人群在此聚集。

一、“中”：方位

(1) 由立旗杆于场地之中央，以便人群在此聚集引伸为指范围的中央。《尚书·召诰》：“王来绍上帝，自服于土中。”孔传：“于地势正中。”《孟子·尽心》：“中天下而立，定四海之民。”《新书·属远》：“古者天子地方千里，中之而为都。”《孙子兵法·九地》：“击其尾则首至，击其中则首尾俱至。”如：居～、～堂、～位、～流砥柱。

(2) 由中央引伸为指中国的简称。如：古今～外、洋为～用、～日邦交。

（3）由中央引伸为指内、里面。《说文解字》：“中，内也。”《周礼·考工记·匠人》：“国中九经九纬。”郑玄注：“国中，城内也。”《论语·季氏》：“龟玉毁于椟中，是谁之过与？”《淮南子·原道》：“故机械之心藏于胸中。”高诱注：“藏之于胸臆之内。”如：家～、其～、水～捞月、外强～干。

（4）由内，里面引伸为指人的内心。《战国策·赵策一》：“夫知伯为人也，粗中而少亲。”高诱注：“言心粗也。”《史记·乐书》：“四畅交于中而发作于外。”张守节《史记正义》：“中，心也。”东汉曹操《短歌行》：“忧从中来，不可断绝。”

（5）由人的内心引伸为身体的内脏。《素问·阴阳类论》：“五中所主，何藏最贵？”王冰注：“五中，谓五藏。”《史记·扁鹊仓公列传》：“众医皆以为风入中，病主在肺。”

（6）由内脏引伸为指身体。北魏杨衒之《洛阳珈蓝记·崇真寺》：“造一切经，人中金像十躯。”

二、“中”：正

（1）由中央引伸为正，不偏不倚。《周礼·地官·大司徒》：“以五礼防万民之伪，而教之中。”贾公彦疏：“使得中正也。”《晏子春秋·内篇问上十六》：“衣冠不中，不敢以入朝。”张纯一注：“中，正也。”

（2）由不偏不倚引伸为指一半。《广韵·东韵》：“中，半也。”《左传·庄公七年》：“夜中，星陨如雨。”杜预注：“夜中，夜半也。”《列子·力命》：“得亦中，亡亦中。”张湛注：“中，半也。”

（3）由半引伸为指中等。《韩非子·难势》：“中者，上不及尧、舜，而下亦不为桀、纣。”《汉书·文帝纪》：“百金，中人十家之产也。”颜师古注：“中，谓不富不贫。”

（4）由半引伸为指处两者之间的位置，媒介、中介。《谷梁传·桓公九年》：“为之中者，归之也。”范甯集解：“中，谓关与婚事。”《说苑·尊贤》：“士不中而见，女无媒而嫁。”

三、“中（zhòng）”：恰当

（1）由中央引伸为恰当、得当。《广韵·送韵》：“中，当也。”《论语·子路》：“刑罚不中，则民无所错手足。”《汉书·成帝纪》：“朕涉道日寡，举错不中。”颜师古注：“中，当也。”

（2）由恰当、得当引伸为正对上、恰好合上。《左传·定公元年》：“未尝不中吾志也。”《礼记·月令》：“律中大蔟。”郑玄注：“中，犹应也。”如：百发百～。

（3）由正对上引伸为科举及第。《警世通言·杜十娘怒沉百宝箱》：“好读书，好科举，好中，结末来又有个小小前程结果。”《儒林外史》第二回：“这王大爷就是前科新中的。”

（4）由恰好合上引伸为遭受。《素问·风论》：“饮酒中风，则为漏风。”《后汉书·马援传》：“会署甚，士卒多疫死，援亦中病。

先（xiān）是一个会意字。甲骨文字形，下面是一个向右侧着身子的人，上面是一只脚，中间有一横，表示前面一人的后脚与后面人紧挨着。整个字形表示前一个人走在后一个人的前面。金文字形与甲骨文相同。秦篆字形因字形符号化变得不像了，上面的“止”字变成“㞢

（‘㞢’同‘之’）”，下面的人变得不像人形。汉隶字形在秦篆的基础上进一步变成了“先”字。从甲骨文字形来看，“先”最初之义是一个人走在另一个人前面。

一、“先”：前

(1) 由一个人走在另一个人前面引伸为次序在前。《左传·隐公十一年》：“颍叔考取郑伯之旗蝥（máo）弧以先登。”《战国策·齐策四》：“冯谖先驱。”如：争～恐后。

(2) 由次序在前引伸为时间先后。《周易·坤》：“先迷后得。”《左传·宣公二年》：“会请先，不入，则子继之。”唐朝韩愈《师说》：“闻道有先后，术业有专攻。”如：～礼后兵。

(3) 由时间先后引伸为指事情或行为发生在前。《汉书·食货志下》：“先是十余岁，河决，灌梁、楚地，固已数困。”宋朝范仲淹《岳阳楼记》：“先天下之忧而忧，后天下之乐而乐。”

(4) 由事情或行为发生在前引伸为占先。《孟子·告子下》：“疾行先长者，谓之不弟。”清朝王鸣盛《十七史商榷·三国志四》：“袁绍欲迎献帝不果，遂为曹操先。”

(5) 由事情或行为发生在前引伸为引导、倡导。《管子·权修》：“明智礼，足以教之，上身服以先之。”尹知章注：“所以率先天下也。”宋朝王安石《本朝百年无事札子》：“躬以简俭为天下先。”

(6) 由事情或行为发生在前引伸为首要事情。《礼记·学记》：“故古之王者，建国君民，教学为先。”《吴子·治兵》：“用兵之道何先。”

二、“先”：古代，长辈

(1) 由时间先后引伸为指古代的。《诗·商颂·那》：“自古在昔，先民有作。”毛传：“昔日先民。”《礼记·祭义》：“祀先贤于西学。”《后汉书·班彪传附班固》：“拥千载之任，蹑先圣之踪。”

(2) 由古代的引伸为先祖。《史记·蒙恬列传》：“蒙恬者，其先齐人也。”司马迁《报任安书》：“太上不辱先，即次不辱身。”《汉书·礼乐志》：“丧祭之礼废，则骨肉之恩薄，而背死忘先者众。”颜师古注：“先者，先人。谓祖考。”

(3) 由先祖引伸为称呼已去世的尊长。《国语·鲁语下》：“（敬姜）对曰：‘吾闻之先姑。’”韦昭注：“夫之母曰姑，殁曰先姑。”《汉书·眭弘传》：“先师董仲舒有言。”如：～父、～烈。

(4) 由对去世之人尊称引伸为对人称呼，即“先生”。《汉书·梅福传》：“夫叔孙先非不忠也。”颜师古注：“先犹言先生也。”宋朝陈亮《乙巳春书》之二：“如亮之本意，岂敢求多于儒先。”

后

甲　金　篆　隶

“后”字出现很早，甲骨文、金文都有“后”字。甲骨文字形，上面是一个蹲着的人，下面是一个的小孩（婴儿）。表示女人生育孩子。后来金文将甲骨文字形变成“后”字，秦篆、汉隶字形与金文同。金文的“后”出现后，就借为指君王。《尔雅·释诂》：“后，君也。”《楚辞·离骚》：“昔三后之纯粹兮，固众芳之所在。”王逸注：“后，君也。谓禹、汤、文王也。”

（1）由君王引伸为帝王的妻子。《释名·释亲属》：“天子之妃曰后。”《白虎通·嫁娶》：“天子之妃谓之后。”明朝李梦阳《秋怀》：“苑西辽后洗妆楼，槛外芳湖静不流。”

（2）由君王引伸为诸侯。汉朝张衡《东京赋》：“于是孟春元日，群后旁戾。”唐朝柳宗元《封建论》：“周有天下，裂土田而瓜分之，设五等，邦群后。”

（3）由诸侯引伸为古代官长。五代徐锴《说文系传通论》：“古谓官长曰后。”清朝魏源《默觚下·治篇八》：“得一后夔，天下无难正之五音。”

（4）由古代官长引伸为指土神。《楚辞·九章·橘颂》：“后皇嘉树，橘徕服兮。”王逸注：“后，后土也。”

後

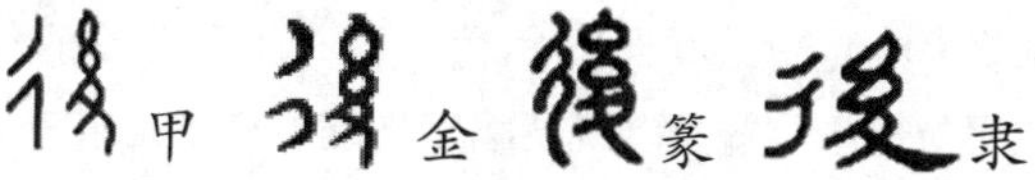

後（后）（hóu）是一个会意字。甲骨文字形，左边是一个“彳”，表示道路；右边的上面是绳索的符号，下面是“夂（zhǐ）”，表示脚形，从“夂”的方向来看，绳索在脚的后面，并连着脚。整个字形表示用绳索拉住人的脚，不让人快步往前走。金文字形与甲骨文相同，笔画更圆润。秦篆字形与甲骨文、金文相同，只是符号化了。汉隶字形则有变化，绳索成“幺”字，仍表示绳索。整个字形成为繁体字“後”字，后来字形简化成了“后”字。从甲骨文字形来看，“後”最初之义是不让人快步往前走。林义光《文源》：“夂象足形，足有所系，故後不得前。”

一、“後”：后面

（1）由不让人快步往前走引伸为落在后面。《论语·雍也》：“非敢後也，马不进也。”《韩非子·喻老》：“赵襄王学御于王於期，俄而与於期逐，三易马而三後。”

（2）由落在后面引伸为位置在后。与“前”相对。《玉篇·彳部》：“後，前後。”《左传·昭公二十三年》：“塞其前，断其後。”《晋书·鲁褒传》：“处前者为君长，在後者为臣仆。”

（3）由位置在后引伸为次序靠近末尾。如：～排、～三名。

二、“後”：晚

（1）由落在后面引伸为时间较晚。与“先”、“前”相对。《说文解字》：“後，迟也。”《广雅·释诂三》：“後，晚也。”《仪礼·有司徹》：“兄弟之後生者，举觞于其长。”郑玄注：“後生，年少也。”宋朝陆游《小舟游近村舍舟步归》：“死後是非谁管得，满村听说蔡中郎。”

（2）由时间晚引伸为子孙、后代。《三国志·蜀志·诸葛亮传》：“汉司隶校尉诸葛丰後也。”晋朝陶潜《命子》：“三千之罪，无後为急。”

（3）由时间晚引伸为指将来、未来。《孝经·开宗明义章》：“立身行道，扬名于後世。”《吕氏春秋·长见》：“知古则可知後。”高诱注：“後，来也。”晋朝王羲之《兰亭集序》：“後之视今，亦犹今之视昔。”

内

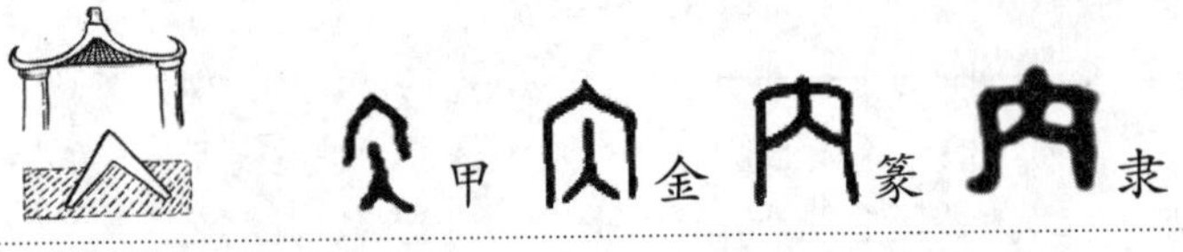

内（nèi）是一个会意字。甲骨文字形，上面是一个房屋，下面看似是一个人，其实是个“入”字。“入”的甲骨文字形是一个锐角形的尖头，前面尖头较长，易误认为是“人”字。用“入”的形状表示刺入物体，用房屋的内来比喻物体的内，整个字形就表达出由外而入内的意思。金文字形的“入”字形体，前面的尖角突出，入内的意思更明确。秦篆字形符号化了，为了强调其尖头之尖，使“入”字的尖头冲出屋顶。汉隶字形与秦篆相同，只是字形方块化了。从甲骨文字形来看，“内”最初字义是表示尖头进入屋（物）内。《汉语大字典》：“林义光《文源》以为金文‘从宀、入’，象入屋中之形。”《说文解字》：“内，入也…自外而入也。”桂馥《说文解字义证》：“凡自外入为内，所入之处亦为内。”

一、“内”：内室

(1) 由进入屋内引伸为指房屋的内室。《诗·唐风·山有枢》：“子有廷内，弗洒弗帚。”《汉书·晁错传》：“先为筑室，家有一堂二内。”

(2) ①由房屋的内室引伸为指皇宫。《古今韵会举要·队韵》：“天子宫禁谓之内。”《周礼·天官·序官》：“内宰。”郑玄注：“内宰，宫中官之长。”唐朝白居易《长恨歌》：“西宫南内多秋草，落叶满阶红不扫。”② 由皇宫引申指朝廷。《史记·汲郑列传》：“（汲黯）以数切谏，不得久留内，迁东海太守。”《水浒全传》第八十二回：“太尉见说，随即便入内里，奏知天子。”

(3) 由内室引伸为指妻、妻妾（妻主内，夫主外）。宋朝欧阳修《南阳县君谢氏墓志铭》：“出其哭内之诗而悲曰：‘吾妻谢氏亡矣。’”《西游记》第六十回：“江湖中说你是条好汉，原来是个惧内的庸夫。”

(4) 由妻妾引伸为泛指女色。《左传·僖公十七年》：“齐侯好内。”《隋书·王充传》：“时充又知帝好内，乃言江、淮家有美女，并愿备后庭。”

(5) 由女色引伸为指亲近。《周易·泰》：“内君子而外小人。”《管子·法法》：“正言直行之士危，则人主孤而毋内。”

二、“内”：里面

(1) 由外而入引伸为里面。表示与“外”相对。《广雅·释言》：“内，里也。”唐朝韩愈《鳄鱼文》：“四海之外，六合之内，皆抚而有之。”

(2) 由里面引申指人身体的里面，内脏、脏腑。《文选·枚乘〈七发〉》：“扁鹊治内。”《伍子胥变文》：“忽忆父兄枉被诛，即得五内心肠乱。”《红楼梦》第七十三回：“登时四肢五内，一齐皆不自在起来。”

(3) 由内脏引伸为心里、内心。《论语·里仁》：“见贤思齐焉，见不贤而内自省也。”唐朝白居易《六年春赠分司东都诸公》：“我为同州牧，内愧无才术。”如：～疚。

三、“内（nà）”

左安民《细说汉字》：“入内即为‘纳’，所以‘内’的本义为‘纳’。”《孟子·万章上》：“思天下之民匹夫匹妇有不被尧、舜之泽者，若己推而内之沟中。”《史记·秦始皇本纪》：“百姓内粟千石，拜爵一级。”

外

甲

金
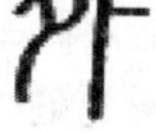
篆
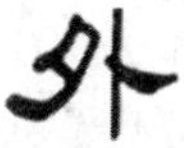
隶

外（wài）是一个会意字。甲骨文字形是一个“卜”字（右边的这一点，在甲骨文中是朝上的，在金文、秦篆中变成一横，汉隶变成朝下）。“卜”的本义就是“占卜”。《说文解字》：“卜，灼剥龟也，象灸龟之形。一曰象龟兆之纵横也。”《说文解字》这段文字说的是：远古时期先人们进行占卜，是把乌龟的甲壳刮光，放到火上烤，这样龟甲就会出现或纵或横的裂纹，人们根据这种裂纹进行分析，判断未来是凶还是吉。金文字形在甲骨文基础上加了一个“月”字作偏旁。表明古人是在月亮升起以后进行占卜的。秦篆字形则将“月”变作“夕”，并作为偏旁，成为现在的“外”字。汉隶与秦篆相同。从甲骨文字形来看，“外”最初之义就是指占卜。后来金文字形增加了“月”字旁，就专指在月下占卜之事。《说文解字》：“外，远也。卜尚平旦，今夕卜，于事外矣。”《说文解字》之意解释为：占卜本应在平旦（清晨）时候进行，来预测当天所发生之事；现在却在当天傍晚（夕）的时候进行，所进行的占卜对当天所发生之事就失去预测作用，这就是《说文解字》提出的“于事外矣”。《说文解字》“外，远也”，应该是“外”最初之义的进一步引申。

一、“外”：外面

（1）最初引申义是指某种界限或一定范围的外边。即“于事外矣”。《仪礼·士丧礼》：“主人出门迎于外门外。”唐朝白居易《读张籍古乐府》：“风雅比兴外，未尝著空文。”如：室～、城～、野～、关～、海～、郊～、塞～、国～、援～、五步之～、九霄云～。

（2）由指某种界限或一定范围的外边引伸为指处于……之外。《晋国·晋语六》：“今吾刑外乎大人，而忍于小人，将谁行武？”韦昭：“外者，刑不及也。”宋朝罗大经《鹤林玉露》卷三：“夫拙之所在，道之所存也，诗文独外是乎？”

（3）由处于……之外引伸为外表、外层。与“内”、“里”、“中”相对。《广雅·释诂四》：“外，表也。”《周易·兑》：“刚中而柔外，说以利贞。”唐朝韩愈《答殷侍御书》：“愧生于中，颜生于外，不复自比于人。”如：里里～～。

（4）由外表、外层引伸为指外国。《周礼·夏官·大司马》：“暴内陵外，则坛（坛，囚禁于郊野之地）之。”郑玄注：“内谓其国，外谓诸侯。”唐朝元稹《何满子歌》：“古者诸侯飨外宾，《鹿鸣》三奏陈圭瓒。”

（5）由外层引伸为指外卦，即重卦的上三爻。《周易·否》：“（象曰）内阴而外阳，内柔而外刚。”《左传·僖公十五年》：“蛊之贞，风也；其悔，山也。”杜预注：“外卦为贞，内卦为悔。”

二、“外”：其它

（1）由处于……之外引伸为另外、其它、别的。《孟子·滕文公下》：“外人皆称夫子好辩，敢问何也？”赵岐注：“外人，他人，议论者也。”《论衡·案书》：“《国语》，《左氏》之外传也。”如：～加、～一首。

（2）由另外、其它、别的引伸为指非正式的、不正当的。《古烈女传·贤明·宋鲍女宗》：“鲍苏仕卫三年而娶外妻，女宗养姑愈敬。”如：～史、～号、～妇、～室。

(3) 由非正式引申指传统戏曲角色行当。即元曲中的外末、外旦、外净等次要角色。元朝关汉卿《窦娥冤》第三折："外扮监管上。"

(3) 由非正式引伸为指非自己所在、所属的。如：～埠、～族、～姓、～单位。

(4) 由非自己所在、所属的引申指女方。由于汉民族风俗是男为本族，女为外族，所以称母家、妻家和女儿家的亲属为外。如：～祖母、～甥、～孙女。

(5) 由于汉民族风俗是男主外，女主内。因此古代妻子称丈夫为外。清朝钱大昕《恒言录》卷三："夫妇相称曰外内。"鲁迅《伪自由书·内外》："古人说内外有别，道理各各不同，丈夫叫'外子'，妻叫'贱内'。"

三、"外"：疏远

(1) 由处于……之外引伸为关系疏远。《荀子·法行》："曾子曰：'无内人之疏而外人之亲，无身不善而怨人，无刑以至而呼天。'"郭沫若《百花齐放·石榴花》："来到了中国，我们并没有见外。"如：见～、～人。

(2) 由关系疏远引伸为疏远（动词）。《周易·否》："内小人而外君子，小人道长，君子道消也。"《荀子·王霸》："人主则外贤而偏举，人臣则争职而妒贤，是其所以不合之故也。"杨倞注："外贤，疏贤也。"

(3) 由疏远引伸为排斥、推卸。《公孙龙子·坚白论》："坚、白、石不相外，藏三可乎？"宋朝陈亮《与应仲实孟明》："退而求之，敢外其责。"

(4) 由排斥引伸为鄙弃、抛弃。《吕氏春秋·有度》："有所通，则贪污之利外矣。"高诱注："外，弃也。"三国魏嵇康《与山巨源绝交书》："吾顷学养生之术，方外荣华，游心于寂寞，以无为为贵。"

(5) 由鄙弃、抛弃引伸为背离、背叛。《管子·版法》："骤令不行，民心乃外。"尹知章注："外，有外叛之心。"《史记·赵世家》："群臣皆有外心。"

第三章 指示代词

此、其、它、谁、尔

此 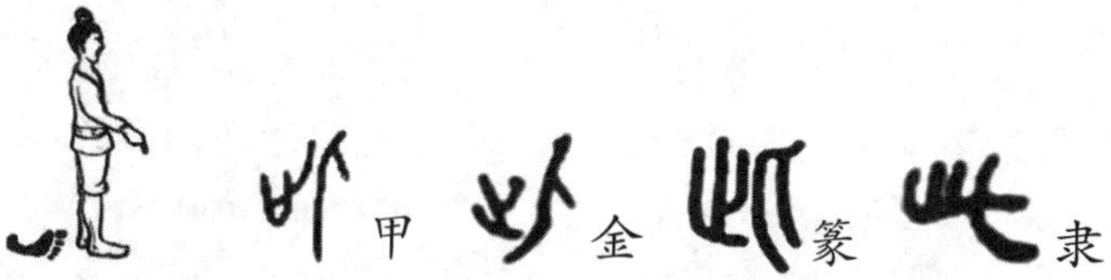

此(cǐ)是一个会意字。甲骨文字形，左边是一人的脚趾形，右边是一个面朝右站立的人。两个字形和在一起，表示脚趾这个位置，是人所站立的地方。金文字形与甲骨文大体相同，只是左边的脚趾形变成了“止”字。“止”就是“趾”的初文。秦篆字形与金文相同。汉隶字形将右边人的站立之形变成了“匕”字。就成为现在的“此”字。从甲骨文字形来看，“此”最初之义是指人站立的地方。《说文解字》：“此，止也。从止，从匕。”林义光《文源》：“此者，近处之称。近处即其人所止之处也。”

(1) 由于字形明确地表达出“这”的含义。因此就引伸为“这”、“这个”，与“彼”对举来表示。《尔雅·释诂下》：“兹，此也。”邢昺疏：“此者，对彼之称，言近在是也。”《诗·周颂·振鹭》：“在彼无恶，在此无斁（yì，厌弃）。”《史记·河渠书》：“井渠之生自此始。”

(2) 由“这”、“这个”引伸为“如此”、“这般”。《诗·小雅·苕之华》：“知我如此，不如无生。”北周庾信《哀江南赋》：“天何为而此醉！”明朝王世贞《过长平作长平行》：“世间怪事那有此，四十万人同日死。”

(3) 由“如此”、“这般”引伸为必然，再引伸为乃、则。《礼记·大学》：“有德此有人，有人此有土，有土此有财，有财此有用。”《后汉书·黄瓊传》：“必待尧、舜之君，此为志士终无时矣。”

其 

其（qí）是一个象形字。甲骨文字形就是一个撮箕形状。上面是撮箕口，中间的叉表示撮箕的底面，外面的曲线表示撮箕外围形状。金文字形与甲骨文相似，只是增加一个基座“丌”（jī），以表其声。秦篆字形与金文相似。汉隶字形则在秦篆基础上，将分开的两部分融合成一个整体，成为“其”字。从甲骨文字形来看，“其”最初之义就是指撮箕。“其”是“箕”的初文。这是因为“其”在后来的语言运用中被挪用为人称代词、语气副词等，就必须造一个表示撮箕的字，于是在“其”字的基础上加上一个竹头，成为一个新字“箕”。由于撮箕是用竹子编织而成的，“竹”就成为表意的偏旁，而“其”反而成了表声的偏旁，即形声字。但是为了区别“其”与“箕”的读音，就将“箕”的读音改为“jī”。《说文解字》：“其，籀文箕。”

一、“其（qí）”：代词、副词、连词

(1)“其”作代词。①表示第三人称。韩愈《师说》：“余嘉其能行古道，作《师说》以贻之。”②作指示代词，“这”、“那”。《庄子·山木》：“其一能鸣，其一不能鸣，请奚杀？”

(2)“其”作副词。①表示揣度，相当“也许”。《左传·成公三年》：“王送知罃曰：‘子其怨我乎？’”唐朝柳宗元《封建论》：“势之来，其生人之初乎！”②表示祈使。《左传·隐公三年》：“吾子其无废先君之功！”唐朝李公佐《南柯太守传》：“子其寝矣，余将秣马濯足，俟子小愈而去。”③表示反诘，相当于“岂”、“难道”。《左传·僖公五年》：“晋不可启，寇不可玩，一之谓甚，其可再乎？”④表示时间，相当于“将”。《尚书·微子》：“今殷其沦丧。”《管子·小匡》：“教训不善，政事其不治。”

(3)“其”作连词。①表示假设关系，相当于“若”、“如果”。王引之《经传释词》：“其，犹若也。”宋濂《送东阳马生序》：“其业有不精，德有不成者，非天质之卑，则心不若余之专耳，岂他人之过哉。”②表示选择关系，相当于“或者”。《庄子·养生主》：“天与，其人与？”韩愈《祭十二郎文》：“呜呼！其信然耶？其梦耶？其传之非其真耶？”

(4)“其”作助词。附在形容词前，起到强调作用。《诗·邶风·北风》：“北风其凉，雨雪其雱。”《楚辞·离骚》：“路曼曼其修远兮，吾将上下而求索。”

(5)“其”通“期”。《字汇补·八部》：“其，借作期。《战国策》：‘其于成事而已。’”《周易·系辞》：“死其将至。”

二、“其（jī）”：作通假字

(1)通“箕”。由于其挪作代词、副词等，古文献中有时在表示箕义时，却写成“其”，于是其通“箕”。

(2)通“期”，表示周年。《墨子·非儒下》：“丧，父母三年，妻、后子三年，伯父、叔父、弟兄、庶子其，戚、族人五月。”

(3)其（jī）通“基”，表示谋虑。《字汇补·八部》：“其，又与基同，谋也。”《礼记·孔子闲居》：“夙夜其命宥密，无声之乐也。”郑玄注：“基，谋也；密，静也。言君夙夜谋为政教以安民，则民乐之。”

它

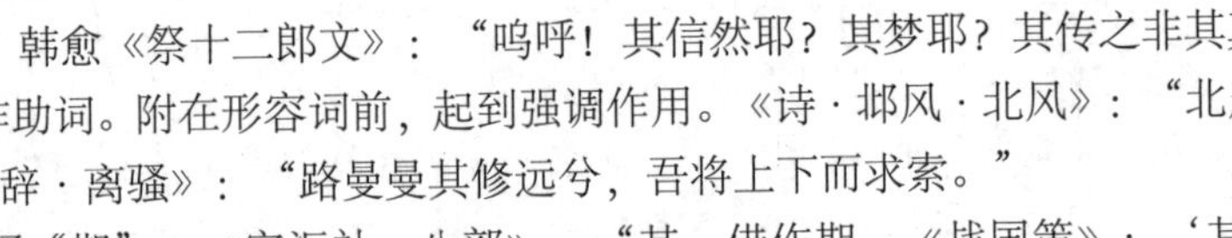

它（tā）（旧读“tuō”）是个象形字。甲骨文字形，上部是头（三角形的蛇头），下部是细长、弯曲的身子（蛇身）。金文字形重在画蛇的头，蛇头上的一竖是蛇的舌头；蛇身粗短，仍然能看出，蛇头在上，蛇身在下的样子。秦篆字形与金文相似。只是字形符号化了。汉隶字形在秦篆基础上进一步字形方块化，就成为今天的“它”字。从甲骨文字形来看，“它”就是指蛇。“它”是“蛇”的本字。《说文解字》：“它，虫也。从虫而长，象冤曲垂尾形。”《玉篇·它部》：“它，蛇也。”后来世人为了表示蛇是属于虫类，就在“它”的左边加上“虫”，就成为“蛇”。“蛇”字出现后，“它”就被用来表达“其他”之义。它（tuō）何以借作代词“它”（tā）。《说文解字》说：“上古艸（草）居患它（蛇），故相问无它乎。”这说明上古时期，人们居住在水草边，蛇多出没，常常被咬伤，因此人们见面时，总要相互问候一下：有它（蛇）吗？后来，人们的生存的环境好些了，蛇已不构成对人的威胁。人们还是习惯性的问候：有“它”吗？这时问的“它”已不是蛇了，而是其他的忧患事情。“它”的含义就在人们的习惯性的问候中，就从指“蛇”演变成指“其他事物”了。读音也由“tuō”变成读“tā”。

（1）作代词“他”。段玉裁《说文解字注》：“它，其字或叚（假借）佗为之，又俗作他。”徐灏《说文解字注笺》：“古无他字，假它为之，后增“亻”旁作佗而隶变为他。”

（2）表示指称，相当于“别的”、“其他的”。《诗·小雅·鹤鸣》：“它山之石，可以为错（磨制的玉石）。”

（3）表示第三人称，兼指物；现在专指人以外的事物。明朝刘兑《娇红记》：“它怎么不答应就回去了！”鲁迅《花边文学·安贫乐道法》：“事实是毫无情面的东西，它能将空言打得粉碎。”如：～们。

（4）虚指。如：干～一会儿，玩～一会儿，吃～一顿。

谁

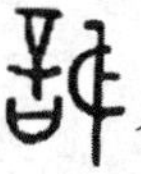
金

篆

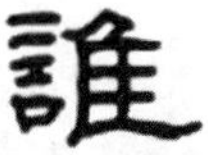
隶

谁（誰）（shuí）（sheí）是一个会意、形声字。金文字形，左边是个“言”字，右边是个鸟形状（由于字形符号化而不太像鸟）。秦篆字形，变成左边是“言”，右边是“隹（zhuī）”，合起来成为“誰”字。汉隶字形与秦篆相同。从金文字形来看，“谁”最初之义是鸟在鸣叫。此义还可从“雔（chòu）”字证明，“雔”，表示两只鸟在对着叫。

（1）由鸟在鸣叫引伸为指人模仿鸟叫之声来表达呵斥、询问之意。《说文解字》：“谁，何也。”段玉裁《说文解字注》：“三字（‘谁何也’）为句，各本少‘谁’字（变成‘谁，何也’），误删之也。”段玉裁的注解表明：许慎对“谁”的解释，不是“谁，何也”，而是“谁，谁何也”。“谁何也”的“谁”在句中有明确的意思，是表呵斥的象声词。《说文解字》：“谁，何也。”表明“谁”这个字既有“何”的询问之义，又有“谁”的呵斥之义，只是呵斥之义是通过“谁”的语音表达出来的，这个呵斥之声就像某种鸟叫之声。段玉裁引注“贾谊书‘陈厉兵而谁何’”，来证明“谁”的呵斥之义。朱骏声《说文通训定声》：“谁，呵问之词也。”王筠《说文句读》：“谁，何也，谓责问之也。”

（2）由呵斥、询问引伸为疑问。代词。①指某个人、某些人，相当于“哪个”《诗·邶风·简兮》：“云谁之思，西方美人。”《论语·子罕》：“吾谁欺？欺天乎！”《孟子·梁惠王上》：“王往而征之，夫谁与王敌？”如：～个、～～、他是～、～见过、～是～非、鹿死～手。②指事物，相当什么。《论语·微子》：“鸟兽不可同群，吾非斯人之徒与而谁欤？”《吕氏春秋·贵信》：“凡人主必信，信而又信，谁人不亲？”高诱注：“谁，犹何也。”毛泽东《念奴娇·昆仑》：“千秋功罪，谁人曾与评说。”如：～边。

(3) 谁由疑问引伸为反问，表示难道。副词。《汉书·贾谊传》：“一动而五业附，陛下谁惮而久不为此？”唐朝白居易《与梦得沽酒闲饮且约后期》：“少时犹不忧生计，老后谁能惜酒钱？”

(4) 由表反问的副词引伸为无意思的助词。《尔雅·释训》：“谁昔，昔也。”郭璞注：“谁，发语词。”《诗·陈风·墓门》：“知而不已，谁昔然矣。”郑玄笺：“谁昔，昔也。”

尔

尔(爾)(ěr)是一个象形字。甲骨文字形，从整体来看像一个圆形的网架子，上面是架盖，下面是网架，网架上面的短斜线，表是蚕子，它们依附在架子上准备吐丝。金文字形的网架上有许多像篱笆一样的交错斜线，以表示是蚕吐的丝，这些丝缠绕在架子上。秦篆字形沿袭金文，只是字形的笔画圆润一些。汉隶字形沿袭秦篆，由于字形方块化就成为“爾”字了。后来将“爾”简化成“尔”字。从甲骨文字形来看，“尔”最初之义是指蚕在架子上吐丝结茧的形状。

一、“尔（爾）”：倒垂的花朵

(1) 金文秦隶字形被误认为是倒垂的花朵，由此引伸为指花朵繁茂的样子。也作“薾”。《诗·小雅·采薇》：“彼爾维何？维常之华。”毛传：“爾，华盛貌。”《说文解字·艸部》的“薾”下引《诗经》作“彼薾维何”。

(2) 由于花朵引伸为疏朗。《说文解字》：“尔，丽尔，犹靡丽也。此与爽同意。”《说文解字》是根据秦篆字形解释的。徐锴系传：“丽尔，历历然希疎（稀疏）点缀见明也。”。

二、“尔”：代词

(1) 在后世被借为作代词。表示“如此”、“这样”。《六书故·数》：“如是之合为尔。”清朝王引之《经传释词》卷七：“尔，犹‘如此’也。”《孟子·告子上》：“福岁，子弟多赖；凶岁，子弟多暴，非天之降才尔殊也。其所以陷溺其心者然也。”唐朝李白《战城南》：“士卒涂草莽，将军空尔为。”

(2) 由如此、这样引伸为指近处，后世写成“迩”。《篇海类编·著卜类·爻部》：“尔，近也。又同迩。”《周礼·地官·肆长》：“实相近者相尔也。”郑玄注：“尔，亦近也。”宋朝苏轼《和杂诗十一首》：“尔来宁复见，鸟道度太白。”

(3) 由近指引伸为一般的指称，相当于“彼”、“此”。裴学海《古书虚字集释》卷七：“尔，犹彼也。”《诗·周颂·思文》：“无此疆尔界，陈常于时夏。”

(4) 由一般的指称引伸为指第二人称“你”。古代称“汝”。《小尔雅·广诂》：“尔，汝也。”《诗·卫风·氓》：“尔卜尔筮，体无咎言，以尔车来，以我贿迁。”唐朝白居易《重赋》：“夺我身上暖，买尔眼前恩。”

三、“尔”：叹词

“尔”被借为作叹词。表示答应。《古诗为焦仲卿妻作》：“媒人下床去，诺诺复尔尔。”

四、“尔”：语气词

“尔”被借为作语气词。相当于“罢了”。《盐铁论·论功》：“其以强为弱，以存为亡，一朝尔也。”唐朝刘禹锡《祭柳员外文》：“意君所死，乃形与质尔。”

五、“尔”：助词

（1）被借为作助词。用在句中。《诗·邶风·雄雉》：“百尔君子，不知德行。”《诗·鄘风·载驰》：“百尔所思，不如我所之。”

（2）用在形容词、副词后表示“然”。《论语·子罕》：“如有所立，卓尔。”《论语·阳货》：“夫子莞尔而笑。”

第四章 动词合集

牧、养、侵、驭、斗、能、力、争、执、折、告、吹、示、召、奋、得、成、败、采、长、益、行、进、出、逆、来、回、去、各、归、入、飞、降、沉、啟(启)、承、奉、获、教、忘、生、死、令、命、立、干、分、析、贯、申、解、交、化、介、参、为、依、伏、俘、服、孚、作、休、像、受、辟、夹、弄、报、扶、秉、悬、印、改、临、兴、坐、饮、舂、要、突、夺、索、取、弃、欠、集、舍、舀

牧（mù）是一个会意字。甲骨文字形，左边是一只手举着一根木棍；右边是一个牛头的形象，顶部两条对称弯曲线条表示牛的角，下面左右对称的短斜线表示牛的耳朵，中间直线表示牛的头部。古人就用牛的头部形状来代指牛。甲骨文字形表示用棒驱赶牛。金文字形与甲骨文大体相同，只是表示耳朵的斜线变成一横，字形的左右位置发生互换。秦篆在金文基础上字形符号化了，左边牛头变成“牛”字，右边变成了“攴（pū，敲打）”字。其意相同。汉隶字形在秦篆基础上进一步变化，左边变成“牜（‘牜’是‘牛’的偏旁字）”；右边变成“攵”字，“攵”与“攴”同义，就成了现在的“牧”字。从甲骨文字形来看，“牧”最初之义就是放养牛。大概牛较早地被我们的祖先驯化了，成为人的牧养对象。“牧”后来就泛指放养其他牲畜。

(1) 有放养牲畜之义。《玉篇·牛部》：“牧，畜养也。”《孟子·公孙丑下》：“今有受人之牛羊而为之牧养之者。”唐朝杜甫《新安吏》：“掘壕不到水，牧马役亦轻。”

(2) 由牧牲畜引伸为牧人，即统治、主管。《方言》卷十二：“牧，司也。”《管子·牧民》：

“凡有地牧民者，务在四时，守在仓廪。”《古今韵会举要·屋韵》：“牧，治也。”《国语·鲁语上》：“且夫君也者，将牧民而正其邪者也。”

(3) 由牧人引伸为指教养，修养。《广雅·释诂一》：“牧，养也。”《周易·谦》：“谦谦君子，卑以自牧也。”王弼注：“牧，养也。”清朝李伯元《庚子国变弹词》第二十六回：“李总管家承恩久，两字莲英是彼名，外貌谦恭卑自牧，慈宫赞彼有忠心。”

(4) 由牧人引伸为监察、监临。《方言》卷十二：“牧，察也。”《小尔雅·广言》：“牧，临也。”《鬼谷子·反应》：“见其情，随而牧之。”俞樾注：“此牧字当训察。”《白虎通·封公侯》：“使大夫往来牧诸侯，故谓之牧。”

(5) ①由牧人，主管引伸为指古代州的行政长官。《字汇·牛部》：“牧，古者州长谓之牧。”《后汉书·刘玄传》：“地皇二年，荆州牧某，发奔命二万人攻之。”《三国演义》第十三回：“布乃佯笑曰：‘量吕布一勇夫，何能作州牧乎？’”②由州的行政长官引伸为指一般的主管官员。《礼记·月令》：“命舟牧覆舟。”郑玄注：“舟牧，主舟之官也。”

(6) ①由统治引伸为受统治、臣服。《管子·侈靡》：“不欲强能不服，智而不牧。”郭沫若等集校引王引之曰：“‘强能不服’，言强而不服于上也……‘智而不牧’，言智而不受治于上也。”《新序·善谋下》：“自三代之盛，远方夷狄，不与正朔服色……以为远方绝域不牧之民，不足以烦中国也。”②由臣服引伸为奴隶，指春秋时期最下贱的奴隶。《广雅·释诂一》：“陪、僮、皁、隶、牧、圉，臣也。”《左传·昭公七年》：“天有十日，地有十等……故王臣公，公臣大夫，大夫臣士，士臣皁，皁臣舆，舆臣隶，隶臣僚，僚臣仆，仆臣台。马有圉，牛有牧，以待百事。”

养

养（養）（yǎng）是一个会意字。甲骨文字形，左边是一个羊头（表示羊），右边是一只手举一木棍，表示驱赶羊。金文字形与甲骨文相同。秦篆字形有很大的变化。上面羊头变成“羊”字，又把甲骨文、金文字形的手举木棍去掉，在“羊”下面加一个“食”字，成为上下结构的会意兼形声的“養”字。说会意，表示给羊食物吃；说形声，“羊”表声“食”表形。汉隶字形与秦篆相同，只是字形更规范了。简体字则把“養”简化成“养”字。从甲骨文字形来看，“养”最初之义是牧羊。甲骨文、金文的字形表明，在上古时期先民们是用驱羊放牧的散养形式来养羊的。秦篆字形，则表明古人改变散养牧羊的落后形式，而采用定居牧羊，并给羊食物吃的农业生活形态。

一、“养”：饲养

(1) 由牧羊引伸为饲养动物。《周礼·夏官·圉人》：“圉人，掌养马刍牧之事。”如：放～、圈～、喂～、家～、～猪、～鸡、～狗、～牛、蓄～、驯～、～蜂。

(2) 由饲养动物引伸为万物生长。《周易·颐》：“天地养万物。”

(3) 由饲养动物引伸为培植。《管子·牧民》：“藏于不竭之府者，养桑麻，育六畜也。”宋朝梅尧臣《腊笋》：“南岗深竹养，下有鹧鸪鸣。”如：～花、～殖、～种、培～。

(4) 由培植引伸为养护。《左传·成公十三年》：“敬在养神，笃在守业。”宋朝苏轼《上神宗皇帝书》：“善养生者，慎起居，节饮食。”如：～路。

(5) 由培植引申指身体的将息、调养。《周礼·天官·疾医》：“以五味五谷五药养其病。”郑玄注：“养，犹治也。”《三国志·方技传·华佗》：“快自养，一月可小起。”如：保～、静～、疗～、～病、颐～、～伤、～神、休～生息、～精蓄锐。

(6) 由调养引伸为营养。如：～分、滋～、～料。

二、“养”：供养

(1) 由饲养动物引伸为供养、奉养（“养”，此义读“yàng”）。《说文解字》：“养，供养也。”《玉篇·食部》：“养，具珍羞以供养尊者也。”《管子·大匡》：“应于父兄，事长养老。”扶～、给～、赡～、侍～、终～、～老、～兵、～老金、～老院、～老送终、生～死葬、～兵千日，用兵一时。

(2) 由奉养引伸为指父母死亡或抛弃小孩。如：弃～。

三、“养”：养民

(1) 由饲养动物引伸为引伸为养人（民）。《玉篇·食部》：“养，畜也。”《尚书·大禹谟》：“德为善政，政在养民。”

(2) 由养人引伸为养育。《玉篇·食部》：“养，育也。”《礼记·大学》：“未有学养子而后嫁者也。”《荀子》：“父能生之，不能养之。”杨倞注：“谓哺乳之也。”如：抚～、～活、寄～、领～、收～、生～、育～、～父、～儿育女、～家糊口、娇生惯～。

(3) 由养育引伸为教育。《周礼·地官·保氏》：“而养国子以道，乃教之六艺。”《孟子·离娄下》：“中也养不中，才也养不才，故人乐有贤父兄也。”

(4) 由教育引伸为熏陶、修养。《孟子·尽心》：“养心莫善于寡欲。”《孟子·公孙丑上》：“我善养吾浩然之气。”如：涵～、教～、素～、学～、～气、学～有素。

(5) 由熏陶引伸为实践、训练而成的品格。如：他从小～成爱学习的好习惯。

侵（qīn）是一个会意字。甲骨文字形，左边是一个牛头以表示牛，右边是一把扫帚，表示在打扫牛身上的泥土。另一种字形是，左边是表示牛的牛头，牛头上的两点表示尘土；右边是一把扫帚；右下边是一只手。其字的形象意思更明显。金文字形则变成，左边是一只手拿着扫帚，右边是一个站着的人形，表示给人打扫身上的灰尘。秦篆字形又一变：左边是一个人；右边上面是一只手，中间是扫帚，下面也是一只手，突出用手打扫人身上的灰尘。汉隶字形在秦篆字形的基础上，则将中间的扫帚简化成“冖（mì）”字，就成为今天的“侵”字。从甲骨文字形来看，“侵”最初之义就是打扫。

一、“侵”：渐进

(1) 由于打扫是一个地方一个地方地进行，所以引伸为渐进。《说文解字》：“侵，渐进也。若埽之进。”《潜夫论·思贤》：“当得麦门冬，反得烝穬麦，已而不识真，合而服之，病以侵剧。”唐朝韩愈《答窦秀才》：“愁忧无聊，瘴厉侵加。”

(2) 由渐进引伸为指时光流逝、时序更替。北周庾信《卧疾穷愁》：“危虑风霜积，穷愁岁月侵。”唐朝韩愈《幽怀》：“但悲时易失，四序迭相侵。”

(3) 由时光流逝引伸为速、快。《逸周书 · 大明武》：“阵若云布，侵若风行，轻车翼卫，在戎二方。”朱右曾校释：“侵，疾。”

(4) 由时光流逝引伸为照、映。唐朝裴迪《华子冈》：“云光侵履迹，山翠拂人衣。”宋朝欧阳修《望江南》：“江南月，如镜复如钩，似镜不侵红粉面，似钩不挂画簾头。”

二、“侵”：到、临近

(1) 由渐进引伸为到、临近。唐朝杜牧《入茶山下题水口草市绝句》：“倚溪侵岭多高树。”宋朝陆游《秋夜读书每以二鼓尽为节》：“白发无情侵老境，青灯有味似儿时。”

(2) 由临近引伸为进入、渗入。唐朝韩偓《故都》：“塞雁已侵池籞（yì）宿，宫鸦犹恋女墙啼。”唐朝温庭筠《题中南佛塔寺》：“涧苔侵客屦，山雪入禅衣。”

(3) 由进入、渗入引伸为侵蚀。《北齐书 · 刑邵传》：“加以风雨稍侵，渐致亏坠。”

(4) 由侵蚀引伸为侵犯、侵占。《诗 · 小雅 · 六月》：“侵镐及方，至于泾阳。”《左传 · 庄公二十九年》：“夏，郑人侵许。凡师，有钟鼓曰伐，无曰侵，轻曰袭。”

(5) 由侵犯、侵占引伸为非法行事、超越。《管子 · 七臣七主》：“侵臣事小察以折法令。”尹知章注：“枉法行事谓之侵。”宋朝王安石《答司马谏议书》：“议法度而修之于朝廷，以授之于有司，不为侵官。”

(6) 由侵犯、侵占引申凌辱、欺侮。《广雅 · 释言》：“侵，凌也。”《史记 · 游侠列传序》：“豪暴侵凌孤弱。”《史记 · 李斯传》：“今行逆昆弟，不顾其咎，侵杀忠臣，不畏其殃。”

(7) 由凌辱、欺侮引伸为损伤。《篇海类编 · 人物类 · 人部》：“侵，伤也。”晋朝嵇康《养生论》：“而世常谓一怒不足以侵性，一哀不足以伤身。”清朝李孚青《秋日自遣》：“秋阳虽热不侵人。”

(8) 由损伤引伸为（病）笃沉重。《汉书 · 史丹传》：“上疾稍侵。”颜师古注：“稍侵，言渐笃也。”宋朝王安石《酬裴如晦》：“二年羁旅越人吟，乞得东南病更侵。”

(9) 由损伤引伸为荒年、五谷不收。《谷梁传 · 襄公二十四年》：“五谷不升谓之大侵。”

驭

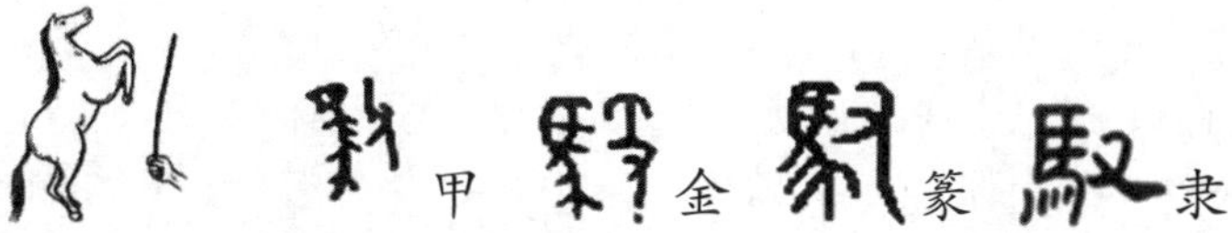

驭（馭）（yù）是一个会意字。甲骨文字形，是左边一匹站立的马，右边一只手握着木棍或套绳，表示要驯服这匹马。金文字形与甲骨文相同，只是更突出右边的人握着套马的长鞭，表示要驯服这桀骜不驯的马。字形的驾驭之义尤为突出。秦篆字形是左为马，右为手，表示以手驭马。汉隶字形在秦篆基础上进一步变化，把马的四腿变成四点（“馬”），手变成“又”，成为“馭”字。简体字则变成“驭”。从甲骨文字形来看，“驭”最初之义是驯服马、驾驭马。《广雅 · 释言》：“驭，驾也。”《尚书 · 五子之歌》：“予临兆民，懔乎若朽索之驭六马。”《荀子 · 王霸》：“王良、造父者，善服驭者。”（在古代，马和车是连在一起的，所以驾马，也叫驾车。）如：驾～、～车、～手、～四马。

(1) 由驾驭马引伸为驾马的方法。《周礼 · 地官 · 保氏》：“一曰五礼、二曰六乐、三曰五射、四曰五驭、五曰六书、六曰九数。

(2) 由驾驭马方法引伸为驾马的人。《庄子 · 盗跖》：“孔子不听，颜回为驭，子贡为右，往见盗跖。”

(3) 由驾驭马的人引伸为乘驾。唐朝陈鸿《长恨歌传》：“又能游神驭气，出天界，没地府以求之。”

(4) 由驾驭马引伸为控制、统治。《周礼 · 天官 · 大宰》：“以八柄诏王驭群臣。”《荀子 · 君道》：“欲治国驭民，调壹上下。”如：～宇、～下不严、安上～下、～国治民。

附：“驭”与“御”

“驭”与“御”在古代经常混用。《说文解字》在解释“御”说：“御，使马也。从彳，从卸。驭，古文御。”《说文解字》在解释“驭”说：“御，使马也。驭，古文御。”许慎编写的《说文解字》将“驭”放在“御”字目录中，只说“驭，古文御，从又，从马。”所以后世在解释“驭”时引用《说文解字》，就只能解释成：“御，使马也。驭，古文御，从又，从马。”这就是“驭”与“御”混用的原因。从二字的字义来看，在驾驭意义上，是相同的。不同的是：“驭”常指驾驭动作，“御”常指驾驭之人。从“驭，古文御。”来看，应该是先有“御”，后才有“驭”。

斗

斗 (鬥、鬭) (dòu) 是一个会意字。甲骨文字形，是两个人用自己的双手对搏，即打架。金文字形是两人对搏，其斗势凶狠，连头发都竖起来了。秦篆字形则将两个对搏之人，分别变成“厈 (jú)”与“丮 (jí)”的合体字。汉隶字形则将这个合体字变成“鬥”字，并且在“鬥”的里面加上“斲 (zhuó)”（“斫”的异体字）字，而形成繁体字“鬭”。人们仍喜用少笔画的“鬥”字来表示搏斗之义。后来“鬥”简化成“斗”字。

(1) 由两人对博引伸为战斗、争斗。《孙子兵法 · 虚实》：“敌虽众可使无斗，故策之而知得失之计。”田汉《白蛇传》第十三场：“她怎经得起这一场恶斗。”

(2) 由战斗、争斗引伸为比赛、争胜。唐朝秦韬玉《贫女》：“敢将十指夸针巧，不把双眉斗画长。”如：～智。

(3) 由战斗、争斗引伸为揭露、批判。

能  金 金 篆 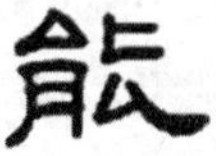隶

能（nénɡ）是个象形字。金文早期字形，是熊的形状。左边上方一竖是熊的耳朵，耳朵下面的圆形是熊的头，左边下方像“月”的形状是熊的大嘴巴。右上一横表示熊的身子，后面上竖一短横是尾巴，右下面两竖笔是熊的四条腿，用“匕”的形状来表示熊的掌。金文后期字形将头、嘴与身子、脚掌相分离，字形开始向“能”字变化。秦篆字形在金文基础上进一步变化，头变成“厶”的形状，大嘴巴变成“月”字，身子也没有了，两个“匕”显得更突出。汉隶字形沿袭秦篆进一步字形化，成为今天的“能”字。从金文字形来看，“能”最初之义就是指熊这种动物。《说文解字》：“能，熊属。”（能是熊一类的野兽。）《左传·昭公七年》：“今梦黄能入于寝室。”从春秋开始，“能”借为表才能之义，人们就在“能”的下面加上“火”，构成“熊”字。用“熊”字来表示熊这一类动物。徐灏《说文解字注笺》：“能，古熊字。假借为贤能之能，后为借义所专，遂以火光之熊为兽名之能。”

一、“能”：才能

（1）借为表才能、技能之义。《玉篇·能部》：“能，多技艺也。”《广韵·代韵》：“能，技能。”《论语·秦伯》：“以能问于不能，以多问于寡。”《楚辞·离骚》：“又重之以修能。”如：本～、才～、技～、智～、无～、低～、逞～、各尽所～、无～为力。

（2）由才能、技能引伸为有能力的。如：～手、～人、～干、～者多劳。

（3）由有才能的引伸为有才能的人。《礼记·礼运》：“大道之行也，天下为公，选贤与能，讲信修睦。”《荀子·王霸》：“论德使能而官施之者，圣王之道也。”如：妒贤嫉～。

（4）由有才能引伸为擅长、长于。《玉篇·能部》：“能，工也，善也。”《礼记·中庸》：“君子依乎中庸，遁世不见，知而不悔，唯圣者能之。”《荀子 劝学》：“假舟楫者，非能水也，而绝江河。”如：～说会道、～歌善舞、～工巧匠。

（5）由有才能的引伸为能够。《广雅·释诂二》：“能，任也。”《左传·昭公二十年》：“尔适吴，我将归死，我知不逮，我能死，尔能报。”《孟子·告子下》：“我能为君辟土地，充府库。”如：～见度、～屈～伸、～掐会算、爱莫～助、熟～生巧、～上～下、～官～民、欲罢不～、力所～及、耳熟～详、有钱～使鬼推磨。

（6）由能够引伸为实行。《周礼·天官·小宰》：“小宰之职……以听官府之六计，弊群吏之治：一曰廉善，二曰廉能。”郑玄注：“能，政令行也。”晋朝陆机《文赋》：“盖非知之难，能之难也。”

（7）由实行引伸为亲善，和睦（共同实行须友好）。《正字通·肉部》：“能，顺习也。”《左传·襄公二十一年》：“（范鞅）故与栾盈为公族大夫，而不相能。”《荀子·正名》：“能，有所合谓之能。”《左传·昭公二十年》：“柔远能迩。”如：素不相～。

（8）由实行引伸为及、到。《战国策·赵策一》：“韩与秦接壤界，其地不能千里。”《史记·淮南衡山列传》：“方今大王之兵众，不能十分吴楚之一。”

（9）由实行引伸为会有。唐朝杜甫《赠卫八处士》：“少壮能几时，鬓发各已苍。”

唐朝韩偓《秋霖夜忆家》：“不知短发能多少？一滴秋霖白一茎。”

二、“能”：能和

(1) 由能力引伸为指古代认识论的一种哲学范畴。“能知”与“所知”的简称。即认识主体与认识对象之间的关系。如：～动、良知良～。

(2) 由哲学范畴的“能知”引伸为指能量度量物质运动的一种物理量。如：机～、节～、高～、性～、效～、功～、～级、～量、～源。

三、“能”：副词

(1) 由能力、能量引伸为指一种动态，相当于“乃”，“就”。《左传·昭公十二年》：“中美能黄，上美为元，下美则裳，参此可筮。”《史记·淮阴侯列传》：“今韩信兵号数万，其实不过数千，能千里而袭我，亦已罢极。”

(2) 由表动态引申表程度。相当于“何其”。唐朝王维《送奚侍郎夫人寇氏挽歌》：“秋日光能淡，寒川波自翻。”唐朝杜甫《赠裴南部》：“独醒时所嫉，群小谤能深。”

(3) 由程度引申表范围或程度。相当于“只”、“仅”。唐朝杜甫《月》：“只益丹心苦，能添白发明。”唐朝白居易《生离别》：“食檗（bò）不易食梅难，檗能苦兮梅能酸。”

力（lì）是一个象形字。甲骨文字形，像一把翻田土的农具，有点像当今的铁楸。上面是手握的木柄；下面的是翻土的犁头，犁头上面有一块横木，是脚踩的位置，脚踩住它用力使犁头插进土里；中间的弯折起到翻土的作用，即犁头插进土里，手握木柄向下压，犁头就自然往上翘，于是泥土就翻起来了。这种劳动工具在当时叫“耒”。是用木头做成的。金文字形变得像吃饭用的叉子。秦篆字形由于字形符号化的原因，变得不像“耒”这种劳动工具了。汉隶字形则沿袭秦篆进一步变成今天的“力”字。从甲骨文字形来看，“力”最初之义就是指“耒”这种劳动工具。由于用“耒”进行耕田是要用力。“力”这种物理现象普遍存在，很难找一个具体，形象的文字表达，聪明的祖先就借用“耒”这种农具来形象地表达“力”。

一、“力”：人的力量

(1) 由于祖先从自我的身体中感觉到力量的存在，就用“力”来表示这种力量，即人的体力。《说文解字》：“力，筋（肌肉）也。”段玉裁注：“筋者其体，力者其用。”《诗·邶风·简兮》：“有力如虎，执辔如组。”如：体～、气～、人～。

(2) ①由人力引伸为劳动。《韩非子·五蠹》：“不事力而衣食则谓之能。如：劳～。②由劳动引伸为徭役。《国语·鲁语下》：“任力以夫，而议其老幼。”韦昭注：“力谓徭役。”③由徭役而生病引伸为指（生病）厉害。《字汇·力部》：“病甚曰力。”《汉书·汲黯传》：“今病力，不能任郡事。”颜师古注：“力，谓甚也。”

(3) 由体力引伸为指人的能力。《字汇·力部》：“凡精神所及处皆力，心力、耳力、目力是也。”《左传·隐公十一年》：“度德而处之，量力而行之。”如：理解～、生命～。

(4) 由人的能力引伸为努力，致力（于）。《诗·大雅·烝民》：“古训是式，威仪是力。”

郑玄笺："力，犹勤也。"唐朝邵谒《送徐群宰望江》："古人力文学，所务安疲甿；今人力文学，所务惟公卿。"《荀子·劝学》："真积力久则入。"杨倞注："力，力行也。诚积力久，则能入于学也。"

(5) 由努力引伸为尽力，竭力。《玉篇·力部》："力，强也。"《史记·卫将军骠骑列传》："军大捷，皆诸校尉力战之功也。"如：～争上游。

(6) 由尽力，竭力引伸为功劳、功效。《玉篇·力部》："力，勋也。"《周礼·夏官·司勋》："治功曰力，战功曰多。"明朝张溥《五人墓碑记》："待圣人之出而投缳道路，不可谓非五人之力也。"

(7) 由功劳引伸为权势。《正字通·力部》："力，权力。"《孟子·公孙丑上》："以力服人者，非心服也。"汉朝晁错《论贵粟疏》："因其富厚，交通王侯，力过吏势。"

二、"力"：自然界的力量

(1) 由人的能力引伸为自然中各种力、力量。《字汇·力部》："凡物所胜处皆力，风力、火力、酒力、弓力是也。"唐朝李商隐《无题》："相见时难别亦难，东风无力百花残。"

(2) 由自然中各种力、力量引伸为指物理学的名词，即能使物体运动，静止或发生变形的作用都称之力。如：磁～、冲击～、地心吸～。

争

争（zhēng）是一个会意字。甲骨文、金文的字形是上下两只手（都是右手），中间是一条斜线。这一斜线表示一件器物。整个字形表示，两个人在争夺一件器物。秦篆字形把中间的一撇插入下面的手中，表示一个人把器物争夺到手了。汉隶字形则沿袭秦篆演化成现在的"争"字。从甲骨文、金文的字形结构来看，"争"最初之义是争夺。《说文解字》："争，引也。"段玉裁《说文解字注》："凡言争者，皆谓引之使归于己。"徐灏《说文解字注笺》："争之本义为两手争一物。"

(1) 有争夺、夺取之义。《礼记·礼运》："争夺杀人，谓之人寰。"《左传·隐公十一年》："公孙閼与颍考叔争车，颍考叔挟辀以走。"如：～持、～取、～战、～权夺利、～名夺利、龙～虎斗、与世无～。

(2) ①由夺取引伸为力求获得。如：～气、～闲气、力～上游、～挑重担、为国～光。② 由力求获得引伸为把握住。如：～分夺秒、春～一时。

(3) 由争夺引伸为争斗、较量。《诗·大雅·江汉》："时靡有争，王心载宁。"陆德明《经典释文》："争，争斗之争。"《三国志·吴志·孙破虏讨逆传》："举江东之众，决机于两阵之间，与天下争衡，卿不如我。"如：抗～、斗～、～端、～锋、～胜、～霸、意气之～、明～暗斗、～风吃醋、鹬蚌相～。

(4) 由争斗引伸为辩论、争论。《正字通·爪部》："争，辩也。"《庄子·齐物论》："有分有辩，有竞有争。"郭象注："并逐曰竞，对辩曰争。"《史记·留侯世家》："此难以口舌争也。"如：～吵、～嘴、～议、分～、～（诤）友、～长论短。

(5) 由较量引申竞争。《广韵·耕韵》：“争，竞也。”《尚书·大禹谟》：“汝惟不矜，天下莫与汝争能。”唐朝韩愈《祭薛中丞文》：“诗人墨客，争讽新篇。”如：~先、~春、~奇斗艳、~先恐后。

(6) 由竞争引伸为相差、差异（竞争因差异而起）。唐朝杜荀鹤《自遣》：“百年身后一丘土，贫富高低争几多？”宋朝陈亮《又甲辰秋书》：“亮二十岁时，与伯恭同试漕台，所争不过五六岁。”

执

执（執）（zhí）是一个会意字。甲骨文字形，左边是一个刑具，就像现在的手铐；右边是一个跪着的人，他的两只手套在刑具中，表示这个人被拘捕。金文字形则将刑具变成“幸”字（“幸”在甲骨文中就是手铐之类的刑具），右边人的双手上有一横线，表示双手被刑具套住。秦篆字形则将右边的人变成“丮（jí）”字（《说文解字》：“丮，持也”）。汉隶字形则成为“幸”和“丸”的“執”字，后来简化为“执”字。从甲骨文字形来看，“执”最初之义就是拘捕罪犯。《说文解字》：“执，捕罪人也。”《三国志通俗演义》第二十三回：“（曹）操未及言，左右已将吉平执下。”

一、“执”：捉拿

(1) 由拘捕罪犯引伸为拘系、捉拿。后作“絷”字。《周易·遁》：“执之用黄牛之革。”《周礼·夏官·校人》：“春祭马祖，执驹。”郑玄注：“执，犹拘也。”

(2) 由拘系、捉拿引伸为握、拿着。《广韵·缉韵》：“执，持也。”《晋书·舆服志》：“古者贵贱皆执笏。”《西游记》第十三回：“三藏心惊，轮开手，牵衣执袂，滴泪难分。”

(3) 由握着引伸为保持、守。《广韵·缉韵》：“执，守也。”《尚书·大禹谟》：“惟精惟一，允执厥中。”《礼记·曲礼上》：“坐必安执尔颜。”郑玄注：“执，犹守也。”

(4) 由保持、守引伸为固执、坚持己见。《庄子·人世间》：“将执而不化，外合而内不訾，其庸讵可乎！”成玄英注：“固执本心，谁肯变恶为善者也？”清朝查继佐《罪惟录·穆宗纪》：“（隆庆二年）夏四月，责户部买金，尚书马森执谏且止。”如：~迷不悟。

(5) 由坚持己见引伸为指志同道合的朋友。《礼记·曲礼上》：“见父之执，不谓之进，不敢进。”孔颖达疏：“父之执，谓执友与父同志者也。”《隋书·辛德源传》：“恭慎表于闺门，谦撝著于朋执。”

二“执”：主持

(1) 由握着引伸为主持、操纵。《淮南子·主术》：“故法律度量者，人主之所以执下，释之而不用，是犹无辔衔而驰也。”高诱注：“执，制。”唐朝白居易《孔戡》：“茫茫元化中，谁执如此权。”如：~政、~教、

(2) 由主持引伸为治理、从事。《礼记·月令》：“（仲夏之月）均琴瑟管箫，执干戚戈羽，调竽笙篪（chí）簧。”孔颖达疏：“执者操持营为。”宋朝徐梦莘《三朝北盟会编》卷三十五：“臣生三十六年矣。自十五总角为学校诸生，执经之暇，喜引古以论

天下事。”如：～勤。

(3) 由治理引伸为处置、处。《礼记 · 中庸》：“发强刚毅，足以有执也。”孔颖达疏：“执，犹断（处置）也。”唐朝唐玄宗《册勃律国王文》：“卿历代酋渠，执心忠肃。”

(4) 由处置引伸为用、依凭。宋朝张君房《云笈七签》卷一：“执古可以御今，证今可以知古。”明朝许进《平番始末》：“遇有可乘之机，即便来报，勿执狐疑，自取后悔。”

折

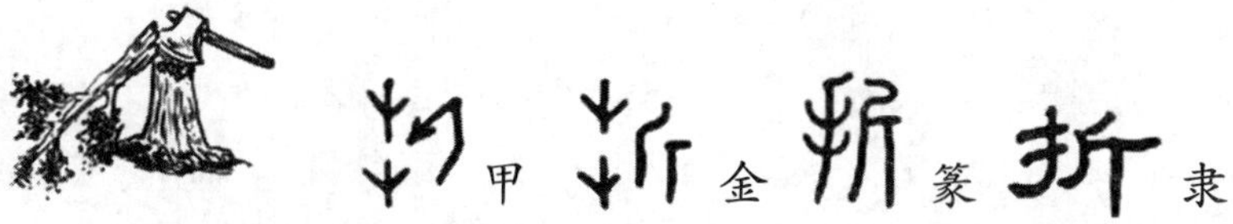

折（zhē）会意字。甲骨文字形的左边是树木，中间已被砍断；右边是一把斧头，正在砍左边的树木。金文字形的左边与甲骨文相同，只是右边的斧头则用“斤（斤是斧头）”来表示。秦篆字形有了很大的变化，左边被砍的树讹化为“手”。右边仍是“斤”字。汉隶字形则在秦篆基础上，形成现在的“折”字。从甲骨文字形来看，“折”最初之义就是用斧头砍断树。《说文解字》：“折，断也。从斤断草。”

一、“折”：砍断

(1) 由用斧头砍断树引伸为拗断、折断。《诗 · 郑风 · 将仲子》：“将仲子兮，无逾我墙，无折我树桑。”《周易 · 丰》：“折其右肱。”《荀子 · 劝学》：“锲而舍之，朽木不折。”如：骨～、采～、～戟沉沙。

(2) 由折断引伸为死，多指早死。《尚书 · 洪范》：“一曰凶短折。”孔颖达疏：“未冠曰凶，未婚曰折。”《礼记 · 祭法》：“万物死皆曰折。”《汉书 · 五行志》：“兄丧弟曰短，父丧子曰折。”如：夭～。

(3) 由死引伸为毁掉、损失。《正字通 · 手部》：“折，毁弃也。”《格物粗谈 · 天时》：“对三光便溺，折人年寿。”《后汉书 · 樊弘传论》：“折契止讼。”《三国演义》：“绍军折其大半。”

(4) 由毁掉、损失引伸为挫折、失败。《汉书 · 蒯通传》：“折北不救。”颜师古注：“折，挫也。”《三国志 · 周瑜传》：“今曹氏新折衄，方忧在腹心。”如：百～不挠。

(5) 由挫折引伸为折磨。王实甫《西厢记》第三本第四折：“折倒得鬓似愁潘，腰如病沈。”

(6) 由挫折、失败引伸为屈从。《广雅 · 释诂一》：“折，下也。”《战国策 · 齐策一》：“张丐对曰：‘晚救之，韩且折而入于魏，不如早救之。’”高诱注：“折，分也，犹从也。”

(7) 由屈从引伸为折服。《汉书 · 游侠传》：“权行州城，力折公侯。”《世说新语 · 轻诋》：“宏自以有才，多好人上，坐上无折之者。”

(8) 由折服引伸为判断、裁决。《论语 · 颜渊》：“片言可以折狱，其由也与。”《法言 · 吾子》：“众言淆乱，则折诸圣。”

(9) 由判断、裁决引伸为责难、指折。《正字通 · 手部》：“折，直指人过失曰折。”《史记 · 吕太后本纪》：“陈平、绛侯曰：‘于今面折廷争，臣不如君。’”

二、“折”：弯曲

(1) 由折断引伸为弯曲。《广雅·释诂一》：“折，曲也。”《礼记·玉藻》：“折还中矩。”《晋书·陶潜传》：“陶潜曰：‘吾不能为五斗米折腰。’”

(2) 由弯曲引伸为指汉字笔划名。如：横、竖、点、撇、折。

(3) 由弯曲引伸为反转、回旋。《宋史·沈括传》：“然古人所谓兵车者，轻车也，五御折旋，利于捷速。”如：转～、走过去，又～回来。

三、“折”：采摘

(1) 由折断引伸为摘取、掐取。唐朝杜秋娘《金缕衣》：“花开堪折直须折，莫待无花空折枝。”元朝张寿卿《红梨花》第四折：“折一枝红梨花，插在那扇子上。”

(2) 由摘取、掐取引伸为开采。《管子·地数》：“然则与折取之远矣。”马非百注：“折，开也，取者，採也。”

(3) 由开采引伸为握持。张相《诗词曲语词汇编释》卷五：“折，犹握也。《阳春百雪》八张矩《应天长》词《南屏晚钟》：‘花间恨，犹记忆，正素手暗携轻折。’轻折，轻握也。言轻握素手也。”

(4) 由握持引伸为抵换、折合。苏轼《上神宗皇帝书》：“买绢未曾不折盐，粮草未曾不折钞。”如：～价、～租、将功～罪。

(5) 由抵换、折合引伸为折扣（按原数减去其中的成数）。《儒林外史》第五十回：“等他官司赢了来，得了缺，叫他一五一十算了来还你，就是九折三分钱也不妨。”

四、“折（shé）”

(1) 表示断。《广韵·薛韵》：“折，断而犹连也。”鲁迅《孔乙己》：“他打折了腿了。”

(2) 由断引伸为亏损。《荀子·修身》：“良贾不为折阅不市。”扬倞注：“折，损也。”《三国演义》第五十五回：“周郎妙计安天下，赔了夫人由折兵。”

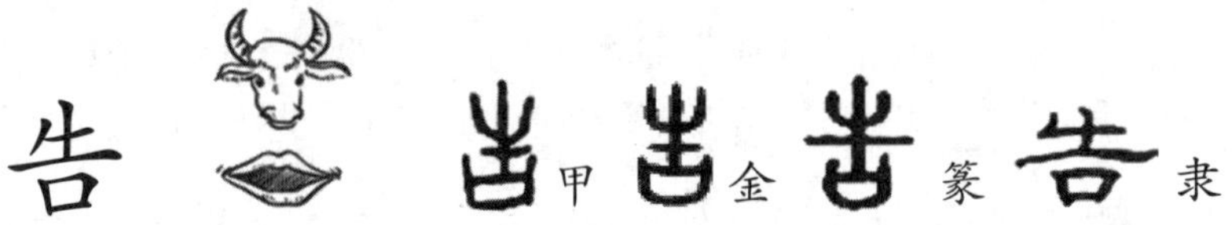

告（gào）是一个会意字.甲骨文字形，上部分是牛头，下部分是一个口；上部分表示把牛头放在祭坛上，下部分的“口”表示祭祀人在口念祭文。熊国英《图释古汉字》：“（告）正是以牛为牲物进行告祭的形状。”金文、秦篆字形与甲骨文相同。汉隶字形在秦篆基础上演变成“告”字。从甲骨文字形来看，“告”的最初之义是：用牛祭神，用口祈祷。欧阳修《伶官传序》：“其后用兵，则遣从事以一少牢告庙。”如：～庙、～朔。

一、“告”：告诉

(1) 由口中说祈祷的话引伸为告诉。《广雅·释诂一》：“告，语也。”《汉书·司马迁传》：“深幽囹圄之中，谁可告愬者！”如：～知、广～、忠～、奔走相～。

(2) ①由告诉引伸为告示、谕告（后作“诰”）。《释名·释书契》：“上敕下曰告。告，觉也，使觉悟知己意也。”唐朝白居易《贺雨》：“遂下罪己诏，殷勤告万邦。”如：～谕、～罪。②由告示、谕告引伸为教育。如：～导。

（3）由告诉引伸为上告、上报。《广雅·号韵》：“告，报也。”《广韵·沃韵》：“告，告上曰告，发下曰诰。”《诗·大雅·江汉》：“经营四方，告成于王。”孔颖达疏：“告其成功于宣王。”

（4）①由上报引伸为告状。《旧唐书·刑法志》：“一人被告，百人满狱。”②由告状引申位揭发。《史记·商鞅列传》：“不告奸者腰斩，告奸者与斩敌同赏。”如：～讦。

（5）①由上报引伸为请求。《尔雅·释言》：“告，请也。”《国语·鲁语上》：“国有饥馑，卿出告籴，古之制也。”韦昭注：“告，请也。”如：告贷、告饶。②由请求引伸为休假（古代休假叫“告”）。《汉书·高帝纪上》：“高祖尝告归田。”颜师古注：“告者，请谒之言，谓请休尔。”宋朝苏轼《乞郡劄子》：“遣使存问，赐告养疾。”③由休假引伸为退休。《左传·襄公七年》：“冬十月，晋韩献子告老。”如：～归、～老还乡。

二、“告（jū）”

通“鞫”。由揭发、告状引伸为审讯定罪。《集韵·屋韵》：“告，读书用法曰高，《礼》：‘告于甸人。’通作鞫。”

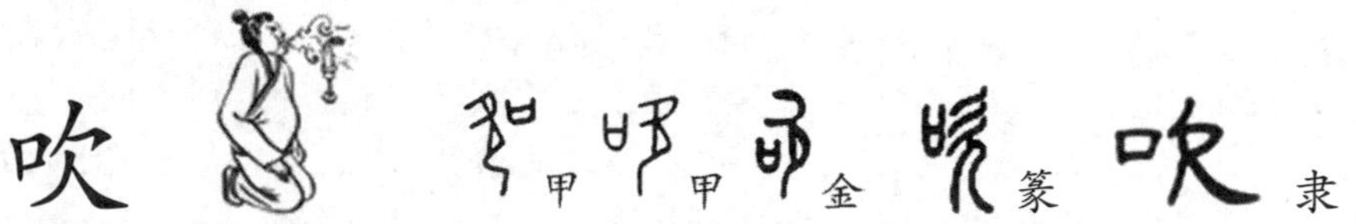

吹（chuī）是一个会意字。甲骨文字形，左边是一个人，张着大嘴；右边是口（口在左右均可），表示嘴在吹气，即打呵欠。金文字形与甲骨文相同。秦篆字形是左边是口，右边的人变得看不出人形了，人头与嘴变成三撇。汉隶字形进一步变成今天的“吹”字。从甲骨文字形来看，“吹”最初之义就是指用嘴急促地呼气。

一、“吹”：呼气

（1）用嘴急促地呼气。《说文解字》：“吹，嘘也。”唐朝慧琳《一切经音义》卷五十四引《声类》曰：“出气急曰吹，缓曰嘘。”《韩非子·大体》：“不吹毛而求小疵。”清朝魏源《默觚下·治篇四》：“或吹火而然，或吹火而灭，所以吹者异也。”

（2）由急促呼气引伸为吹奏。《释名·释乐器》：“竹曰吹。吹，推也，以气推发其声也。”三国魏曹操《短歌行》：“我有嘉宾，鼓瑟吹笙。”如：～笙，～笛子。

（3）吹奏引申吹牛（吹牛源于佛教的吹螺之说），即夸口，说大话。如：你又在～牛吧。

（4）由于大话内容虚假成分多，导致不信而产生分裂。老舍《骆驼祥子》：“一百块，少一分咱们吹。”赵树理《登记》：“咱们这算吹了吧？”

二、“吹”：触拂

（1）由呼气引伸为指空气流动触拂物体。唐朝白居易《长恨歌》：“风吹仙袂飘飘举，犹似霓裳羽衣舞。”毛泽东《水调歌头·游泳》：“不管风吹浪打，胜似闲庭信步。”

（2）由空气吹动物体引伸为散发、散播。北周庾信《哀江南赋》：“豺牙密厉，虺毒潜吹。”唐朝李贺《帝子歌》：“山头老桂吹古香，雌龙怨吟寒水光。”

（3）由散发、散播引伸为推动、催。王安石《呈柳子玉同年》：“水底旧波吹岁换，柳梢新叶卷春回。”明朝周致尧《西津夜泊》：“卧听海潮吹地转，起看江月向人低。”

示

示（shì）是一个象形字。甲骨文字形，上面是一横，下面是一竖，像“丅（xià）”字。上面一横是台面，下面一竖是立柱。远古时期，先民为了求得天神、地祇和祖先显示神灵，指示吉凶，就立这样一个台子。先民向这台子进行祈祷，借这个台子把祈祷的祝语传与天神、地祇和祖先。因此这个台子就成了神灵的代表。后期甲骨文在这“丅”上一短横，表示台面上放着祭物。秦篆字形在“丅”的左右各加上一短竖，以表示支撑的架子，这可能是祭神灵的台子愈来愈壮观的原因。汉隶字形沿袭秦篆成为今天的“示”字。从甲骨文字形来看，“示”最初之义是指祭祀神灵的台子。以台子为沟通神灵的桥梁，因此台子就有了神灵，成为祭祀的对象。后来“示”作为偏旁“礻”，凡是与“礻”组成的字，其字义大都与凶吉祸福有关。

(1) 远古先民认为“示”拥有神灵，能显示天意。因此“示”就有上天显示出某种征象，向人垂示休咎祸福的意思。《说文解字》：“示，天垂象，见吉凶，所以示人也。”《周易·系辞下》：“夫乾确然，示人易矣；夫坤然，示人简矣。”《太玄·度》：“于天示象，垂其范。”《三国演义》第八十回：“此是上天示瑞，魏当代汉之象也。”

(2) 由显示天象引伸为显示、表示。《史记·廉颇蔺相如列传》：“王不行，示赵弱且怯也。”《新序·杂事一》：“秦欲观楚之宝器，吾和氏之璧，隋侯之珠，可以示诸？”如：～范、～众、展～、出～。

(3) 由显示、表示引伸为告知、告诉。《玉篇·示部》：“示，示者，语也，以事告人曰示。”《正字通·示部》：“示，告也。”《楚辞·九章·怀沙》：“怀瑾握瑜兮，穷不知所示。”王逸注：“示，语也。”《战国策·秦策二》：“医扁鹊见秦武王，武王示之病。”高诱注：“示，语也。”

(4) 由告诉引伸为教导。《正字通·示部》：“示，教也。”《礼记·檀弓下》：“国奢则示之以俭，国俭则示之以礼。”《盐铁论·本议》：“夫导民以德，则民归厚；示民以利，则民俗薄。”

(5) 由告知引伸为告示、公文。《释名·释书契》：“示，示也，过所至关津以示之也。”《镜花缘》第三十八回：“那看的人虽如人山人海，好在国王久已出示，毋许驱逐闲人，悉听庶民瞻仰。”

(6) 由告示引伸为指示、命令。《儒林外史》第五十回：“戏子们请老爷的示，还是伺候，还是回去？”

(7) 由指示引伸为对别人来信的敬称。如：惠～、来～、赐～。

召

召（zhào）是一个会意字。甲骨文有两种不同的字形。一种上面是勺的形状，下面是口。“口”表示喊人，勺子表示饮酒食饭。另一种字形复杂，上面部分，左右是双手，中间是勺子和口；下面部分，上是两个背着的人，下是“田”字。整个字形表示：招呼在田间劳作的人在一起饮食。金文字形也存在这两种字形，笔画简单的与甲骨文相同，笔画复杂的在甲骨文基础上增加一个“酉（酒坛）”字，表示在一起不仅吃饭，还要饮酒。秦篆、汉隶字形沿袭甲骨文、金文的简体字形进一步将勺子变成“刀”字，成为今天的“召”字。从甲骨文两种字形来看，“召”最初之义是呼人来进餐。由于甲骨文、金文中的简体字形的“口”突出，所以召的呼唤之义被后世继承，并作为该字的基本义。

(1) 基本义是呼唤。《说文解字》：“召，呼也。”《诗·齐风·东方未明》：“颠之倒之，自公召之。”如：号～、宣～、～见、～唤。

(2) 由呼喊引伸为邀请。《广雅·释言》：“召，靓（请）也。”《吕氏春秋·分职》：“今召客者，酒酣，歌舞，鼓瑟吹竽。”唐朝韩愈《欧阳生哀辞》：“观游宴飨，必召与之。”

(3) 由呼喊引伸为召集。《左传·僖公三十二年》：“召孟明、西乞、白乙，使出师于东门之外。”如：～开大会。

(4) 由召集引伸为征召。《汉书·贾捐之传》：“元帝初即位，上疏言得失，召待诏金马门。”《红楼梦》第一百一十四回：“昨蒙圣恩召取来京。”

(5) 由征召引伸为感召。《文心雕龙·物色》：“物色相召，人谁获安！”

(6) 由感召引伸为引来。《荀子·劝学》：“故言有召祸也，行有招辱也。”如：～祸、～致。

奋

奋（奮）（fèn）是一个会意字。金文字形，外面是衣服，里面是鸟（隹），下面是土地（田）。表示鸟钻出衣服的束缚飞向田野。秦篆字形有了变化，上面的衣服变成了“大”字，与“隹”合成“奞（xùn）”（奞，鸟张毛羽，振翅待飞）；下面是“田”字，整个字形为“奮”。汉隶字形与秦篆相同。后来字形简化就成为“奋”字。从金文字形来看，“奮”最初之义是鸟挣破束缚飞向田野。

(1) 由鸟挣破束缚飞向田野引伸为指强壮有力的禽兽，也因此指鸟兽健壮有力。《尔雅·释鸟》：“雉绝有力，奋。”郝懿行《尔雅义疏》：“飞走之属，凡有力者皆谓之奋。”《尔雅·释畜》：“鸡绝有力，奋。”郭璞注：“诸物有气力多者，无不健自奋飞。”

(2) 由鸟挣破束缚飞向田野，引伸为鸟振翅展羽而飞。《说文解字》：“奋，翚（huī）也。从奞，在田上。”许慎未见金文字形，而是根据秦篆字形（上“奞”、下“田”），认为“奋，翚也”。“翚”段玉裁《说文解字注》解释：“翚，大飞也。”后世字典均以鸟振翅展羽而飞作为“奋”的基本义。《广韵·问韵》：“奋，鸟张羽毛奋奞也。”《诗·邶风·柏舟》：“静言思之，不能奋飞。”毛传：“不能如鸟奋翼而飞去。”《礼记·乐记》：“羽翼奋。”《战国策·楚策四》：“鼓翅奋飞。”如：～迅、～飞、～翼高飞。

(3) 由鸟振翅展羽而飞引伸为举起、摇动。《广韵·问韵》：“奋，扬也。”汉朝贾谊《过秦论中》：“奋臂于大泽之中。”清朝林嗣环《口技》：“奋袖出臂，两股战战，几欲先走。”如：～袂、～衣、～笔疾书、～臂高呼。

(4) ①由摇动引伸为震动。《广雅·释诂一》：“奋，动也。”《周易·豫》：“雷出地奋，豫。”孔颖达疏：“雷是阳气之声，奋是地动之状。”②由震动引伸为迅猛。《水经注·河水二》：“河断之日，水奋势激。”

(5) 由举起、摇动引伸为用力、奋力。清朝徐珂《冯婉贞》：“拔刀奋起，率众袭之。”如：～力、～进、～斗、～战、～勇向前、自告～勇、艰苦～斗、～不顾身。

(6) 由用力、奋力引伸为施展。唐朝李白《代寿山答孟少府移文书》：“奋其智能，愿为辅弼。”苏曼殊《幽光录》：“生既无可奋其才，死而忠孝之心又不白。”

(7) 由用力、奋力引伸为振作、奋发。《广雅·释言》：“奋，振也。”《诗·大雅·常武》：“王奋厥武，如震如怒。”汉朝贾谊《过秦论上》：“及至始皇，奋六世之遗烈。”如：振～、感～、昂～、亢～、～勉、～武、激～人心、～起而追。

(8) 由振作、奋发引伸为骄矜、自负。《吕氏春秋·任数》：“人主以好暴示能，以好唱自奋。”如：～矜。

(9) 由骄矜、自负引伸为愤激。《史记·高祖本纪》：“独项羽怨秦破项梁军，奋，愿与沛公西入关。”司马贞《史记索隐》引韦昭云：“奋愤激也。”《明史·刘基传》：“太祖召入内，基奋曰：‘主降及奔者，可斩也。’”如：～辞、情绪激～。

得

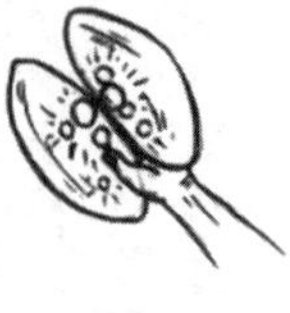

 甲  金  篆 得 隶

得（dé）是一个会意字。甲骨文字形，左上边是张开的两扇贝壳，右下边是一只手，表示手拿着极为珍贵的贝（贝在远古是钱币）。金文字形，在甲骨文基础上增加一个“彳”（“彳”，表示道路口），金文的“得”字，突出在路口得到贝，可能是因为在路口进行商品交换而获的贝。秦篆字形将甲骨文、金文的手拿的“贝”变成“貝”字，将下面的手变成了“寸”成为“㝵（dé）”字。汉隶字形则进一步将“貝”讹变成“日”和“一”，即“旦”字，就成为楷书的“得”字。从甲骨文字形来看，“得”最初之义是得到珍贵的东西（钱贝）。罗振玉《赠定殷墟书契考释》：“从又持贝，得之义也。”

一“得”：获得

(1) 由得到珍贵的东西（钱贝）引伸为获得，与“失”相对。《说文解字》：“得，行有所得也。”《玉篇·彳部》：“得，获也。”《周易·乾》：“知得而不知丧。”《诗·周南·关雎》：“求之不得，寤寐思服。”《后汉书·班超传》：“不入虎穴，不得虎子。”

(2) 由获到引伸为满足。《史记·管晏列传》：“意气扬扬，甚自得也。”如：心满意～。

(3) 由满足引伸为贪得。《论语·季氏》：“及其老也，血气既衰，戒之在得。”何晏《论语集解》注：“得，贪得。”

二、“得”：心有所得

(1) 由得到珍贵的东西引伸为心有所得。宋朝王安石《游褒禅山记》：“古之人观于天地，山川、草木、虫鱼、鸟兽，往往有得。”如：～意忘言。

(2) 由心有所得引伸为晓悟、了解。《礼记·乐记》：“礼得其报则乐。”郑玄注：“得谓晓其义，知其吉凶之归。”宋朝苏轼《答黄鲁直书》：“见足下之诗文愈多，而得其为人益详。”

(3) 由心有所得引伸为投合、投契。《字汇·彳部》：“得，又合也，人相契合曰相得。”唐朝白居易《赠元稹》：“所得惟元君，乃知定交难。”《儒林外史》第三十六回：“宾主甚是相得。”

(4) ①由投合、投契引伸为恰适、正好。《水浒全传》第十七回：“得他的丈人归来得早，见了洒家这般模样……连忙把解药救俺醒来。”②由恰适、正好引伸为相遇、遇到。唐朝柳宗元《童区寄传》：“逃未及远，市者还，得童大骇。”宋朝王安石《赠张康》：“昔在历阳时，得子初江津。”

(5) 由投合、投契引伸为采用、采取。《吕氏春秋·顺说》：“今大王万乘之主也，富贵无敌，而好衣民以甲，臣弗得也。”高诱注：“得，犹取也。”

(6) 由采用、采取引伸为控制、驾驭。《韩非子·孤愤》：“重人也者，无令而擅为，亏法以利私，耗国以便家，力能得其君，此所为重人也。”《后汉书·郅恽传》：“臣闻夫妇之好，父不能得之于子，况臣能得之于君乎？”李贤注：“得，犹制御也。”

(7) “得（děi）”由控制、驾驭引伸为应该、必须。《史记·滑稽列传》：“得更求好女，日后送之。”《红楼梦》第九十四回：“这件事还得你去，才弄的明白。”

(8) 由控制、驾驭引伸为成、完成。《礼记·郊特牲》：“阴阳和而万物得。”《红楼梦》十六回：“已经传人画图样去了，明日就得。”

二、“得（de）”

(1) 用在动作后面。表示可能、能够。《后汉书·隗嚣传》：“田为王田，卖买不得。”如：住不～。

(2) 由表示可能、能够引伸为表语气（句末）。宋朝杨万里《霜寒》：“谁能忍寒得，苦死去看书。”

(3) 由可能、能够引伸为表示动作的完成，相当“了”。《水浒全传》第五十一回：“到得沧州，入进城中，投州衙里来。”

(4) 由动作完成引伸为表示结果、或程度（作补语）。如：跑～快、风大～很。

成

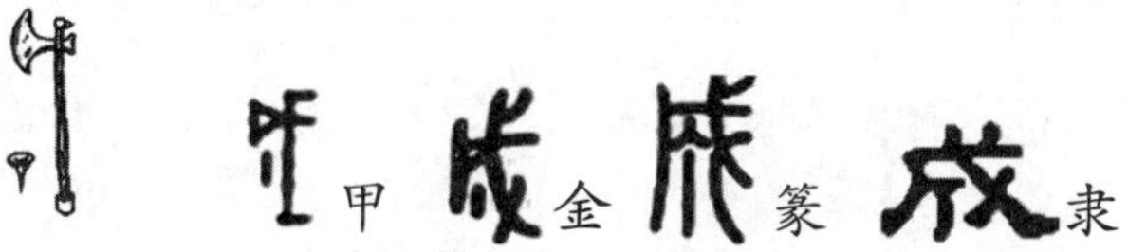

成（chéng）是一个会意字。甲骨文字形，右边是一把斧钺兵器，左下角是一个丁形的木棍。《汉语大字典·成》：“按：甲骨文成字从戌从丁，或从戌从丨，李孝定疑丨为丁之讹变。”金文字形的斧钺兵器变得不像兵器了。秦篆字形在金文的基础上符号化，将斧钺兵器变成了“戊”字，将甲骨文、金文右下角的一竖变成“丁”字。汉隶字形在秦篆基础上进一步变成现在的“成”字。从甲骨文字形来看，“成”最初之义是表示权力。古代斧钺兵器是部落权力的象征。“成”的这一最初之义未在后世文献的语言中体现出来。《说文解字》解释“成”的字义是“成，就也。从戊，丁声。”《诗·周南·樛木》：“乐只君子，福履成之。”毛传：“成，就也。”这就是说“成”的早期字义是“完成”，“实现”。《玉篇

·戊部》：“成，毕也。”秦朝李斯《谏逐客书》：“使秦成帝业。”《三国志·蜀志·诸葛亮传》：“高祖因之以成帝业。”

(1) ①由完成、实现引伸为成为、变成。《礼记·学运》：“玉不琢，不成器。”《史记·李将军列传》：“桃李不言，下自成蹊。”唐朝李商隐《无题》：“春蚕到死丝方尽，蜡炬成灰泪始干。”如：百炼～钢、雪化～水。

(2) 由完成、实现引伸为现成的。晋朝谢沈《祥?议》：“忌日举哀，如昔成制。”明朝方苞《狱中杂记》：“狱中成法，质明启钥。”如：～形、～规、～见、～竹在胸。

(3) 由完成、实现引伸为指成功，与“败”相对。《战国策·秦策》：“圣主明于成败之事。”《三国志·蜀志·诸葛亮传》：“成败之机，在于今日。”

(4) 由成功引伸为使成功、成全。《论语·颜渊》：“君子成人之美。不成人之恶。”《三国志·魏志·田畴传》：“是成一人之志，而亏王法大制也。”

(5) ①由成功引伸为成就、成绩。唐朝李白《化城寺大钟铭》：“少蕴才略，壮而有成。”宋朝王安石《上田正言书》：“今上接祖宗之成。”如：坐享其～、一事无～。②由成就引申成年、成熟。《左传·哀公五年》：“齐燕姬生子，不成而死。”杜预注：“不成，未冠也。”《吕氏春秋·明理》：“五谷萎败不成。”高诱注：“成，熟也。”

(6) 成功有时也体现在和解上，因此引伸为和解、媾和。《左传·隐公六年》：“郑伯请成于陈，陈侯不许。”杜预注：“成，犹平也。”《战国策·赵策》：“皆欲割诸侯之地以与秦成。”

(7) 由和解、媾和引伸为调解。《周礼·地官·调人》：“凡有斗怒者成之。”郑玄注引郑司农云：“成之，谓和之也。”

(8) 由调解引伸为裁决。《周礼·秋官·讶士》：“四方有乱狱，则往而成之。”孙诒让《周礼正义》引惠士奇云：“成者，断狱之名。”《礼记·王制》：“疑狱…必察小大之比以成之。”

(9) 由于调解往往导致其平均，因此引伸为使平均。《周礼·地官·质人》：“质人掌成市之货贿、人民、牛马、兵器、珍异。”郑玄注：“成，平也。”贾公彦疏：“质人主为平定之，则有常估，不得妄为贵贱。”

(10) 由平均引伸为指达到一个完整的数量单位。南朝宋朝鲍照《拟古八首》：“秋蛩扶户吟，寒妇成夜织。”宋朝陆游《何君墓表》：“不以字害其成句，不以句累其全篇。”如：～千上万。

(11) 由一个完整的数量单位引申指古代土地区域划名，指十里见方之地。《周礼·考工记·匠人》：“方十里为成。”《左传·哀公元年》：“有田一成。”《汉书·刑法志》：“地方一里为井，井十为通，通十为成，成方十里。”

败

甲 金 篆 隶

败（敗）（bài）是一个会意字。甲骨文字形，左边是一个鼎，右边是一只手握着一根木棍，从字形来看是在敲打鼎（早期的鼎是用泥土烧制成的）。金文字形，左边变成两个贝，右边与甲骨文一样，是手拿木棍。秦篆字形将金文的两个贝简化成一个，右边将甲骨文、金文的手拿木棍变成“攴（pū）”字。汉隶字形则把右边的“攴”字改为“攵”字（“攴”与“攵”是同一字的两个不同字体）。从甲骨文、金文字形（敲打鼎或贝）来看，“败”最初之义是毁坏。《说文解字》：“败，毁也。从攴、贝。”《左传·僖公十五年》：“涉河，侯车败。”《宋史·苏轼传》：“洄洑激射，岁败公私船不可胜计。”

一、“败”：损坏

（1）由毁坏引伸为损坏。《字汇·攴部》：“败，损也。”宋朝陆游《久雨喜晴十韵》：“蠹鱼败书编，萍草粘户半。”清朝魏源《吴农备荒议上》：“雨潦败稼，薪桂米玉。”

（2）由损坏引伸为砍伐。《诗·召南·甘棠》：“蔽芾甘棠，勿翦勿败。”马瑞辰《通释》：“《说文解字》：‘伐，一曰败也。’《广雅》：‘伐，败也。’是勿败犹勿伐也。”《三国志·吴志·陆逊传》：“居庐桑果，不得妄败。”

（3）由损坏引伸为灾祸。《尚书·微子》：“商今其有灾，我兴受其败。”《谷梁传·庄公二十八年》：“丰年补败。”范宁注：“败，谓凶年。”

（4）由损坏引伸为破烂、破旧。《字汇·攴部》：“败，颓也。”唐朝韩愈《进学解》：“牛溲马勃，败鼓之皮。”《儒林外史》第五十五回：“他取了一管败笔，蘸饱了墨，把纸相了一会，一气就写了一行。”

（5）由破烂、破旧引伸为凋残、衰朽。唐朝徐浑《秋晚云阳驿西亭莲池》：“心忆莲池秉烛游，叶残花败尚维舟。”清朝江尚质《惜秋华》：“瑟瑟金风，颤西园败叶，声声偏早。”

（6）由凋残、衰朽引伸为腐烂变质。《论语·乡党》：“鱼馁而肉败，不食。”《尔雅·释器》：“肉谓之败。”郭璞注：“臭坏。”清朝康有为《大同书》：“腐胔败骨，臭秽变形。”

二、“败”：败坏

（1）由毁坏引伸为败坏。《尚书·大禹谟》：“侮慢自贤，反道败德。”如：道德～坏。

（2）由败坏引伸为恶，不好的（与“善”、“好”相对）。《左传·僖公二十年》：“善败由己，而由人乎？”如：～行。

（3）由败坏引伸为失败（与成功相对）。《老子》第六十四章：“民之从事，常于几成而败之。”《韩非子·说难》：“夫事以密成，语以泄败。”

（4）由失败引伸为战争或竞赛的失败（与“胜”相对）。《广韵·夬韵》：“败，自破曰败。”《孙子兵法·军形》：“故善战者，立于不败之地。”《史记·匈奴列传》：“其困败，则瓦解云散矣。”

（5）由战争失败引伸为打败。《广韵·夬韵》：“败，破他曰败。”《左传·隐公十年》：“公败宋师于菅。”《吕氏春秋·义赏》：“文公用咎犯之言，而败楚人于城濮。”

（6）由竞赛的失败引伸为过失、弊病。《韩非子·难一》：“舜之救败也，则是尧有失也。”

清朝龚自珍《乙丙之际箸议第七》：“抑思我祖所以兴，岂非革前代之败耶？”

采

采(cǎi)是一个会意字。甲骨文字形是，上面是一只掌心朝下的手，下面是一棵树(木)，树上结着果实。金文和秦篆的字形是，上面是手，下面是木，汉隶则把上面的手变成一横三点，就变成现在的“采”字。从甲骨文字形来看，“采”最初之义是用手摘取果实。罗振玉《增订殷虚书契考释》：“(采) 象取果于木之形，故从爪、果。”

一、“采”：摘

(1) 由用手摘取果实引伸为用手摘取。《说文解字》：“采，捋取也。从木从爪。”段玉裁《说文解字注》：“‘捋，取也。’是采、捋同训也。”此义后世写成“採”。《诗·周南·关雎》：“参差荇菜，左右采之。”《诗·豳风·七月》：“春日迟迟，采蘩祁祁。”

(2) 由用手摘取引伸为开采。《盐铁论·复古》：“往者豪强大家，得管山海之利，采铁石鼓铸，煮海为盐。”宋朝苏舜钦《和菱磎石歌》：“居民百户石为业，日夜采琢山不贫。”如：～矿，～煤，～玉石。

(3) 由用手摘取引伸为取得、获取。《汉书·终军传》：“干名采誉。”郭沫若《我的童年》：“两边的人家有很高而阔的街檐，中间夹着一条仅备采光和泄水用的窄窄的街心。”如：～光、～暖、～纳。

(4) 由取得、获取引伸为采集、搜集。《汉书·艺文志》：“故古有采诗之官，王者所以观风俗，知得失，自考正也。”唐朝柳宗元《永州铁炉步志》：“余以为古有太史，观民风，采民言。若是者，则有得矣。”如：～购、～办。

(5) 由采集、搜集引伸为采择、选取。《仪礼·士昏礼》：“纳采用雁。”郑玄注：“使人纳其采择之礼。”贾公彦疏：“昏礼有六，五礼用雁。”《史记·秦始皇本纪》：“采上古帝位号，号曰‘皇帝’。”如：～取、～编、～制。

(6) 由采择、选取引伸为采纳、采用。三国魏曹植《与杨德祖书》：“夫街谈巷说，必有可采。”唐朝柳宗元《永州铁炉步志》：“嘉其言可采，书以为志。”

(7) 由采择引申指官、官职。古代官员到民间采集民风，故采指官员。《尚书·酒诰》：“服休服采。”蔡沈《尚书集传》：“服采，起而作事之臣。”《史记·司马相如列传》：“以展采错事。”裴骃《史记集解》：“以展其官职，设厝其事业者也。”

(8) 采 (cài)：由官员引申指古代卿大夫的封邑。《礼记·礼韵》：“大夫有采以处其子孙。”《风俗通·六国》：“封熊绎于楚，食子男之采。”

二、“采”：色彩

(1) 由于采摘的果实五颜六色，因此采引申指色彩。此意“采”写成“彩”。《玉篇 木部》：“采，色也。”《正字通·采部》：“采，别作彩。”《尚书·益稷》：“以五采彰施于五色。”蔡沈《尚书集传》：“采者，青、黄、赤、白、黑也。”《礼记·月令》：“命妇官染采。”郑玄注：“采，五色。”如：～文、～色、～笺、～绘、～物、～旃～饰。

（2）由色彩再引申指有色彩的丝织品。《汉书·货殖列传》：“文采千匹。”颜师古注：“帛之有色者曰采。”汉朝晁错《论贵粟疏》：“衣必文采，食必粱肉。”如：～衣、～绣、～服。

（3）由色彩引申为指光彩。三国魏嵇康《琴赋》：“华容灼爚，发采杨明，何其丽也。”南朝宋谢庄《月赋》：“赠华台室，扬采轩宫。”

（4）由色彩引申为指人的神采、神态。《庄子·人世间》：“采色不定。”成玄英疏：“顺心则喜，违意则嗔，神采气色，曾无定准。”《儒林外史》第八回：“前晤尊公大人，幸瞻丰采。”如：风～、丰～、神～奕奕、神～飞扬、兴高～烈、没精打～、无精打～。

（5）由色彩引申为指文章的文采。《文心雕龙·情采》：“繁采寡情，味之必厌。”《明史·文苑传·孙蕡》：“诗文援笔立就，词采烂然。”

（6）由文采引申指文采超过其实际。《荀子·乐论》：“乱世之征……其声乐险，其文章匿而采。”《汉书·严安传》：“故养失而泰，乐失而淫，礼失而采，教失而伪。”颜师古注：“采者，文过其实也。”

长

 甲  金  篆  隶

长（長）（zh ǎ ng）是一个象形字。甲骨文字形，顶部向右弯曲的两条线是头发。其下一横表示人头，再下是朝左站立人的身子。手臂向左伸展，手中拄着一根拐杖，身子与腿都作弯曲状。金文字形与甲骨文相同。秦篆字形与金文大体相似，但由于字形符号化而变得不形象了。汉隶字形在秦篆的基础上，演变成繁体字“長”字。从甲骨文字形来看，这个人又是长发，又是驼背，还拄着拐杖。所以“长”最初之义应该是指老人、长者。最初的读音应该读“zh ǎ ng”。

一、“长”：老人

（1）由老人引申为老、年纪大。《广雅·释诂一》：“长，老也。”《庄子·大宗师》：“子之年长也。”《国语·晋语四》：“齐侯长矣。”韦昭注：“长，老也。”如：～老、～者。

（2）由老、年纪大引申为年纪较大。《论语·先进》：“以吾一日长乎尔，毋吾以也。”《礼记·曲礼上》：“年长以倍，则父事之；十年以长，则兄事之。”如：年～、比我～一岁。

（3）由年纪较大引申为长幼之长。《荀子·荣辱》：“长幼之差。”《史记·项羽本纪》：“沛公曰：‘孰与君少长？’”如：兄～、嫡～、学～。

（4）由长幼之长引申为作人师长。《左传·昭公二十八年》：“教诲不倦曰长，赏庆刑威曰君。”杜预注：“教诲长人之道。”

（5）由为人师长引申为尊敬、尊重。《礼记·大学》：“上老老而民兴孝，上长长而民兴弟（悌）。”郑玄注：“老老、长长，谓尊老敬长也。”

（6）由尊重引申为重视、崇尚。《盐铁论·非鞅》：“商鞅峭法长利，秦人不聊生。”《汉书·杜周传附杜钦》：“今汉家承周秦之敝，宜抑文尚质，废奢长俭，表实去伪。”颜师古注：“长，谓崇贵之也。”

（7）由重视引申为增长、进益。《周易·泰》：“君子道长，小人道消也。”唐朝刘禹锡《酬乐天扬州初逢席上见赠》：“今日听君歌一曲，暂凭杯酒长精神。”如：滋～、～见识、教学相～。

(8) 由增长引申滋长、助长。《诗·小雅·巧言》：“君子屡盟，乱是用长。”巴金《家》二十三：“我看，三哥的话也有道理，无论如何此风不可长。”

(9) 由滋长引伸为生长、成长。《孟子·公孙丑上》：“宋人有闵其苗不长而揠之者。”如：～大、痴～、见～、～个头、揠苗助～、土生土～。

(10) 由生长引伸为出生。《庄子·天道》：“天不产而万物化，地不长而万物育。”如：～疮、～锈、～毛、～疖子。

(11) 由生长、成长引伸为升高（多指水位或物价），后世写着“涨”。《前汉纪·成帝纪三》：“阴气盛溢，水则为之长。”

(12) 由升高引伸为旺盛。《素问·四气调神大论》：“逆夏气则太阳不长，心气内空。”

(13) 由旺盛引伸为多余、剩余（读“zhàng”）。《玉篇·长部》：“长，多也。”《集韵·漾韵》：“长，余。”《吕氏春秋·观世》：“此治世之所以短，而乱世之所以长也。”如：身无～物。

二、“长”：辈分大

(1) 由年纪大引伸为指长辈，辈分大。《礼记·祭义》：“立敬自长始，教民顺也。”《孟子·万章下》：“不挟长，不挟贵，不挟兄弟而友。”如：～辈、师～。

(2) 由年纪大引伸为指排行第一。《集韵·养韵》：“长，孟也。”《庄子·盗跖》：“尧杀长子，舜流母弟。”如：～男、～女、～兄、～孙。

(3) 由排行第一引伸为首领（古指天子、方伯、诸侯等）。《广雅·释诂一》：“长，君也。”《尚书·益稷》：“外薄四海，咸建五长。”唐朝柳宗元《封建论》：“告之以直而不改，必痛之而后畏，由是君长刑政生焉。”

(4) 由首领引伸为领导人。《史记·陈涉世家》：“陈涉、吴广皆次当行，为屯长。”如：家～、族～、里～、首～、军～、团～、营～、连～、排～、班～、部～、省～、县～、区～、厂～、委员～。

益

甲

金

篆

隶

益(yì)是一个会意字。甲骨文字形，下面是装水的盆，盆中有四点，表示盆里的水很多，其中两点高过盆面，表示水多得流出来了。金文字形的两点更是高过盆面很多，更突出地表示水多得流出。秦篆字形的下面与甲骨文、金文相似，上面的水变成横着的“水”字。汉隶字形与秦篆相同只是盆变成“皿”字。从甲骨文字形来看，“益”的最初之义就是指水从盆里漫出来。“益”开始是表示水漫出器皿，后来移作他用，就专门造一个“溢”字，以表示水漫出器皿。因此，“益”就是“溢”的本字。段玉裁《说文解字注》曰：“水、皿，益之意也。”

一、“益”：溢

（1）由水漫出器皿引伸为水涨（此义后作“溢”）。《吕氏春秋 · 察今》：“澭水暴益，荆人弗知。”

（2）由水漫出器皿引伸为多。《战国策 · 齐策三》：“可以益割于楚。”高诱注：“益，多。”《史记 · 酷吏传 · 张汤》：“益居其物。”

（3）由多引伸为增加、增多。《广雅 · 释诂二》：“益，加也。”《广韵 · 昔韵》：“益，增也。”《左传 · 襄公二十六年》：“益其禄爵而复之。”《史记 · 高祖本纪》：“秦益章邯兵，夜衔枚击项梁。”如：日～、损～、增～、进～、延年～寿、～智游戏。

（4）由增多引伸为加大，扩大。《谷梁传 · 隐公七年》：“民众城小，则益城。”《论衡 · 四讳》：“俗有大讳四。一曰讳西益宅。”

（5）由增加引伸为进取，上进。《广韵 · 昔韵》：“益，进也。”《论语 · 宪问》：“非求益者也，欲速成者也。”邢昺疏：“此言童子非求进益者也。”

（6）由增加、增多引伸为更加。《孟子 · 梁惠王下》：“如水益深，如火益热。”《史记 · 伯夷列传》：“伯夷、叔齐虽贤，得夫子而名益彰。”如：愈～、老当～壮、多多～善、精～求精、相得～彰。

（7）由更加引伸为渐渐。《礼记 · 坊记》：“使民富不足以骄，贫不致于约，贵不慊于上，故乱益亡。”《汉书 · 苏武传》：“武益愈，单于使使晓武。”如：日～强盛。

二、“益”：丰富

（1）由多引伸为丰富、富饶。《说文解字》：“益，饶也。”段玉裁《说文解字注》曰：“饶，饱也，凡有余曰饶。”《吕氏春秋 · 贵当》：“其家必日益，身必日荣矣。”高诱注：“益，富也。”《史记 · 货殖列传》：“七十子之徒，赐最为饶益。”如：～州。

（2）由丰富、富饶引伸为骄傲自满，后作“溢”。《庄子 · 列御寇》：“有貌愿而益，有长若不肖。”俞樾《诸子平议》：“益当作溢，溢之言骄溢也。”

（3）由丰富、富饶引伸为利益、好处。《尚书 · 大禹谟》：“满招损，谦受益。”唐朝李白《赠韦秘书子春》：“苟无济代心，独善亦何益。”如：效～、公～、教～、权～、～处、受～、收～、无～、实～、～友、～鸟、～虫、良师～友、徒劳无～、集思广～、有～无害。

（4）由利益、好处引伸为有益（动词）。《论语 · 季氏》：“益者三友……友直、友谅、友多闻，益也。”明朝王世懋《学圃杂疏 · 荳疏》：“荳之美者无如白匾荳，味甘而益人。”

行

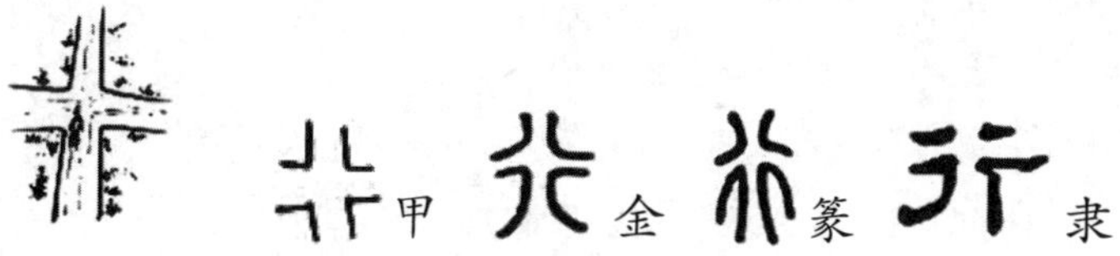

行（xíng）是一个象形字．甲骨文字形，一条十字交叉的大道。金文与甲骨文一样，是十字路口的形状。秦篆字形与金文一样，只是字形开始符号化了。汉隶字形由于字形完全符号化，难看出大道的形状。从甲骨文字形来看，“行”最初之义是指十字交叉的道路。《说文解字》：“行，人之步趋也。从彳（chì）、亍（chù）。凡行之属皆从行。”“行”在甲骨文、金文是独体字，是道路的形状。由于许慎没见过甲骨文，就不知道“行”字的最初字形，因此也就不知“行”的最初之义是道路。许慎是依据秦篆、汉隶的字形，把它看着合体字。认为“行”是由“彳（彳，小步行。）”和“亍（亍，小步行。）”两个字组成，因此就是行走之义。从甲骨文字形来看，许慎的这种解释是不正确的。“行（hǎng）”字首先是指大道。有了大道就有人在大道上行走，因此“行”就引伸为指人在大道上行走。“行”在“行走”之义上应该读（xíng），作动词用。

一、“行”：人走路

(1) 由道路引伸为人的行走。《释名·释姿容》：“两足进曰行。”《诗·唐风·杕（dì）杜》：“独行踽踽，岂无他人？”唐朝白居易《长恨歌》：“峨嵋山下少行人。”如：步～、旅～、～装、～踪、～迹、～经、人～道、规～矩步、衣食住～、～尸走肉、各～其道、日～千里、寸步难～、三人～必有我师焉。

(2) ①由行走引伸为指行走的路程。《老子》第六十四章：“千里之～，始于足下。”《论衡·感虚》：“如谓舍为度，三度亦三日行也。”如：～程。②由行走的路程引伸为指经过，经历。《国语·晋语四》：“文公问元帅于赵衰，对曰：‘郤縠可，行年五十亦。’”韦昭注：“行，历也。”《汉书·地理志上》：“江水所出，东南至江都入海，过郡七，行二千六百六十里。”③由经历引伸为往昔、先。《史记·陈涉世家》：“乃行卜。”司马贞《史记索隐》：“行者，先也。”《论语·问孔》：“行事，雷击杀人，水火烧溺，墙屋压人。”

(3) 由行走引伸为出行、出动。《国语·周语中》：“是行也，秦师还，晋人败诸崤，获其三帅丙、术、视。”《世说新语·方正》：“陈太丘与友期行，期日中，过中不至，太丘舍去。”

(4) ①由出行、出动引伸为去、离开。《广韵·庚韵》：“行，去也。”《左传·僖公五年》：“宫之奇以其族行。”杜预注：“行，去也。”唐朝李白《赠汪伦》：“李白乘舟将欲行。”②由去，离开引伸为出嫁。《诗·鄘风·蝃蝀》：“女子有行，远父母兄弟。”《华阳国志·后贤志》：“（李宓）父早亡，母何更行，见养祖母。”

(5) 由出动、出行引伸为巡狩、巡视。《周礼·地官·州长》：“若国作民而师、田、行、役之事，则帅而致之。”贾公彦疏：“师谓征伐，田谓田猎，行谓巡狩，役谓役作。”《吕氏春秋·季夏纪》：“是月也，树木方盛，乃命虞人入山行木，无或伐。”

(6) 由巡狩、巡视引伸为赏赐、授与。《周礼·天官·司裘》：“中秋，献良裘，王乃行羽物。”贾公彦疏：“行，赐也。”《韩非子·难一》：“归而行爵，先雍季而后舅犯。”

(7) 由赏赐引伸为宴席斟酒。《仪礼·大射》：“公又行一爵，若宾若长，唯公所酬。”宋朝苏轼《泛金船》：“杯行到手休辞却。”

(8) 由宴席斟酒引伸为量词，斟酒劝饮一次。《法言·修身》：“宾主百拜，而酒三行。”宋朝司马光《训俭示康》：“客至未尝不置酒，或三行五行，多不过七行。”

(9) 由宴席的伴乐引伸为指古诗的一种歌行体。明朝徐师曾《文体明辨序说·乐府》：“盖自琴曲之外，其放情长言，杂而无方者曰‘歌’；步骤驰骋，疏而不滞者曰‘行’。兼之曰‘歌行’。如古辞《孤儿行》、《饮马长城窟行》。”

二、“行”：移动

(1) 由行走引伸为移动、运行。《周易·乾》：“云行雨施。”《论语·阳货》：“四时行焉，百物生焉。”如：～星、飞～、～船、航～、爬～、天马～空、～云流水、逆水～舟。

（2）①由移动、运行引伸为指日月星辰运行的轨道。《诗·小雅·十月之交》：“日月告凶，不用其行。”郑玄注：“行，道度也。”《淮南子·本经》：“五星循轨而不失其行。”《汉书·李寻传》：“日月失度，星辰乱行。”②由日月星辰运行的轨道引伸为规律、道理。《周易·复》：“反复其道，七日来复，天行也。”孔颖达疏：“此乃天之自然之理，故曰天行也。”

（3）由移动、运行引申指一种行云如流水的字体，即“行书”。

（4）由移动、运行引伸为流通、流行。《左传·襄公二十五年》：“言之无文，行而不远。”《史记·货殖列传》：“财币欲其行如流水。”如：～销、流～、风～一时。

（5）由流通、流行引伸为实施、实行。《周易·系辞上》：“推而行之为之通。”《论语·卫灵公》：“行夏之时。”如：发～、试～、实～、躬～、强～、推～、便宜～事。

（6）由实施、实行引伸为做、办、从事。《墨子·经上》：“行，为也。”《左传·隐公元年》：“多行不义，必自毙。”如：举～、试～、施～、～礼、～医、～窃、～凶、上～下效、～成于思、～之有效、简便易～、相机～事、量力而～、身体力～、一意孤～、特立独～、独断专～。

（7）由做、办引伸为行为，德行。《周礼·地官·师氏》：“敏德以为行本。”郑玄注：“德行，内外之称，在心为德，施之为行。”《楚辞·九章·橘颂》：“行比伯夷，置以为像兮。”如：～为、言～、修～、德～、善～、品～、暴～、罪～、高山景～、嘉言懿～。

进

进（進）（jìn）是一个会意字。甲骨文字形，上面是一只鸟，下面是“止”，古人用人的脚趾来表示鸟的脚趾。鸟脚能进不能退，故以此表示进之义。高鸿缙《中国字例》：“（甲骨文）字从隹，从止，会意。止即脚，隹脚能进不能退，故以取意。”金文字形在甲骨文基础上还增加一个“彳（表示行走）”字。秦篆字形将“彳”与“止”合为“辵（chuò）”字；鸟形变成“隹（短尾鸟）”字。汉隶字形在秦篆的基础上，将“辵”变成“辶”，就成为“進”字。后简化成“进”字。从甲骨文字形来看，“进”最初之义就是鸟向前行走。

一、“进”：前进

（1）由向前行走引申向前移动。《玉篇·辵部》：“进，前也。”北齐刘书《新论·阅武》：“吴王宫人教之战阵，约之法令，迴还进退，尽中规矩。”李大钊《新的！旧的！》：“进！进！进！新青年！”

（2）由向前移动引伸为进步、长进。《广韵·震韵》：“进，善也。”《公羊传·隐公元年》：“此其为可褒奈何？渐进也。”何休注：“去恶就善曰进。”《史记·乐书》：“礼谦而进，去进为文。”裴骃《史记集解》引郑玄曰：“进者，谓自勉强也。”唐朝杜甫《送十五弟侍御史使蜀》：“喜弟文章进，添余别兴牵。”

（3）由进步、长进引伸为促进、增强。《商君书·农战》：“一则少诈而重居，一则可以赏罚进也，一则可以外用也。”清朝严复《原强》：“凡可以进是三者，皆所力行；凡可以退是三者，皆所宜废。”

(4) 由进步、长进引伸为提升、提拔。《尚书 · 君陈》：“进厥良，以率其或不良。”《汉书 · 孔光传》：“退去贪残之徒，进用贤良之吏。”

(5) 由提升、提拔引伸为引进、举荐。《周礼 · 夏官 · 大司马》：“进贤兴功，以作邦国。”《吕氏春秋 · 论人》：“贵则观其所进。”

(6) 由引进，举荐引伸为出仕（做官）。《孟子 · 公孙丑上》：“治则进，乱则退，伯夷也。”宋朝范仲淹《岳阳楼记》：“是进亦忧，退亦忧。”

(7) 由做官（为民）引伸为奉献、送上。《礼记 · 曲礼》：“侍饮于长者，酒进则起。”唐朝皮日休《贱贡士》：“南越贡珠玑，西蜀进罗绮。”

(8) 由出仕引伸为指（做官）收人钱财。《史记 · 高祖本纪》：“萧何主吏，主进。”裴骃《史记集解》引文颖曰：“主赋敛礼进。”

(9) 由收人钱财引伸为赌博之财。《字汇 · 辵部》：“赌博之财曰进，赌胜得多曰厚进。”《汉书 · 游侠传 · 陈遵》：“相随博弈，数负进。”

二、“进”：行走

(1) 有行走之义。《广雅 · 释诂一》：“进，行也。”《周礼 · 夏官 · 大司马》：“徒衔枚而进。”郑玄注：“进，行也。”如：～行。

(2) 由行走引伸为靠近。《礼记 · 檀弓上》：“丧服，兄弟之子犹子也，盖引而进之也。嫂叔之无服也，盖推而远之也。”郑玄注：“或引或进，重亲远别。”

(3) 由靠近引伸为进入。《三国志通俗演义》第九十五回：“今大开城门，必有埋伏，我兵若进，中其计也。”如：～去。

(4) 由进入引伸为超过。《庄子 · 养生主》：“臣之所好者道也，进乎技矣。”成玄英疏：“进，过也。”《汉书 · 晁错传》：“当此之时，三王之功不能进焉。”

出（chū）是一个会意字。甲骨文字形，上面是人的脚趾的“止”，下面是“凵（kǎn）”，“凵”表示坎陷形的地穴，甲骨文整个字形表示人从半地穴式的原始居住处走出来。金文字形与甲骨文相同。秦篆字形的“止”和“凵”都变得有点像两个“山”字。汉隶字形沿袭秦篆进一步变化，成为两个“山”字重叠的字体。从甲骨文字形来看，“出”最初之义就是人从地穴里走出来。

一、“出”：走出

(1) 由走出地穴引伸为从里面到外面，与“进”相对。《集韵 · 至韵》：“出，自内而外也。”《诗 · 郑风 · 出其东门》：“出其东门，有女如云。”晋朝陶渊明《归去来兮辞》：“云无心以出岫，鸟倦飞而知还。”如：～门、～院、～国、～入、～

～进进、里～外进、深居简～、扫地～门、引蛇～洞、～口成章。

(2) 由进出之出引伸为离开。《玉篇 · 出部》："出，去也；远也。"《诗 · 小雅 · 宾之初筵》："既醉而出，并受其福；醉而不出，是谓伐德。"郑玄注："出，犹去也。"如：～去。

(3) 由离开引伸为出发、发出。宋朝叶适《毋自欺室铭》："言既出之，行既实之。"如：～行。

(4) 由离开引伸为驱逐。《正字通 · 凵部》："出，斥也。"《史记 · 宋微子世家》："文公尽诛之，出武缪之族。"裴骃《史记集解》引贾逵曰："出，逐也。"明朝刘基《李景山诗集序》："有放臣、出子、斥妇、囚奴之达其情于辞者，盖其变也。"

(5) 由驱逐引伸为指弃逐妻子。《战国策 · 秦策四》："薛公入魏而出齐女。"《后汉书 · 杨政传》："范升尝为出妇所告，坐系狱。"

(6) 由驱逐引伸为释放、开脱。《正字通 · 凵部》："出，宥罪曰出。"《国语 · 周语中》："晋侯闻之，曰：'是君子之言也。'乃出阳民。"韦昭注："出，放令去也。"《醒世恒言 · 卢太学诗酒傲公侯》："谁肯舍了自己的官职，出他的罪名。"

二、"出"：出现

(1) 由里面到外面之义引伸为出现。《玉篇 · 出》："出，见（现）也"。《陌上桑》："日出东南隅，照我秦氏楼。"《徐霞客游记 · 粤西游日记一》："时日色甫中，四山俱出。"如：日～、～生、～没、～场、叠～、水落石～、脱颖而～、层～不穷、人才辈～、神～鬼没。

(2) ①由出现引伸为显露。如：～名、～头、～丑。②由显露引伸为往外拿、拿出。《史记 · 陈丞相世家》："（陈平）常出奇计，救纷纠之难，振国家之患。"唐朝韩愈《画记》："至河阳，与二三客论画品格，音出而观之。"如：～钱、～力、取～、献～、～主意。③由往外拿引伸为支出。如：支～、入不敷～。

(3) 由出现引伸为产生、发生。《正字通 · 凵部》："出，生也。"宋朝王安石《城北》："青青千里乱春袍，宿雨催红出小桃。"如：～产、～问题、当场～彩、事～有因。

(4) 由产生引伸为制作。《礼记 · 月令》："命有司，大难旁磔，出土牛，以送寒气。"郑玄注："出，犹作也。"《淮南子 · 修务》："邯郸师有出新曲者，托之李奇，诸人皆争学之。"高诱注："出，犹作也。"

(5) 由制作引伸为出版。如：～书。

三、"出"：来到

(1) 由里面到外面之义引伸为来到。《汉书 · 霍光传》："筑神道，北临昭灵，南出承恩。"唐朝柳宗元《三戒 · 黔之驴》："（虎）益习其声，又近出前后，终不敢搏。"如：～席、～庭、～海、～场。

(2) 由来到引伸为居于、处在。宋朝王安石《答姚辟书》："则古之蹈道者，将无以出足下上。"

(3) 由居于、处在引伸为逾越、超出。《正字通 · 凵部》："出，特也，过人之称。"《论衡 · 书虚》："天下郡国且百余，县邑出万。"唐朝韩愈《师说》："古之圣人，其出人也远矣，犹且从师而问焉。"如：～界、～轨、超～、～线、～边界、跑～大门、长～一寸、高～一倍。

(4) 由居于、处在引伸为出仕、做官。《周易·系辞上》：“君子之道，或出或处。”宋朝王安石《答韩求仁书》：“《微子》一篇，记古之人出处去就，盖略有次序。”

后人把“出”说成是两个“山”字的重叠，认为“出”的本义是重。这是不对的。

逆

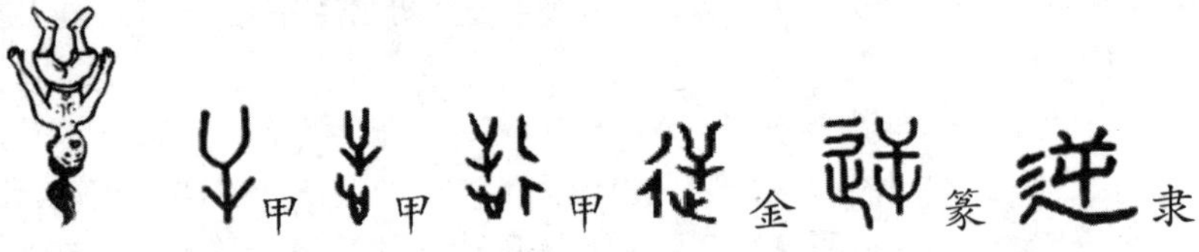

逆（nì）是一个会意字。甲骨文字形，早期是一个头向下倒立的人。后来则是，上面是一个倒立的人，下面是一个表示脚的“止”字。再后来在倒立的人和“止”字的基础上增加一个表示大道的“亍（chù）”字。甲骨文早期的倒立人形表示人逆向而行。后来增加“止”字，仍表示此意。再后来又增加“亍”字，表示在大道上逆行。金文字形与甲骨文大体相似。只是“亍”移到左边（“亍”，在左在右都一样）。秦篆字形将“亍”与“止”合为一体成“辵（chuò）”（表示走路），右边的倒立人形不像人形了，像倒立的“矢（篆体的矢字）”。汉隶字形在秦篆基础上，把“辵”变成“辶”字，成为今天的“逆”字。从甲骨文字形来看，“逆”最初之义是人在逆向行走。

一、“逆”：迎

(1) 由逆向行走引伸为迎接。因为迎接的人相对来人是逆向行走。《说文解字》：“逆，迎也。从辵，屰（nì）声。关东曰逆，关西曰迎。”《尚书·顾命》：“逆子钊于南门之外。”《国语·晋语四》：“乃归女而纳币，且逆之。”韦昭注：“逆，亲迎也。”

(2) 由迎接引伸为迎击、迎战。《孙子兵法·军争》：“故用兵之法，高陵勿向，背丘勿逆。”杜牧注：“逆者迎之……敌倚邱山下来求战，不可迎之。”《资治通鉴·汉献帝建安十三年》：“将兵与（刘）备并力逆操。”

(3) 由迎接引伸为迎受、承受。《文选·扬雄〈甘泉赋〉》：“惟夫所以澄心清魂，储精垂思，感动天地，逆釐三神者。”李善注引韦昭曰：“逆，迎也。迎受福釐。”唐朝杨鼎夫《记皂江堕水事》：“棹逆狂风趋近岸，舟逢怪石碎前湾。”

(4) 由迎受引伸为接受。《仪礼·聘礼》：“众介皆逆命不辞。”郑玄注：“逆，犹受也。”《左传·昭公二十五年》：“有司逆命，公之使速杀之。”杜预注：“欲迎受杀生之命。”

(5) 由接受反向引伸为抗拒、拒绝。《战国策·齐策三》：“故专兵一志以逆秦。”高诱注：“逆，谓拒之。”《尹文子·大道上》：“嗜甘而逆苦。”

(6) 由抗拒、拒绝引伸为背叛、叛乱。《广雅·释诂三》：“逆，乱也。”《礼记·仲尼燕居》：“勇而不中礼，谓之逆。”孔颖达疏：“逆谓逆乱。”三国魏曹操《请增封荀彧表》：“昔袁绍作逆，连兵官渡。”

(7) 由背叛、叛乱引伸为不顺从。《玉篇·辵部》：“逆，不从也。”《尚书·太甲下》：“有言逆于汝心，必求诸道。”《史记·太史公自序》：“夫阴阳四时、八位、十二度、二十四节各有教令，顺之者昌，逆之者不死则亡，未必然也。”

(8) 由不顺从引伸为猜度、预料。《玉篇·辵部》：“逆，度也。”《周易·说卦》：

“数往者顺，知来者逆，是故《周易》，逆数也。”《宋史·晁迥传》：“自然之分，天命也。乐天不忧，知命也。推理安常，委命也。何必逆计未然之事乎？”

(9) 由猜度、预料引伸为上书。《周礼·天官·宰夫》：“宰夫之职……叙群吏之治，以待宾客之令，诸臣之复，万民之逆。”郑玄注：“于朝廷奏事自下而上曰逆，逆谓上书。”

二、“逆”：后退

(1) 由迎接反向引伸为退后、退去。《广雅·陌韵》：“逆，却（却，退也）也。”《周礼·考工记·匠人》：“逆墙六分。”郑玄注：“逆，犹却也。”孙诒让《周礼正义》：“却墙，谓墙上退却，杀减其广也。”

(2) 由退后引伸为回旋。《水经注·瀍水》：“（濡水）枉渚洄湍，率多曲复，亦谓之为曲逆水也。”李白《蜀道难》：“上有六龙回日之高标，下有冲波逆折之回川。”

(3) 由回旋引伸为颠倒。《左传·文公二年》：“大事于大庙，跻僖公，逆祀也。”杜预注：“僖是闵兄，不得为父子，尝为臣，位应在下，令居闵上，故曰逆祀。”清朝龚自珍《送钦差大臣候官林公序》：“其人病魂魄，逆昼夜。”

(4) 由颠倒引伸为背于常理。《荀子·非十二子》：“行辟而坚……言辩而逆，古之大禁也。”杨倞注：“逆者，乖于常理。”

来（來）（lái）是一个象形字，甲骨文字形很像一株成熟的小麦。上面是下垂的麦穗，中间的两侧是麦叶，下面是麦根。金文早期字形与甲骨文相同，只是下垂的麦穗变成一斜笔；金文后期字形将一斜笔变成麦秆上端的一横，成为“來”字的最初之字。秦篆字形与金文相同，只是字形符号化而已。汉隶字形在秦篆基础上方块化，成为“來”字，后简化成“来”字。从甲骨文字形来看，“来”最初之义是指小麦。

秦篆字形的“来”有一种变体。即在“來”字的左边加上“彳”字，表示走路。还有一种，再在“來”的字下面加上“止”字，进一步突出走路之义。这大概就是“来”字由小麦之义变成去来之义的缘由。《说文解字》：“来，周所受瑞麦来麰（大麦）也……天所来也。故为行来之来。”段玉裁《说文解字注》：“自天而降之麦，谓之来麰也。凡物之至者，皆谓之来。”《说文解字》和段玉裁所说表明，“来”的最初义是小麦，后借用为“去来”之“来”。

一、“来”：小麦

“来”最初义是小麦。《诗·周颂·思文》：“贻我来牟（麰），帝命率育。”朱熹注：“来，小麦；牟，大麦也。”陆游《岁晚》：“云暗郊原雪意稠，天公似欲富来麰。”（在宋朝人们还在用“来”表示小麦之义。）

二、“来”：出现

(1) 假借为去来之来，早在周朝就出现了。此义出现后，就作为“来”的基本义定格下来。《诗·小雅·采薇》：“今我来思，雨雪霏霏。”《周易·系辞下》：“日往则月来，月往则日来。”《论语·学而》：“有朋自远方来。”唐朝白居易《遣怀》：“乐往必悲生，泰来犹否极。”如：～访、～稿、～人、～宾、～电、礼尚往～、送往迎～、老死不相往～。

(2) 由去来之来引伸为召之使来。《论语·季氏》：“故远人不服，则修文德以来之。”邢昺疏：“使远人慕其德化而来。”《吕氏春秋·不侵》：“自此观之，尊富贵大不足以来士矣！”

(3) 由去来之来引伸为事情将发生。如：～临、问题～了，麻烦～了，计上心～。

(4) 由事情将发生引伸为未来、将来。《论语·微子》：“往者不可谏，来者犹可追。”《荀子·解蔽》：“不慕往，不闵来。”杨倞注：“往，古昔也；来，将来也。”如：～年、～岁、～世、～日方长、继往开～。

(5) 由未来反向引申指过去。《诗·大雅·文王有声》：“匪棘其欲，遹（yù）追来孝。”王引之述闻：“来，往也。”《史记·太史公自序》：“比《乐书》以述来古。”司马贞《史记索隐》：“来古，即古来也。言比《乐书》以述自古已来乐之兴衰也。”

(6) 由过去引伸为表示某一时间以后。《孟子 尽心下》：“由孔子而来，至于今百有余年。”《乐府诗集·子夜歌》：“自从别郎来，何日不咨嗟？”如：向～、从～、尔～、迩～、近～、生～、夜～、过～人、两千年～、古往今～、别～无恙。

(7) 由某一时间以后引申指某一段时间。《晋书·石勒载记上》：“吾幼来在家恒闻如是。”唐朝韦庄《浣溪沙》：“咫尺画堂深似海，忆来唯把旧书看。”

三、“来”：虚词

“来”由实在之义而被虚化，用作虚词。

(1) 表示大约的数字。唐朝杜牧《尚书情》：“谁家洛浦神，十四五来人。”《红楼梦》第二十七回：“这几个月，我又攒下有十来吊钱了。”

(2) 在数词后面，表示列举的原因与理由。元朝马致远《青衫泪》第一折：“只是孩儿养的娇了，一来性儿好自在，二来有些拣择人。”

回

回（huí）是一个象形字。甲骨文字形，像水流动中形成的旋转之形。金文字形与甲骨文相同，只是旋转的方向相反。秦篆字形就变成大口套小口的形状。汉隶字形与秦篆相同。从甲骨文字形来看，“回”最初之义就是旋转。《说文解字》：“回，转也。从口，中象回转形。”《集韵·贿韵》：“回，绕也。”《荀子·致士》：“水深而回。”《淮南子·原道》“动不失时，与万物回周旋转。”

一、“回”：掉转

(1) 由旋转引申掉转。《楚辞·离骚》：“回朕车以复路兮，及行迷之未远。”唐朝白居易《长恨歌》：“君王掩面救不得，回看血泪相和流。”如：～顾、～头、～马枪。

(2) 由掉转引伸为返回。唐朝王翰《凉州词》：“醉卧沙场君莫笑，古来征战几人回。”唐朝李白《将进酒》：“黄河之水天上来，奔流到海不复回。”如：～家、～国、春～大地。

(3) 由返回引伸为表示行为、动作的量词，相当于“次”。辛弃疾《水调歌头·盟鸥》：“先生杖履谙小径，一日走千回。”

（4）由表行为，动作的量词引伸为表达时间，相当于“一会儿”。清朝魏秀仁《花月痕》：“荷生想了一回，说道：‘坐轿甚好。’”

（5）由表行为、动作的量词引伸为表达事情的量词。相当于“桩”、“件”。如：这～事、那～事。

（6）由表达事件的量词引申指小说的章节。如：章～小说，《水浒全传》一百二十～。

二、“回”：改变

（1）由旋转引伸为改变、转变。《汉书·贾谊传》：“夫移风易俗，使天下回心而乡（向）道。”如：～心转意。

（2）①由转变引伸为转卖、转买。《水浒全传》第三十二回：“主人家，你真个没东西卖，你便自家吃的肉食，也回些与我吃了，一发还你银子。”②由转卖、转买引伸为答复、回答。《二刻拍案惊奇》卷十一：“日后他来通消息时，好言回他。”《红楼梦》：“次日，凤姐梳洗了，先回王夫人毕，方来辞贾母。”如：～信、～电、～敬。③由答复、回答引伸为辞去、退回、拒绝。宋朝苏轼《与开元明师书二首》：“仅留笔一束，以领雅意，余回纳，不讶不讶。”《红楼梦》第一百一十九回：“咱们家遭了这样事，哪有功夫接待人，不拘怎么回了他去罢。”

（3）由改变引伸为违背。《孟子·尽心下》：“经德不回，非以干禄也。”宋朝苏轼《东坡志林》卷二：“二人之不敢请，亦知始皇之鸷悍而不可回也。”

（4）由违背引伸为避开、回避。《正字通·口部》：“回，避也。”《新序·杂事一》：“（祁奚）外举不避仇雠，内举不回亲戚，可谓至公矣。”《后汉书·左雄传》：“（左雄）奏案贪猾二千石，无所回忌。”

（5）由违背引伸为偏私、惑乱。《新语·辅政》：“众邪和党，以回人君。”《后汉书·种暠传》：“富贵不能回其虑，万物不能扰其心。”

（6）由偏私、惑乱引伸为奸邪、邪僻。《广雅·释诂二》：“回，衺（邪）也。”清朝徐灏《说文解字注笺·口部》：“回之引伸为回旋，为迂回。迂有曲义，故回亦训衺曲，因之有奸回之称。”宋朝苏轼《议学校贡举状》：“登俊良，黜庸回。”

去   甲  金  篆  隶

去（qù）是一个会意字。甲骨文字形，上面是个“人”，下面是个“口”，“口”表示洞口或门口。整个字形表示人离开家门口出去。金文字形与甲骨文相同，只是将下面的“口”变成“U”形，“U”表示门口是开着的，人从此门口走出去。秦篆字形与金文相同。汉隶字形与秦篆形同，只是字形方块化了。从甲骨文字形来看，“去”最初之义是人离开家门。

一、“去”：离开

（1）有离开之义。《说文解字》：“去，人相违也。”段玉裁注：“违，离也。”《诗·大雅·生民》：“鸟乃去矣，后稷呱矣。”唐朝杜甫《石壕吏》：“有孙母未去，出入无完裙。”

（2）由离开引伸为离开这个世界，即“死”的婉辞。《乐府诗集·相和歌辞·孤儿行》：“居生不乐，不如早去，下从地下黄泉。”明朝汤显祖《牡丹亭·魂游》：“小姐去三年，

待与招魂上九天。”

(3) 由离开引伸为失去、失掉。《后汉书·逸民传·梁鸿》：“(梁鸿) 曾误遗火延及它舍，鸿乃寻访烧者，问所去失，悉以豕偿之。”李贤注：“去，亡也。”《三国演义》第二十四回：“田丰以杖击地曰：‘遭此难遇之时，乃以婴儿之病，失此机会，大事去矣，可痛惜哉！’”

(4) 由失去、失掉引伸为过去的。汉朝曹操《短歌行》：“譬如朝露，去日苦多。”明朝徐祯卿《寄华玉》：“去岁君为蓟门客，燕山雪暗秦云白。”如：～年，～冬今春。

(5) 由失去、失掉引伸为去掉、除掉。《广韵·语韵》：“去，除也。”《周礼·地官·大司徒》：“以荒政十有二，聚万民……六曰去几。”郑玄注：“去几，去其税耳。”宋朝沈括《梦溪笔谈·辩证一》：“不求去碍，而欲见不颠倒，难矣哉。”如：～皮，劳动～百病。

(6) 由失去、失掉引伸为放弃、丢弃。《论语·子路》：“善人为邦百年，亦可以胜残去杀矣。”何晏《论语集解》引王肃曰：“去杀，不用刑杀也。”老舍《骆驼祥子》二十二：“一说起来也不愿掐头去尾。”

二、“去”：前往

(1) 由离开引伸为前往 (反向引申)。《广雅·释诂一》：“去，行也。”唐朝李白《赠韦秘书子春》：“终与安社稷，功成去五湖。”《东周列国志》第二十一回：“燕庄公曰：‘此去东八十里，国名无终。’”如：～车站接人，从武汉～上海。

(2) 由前往引伸为用于动词后表趋向。宋朝苏轼《海棠》：“只恐夜深花睡去，高烧银烛照红妆。”艾青《太阳的话》：“让我进去，让我进去，进到你们的小屋里。”

(3) 由前往引伸为指此处到他处之间的距离，《韩非子·奸劫弑臣》：“夫世愚学之人比有术之士也，犹蚁垤之比大陵也，其相去远矣。”李白《蜀道难》：“连峰去天不盈尺，枯松倒挂倚绝壁。”

各

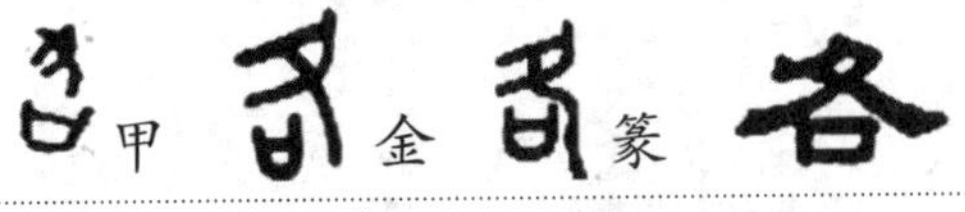

各 (gè) 是一个会意字。甲骨文字形，上面是一只向下的脚趾，下面是一个口形，表示洞穴门口或家门口。整个字形表示人从外面回到家里。金文字形与甲骨文相同。秦篆字形虽然符号化，但整个字形仍与金文相同。汉隶字形则变成上面是“夂 (zhǐ)”，下面是“口”，成为现在的“各”字。从甲骨古文字形来看，“各”最初之义是指人回到家，或者客人到家。后来“各”用以表达其他的意思，就在“各”字头上加“宀”，表示房屋，成为“客”字，专门表达客人来到家之义。

(1) 由人回到家引伸为到达、停止。清朝徐灏《说文解字注笺·口部》：“各，古格字，故从夂，夂有至义，亦有止义，格训为至，亦训为止矣。”《敔簋铭》文：“王各于成周大庙。”

(2) 由停止引伸为分离、异。《正字通·口部》：“凡事物离析不相合皆谓之各。”宋朝王禹偁《酬种放征君》：“男儿既束发，出处歧路各。”《物类相感志·饮食》：“做饮入朴硝在内，则自各粒，而不相粘。”

(3) 由分离、异引伸为指代一定群体中的不同个体。作指示代词。《说文解字》：“各，异辞也。”《尚书·盘庚上》：“自今至于后日，各恭尔事。”《周易·系辞》：“交易而退，各得其所。”

（4）由指代一定群体中的不同个体引伸为皆、都。作副词。《尚书·盘庚下》：“各非敢违卜，用宏兹贲。”孔颖达疏：“我与汝群臣各非敢违卜。”《春秋繁露·阳尊阴卑》：“诸在上者，皆为其下阳；诸在下者，各为其上阴。”

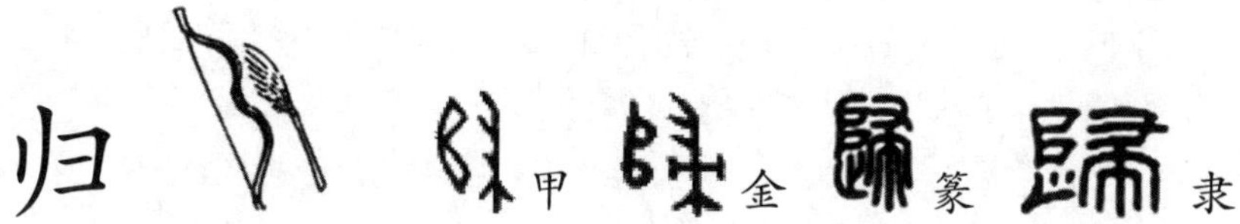

归（歸）（guī）是一个会意字。甲骨文字形，左边是一把弓，右边是扫帚，表示打扫弓箭的灰尘。金文字形将甲骨文的弓箭变的不像了，右边的扫帚更形象。秦篆字形，左上角是“𠂤（duī，土堆）”字，下面是“止”字；右上角的扫帚须变成手的形状，下面仍是扫帚柄。表示手拿扫帚打扫从外面带回家的灰尘。汉隶字形与秦篆相同，只是字形方块化了。从甲骨文字形来看，“归”最初之义是打扫弓箭的灰尘，后来变成打扫从外带回的灰尘。由此“归”的回来含义就突出了。

（1）有回的字义。《广雅·释言》：“归，返也。”《集韵·微韵》：“归，还也。”《诗·小雅·出车》：“执讯获丑，薄言还归。”《孟子·尽心上》：“久假而不归，安知其非有也。”毛泽东《卜算子·咏梅》：“风雨送春归，飞雪迎春到。”如：～家、～国、完璧～赵。

（2）由回引伸为指女子出嫁（嫁，女之家。即女子回到自己的家）。《说文解字》：“归，女嫁也。”《周易·渐》：“女归，吉。”孔颖达注：“女人生有外成之义，以夫为家，故谓嫁曰归也。”《国语·晋语四》：“秦伯归女五人。”韦昭注：“归，嫁也。”

（3）由出嫁引伸为向往、归附、归依。《广雅·释诂一》：“归，往也。”《广雅·释诂三》：“归，就也。”《诗·曹风·蜉蝣》：“心之忧矣，于我归处。”郑玄注：“归，依归。”

（4）由归依、归附引伸为归属。《荀子·王制》：“虽王公士大夫之子孙也，不能属于礼仪，则归之庶人。”《史记·萧相国世家》：“（刘邦）曰：‘吾闻李斯相秦皇帝，有善归主，有恶自与。”

（5）由归属引伸为属于。如：荣誉～他、计划～我写。

（6）由归属引伸为投案自首。《史记·张丞相列传》：“（鼌）错恐，夜入宫上谒，自归景帝。”

（7）由归属引伸为结局。《周易·系辞下》：“天下同归而殊途。”如：～根结缔。

入

入（rù）是一个象形字。甲骨文字形像一个很尖的三角形状物。古人用尖的东西来插入物体中。金文字形与甲骨文相同，只是更突出尖的部分。秦篆的字形与甲骨文、金文相比，字形符号化了。汉隶字形方块化，就成为今天的“入”字。从甲骨文字形来看，“入”的最初之义是插入。《说文解字》：“入，内也。象从上俱下也。”《玉篇·入部》：“入，进也。”如：进～、插～、出～、陷～。

(1) 由插入引伸为合、契合。《淮南子·主术》：“譬犹方员（圆）之不相盖，而曲直之不相入。”唐朝朱庆馀《近试上张弘水部》：“妆罢低声问夫婿，画眉深浅入时无。”

(2) 由插入引伸为由外入内。《春秋·隐公二年》：“夏五月，莒人入向。”周恩来《送蓬仙兄返里有感》：“群鸦恋晚林，孤雁入寥天。”如：～场、～境。

(3) 由由外入内引伸为参与、加入。如：～学、～伍、～伙。

(4) 由参与、加入引伸为收入。《广雅·释诂三》：“入，得也。”《礼记·王制》：“制国用，量入以为出。”唐朝柳宗元《捕蛇者说》：“殚其地之出，竭其庐之入。”如：～不敷出。

(5) 由参与引伸为接纳、采纳。《玉篇·入部》：“入，纳也。”《左传·宣公二年》：“谏而不入，则莫之继也。”《战国策·秦策四》：“王资臣万金而游，听之韩魏，入其社稷之臣于秦。”高诱注：“入，纳也。”

(6) 由接纳引伸为交、交纳。《汉书·食货志上》：“边食足以支五岁，可令入粟郡县矣。”《红楼梦》第十三回：“便是有罪，已物可以入官；这祭祀产业，连官也不入的。”

飞

飞（飛）（fēi）是一个像形字。陶文字形像一只向上飞的鸟：圆圆的头，明亮的眼睛，张着大嘴，颈部羽毛飘动着，两翅煽动着，正在向天空飞去。秦篆字形只是字形符号化了，但还能看出鸟飞之状，整个字形仍像鸟张开翅膀飞翔之状。汉隶字形是在秦篆基础上将字形方块化，成为繁体字“飛”。简体字则将字形简化成“飞”。从陶文字形来看，“飞”最初之义是鸟在飞翔。《说文解字》：“飞，鸟翥（翥 zhù，鸟向上飞）也。”王筠《说文句读》：“此直刺上飞之状，颈上翁（羽毛）开张，两羽奋扬。”《诗·大雅·旱麓》：“鸢飞戾天。”《史记·老子韩非列传》：“鸟，吾知其能飞。”如：～燕、～雁、～翔、放～、燕子翻～、笨鸟先～、劳燕分～、～鸿雪爪。

一、“飞”：飞翔

(1) 由鸟飞引申其它动物飞。《广韵·微韵》：“飞，飞翔。”《周易·乾》：“飞龙在天。”宋朝范成大《四时田园杂兴六十首》：“日长篱落无人过，惟有蜻蜓蛱蝶飞。”

如：～虫、～蝗、龙～风舞、～禽走兽、蛋打鸡～、～蛾投火。

(2) 由其它动物飞引伸为指物体在空中移动。刘邦《大风歌》：“大风起兮云飞扬。”唐朝韩翃《寒食》：“春城无处不飞花，寒食东风御柳斜。”如：～花、～雪、～絮、～蓬、～云、～泉、云朵～散、雪花～舞、战火纷～、～沫传染、～砂走石、插翅难～。

(3) 由物体在空中移动引申指星在夜空中快速移动。《汉书·天文志》：“四年闰月庚午，飞星大如缶，出西南，入斗下。”

(4) 由物体在空中移动引伸为利用动力使物体在空中移动。如：～弹、～机、～艇、～碟、起～、～播、～抵、试～、～行器、宇宙～船。

(5) ①由物体在空中移动引伸为气味在空中传播。如：香味儿～了。②由气味在空中传播引伸为空中传达信息。如：～吻、～眼、～短流长。

二、“飞”：上升

(1) 由鸟向上飞引伸为指向上升。如：腾～、～扬、雄～。

(2) 由上升引伸为声音的上扬。《文心雕龙·声律》：“凡声有飞沉，响有动静。”

(3) 由向上飞引伸为指向上、上翘的物体。苏轼《径山道中次韵答周长官》：“南望功臣山，云外盘飞磴。”如：～檐。

(4) 由向上、上翘的物体引伸为高高的。王勃《滕王阁序》：“飞阁流丹，下临无地。”如：～楼、～桥、～梁。

(5) 由高高的引伸为高高在上、跋扈。如：～扬跋扈。

(6) 由高高在上引伸为远离。如：远走高～。

(7) 由远离引申不见、消失。如：不翼而～。

三、“飞”：快速移动

(1) 由鸟飞引伸为指物体迅速移动。如：～舟、～奔、～驰、～越、～跑、～溅、～速、～人、～鱼、～贼、～轮、～毛腿、～将军、～针走线、远走高～、～檐走壁、～车走壁、突～猛进。

(2) 由快速移动引申指奔驰的马。《汉书·爰盎传》：“今陛下骋六飞，驰不测山。”如：～黄（神马）腾达。

(3) ①由快速移动引伸为指书法、绘画的线条。如：～白。②由线条引伸为人的眉毛形态变化。如：眉～色舞。

(4) 由快速移动引伸为变化速度的程度，相当于“很”。如：～快、～涨。

(5) 由变化速度的程度引伸为突然、意外。《后汉书·周荣传》：“若卒遇飞祸，无得殡殓。”如：～变、～灾、～祸、横祸～来。

(6) 由突然、意外引伸为无根据的。《鹖冠子·武灵王》：“寡人闻飞语流传。”如：流言～语。

降

降(jiàng)是一个会意字。甲骨文字形，左边是一个斜坡的阶梯，右边是两个向下的脚趾，

表示脚。整个字形表示人从斜坡的阶梯上走下来。金文字形与甲骨文相同。秦篆字形与甲骨文、金文相同，只是符号化了。汉隶字形在秦篆基础上字形方块化，成为现在的“降”字。从甲骨文字形来看，“降”最初之义是从斜坡上往下走。《说文解字》：“降，下也。从阜（阝），夅声。”《史记·乐书》：“布筵席，陈樽俎，列笾豆，以升降为礼者，礼之末节。”

一、“降”：落下

(1) 由走下引伸为落下。《尔雅·释诂一》：“降，落也。”《汉书·郊祀志下》：“后间岁，凤凰神爵甘露降集京师。”《元史·李元礼传》：“夫财不天降，皆出于民。”

(2) 由落下引伸为降低、贬低。《尚书·蔡仲之命》：“降霍叔于庶人。”《论语·微子》：“不降其志，不辱其身，伯夷叔齐与。”如：～职、～价、～压。

(3) ①由降低、贬低引伸为指高贵人物降低身份来临。《文选·潘岳〈藉田赋〉》：“于是我皇乃降灵坛，抚御耦。”李善注：“降谓临幸也。”唐朝李公佐《南柯太守传》：“王以驸马远降，令且息东华馆。”②由来临引伸为诞生。《楚辞·离骚》：“摄提贞于孟陬兮，惟庚寅吾以降。”龚自珍《已亥杂诗》一百二十五：“我劝天公重抖数，不拘一格降人才。”

(4) 由高贵人物降低身份来临引伸为指帝王之女的下嫁。《旧唐书·王珪传》：“自近代公主出降，此礼皆废。”宋朝王谠《唐语林·贤媛》：“和政公主，肃宗第三女也，降柳潭。”、

(5) 由帝王之女的下嫁引伸为赐给、给予。《诗·小雅·节南山》：“昊天不惠，降此大戾。”清朝杨秀清《禁酒诰论》：“降有圣旨，不准饮酒。”如：～福、～诏、～罪。

二、“降”：低下

(1) 由落下引伸为低、下（表示时间、空间范围）。《文心雕龙·夸饰》：“故自天地以降，豫入声貌（‘豫’指天地万物，‘入’形成拥有），文辞所被，夸饰恒存。”《徐霞客游记·楚游日记》：“此坞东为箫韶峰，西即斜严，南为圣殿西岭，北为马蹄石，皆廓高里降，有同釜底。”

(2) 由落下引申指鸟死。《礼记·曲礼》：“天子死曰崩，诸侯死曰薨，……羽鸟曰降。”孔颖达疏：“羽鸟，飞翔之物，今云其降落，是知死也。”

(3) 由落下引伸为减退。《国语·鲁语上》：“古者大寒降，土蛰发。”王引之《经义述闻》：“降犹减也，退也。”柳亚子《为香凝先生题画》：“孤舟蓑笠钓寒江，雪压风欺兴未降。”

(4) 由减退引伸为停止。《左传·昭公元年》：“先王之乐，所以节百事也，故有五节，迟速本末以相及，中声以降。”杜预注：“降，罢退。”《庄子·外物》：“天之穿之，日夜无降。”成玄英疏：“降，止也。”

(5) 由减退引伸为脱掉。《左传·僖公二十三年》：“公子惧，降服而囚。”杜预注：“去上服自拘囚以谢之。”

三、“降（xiáng）”

(1) 由降低、贬低引伸为投降、降服。《玉篇·阜部》：“降，伏也。”《春秋·庄公八年》：“夏（鲁）师及齐师围郕，郕降于齐师。”如：～龙伏虎、一物～一物。

(2) 由降服引伸为指降服的人。《资治通鉴·元顺帝至正十六年》：“虐降致叛，老师无功。”如：招～纳叛。

(3) 由降服引伸为指心中悦服。《诗·召南·草虫》：“未见君子，忧心忡忡，亦既见止，亦既觏之，我心则降。”孔颖达疏：“故我心之爱即降下也。”

沉   甲  金  篆 沉 隶

沉（沈）（chén）是一个会意字。甲骨文字形，左右两边的弯曲线河岸，中间一头牛在水中后面有一点表示流动的水，整个字形表示牛将要沉没于水中。远古时期，先人们把牛作祭品放入水中，以此来祭祀水神。金文字形变成，右边是一个人，脖子上戴着枷，左边是水。表示把戴枷的人沉到水中祭水神。秦篆字形与金文相同，只是字形符号化了。汉隶字形在秦篆基础上进一步变化，成为“沈”字。楷书则变成“沉”字。这就是说“沈”字本为“沉”字。“沈”不仅表示沉没的意思，还表示姓和地名。因此古人就造一个“沉”字来专门表示沉没之义。“沈”就专门表示姓和地名，读音也改为“shěn”。从甲骨文字形来看，“沈”最初之义为把祭品牛沉没水中。《尔雅·释天》：“祭川曰浮沈。”郭璞注：“投祭水中，或浮或沈。”《尚书大传》：“坛四奥，沈四海。”郑玄注：“祭水曰沈。”

一、“沉”：沉没水中

（1）由把祭品沉没水中引伸为沉没，人或物投入水中。《小尔雅·广诂》：“沉，没也。”《篇海类编·地理类·水部》：“沉，投物于水中。”《左传·成功十一年》：“晋人归之施氏，施氏逆诸河，沉其二子。”汉朝贾谊《吊屈原赋》：“侧闻屈原兮，自沉汨罗。”唐朝刘禹锡《酬乐天扬州初逢席上见赠》：“沉舟侧畔千帆过，病树前头万木春。”

（2）由沉没水中引伸为沉埋、埋没。唐朝杜牧《赤壁》：“折戟沉沙铁未销，自将磨洗认前朝。”

（3）由沉埋、埋没引伸为潜伏、隐藏。《国语·周语下》：“气不沉滞，而亦不敢越。”韦昭注：“沉，伏也。”《资治通鉴·晋元帝建武元年》：“开船底以出，沉行五十步，乃得免。”

（4）由潜伏、隐藏引申专指中医的脉搏隐伏。《史记·扁鹊仓公列传》：“脉法曰：沉之而大坚，浮之而大紧者，病主在肾。”

（5）由潜伏、隐藏引申幽隐、深沉。《论衡·书虚》：“夫幽冥之实尚可知，沉隐之情尚可定。”唐朝杜甫《述怀》：“沉思欢会处，恐作穷独叟。”

（6）由幽隐、深沉引伸为阴、暗。宋朝王安石《次韵张子野秋中久雨晚清》：“天沉思山黑，池涨百泉黄。”

二、“沉”：下落

（1）由沉没水中引伸为下落、降落。宋朝辛弃疾《生查子》：“红日又西沉。”清朝沈起凤《三姝媚》：“斜月初沉，秋正在晓天新雁。”

（2）由下落、降落引伸为使下落、降落。如：～下脸来、～鱼落雁。

（3）由使下落引伸为沉沦、沦落。晋朝左思《咏史诗八首》之二：“世胄蹑高位，英雄沉下僚。”唐朝李商隐《戊辰会静中出贻同志二十韵》：“中迷鬼道乐，沉为下士民。”

（4）由沉沦引伸为迷恋、沉溺。《集韵·侵韵》：“沉，溺也。”《尚书·微子》：“我用沉酗于酒，用乱败厥德于下。”唐朝杨敬之《客思吟》：“细腰沉赵女，高髻唱蛮姬。”

（5）由沦落引伸为淫乱，通“淫”。《管子·小匡》：“择其沉乱者而先政之。”（郭

沫若校：“沉”通“淫”。）

三、“沉”：积水

(1) 由沉没水中引伸为指山岭上凹处的积水。《说文解字》：“沉，陵上滈水也。”

(2) 由山岭上凹处的积水引伸为水深。三国魏曹植《吁嗟篇》：“自谓终天路，忽然下沉泉。”南朝江淹《杂体诗三十首》之二十七：“羽卫蔼流景，綵吹震沉渊。”

(3) 由水深引伸为低、低下。《吴越春秋·勾践入臣外传》：“皇天佑助，前沉后扬。”陈残云《香飘四季》第四章：“（他）看一看横在河上的石桥上的行人，又沉下头来。”

(4) 由水深引申指程度深。唐朝韩愈《答张籍书》：“今乃大得所图，脱然若沉疴去体。”《儒林外史》第十二回：“或者酒略饮两杯，不致沉醉。”

(5) 由程度深引伸为指大、分量重。《方言》卷一：“沉，大也。”《文心雕龙·风骨》：“肌丰而力沉也。”如：胳膊～、头～。

(6) 由大、分量重引伸为久、时间长。《吕氏春秋·季春纪》：“行秋令，则天多沉阴。”唐朝刘禹锡《祭柳员外文》：“自君失意，沉伏远郡。”

四、“沈（瀋）（shěn）”

(1) 由于“沈”的最初之义是把祭品沉没水中，因此就与水有关，进而由水引伸为汁液。段玉裁《说文注》：“沉（沈），或借为沈（瀋）字。”《集韵·寝韵》：“瀋，《说文解字》：‘汁也。’或作沈。”

(2) 由于把祭品沉没水中是一种祭祀活动，只有部落、国家才会有这种大型的祭祀活动；因此由指祭祀活动引申指国家名称。“沈”最早用于指的是西周的姬姓诸侯国的国名。

(3) 后来由指国名引伸为指地名。“沈”最早是指战国的楚国的县名。如：～阳。

(4) 由诸侯国名引伸为姓氏之名。如：～从文。

啟

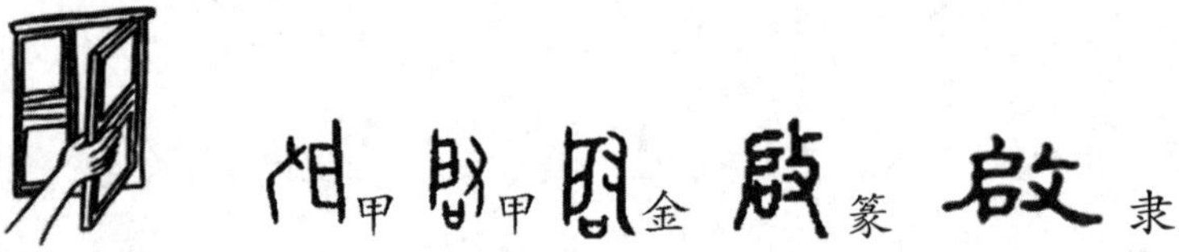

啟（启、启）（qǐ）是一个会意字。甲骨文早期字形，右边是一扇门，左边是一只手。表示用手把门打开。甲骨文后期字形，在门与手的下面增加一个口，大概表示先用嘴喊人，后用手打开门。金文字形与甲骨文相同。秦篆字形在金文基础上又一变，将门变成“户”字，口放在“户”的下面；右边的手变成“攴（pū，敲打）”字。汉隶字形在秦篆基础上，将“攴”变成“攵”形（“攵”是“攴”的异体字），就成了现在的“啟”字。后又简化成“启”字。从甲骨文字形来看，“啟”最初之义就是用手开门。《六书故·人八》：“啟，开户也。”清朝吴铭道《横山游记》：“早起，犬吠，啟扉则横山寺僧来肃客。”

一“启”：开门

(1) 由开门引伸为门。《左传·僖公二十年》：“‘新作南门’，书，不时也。凡启塞，从时。”杜预注：“门户道桥谓之启，城郭墙堑谓之塞。”孔颖达疏引服虔曰：“阖扇所以开，键闭所以塞。”

(2) 由开门引伸为打开。《广雅·释诂三》：“启，开也。”《楚辞·天问》：“西北辟启，何气通焉。”王逸注：“言天西北之门，每常开启，岂元气之所通。”《南史·梁元帝纪》：“凿河津于孟门，百川复启。”

(3) 由打开引伸为开拓、开创。《诗·鲁颂·閟宫》：“大启尔宇，为周室辅。”《韩非子·有度》：“齐桓公并国三十，启地三千里。”唐朝温大雅《大唐创业起居注》卷二：“自时厥后，膺图甚众，启基创业。”

(4) 由开拓、开创引伸为开始。《三国志·魏志·武帝纪》：“首启戎行。”晋朝潘岳《在怀县作诗》之一：“初伏启新节，隆暑方赫羲。”如：～行，～用，承前～后，承上～下。

(5) 由开始引伸为前锋、右翼。《周礼·地官·乡师》：“巡其前后之屯。”唐朝贾公彦疏：“军在前曰启。”《左传·襄公二十三年》：“启，牢成御襄罢师，狼蘧（qú）疏为右。”杜预注：“左翼曰启。”

(6) 由开始引伸为万物萌芽。《荀子·天论》：“繁启蕃长于春夏，畜积收臧于秋冬。”

(7) 由万物萌芽引伸为指立春、立夏。《左传·僖公五年》：“凡分、至、启、闭，必书云物。”杜预注：“启，立春，立夏；闭，立秋，立冬。”

二、“启”：教导

(1) 由开门引伸为打开心灵的门、即教导，开导。《说文解字》：“启，教也。”徐锴系传：“启发教导之也。”《论语·述而》：“不愤不启，不悱不发。”《颜氏家训·勉学》：“聊举近世切要，以启寤汝耳。”如：～蒙、～发。

(2) 由教导、开导引伸为陈述、报告。《三国志·蜀志·董和传》：“事有不至，至于十反，来相启告。”宋朝王安石《答司马谏议书》：“某启，昨日蒙教。”

(3) 由陈述、报告引伸为公文、书信。《太平御览》卷五百九十五引服虔《通俗文》：“官信曰启。”宋朝苏轼《与王敏仲八首》之二：“方欲奉启告别，遽辱惠问。”

附：

“启”字出现很早。甲骨文有此字，字形是，上面一扇门，门下面是口，表示用嘴喊人将门打开。秦篆、汉隶都有这个字形。《说文解字·口部》解释“启”字义是：“启，开也。从户，从口。”《说文解字·攴部》解释“啟”字义是：“啟，教也。从攴，启声。”《说文解字》对这两个字的解释不对。在甲骨文字形中就有“启”与“户攵”两种字。“啟”和“啓”应该是“启”与“户攵”的后起字。“啟”是“启”字加“攵”字。“啓”是“户攵”字加“口”字。“啟”与“啓”是同义异形的字。应该说：“启”是用“口”来开门，即喊别人开门。“户攵”是用手直接把门打开。如果说字形引导字义的引申。“启”由口喊开门引伸为说教，启迪心灵。“户攵”由手开门引伸为与行为动作有关的，即开创，开拓等。《说文解字》说：“啟，教也。”应该是“户攵”演变成“啓（啟）”字后所产生的字义。“教”不是“啟”的最初义。

后来将“啟”“啓”都简化成“启”。“啟”与“启”各自拥有的字义，也都合在“启”中了。

承

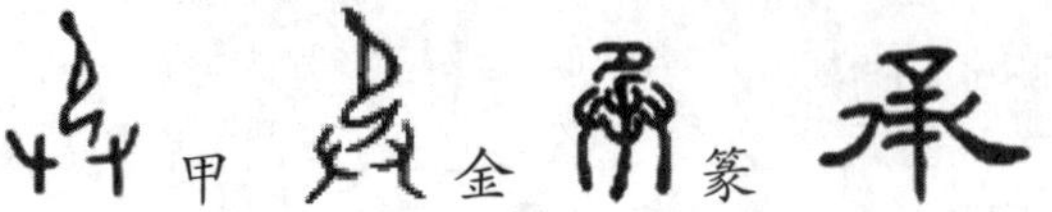

甲 金 篆 隶

承 (ch é ng) 是一个会意字。甲骨文字形，上面是一个人形，下面是一双手，向上，像是捧着一个人。金文字形与甲骨文相同。秦篆字形，上面的人因符号化变得不像了，下面的中间增加一只手，以突出承奉之力。汉隶字形则在秦篆的基础上演化成今天的“承”字。从甲骨文字形来看，“承”最初之义是双手托举人，即承奉之义。李孝定《甲骨文字集释》：“契文象两手捧一人之形，奉之义也。”《说文解字》：“承，奉也，受也。”从甲骨文字形来看，此字必含有两个意思：一、为奉举之义，《说文解字》：“承，奉也。”二、为承受之义，《说文解字》：“承，受也。”后来的字义以此二义为引申基础。

一、“承”：托

(1) 有托，承载之义。《增韵·蒸韵》：“承，下载上也。”唐朝段成式《酉阳杂俎·境异》：“以纩铺地，承雨水用之。”清朝黄叔璥《台海使槎录》卷七：“绕岸架竹木浮水上，藉草承土以种稻。”

(2) 由托、承载引伸为指承载的物件。《尚书大传·多士》：“大夫有石材，庶人有石承。”唐朝陆羽《茶经·二之具》：“承，一曰台，一曰砧，以石为之。”如：轴～。

(3) 由承载引伸为承担、担当。宋朝陈亮《上孝宗皇帝第一书》：“苟国家不能起而承之，必将有承之者矣。”如：～包，～办。

(4) 由承载引伸为辅佐。通“丞”。清朝朱骏声《说文通训定声·升部》：“承，假借为丞。”《左传·哀公十八年》：“使帅师而行，请承。”杜预注：“承，佐。”《史记·淮南衡山列传》：“不务遵蕃臣职，以承辅天子。”

(5) 由辅佐引伸为侍奉、顺奉、奉迎。《诗·大雅·抑》：“子孙绳绳，万民靡不承。”朱熹注：“承，奉也。”《礼记·坊记》：“承一人焉以为尸。”郑玄注：“承，犹事也。”如：～颜、～欢。

(6) 由侍奉引伸为追随、随从。《国语·晋语三》：“梁由靡不要御韩简，虢射为右，以承公。”

(7) 由追随引伸为承继、继续、传继。《诗·秦风·权舆》：“于嗟乎，不承权舆。”毛传：“承，继也。”《楚辞·招魂》：“朱明承夜兮，时不可以淹。”王逸注：“承，续也。”如：～祧、～上启下。

二、“承”：蒙受

(1) 有受、蒙受之义。《礼记·礼运》：“是谓承天之祜。”孔颖达疏：“言行上事得所，则承受天之祜福。”李白《赠宣城赵太守悦》：“忆在南阳时，始承国士恩。”《红楼梦》第二回：“承他的情，留我多住几日。”

(2) 由蒙受引伸为引取。《大戴礼记·礼察》：“人主胡不承殷、周、秦事以观之乎？”

(3) 由引取引伸为阻止、抵御（反向引申）。《诗·鲁颂·閟宫》：“戎狄是膺，荆舒是惩，则莫我敢承。”毛传：“承，止也。”郑玄笺：“天下无敢御者。”

三、“承（zhěng）”

（1）同“拯”。上举、举救。《周易·艮》：“不承其随。”陆德明《经典释文》：“承，音拯救之拯。马云：‘举也’。”《列子·黄帝》：“（孔子）使弟子竝流而承之。”殷敬顺释文：“承音拯。”

（2）由举救引伸为峙、峙立。《墨子·尚贤中》：“若地之固，若山之承，不坼不崩。”

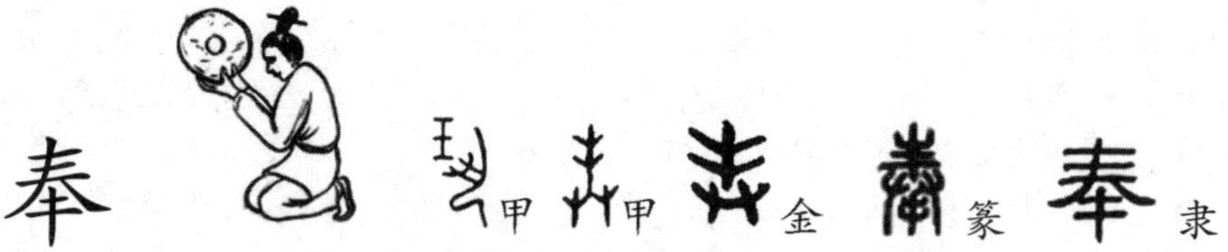

奉（fèng）是一个会意字。甲古文字形，左上方是一块玉，右下方是一个人跪着，双手恭敬地捧着这块玉，表示献上宝物。甲骨文另一字形则简化成𡗜，上面是“丰”，表示插着玉片；下面是一双手，表示双手捧着这些玉片献上去。金文字形与甲骨文相同，只是笔划粗些。秦篆字形开始符号化了，并在下面增加一只手，以表示托举的力度，也表示敬献的诚意。汉隶字形则在秦篆基础上方块化，变成今天的“奉”字。从甲骨文字形来看，“奉”最初之义就是敬献宝物。

一、“奉”：捧

（1）由敬献宝物引伸为恭敬地捧着、拿着。后写作“捧”。《广雅·释诂三》：“奉，持也。”唐朝颜师古《匡谬正俗》卷三：“奉者，皆谓恭而持之。”《韩非子·和氏》：“楚人和氏得玉璞楚山中，奉而献之厉王。”三国魏曹丕《大墙上蒿行》：“前奉玉卮（zhī，酒杯），为我行觞。”

（2）由恭敬地捧着引伸为作敬辞。《尚书·洛诰》：“公称丕显德，以予小子，扬文武烈，奉答天命。”唐朝李公佐《南柯太守传》：“槐安国王遣小臣致命奉邀。”

（3）由恭敬地捧着、拿着引伸为遵循、信奉。《左传·哀公六年》：“吾子奉义而行者也，若我可，不必亡一大夫。”清朝王夫之《周易外传·杂卦传》：“变合常全，奉常以处变。”

（4）由遵循、信奉引伸为拥戴、尊崇、跟随。《左传·隐公元年》：“故仲子归于我，生桓公而惠公薨，是以隐公立而奉之。”洪亮吉诂：“奉，皆有尊崇之义。”《世说新语·贤媛》：“秦末大乱，东阳人欲奉（陈）婴为主。”

（5）由为拥戴、跟随引伸为侍候、效劳。《字汇·大部》：“奉，侍也。”白居易《翰林制诏·与从史诏》：“卿推诚奉国，积庆承家，既彰尽节之忠，宜洽流根之泽。”

（6）由侍候、效劳引伸为讨好、奉承。宋朝佚名《梅妃传》：“（高）力士方奉（杨）太真，且畏权势。”张有鹤注：“奉，趋奉，巴结。”《儒林外史》第十回：“晚生只是个直言，并不肯阿意趋奉。”

（7）由奉承、巴结引伸为保全、保持。《管子·四称》：“君若有过，各奉其身。”郭沫若等集校：“奉，保也。”《素问·四气调神大论》：“生而勿杀，予而勿夺，赏而勿罚，此春气之应，养生之道也。逆之则伤肝，夏为寒变，奉长者少。”

二、“奉”：祭祀

（1）由敬献宝物引伸为供奉、祭祀。《左传·昭公三十二年》：“社稷无常奉，君臣无常位，自古以然。”唐朝高郢《再上谏上书》：“陛下奉先思孝，兴福除祸。”

(2) 由供奉、祭祀引伸为供给、养。《老子》：“损不足以奉有余。”《潜夫论·浮侈》：“是则一夫耕，百人食之，一妇桑，百人衣之。以一奉百，孰能供之？”

(3) 由供给引伸为给养、用度。《管子·山国轨》：“立三等之租于山，曰：握以下者为柴楂，把以上者为室奉，三围以上为棺椁之奉。”尹知章注：“室奉，备公室之用也。”《三国志·魏志·武帝纪》：“（袁绍）土地虽广，粮食虽丰，适足以为吾奉也。”

(4) 由给养引伸为俸禄。后作“俸”。《广雅·释诂四》：“奉，禄也。”《集韵·用韵》：“俸，秩禄也。或作奉。”《战国策·赵策四》：“人主之子也，骨肉之亲也，犹不能恃无功之尊，无劳之奉，以守金玉之重也，而况人臣乎？”

(5) 由俸禄引伸为待遇。《孟子·告子上》：“向为身死而不受，今为妻妾之奉为之。”《宋史·余玠传》：“宾馆之奉，冉安之若素有，居数月，无所言。”

三、“奉”：进献

(1) 由敬献宝物引伸为进献。《广雅·释言》：“奉，献也。”《诗·秦风·驷驖》：“奉时辰牡，辰牡孔硕。”毛传：“冬献狼，夏献麋，春秋献鹿豕群兽。”《辽史·礼志六·嘉仪下》：“五月重五日，午时，採艾叶和绵著衣，七事以奉天子北南臣僚各赐三事。”如：～献。

(2) 由进献引伸为给予、送。《广韵·肿韵》：“奉，与也。”《左传·僖公三十三年》：“秦违蹇叔，而以贪勤民，天奉我也。”杜预注：“奉，与也。”宋朝王安石《与马运判书》：“比奉书，即蒙宠答，以感以怍。”

(3) 由给予引伸为赞助、扶助。

《逸周书·太子晋》：“舜居其所，以利天下，奉翼远人。”《淮南子·说林》：“人不见龙之飞举而能高者，风雨奉之。”高诱注：“奉，助也。”

四、“奉”：承受

(1) 由敬献宝物引伸为承受、接受。《说文解字》：“奉，承也。”唐朝杜甫《投简梓州幕府兼简韦十郎官》：“幕下郎官安隐无？从来不奉一行书。”仇兆鳌注：“不奉书，不接来书。”三国蜀诸葛亮《出师表》：“受任于败军之际，奉命于危难之间。”

(2) 由承受、接受引伸为承受的东西。《韩非子·有度》：“小臣奉禄养交，不以官为事。”

获

获（獲，穫）（huò）是一个会意字。甲骨文字形，上面是一只鸟，下面是一只手。表示手捉住了鸟。金文字形与甲骨文相同，只是鸟的形状向“隹（zhuī）”字变化，下面的手形变得复杂一点。秦篆字形则沿袭金文进一步变化，右边在金文的鸟头上增加“艹”字，鸟下面的手变成了“又”字，就成了“蒦（huò）”字，用来表声；左边又增加了一个“犬”字，以表示田猎中猎狗辅助人获得禽兽。整个字形成为形声字。汉隶字形沿袭秦篆，只是将“犬”换成“犭”或“禾”。仍然是形声字。从甲骨文字形来看，“获”最初之义就是捕捉鸟禽。

一、“获”：猎捕

（1）由捕捉鸟禽引伸为猎获（禽兽）。《说文解字》：“获，猎所获也。”王筠句读：“《周礼·夏官·大司马》：‘获者取左耳。’郑玄注：‘获，得也。得禽兽者取左耳，当以计功。’案：此获之本义。”《周易·解》：“田获三狐，得黄矢，贞吉。”

（2）由猎获引伸为射中。《诗·秦风·驷驖》：“公曰左之，舍拔则获。”朱熹《诗集传》：“盖射必中其左，乃为中杀。”《仪礼·乡射礼》：“获者坐而获。”郑玄注：“射中者则大言‘获’。获，得也。”

（3）由猎获引伸为田猎所得之物。《吕氏春秋·贵当》：“狗良则数得兽矣，田猎之获常过人矣。”汉朝司马相如《上林赋》：“忘国家之政，贪雉兔之获，则仁者不繇（依从）也。”

（4）由猎获引伸为捕获、追捕。宋朝陆九渊《与张监书》：“苟有盗，亦不容不获也。”《儒林外史》第十回：“这位王道尊却是了不得，而今朝廷捕获得他甚紧。”

（5）由追捕引伸为俘获。《礼记·檀弓下》：“古之侵伐者不斩祀（祀祠之树），不杀厉（疫病之人），不获二毛（斑白头发之人）。”《宋史·太祖纪三》：“（开宝七年）甲子，吴越王帅兵围常州，获其人马。”

（6）由俘获引伸为对女奴的贱称。《初学记》卷十九引《风俗通》：“获者，逃亡获得为奴婢也。”《方言》卷三：“荆、淮、海、岱杂齐之间，骂奴曰臧，骂婢曰获。”《文选·司马迁〈报任少卿书〉》：“且夫臧获婢妾，由能引决，况仆之不得已乎？”

（7）由对女奴的贱称引伸为被辱、辱。《广雅·释诂三》：“获，辱也。”《史记·屈原贾生列传》：“濯淖（nào）污泥之中，蝉脱于浊秽，以浮游尘埃之外，不获世之滋垢，皭然泥而不滓者也。”王念孙《史记杂志》：“获者，辱也，言不为滋垢所辱也。”

（8）由被辱、辱引伸为遭受。《国语·晋语五》：“范武子退自朝，曰：‘燮乎，吾闻之，干人之怒，必获毒焉。’”鲁迅《坟·文化偏至论》：“当旧教盛时，威力绝世，学者有见，大率默然，其有毅然表白于众者，每每获囚戮之祸。”

二、“获”：收获

（1）由猎获引伸为获得、得到。《广雅·释诂三》：“获，得也。”《国语·楚语下》：“成（王）不礼于穆（王），愿食熊蹯，不获而死。”《汉书·武帝纪》：“（太初）四年春，贰师将军广利斩大宛王首，获汗血马来。”

（2）由获得引伸为收割庄稼、收成。写成“穫”字。《荀子·富国》：“人善治之，则亩数盆，一岁而再获之。”杨倞注：“获，读为穫。”《盐铁论·本议》：“因其所工，不求所拙，农人纳其获，女工效其功。”

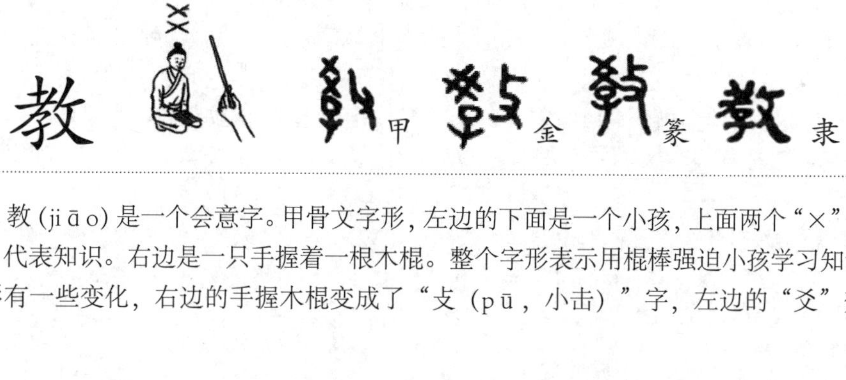

教（jiāo）是一个会意字。甲骨文字形，左边的下面是一个小孩，上面两个“×”，是“爻”字，代表知识。右边是一只手握着一根木棍。整个字形表示用棍棒强迫小孩学习知识。金文字形有一些变化，右边的手握木棍变成了“攴（pū，小击）”字，左边的“爻”变了形，其字义相同。秦篆字形与金文相同。汉隶字形在秦篆基础上又一变。将小孩形状变成“子”字，将“支”变成“攵（pū，小击）”字，从甲骨文字形来看，“教”最初之义是强迫小孩学习知识，以达到文化知识的传承。

一、“教”：强迫学习

(1) 是用棍棒强迫小孩学习知识，其实就有传授（知识技能）的含义。《左传·襄公三十一年》：“教其不知，而恤其不足。”《古诗为焦仲卿妻作》：“十三教汝织，十四能裁衣。”《天工开物·乃粒子》：“耒耜之利，以教天下，岂有隐焉？”

(2) ①由传授引申学习、训练、练习。《吕氏春秋·简选》：“统率士民，欲其教也。”高诱注：“教，习也。”唐朝王维《燕支行》：“教战须令赴汤火，终知上将先伐谋。”②学习、练习引伸为效法。《广雅·释诂三》：“教，效也。”《广韵·效韵》：“教，法也。”

(3) 由于传授知识技能是具体的行为、由此引伸为使、令。《集韵·爻韵》：“教，令也。”《左传·襄公二十六年》：“通吴于晋，教吴叛楚。”唐朝王昌龄《出塞》：“但使龙城飞将在，不教胡马度阴山。”

(4) 由使、令引伸为能够。张相《诗词曲语辞汇释》卷一：“教，犹能也；得也。”宋朝晏几道《虞美人》：“罗衣著破前香在，旧意谁教改。”

(5) 由能够引伸为得。宋朝柳永《集贤宾》：“争似和鸣偕老，免教敛翠啼红。”宋朝周邦彦《醉桃源》：“若教随马逐郎行，不辞多少程。”

(6) 由得引伸为差、欠缺。《敦煌变文集·维摩诘经讲经文》：“我也深知你见解，酌度你根几（基），与维摩不教些些，为甚如今谦退。”

(7) 由差、欠缺引伸为减轻。《敦煌变文集·父母恩重经讲经文》：“女男得病阿娘忧，未教终须血泪流。”蒋礼鸿通释：“‘未教’的‘教’是病愈的意思——这篇里的‘教’是病减的意思，减到没有，就是病愈了。”

二、“教（jiào）”：教化

(1) 有教化之义。《说文解字》：“教，上所施下所效也。”《尚书·舜典》：“帝曰：‘契（xiè），百姓不亲，五品不逊，汝作司徒，敬敷五教，在宽。’”《礼记·乐记》：“广乐以成其教。”孔颖达疏：“以成就其政教之事也。”

(2) 由教化引伸为教育、训诲。《孟子·滕文公上》：“饱食暖衣，逸居而无教，则近于禽兽。”《礼记·学记》：“教也者，长善而救其失者。”

(3) 由训诲引伸为告诉。《广韵·效韵》：“教，语也。”《吕氏春秋·贵公》：“桓公曰：‘此大事也，愿仲父之教寡人也。”高诱注：“教，犹告也。”

(4) 由告诉引伸为教令、谕告（官府发出的政令）。《玉篇·支部》：“教，教令也。”《荀子·大略》：“以其教出毕行。”杨倞注：“教，谓戒令。”唐朝韩愈《原道》：“今也，举夷狄之法，而加之先王之教之上，几何其不胥而为夷也。”（胥，跟随）

(5) 由教令引伸为指所宣传的宗教。《新唐书·后妃传上·文德长孙皇后》：“佛、老异方教耳。”《云笈七签》卷三：“上古无教，教自三皇五帝以来有矣。”如：道～、佛～、基督～。

(6) 由宗教引伸为指某种学说和学术流派。汉朝郑玄《六艺论》：“虑羲作十言之教，曰乾、坤、震、巽、坎、离、艮、兑、消、息，无文字，谓之《周易》。”唐朝封演《封氏闻见记·道教》：“其后学道，学儒，学墨诸家，分门各为一教。”

忘

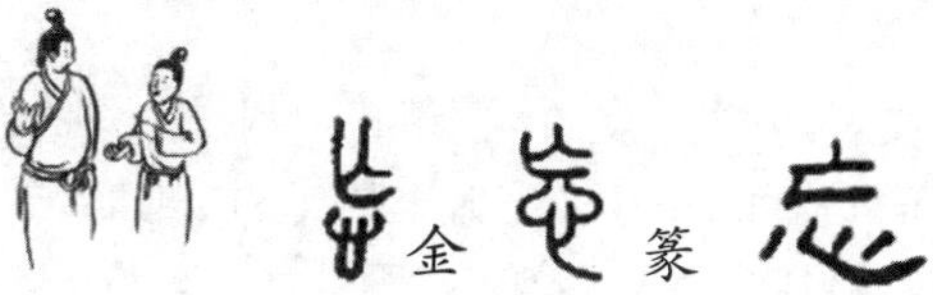

忘（wàng）是一个形声兼会意字。甲骨文无此字。金文字形，上面是个“亡（失去）”字，下面是个“心”字。整个字形表示心失去记忆。这是因为古人认为记忆在心脏中。秦篆字形与金文相同，其中“心”更形象。汉隶字形与秦篆相同，由于字形方块化而成为今天的“忘”字。从金文字形来看，“忘”最初之义表示失去心，即心中记忆的东西消失了。《说文解字》：“忘，不识也。从心，从亡，亡亦声。”段玉裁《说文解字注》：“识者，意也。今所谓知识，所谓记忆也。”

一、“忘”：忘记

（1）失心之义，就是忘记、不记得。《玉篇·心部》：“忘，不忆也。”《诗·小雅·隰（xí）桑》：“中心藏之，何日忘之。”晋朝陶渊明《桃花源记》：“晋太元中，武陵人捕鱼为业，缘溪行，忘路之远近。”宋朝陆游《示儿》：“王师北定中原日，家祭无忘告乃翁。”

（2）由忘记引伸为遗失、遗漏。《增韵·阳韵》：“忘，遗也。”《诗·大雅·假乐》：“不衍不忘，率由旧章。”郑玄注：“不过误，不遗失。”《汉书·武五子传》：“子胥尽忠而忘其号。”

（3）由遗失引伸为舍弃。《集韵·漾韵》：“忘，弃忘也。”《后汉书·宋弘传》：“弘曰：‘臣闻贫贱之知不可忘，糟糠之妻不下堂。’”

（4）由舍弃引伸为无。《史记·孟尝君列传》：“非好朝而恶暮，所期物忘其中。”司马贞《史记索隐》：“忘者，无也。”《史记·平津侯主父列传》：“高皇帝盖悔之甚，乃使刘敬往结和亲之约，然后天下忘干戈之事。”

二、“忘”：妄

“忘”由失心而引伸为胡思、乱为。通“妄”。《老子》第十六章：“不知常，忘作，凶。”朱谦之校释：“忘，妄古通。”《韩非子·解老》：“前识者，无缘而忘意度也。”

生

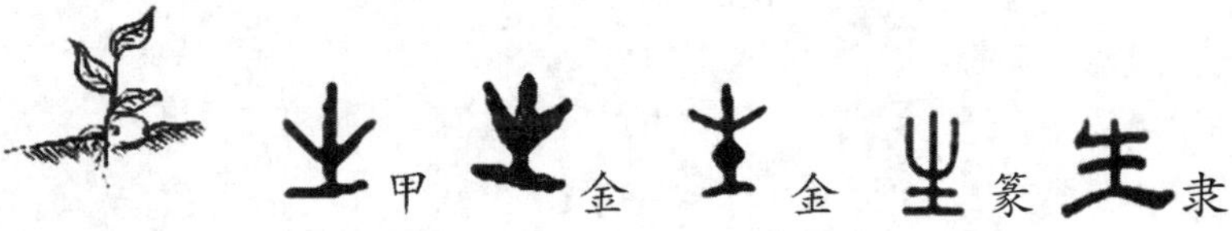

生（shēng）是一个象形字。甲骨文字形，下部分的一横表示地面，上部分像一棵刚破土而出，长得生机勃勃的小草。金文早期字形与甲骨文一样。后期的金文字形，下部分的一竖中增加一个实心圆点，以此表示“土”字；上部分为小草之形，整个字形明确地表示小草从土里长出。秦篆字形与后期的金文字形相同，只是将圆点变成一横。汉隶字形则在秦篆基础上进一步变化，成为今天的“生”字。从甲骨文字形来看，“生”最初之义是指草木的发芽，生长。《说文解字》：“生，进也。象艸木生出土上。”段玉裁《说文解字注》：“下象土，上象出。”

一、“生”：生长

(1) 草木的发芽，生长之义。《广韵·庚韵》：“生，生长也。”《诗·大雅·卷阿》：“梧桐生矣，于比朝阳。”《荀子·劝学》：“蓬生麻中，不扶自直。”唐朝白居易《赋得古原草送别》：“野火烧不尽，春风吹又生。”如：～芽、～根、丛～、横～枝节。

(2) 由草木的生出引申指人或动物的出生。《广雅·释亲》：“人一月而膏，二月而脂……十月而生。”唐朝韩愈《师说》：“人非生而知之者，孰能无惑？”明朝方孝孺《詹鼎传》：“鼎生六七年，不与市中儿嬉敖，独喜游学馆，听人读书。”如：胎～、卵～、催～、降～、出～、～日、～肖、～辰、私～子、～～不息。

(3) 由人或动物的出生引伸为指生命。《荀子·王制》：“水火有气而无生，草木有生而无知。”唐朝孙思邈《养性延命录序》：“生者神之本，形者神之具。”如：～物、众～、放～、杀～、丧～、来～、毕～、一～一世、舍～取义。

(4) 由生命引申专指与“死”相对的“生”。《诗·邶风·击鼓》：“死生契阔，与子成说。”《汉书·文帝纪》：“当今之世，咸嘉生而恶死，厚葬以破业，重服以伤生，吾甚不取。”如：贪～怕死、～离死别、醉～梦死。

(5) 由生命引申一辈子、一生。唐朝李商隐《马嵬二首》之一：“海外徒闻更九州，他生未卜此生休。”董必武《九十初度》：“九十光阴瞬息过，吾生多难感蹉跎。”如：今～、此～、平～。

(6) 由生命引申生存、生活。《左传·襄公二十二年》：“生于乱世，贵而能贫。”《礼记·中庸》：“生乎今世，反古之道，如此者，灾及其身也。”如：余～、卫～、寄～、～活、～计、～不逢时、娇～惯养、有～以来。

(7) 由生活引伸为生养、教育。白居易《长恨歌》：“遂令天下父母心，不重生男重生女。”

(8) 由生养、教育引伸为指读书人。唐朝元稹《莺莺传》：“贞元中，有张生者，性温茂，美风容，内秉坚孤，非礼不可入。”明朝徐渭《彭应时小传》：“彭应时，山阴人，始以文敏为生员。”如：书～、监～、贡～、学～、男～、女～、招～、小学～、大学～、好学～。

(9) 由读书人引申指年长有学问、有德行的人，简称“先生”。《史记·儒林列传》：“言《尚书》自济南伏生，言《礼》自鲁高堂生。”如：先～。

(10) 由读书人引申指旧戏剧里扮演男子的角色。《儒林外史》第五十三回：“而今怎么这些做生旦的，却要一个看得的也没有？”鲁迅《且介亭杂文·答〈戏〉周刊编者信》：“绍兴戏文中，一向是官员、秀才用官话，堂倌、狱卒用土话的，也就是生、旦、净大抵用官话，丑用土话。”如：小～、老～、武～。

(11) 由读书人引申指某类职业人。如：医～、侍应～。

二、“生”：发生

(1) 由草木的发芽之义引伸为发生、产生。《玉篇·生部》：“生，起也。”《左传·僖公三十三年》：“敌不可纵，纵敌患生。”如：～病、诞～、发～、～气、不要～变、～火、妙笔～花、即景～情、急中～智、脚底～风、蓝田～玉、无事～非、望文～义、合同～效。

(2) 由产生引伸为生产（财物）。汉朝贾谊《论积贮疏》：“生之者甚少而靡之者甚多，天下财产何得不蹶！”宋朝王安石《上仁宗皇帝言事书》：“盖因天下之力，以生天下之财，取天下之财，以供天下之费。”

（3） 由生产引申指东西的新鲜。《诗 · 小雅 · 白驹》：“生刍一束，其人如玉。”《汉书 · 东方朔传》：“生肉为脍，干肉为脯。”

（4） 由新鲜的引伸为东西的不成熟。《荀子 · 礼论》：“饭以生稻，唅以枯骨。”《史记 · 项羽本纪》：“项王曰：‘赐之彘肩。’则与一生彘肩。”如：～菜、～西瓜、夹～饭。

（5） 由东西的不成熟引伸为未完全加工的物品。唐朝韩愈《与陈给事书》：“《送孟郊序》一首，生纸写，不加装饰。”如：～漆、～铁、～油、～石膏。

（6） 由东西的不成熟引伸为人对事物的不熟悉。唐朝王建《村居即事》：“因寻寺里熏辛断，自别城中礼数生。”元朝佚名《冯玉兰》第一折：“这船泊在河下，人又生，路又野。”如：～人、～僻、眼～、面～、手～、～客、人地～疏。

（7） 由不熟悉引伸为人做法生硬、勉强。元朝关汉卿《蝴蝶梦》第二折：“把三个未发迹小秀士，生扭做吃勘问死囚徒。”元朝贯云石《斗鹌鹑 · 忆别》套曲：“客万里，人九嶷，遥岑十二远烟迷，生隔断武陵溪。”如：～造、～搬硬造、～拉硬拽、～搬硬套。

（8） 由人对事物的不熟悉引伸为表示感觉、感情的程度：～怕、～恐、～疼。

死

 甲  金  篆 死 隶

死（sǐ）是一个会意字。甲骨文字形，左边是一个跪着，低着头的人，右边是死人的骨头（“歺”（è），枯骨）。金文字形则变成左边是死人的骨头，右边是站着的人。秦篆字形与金文相同。汉隶字形则有很大的变化，左边表示枯骨字形的“歺”，变成了“歹”字；右边的人形变成了“匕”字。成为今天的“死”字。从甲骨文字形来看，“死”最初之义是活人拜死人。商承祚《殷墟文字类编》：“象生人拜于朽骨之旁，‘死’之谊（义）昭然矣。”

一、“死”：死亡

（1） 由活人拜死人引伸为指死，即生命终结。《说文解字》：“死，澌（sī）也。人所离也。”段玉裁《说文解字注》：“《方言》：‘澌，索也，尽也。’是澌为凡尽之称，人尽曰死。”《释名 · 释丧制》：“人始气绝曰死。”宋朝文天祥《过零丁洋》：“人生自古谁无死，留取丹心照汗青。”

（2） 由死引申指年少者、庶民及下级官员的死亡。《周礼 · 天官 · 疾医》：“死终则各书其所以。”郑玄注：“少者曰死，老者曰终。”《礼记 · 曲礼下》：“天子死曰崩，诸侯曰薨，大夫曰卒，士曰不禄，庶人曰死。”《新唐书 · 百官志一》：“自六品达于庶人称死。”

（3） 由死引伸为指死者。《荀子 · 大略》：“事生，饰欢也；送死，饰哀也。”《新书 · 藩伤》：“所谓生死而肉白骨，何以厚此。”

（4） ①由死引伸为指死刑。《周易 · 中孚》：“君子以议狱缓死。”孔颖达疏：“故君子以议其过失之狱，缓舍当死之刑。”《辽史 · 刑法志上》：“然其制刑之凡有四：曰死，曰流，曰徒，曰杖。”②由死引伸为判死刑，处死。《后汉书 · 刘盆子传》：“诸吏叩头为宰请。母曰：‘吾子犯小罪，不当死。而为宰所杀。杀人当死，又何请乎？’”

（5） 由死引伸为为某事或某人而死。《史记 · 淮阴侯列传》：“衣人之衣者怀人之忧，食人之食者死人之事。”晋朝陶潜《咏荆轲》：“君子死知己，提剑出燕京。”

(6) 由为某事或某人而死引伸为拼死，拼命。《银雀山汉墓竹简 · 孙膑兵法 · 将义》：“将者不可不义，不义则不严，不严则不威，不威则卒弗死。”《后汉书 · 袁绍传附袁谭》：“审配令士卒曰：‘坚守死战，操军疲矣。’”

(7) 由拼命引伸为指态度坚决、即始终。唐朝杜甫《江上值水如海势聊短述》：“为人性僻耽佳句，语不惊人死不休。”《儒林外史》第十二回：“门上人问他姓名，他死不肯说。”

二、“死”：失去生命

(1) 由人死引伸为泛指动植物失去生命。《韩非子 · 五蠹》：“兔走触株，折颈而死。”如：人挪活，树挪～。

(2) 由动植物失去生命引伸为人或动物失去知觉。《山海经 · 南山经》：“(柢山) 有鱼焉……其名曰鯥，冬死而夏生。”郭璞注：“此亦蛰类也。谓之死者，其蛰无所知如死耳。”《儒林外史》第四十八回：“老孺人听见，哭死了过去，灌醒回来，大哭不止。”

(3) 由失去知觉引伸为呆板、不灵活。唐朝张彦远《历代名画记 · 论吴道玄用笔》：“夫用界笔直尺，是死画也。守其神，专其一，是真画也。”鲁迅《已而集 · 略论中国人的脸》：“脸正如古人一般死，因为要显得活，便只好加上些旧式戏子的昏庸。”

(4) 由呆板、不灵活引伸为固守、抱着不放。唐朝李白《嘲鲁儒》：“鲁叟谈五经，白发死章句。”如：读～书。、

(5) 由固守、抱着不放引伸为不流通。《银雀山汉墓竹简 · 孙膑兵法 · 地葆》：“北注之水，死水；不流，死水也。”清朝王夫之《宋论 · 真宗》：“劳形怵心，以使金死于藏、粟腐于庾。”如：钱不在市上流通，为～钱。

(6) 由不流通引伸为过期、失效。《红楼梦》第五十七回：“是一张死了没用的 (当票)，不知是哪年勾了帐的。”如：当铺有一些当物是～当。

(7) 由失效引伸为事物的穷、尽。《广雅 · 释诂四》：“死，穷也。”《大戴礼记 · 本命》：“化尽数穷谓之死。”《后汉书 · 皇甫嵩传》：“讹言‘苍天已死，黄天当立，岁在甲子，天下大吉。’”

三、“死”：尸体

(1) 由失去生命引伸为指尸体。清朝饶炯《说文部首订》：“死即尸之或体。”《左传 · 哀公十六年》：“白公奔山而缢，其徒微 (微：藏) 之，生拘石乞而问白公之死焉。”《吕氏春秋 · 离谓》：“洧 (wěi) 水甚大，郑之富人有溺者。人得其死者。富人请赎之。”毕沅校注：“死与尸同。”

(2) 由尸引伸为主、主管 (参看本书对“尸”字的释义)。《墨子 · 大取》：“一爱相若，其类在死也。”于省吾新证：“死应读作尸……尸之通诂训主……言无论兼爱一爱，均以他为主，而非为我也。”《晏子春秋 · 内篇谏上五》：“死三日而毕。”于省吾新证：“主管其事曰尸，犹今人言职务。《尔雅 · 释诂》：‘职、尸，主也。’是职、尸同训……此云‘尸三日而毕’，言其职尸之事三日而毕也。”

令

令 (l ì ng) 是一个会意字。甲骨文字形，上面是“A”的字形符号，下面是一个坐着的人。金文字形与甲骨文相同，只是人是站着。秦篆字形发生符号化的变化。汉隶字形在秦篆字形的基础上，成为今天的“令”字。对于“令”的甲骨文字形，学术界有多种解释。一说：甲骨文上部的三角形之物是屋顶（或大伞盖），下面是面朝左而坐着的一个人，像是在发布命令。一说：甲骨文上部是一个倒置的口，意为用口发号施令，下面是一个跪伏在地上的人在听令。一说：上边是铃形（木铎令），下边是跪着的人形。古酋长发布命令时，先摇铃聚众，接受命令的人跪着接受指令。不管哪一种说法都有命令之义。

一、“令”：发出命令

(1) 字义为发出命令。《说文解字》：“令，发号也。”《诗 · 齐风 · 东方未明》：“倒之颠之，自公令之。”毛传：“令，告也。”《三国志 · 蜀志 · 诸葛亮传》：“今操已拥百万之众，挟天子以令诸侯。”

(2) 由发出命令引伸为使、让。《广雅 · 释诂一》：“令，使也。”《战国策 · 赵策一》：“故贵为列侯者，不令在相位。”唐朝王维《送刘司直赴安西》：“当令外国惧，不敢觅和亲。”

(3) 由发出命令引伸为指发出命令的官员。①古代政府机构的长官。《汉书 · 百官公卿表下》有尚书令、大司农令、郎中令等。②古代县一级的行政长官。《韩非子 · 外储说下》：“西门豹为邺令。”《汉书 · 百官公卿表上》：“县令、长，皆秦官；掌治其县。万户以上为令，秩千石至六百石。减万户为长，秩五百石至三百石。”

(4) 由对发出命令的官员的称呼引伸为对他人亲属的敬称。《古诗为焦仲卿妻作》：“不堪吏人妇，岂合令郎君。”南朝宋谢灵运《酬从弟惠连》：“末路值令弟，开颜披心胸。”

(5) 由敬称引伸为表达善、美好的意思。《尔雅 · 释诂上》：“令，善也。”《诗 · 大雅 · 卷阿》：“如圭如璋，令闻令望。”郑玄笺：“令，善也。”《汉书 · 韦贤传》：“即以令日，迁太上、孝惠庙，孝文太后、考昭太后寝。”颜师古注：“令，善也。谓吉日也。”

二、“令”：法令

(1) 由发出命令引伸为命令、法令。《广雅 · 释诂四》：“令，禁也。”《广韵 · 劲韵》：“令，律也，法也。”《周礼 · 秋官 · 朝士》：“犯令者刑罚之。”唐朝柳宗元《驳〈复仇议〉》：“编之于令，永为国典。”

(2) 由法令引伸为时令、季节。《礼记 · 月令》：“仲秋行春令，则秋雨不降，草木生荣，国乃有恐，行夏令则其国乃旱，蛰虫不藏，五谷复生。”《镜花缘》第三十九回：“喜得正是小阳春当令。”

(3) 由命令、法令引伸为指帝王对臣民发布的诏令或文告。《史记 · 秦始皇本纪》：“命为制，令为诏。”《文心雕龙 · 诏策》：“诏命动民，若天下之有风矣。降及七国，并称曰令。”

(4) 由文告引伸为指诗歌中的词调、曲调名，即小令，又称令曲。宋朝张炎《词源 · 令曲》：“词之难于令曲，如诗之难于绝句。”如：词中的《十六字～》。

(5) 由诗词的曲调名引伸为指饮酒时的酒令。唐朝刘禹锡等《春池泛舟联句》：“杯停新令举，诗动彩笺忙。”《红楼梦》第四十四回：“咱们先吃两杯，今日也行一个令，才有意思。”

命

命（mìng）是一个会意字。甲骨文字形中，“令”和“命”是同一个字，“命”就是“令”。金文字形在甲骨文的“令”字基础上增加一个“口”，就成了“命”。增加“口”大概为了强调口中发出的指示。于是“令”与“命”就成为两个不同的字。秦篆字形与金文相同。汉隶字形沿袭秦篆，只是将字形方块化，成为今天的“命”字。从甲骨文字形来看，“命”最初与“令”是同一个字形，因此“命”最初之义也应该是“令”的最初之义。即命令。

一、“命”：命令

（1）命令之义。《说文解字》：“命，使也。”《尚书·尧典》：“乃命义、和，钦若昊天。”《三国志·蜀志·诸葛亮传》：“天下有变，则命一上将将荆州之军以向宛洛。”

（2）由命令引伸为指示。《论语·子路》：“使于四方，不辱君命。”唐朝柳宗元《捕蛇者说》：“太医以王命聚之，岁赋其二。”

（3）由指示引伸为告诉、奉告。《尔雅·释诂》：“命，告也。”《国语·吴语》：“吾问于王孙包胥，既命孤矣，敢访诸大夫。”韦昭注：“命，告之。”晋朝陶潜《桃花源诗》：“相命疑农耕，日入从所憩。”

（4）由告诉引伸为召唤。《广韵·映韵》：“命，召也。”《乐府古词·伤歌行》：“春鸟翻南飞，翩翩独翱翔，悲声命俦匹，哀鸣伤我肠。”唐朝元稹《莺莺传》：“郑厚张之德甚，因饰馔以命张，中堂宴之。”

（5）由告诉引伸为教诲。《广韵·映韵》：“命，教也。”《诗·大雅·抑》：“匪面命之，言提其耳。”梁启超《节省政费问题》：“此犹父母之于子弟，长成以后，提命可减。”如：耳提面～。

二、“命”：任命

（1）由命令引伸为任命、委任。《韩非子·亡征》：“出军命将太重，边地任守太尊，专制擅命，径为而无所请者，可亡也。”三国魏徐干《中论·谴交》：“君子未命者，亦固农事之隙，奉贽以见其乡党。”

（2）由命令引伸为政令、法令。《周礼·秋官·司盟》：“盟万民之犯命者。”郑玄注：“犯命，犯君教令也。”《国语·鲁语下》：“诸侯朝修天子之业命。”韦昭注：“命，令也。”

（3）由政令引伸为指古代政府的一种公文。《文心雕龙·诏策》：“秦并天下，改命曰制。汉初定仪则，则命有四品：一曰策书，二曰制书，三曰诏书，四曰戒敕。”

（4）由古代政府公文引伸为指帝王赐命臣下职位、爵禄的文书。《周礼·春官·序官》中的“典命”，郑玄注：“命，谓王迁秩群臣之书。”《文心雕龙·诏策》：“命喻自天，故授官锡胤。”

（5）由帝王赐命臣下职位、爵禄的文书引伸为指礼命、爵命。《论语·先进》：“赐不受命，而货殖焉。”皇侃疏引王弼曰：“命，爵命也。”《仪礼·丧服》：“命妇者，其妇人之为大夫之妻者也。”郑玄注：“命者，加爵服之名，自士至上公凡九等。”

三、“命”：命运

（1）由命令引伸为指天命、命运。《诗·周颂·维天之命》：“维天之命，于穆不已。”孔颖达疏：“言天道转运，无极止时也。”《论语·尧曰》：“不知命，无以为君子。”如：～好、～不好。

（2）由命令引伸为命名。《左传·桓公二年》：“晋穆侯之夫人姜氏，以条之役生太子，命之曰仇。”阮元校勘记：“《汉书·五行志中》：引作‘名之曰仇’。案：名，即命也。”汉朝枚乘《七发》：“甘脆肥脓，命曰腐肠之药。”

（3）由命名引伸为指命名之物的名称。《广雅·释诂三》：“命，名也。”王念孙《广雅疏证》：“命即名也。名、命古同声同义。”《吕氏春秋·察今》：“东、夏之命，古今之法，言异而典殊，故古今之命多不通乎今之言者，今之法多不合乎古之法者。”

（4）由命运引伸为生命。《礼记·祭法》：“大凡生于天地之间者皆曰命。”唐朝皮日休《读〈司马法〉》：“古之取天下也以民心，今之取天下也以民命。”

（5）由生命引伸为指生计、生存。晋朝李密《陈情事表》：“母孙二人，更相为命。”唐朝韩愈《原人》：“形于上者谓之天，形于下者谓之地，命于其两间者谓之人。”

（6）由生命引伸为寿命。《尚书·西伯戡黎》：“王曰：‘呜呼！我生不有命在天？’”孔传：“言我生有寿命在天。”《论语·先进》：“有颜回者好学，不幸短命死矣。”

（7）由寿命引伸为特指命终，即“死”。《后汉书·马援传》：“吕种亦豫其祸，临命叹曰：‘马将军诚神人也！’”晋朝向秀《思旧赋》：“（嵇康）临当就命，顾视日影，索琴而弹之。”

立（lì）是一个象形字。甲骨文字形是一个正面站立的形状，下面一横表示地。金文字形更形象。秦篆字形与金文相同，只是字形符号化了。汉隶字形方块化，成为今天的“立”字。从甲骨文字形来看，“立”最初之义是人的站立。林义光《文源》：“象人正立地上形。”《尚书·顾命》：“一人冕，执刘（斧钺形的兵器），立于东堂。”《史记·项羽本纪》：“哙遂入，披帷西向立，瞋目视项王。”《礼记·曲礼上》：“立必正方，不倾听。”宋朝晏殊《临江仙》：“落花人独立，微雨燕双飞。”

一、“立”：竖着

（1）由站立引申竖立。《尚书·牧誓》：“比尔干，立尔矛。”《水浒全传》第三十一回：“又将两扇门立在墙边。”如：～竿见影。

（2）由竖立引伸为设置、设立。《尚书·周官》：“立太师、太傅、太保。”《宋史·韩世忠传》：“世忠披草莱，立军府，与士同力役。”

（3）由设置、设立引伸为帝王或诸侯即位。《左传·隐公三年》：“桓公立，乃老。”《后汉书·光武帝纪上》：“二月辛巳，立刘圣公为天子。”

（4）由设置引伸为制订、订立。《商君书·更法》：“及至文武，各当时而立法，因事而制礼。”《三国志通俗演义》第四十九回：“云长曰：‘愿依军法。’孔明曰：‘如此，立下文书。’云长便与了军令状。”

(5) 由订立引伸为存在。《韩非子 · 初见秦》:“赵举则韩亡,韩亡则荆、魏不能独立。”三国蜀诸葛亮《后出师表》:“先帝虑汉、贼不两立,王业不偏安。”

(6) 由制订、订立引伸为确定、决定。《后汉书 · 郎顗传》:“恭陵火灾,主名未立。”李贤注:“立犹定也。时考问延火者姓名未定也。”《古诗为焦仲卿妻作》:“府吏再拜还,长叹空房中,作计乃尔立。”

(7) 由确定引伸为立即、即刻。《史记 · 平原君列传》:“夫贤士之处世也,比若锥处囊中,其未立见。”《初刻拍案惊奇》卷十九:“大仇已报,立死无恨。”

二、“立”:建树

(1) 由竖立引伸为建树、成就。《广雅 · 释诂三》:“立,成也。”《左传 · 襄公二十四年》:“大上有立德,其次有立功,其次有立言。”《论语 · 为政》:“子曰:‘吾十有五而志于学,三十而立。’”何晏注:“有所成也。”

(2) 由建树引伸为特指三十岁。晋朝陶潜《祭从弟敬远文》:“年甫过立,奄与世辞。”如:而~之年。

(3) 由成就引伸为成熟。《后汉书 · 张奋传》:“今复久旱,秋稼未立。”李贤注:“立,成也。”

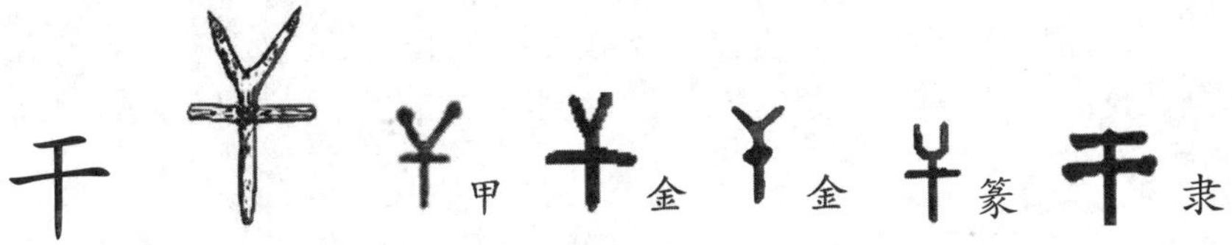

干(gān)是一个象形字。甲骨文字形像一根上头带杈的木棍子,并在分杈处绑一条横木。金文字形与甲骨文相同。有些金文字形在杈处增加一个圆点,看似像绑在上面的圆石。秦篆字形则沿袭甲骨文、金文,只是杈变成U形,因此字形更像一杆铁杈的形状。汉隶字形则将U形变成一横,就成为现在的“干”字。从甲骨文字形来看,“干”最初之义是远古人用以打猎的工具。《汉语大字典》:“甲、金文干字像有椏杈的木棒形,古人狩猎作战,即以干为武器。”

一、“干”:求取

(1) 古人用作为武器以获取猎物,因此引伸为求取、干求。《尔雅 · 释言》:“干,求也。”《论语 · 为政》:“子张学干禄。”何晏注:“干,求也。”《公羊传 · 定公四年》:“伍子胥父诛乎楚,挟弓而去楚,以干阖庐。”

(2) 由求取、干求引伸为干犯、触犯、冒犯。《说文解字》:“干,犯也。”《左传 · 襄公二十三年》:“干国之纪。”《国语 · 晋语四》:“若干二命,以求杀余。”韦昭注:“干,犯也。”《红楼梦》第八十六回:“具呈诉辩,有干列禁。”

(3) 由干犯、冒犯引伸为干扰、扰乱。《国语 · 周语上》:“王事唯农是务,无有求利于其官以干农功。”韦昭注:“干乱农功。”唐朝杜甫《兵车行》:“哭声直上干云霄。”

(4) 由干扰引伸为干预、干涉。《韩非子 · 八说》:“杨朱、墨翟,天下之所察也,干世乱而卒不决,虽察而不可以为官职之令。”唐朝杜甫《秋兴八首》之八:“彩笔昔曾干气象,白头吟望苦低垂。”

(5) 由干涉引伸为指关涉。宋朝陆游《南唐书·冯延巳传》:“吹皱一池春水,何干卿事?”宋朝李清照《凤凰台上忆吹箫》:“新来瘦,非干病酒,不是悲秋。”如:此事与他不相~。

二、“干”:盾

“干”由于是树杈形,也可以作保护自己的工具。因此“干”又称为“盾”。《方言》卷九:“盾,自关而东或谓之瞂(fá),或谓之干,关西谓之盾。”《尚书·牧誓》:“称(举)尔戈,比(排比)尔干,立(竖起)尔矛,予其誓。”三国魏王粲《从军行》:“身服干戈事,岂得念所私?”

三、“干”:岸

(1) 借为指水岸,水畔(后世以“干”通“岸”)。《集韵·寒韵》:“干,水涯也。”《诗·魏风·伐檀》:“砍砍伐檀兮,置之河之干兮。”毛传:“干,厓也。”唐朝杜甫《有客》:“岂有文章惊海内,漫劳车马驻江干。”

(2) 由水岸引伸为指水分很少或没有水分。与“湿”相对。可以写作“乾(gān)”。清朝朱骏声《说文通训定声·乾部》:“干,假借为乾。”《释名·释饮食》:“干饭,饭而暴乾之也。”《庄子·田子方》:“老聃新沐,方将被发而干(乾)。”

四、“干(gàn)”

(1) 由树杈引伸为指树的主干(可写作“榦”)。《淮南子·主术》:“枝不得大于干(榦)。”三国魏曹植《封二子为公谢恩章》:“既荣本干,枝叶并蒙。”

(2) 由树的主干引申指事物的主体或重要部分(可写作“幹”)。《周易·乾》:“贞者,事之干(幹)也。”《晋书·刘曜载传》:“躯干虽小,腹中宽。”

(3) 由事物的重要部分引伸为指人的才能、能干(可写作“幹”)。《三国志·蜀书·诸葛亮传》:“理民之干优于将略(韬略)。”《南史·王球传》:“刀笔干练者,多被意遇。”

五、“干”:做

宋元以后,干(gàn)直接用于表示做、搞等意思。如:~什么。

分

分(fēn)是一个会意字。甲骨文字形,中间是一把刀;两边的两竖表示一个物体被刀分成两半。金文字形与甲骨文一样。秦篆字形与甲骨文、金文相同,只是符号化了。汉隶字形进一步演化成今天的“分”字。从甲骨文字形来看,“分”最初之义就是用刀把物体分开成几个部分。《说文解字》:“分,别也。从八,从刀,刀以分别物也。”“分”是由“八”与“刀”合成的。其实“八”的最初之义就是分。只是被借用为表示数词的“八”,才在“八”下面加上“刀”,以专门表示“分”的含义。林义光《文源》:“八(微韵)、分(文韵)双声对转,实本同字。”高鸿缙《中国字例》:“林说是也。八之意本为分,取假象分背之形,指事字。动词。后世(殷代已然)借为数目八九之八,久而不反,乃加刀为义符(言刀所以分也)作分,以还其原,殷以来两字分行,鲜知其本为一字矣。”

一、“分”：分开

(1) 最初之义是分开。《左传·文公十六年》：“分为二队。”《论语·泰伯》：“三分天下有其二。”如：~类、~工、~散、~裂、~割、~解、一~为二、~门别类。

(2) 由分开引伸为分出。《韩非子·显学》：“故孔墨之后，儒分为八，墨离为三。”唐朝李商隐《哭刘司户》：“溢浦应分派，荆江有会源。”

(3) 由分出引伸为分支，从主体分出的部分。《谷梁传·庄公三十年》：“燕，周之分子也。”范甯注：“分子，谓周之别子孙也。”如：~队、~社、~会、~局、~册。

(4) 由分出引伸为分配、分给。《玉篇·八部》：“分，施也；赋也；与也。”《左传·庄公十年》：“衣食所安，弗敢专也，必分人。”《史记·李将军列传》：“广廉，所得赏赐辄分其麾下。”如：~红、一人~一块、好处~大家。

(5) 由分配引伸为分担。《史记·孙子吴起列传》：“(起)与士卒分劳苦。”王安石《送明州王大卿》：“从来所至邦人喜，真复能分圣主忧。”

二、“分”：分散

(1) 由分开引伸为分散、离散。《周易·系辞上》：“方以类聚，物以群分。”《论语·季氏》：“邦分崩离析而不能守也。”《列子·黄帝》：“用志不分，乃凝于神。”张湛注：“分，犹散。”如：~离。

(2) 由离散、分散引伸为分辨、区别。《论语·微子》：“四体不勤，五谷不分，孰为夫子。”《吕氏春秋·功名》：“贤、不肖，不可以不相分也。”高诱注：“分，犹异也。”

(3) 由分辨、区别引伸为辨白、辩解。《后汉书·寇恂传》：“天下未定，两虎安得私斗？今日朕分之矣。”李贤注：“分，犹解也。”《儒林外史》第五回：“到家替他分说开。”

(4) 由辨白、辩解引伸为清楚。《吕氏春秋·察传》：“是非之经，不可不分。”高诱注：“分，明也。”《西厢记诸宫调》卷三：“红娘，你好不分晓，甚把我拦截？”

三、“分”：一半

(1) 由分开引伸为一半。《公羊传·庄公四年》：“师丧分焉。”何休注：“分，半也。师丧亡其半。”《列子·周穆王》：“人生百年，昼夜各分。”北朝郦道元《三峡》：“自非亭午夜分，不见曦月。”

(2) 由一半引伸为专指春分与秋分。一年中太阳两次直射到赤道上，分别为春、秋两季的中间，“分”为平分点。《左传·僖公五年》：“凡分、至、启、闭，必书云物。”杜预注：“分，春、秋分也。”孔颖达疏：“春之半，秋之半，昼夜长短等，昼夜中分百刻，故春、秋之半称春、秋分也。”

(3) 由一半引伸为指成数，即一分为一成。特指分数，即十分之一。《管子·乘马数》：“人君之守高下，岁藏三分，十年必有三年之余。”清朝袁枚《祭妹文》：“前年予病，汝通宵刺探，减一分则喜，增一分则忧。”如：约~、通~、百~、三~天资、七~努力、十~高兴、万~感谢。

分 (fèn)，读此之音时，有如下之含义：

(1) 由分开引伸为指整体中的一部分（由动词转为名词，此意可写作“份”）。徐灏《说文解字注笺·八部》：“分，分物谓之分，平声；言其所分曰分，去声。此方言轻重之分。”《礼记·乐记》：“分夹而进，事蚤济也。”如：股~、~额、部~、知识~子。

(2) 由部分引伸为指成分。如：水~、养~。

（3）由部分引申指合适的界限、度。《篇海类编 · 数目类 · 八部》：“分，限量也。”《淮南子 · 本经训》：“各守其分，不得相侵。”如：过～、非～、逾～、恰如其～、适得其～。

（4）由界限引伸为原则。《荀子 · 荣辱》：“况夫先王之道，仁义之统，诗书礼乐之分乎？”《文选 · 班固〈答宾戏〉》：“盖圣人有一定之论，烈士有不易之分。”

（5）由原则引伸为指职分、身分。《礼记 · 礼运》：“男有分，女有归。”郑玄注：“分，犹职也。”《礼记 · 礼运》：“故礼达而分定。”孔颖达疏：“分，谓尊卑之分。”如：～内、～外、辈～、身～、本～、安～守己。

（6）由身分引伸为人的资质。《人物志 · 英雄》：“夫聪明者，英之分也，不得雄之胆则说不行；胆者，雄之分也，不得英之智则事不成。”《文选 · 卢谌〈赠刘琨〉》：“在木阙不材之资，处雁无善鸣之分。”李善注：“分，谓己所当得也。”如：天～。

（7）由资质、天分引伸为缘分、命运、机遇。唐朝白居易《履道西门》：“豪华肥壮虽无分，饱暖安闲即有余。”清朝朱彝尊《解佩令 · 自题词集》：“料封侯白头无分。”如：福～。

（8）由缘分、命运引伸为情分。三国魏曹植《赠白马王彪》：“恩爱苟不亏，在远分日亲。”清朝严复《哭林晚翠》：“投分欣倾盖，湛冤痛覆盆。”

（9）由机遇、命运引伸为料想。《汉书 · 苏建传附苏武》：“自分已死久矣，王必欲降武，请毕今日之欢，效死于前。”宋朝刘辰翁《乌夜啼》：“犹疑薰透帘栊，是东风。不分榴花更胜一春红。”

（10）由料想引伸为该、应当。元稹《酬乐天见忆》：“与君皆直戆，须分老泥沙。”

析

析（xī）是一个会意字。甲骨文字形，左边是树，右边是斧头（斤），表示用斧头砍树或劈木柴。金文字形在甲骨文基础上有一点变化，右边的斧头变成两根弯曲线，最右边的弯曲线表示斧头。另一根弯曲线表示所砍之树的树皮。秦篆字形沿袭金文进一步字形符号化。汉隶字形沿袭秦篆将字形方块化了。从甲骨文字形来看，“析”最初之义就是劈树。“析”与“折”不同，“析”没有把树木砍断，“折”则把树木砍断了。因此析是把树木劈开的意思。《说文解字》：“析，破木也。从木从斤。”桂馥《说文解字义证》：“字从木，从斤，谓以斤分木为析也。”《诗 · 齐风 · 南山》：“析薪如之何，匪斧不克。”

一、“析”：剖开

（1）由劈开树木引伸为剖开、分散。扬雄《解嘲》：“析人之珪。”《论语 · 季氏》：“邦分崩离析，而不能守也。”《淮南子 · 俶真》：“剖贤人之心，析才士之胫。”

（2）由剖开、分散引伸为分析、解析。晋朝陶潜《移居二首》：“奇文共欣赏，疑义相与析。”南朝萧统《昭明文选序》：“论则析理精微。”如：～出、～疑、条分缕～。

（3）由剖开、分散引伸为分割、割裂。《汉书 · 宣帝纪》：“析律贰端，深浅不平。”颜师古注：“析，分也。谓分破律条，妄生端绪，以出入人罪。”

（4）由分割、割裂引伸为解除。《文选 · 宋玉〈风赋〉》：“清清泠泠，愈病析酲。”

李善注引应劭曰：“酲，酒病也；析，解也。”宋朝叶适《官法上》：“天下望治，如酲者之愿析，痛者之愿痊也。”清朝王世祯《送吴天章归中条山》：“朝来宿酲卧未析，吴郎告我归河东。”

二、“析（sī）”：草民

“析（sī）”草名。形似燕麦。《汉书·司马相如传》：“其高燥则生葴、析、苞、荔。”颜师古注：“张揖曰：‘葴，马蓝也；析，似燕麦。’苏林曰：‘析，音斯。’”

贯

甲 金 篆 隶

贯（貫）（guàn）是一个会意字。甲骨文字形像一根绳索从物体的孔中穿过的形状。金文字形像一根绳索穿两个贝（贝，古钱币）。秦篆字形，则变成上面是“毌”（“毌”读“guàn”，是串的意思），下面是“貝”。“貫”是会意兼形声的字。汉隶字形与秦篆相同。字形简化则变成“贯”。从甲骨文字形来看，“贯”最初之义是用绳子穿物体。

一、“贯”：穿

(1) 用绳子穿物体。《广雅·释言》：“贯，穿也。”《周易·剥》：“贯鱼，以宫人宠。”陆德明《经典释文》：“贯，穿也。”《楚辞·离骚》：“贯薜荔之落蕊。”

(2) 由用绳子穿物体引伸为串钱币。金文字形表达了“贯”的这一含义。《说文解字》：“贯，钱贝之贯。从毌、贝。”

(3) 由串钱币引伸为指穿钱贝的绳索。即钱串。《史记·平准书》：“京师之钱累巨万，贯朽而不可校。”清朝谭嗣同《仁学》：“宁使粟红贯朽，珍异腐败，终不以分于人。”

(4) 由指穿钱贝的绳索引伸为铜钱用绳索串起（量词）。《六书故·动物四》：“贯，今以千钱为一贯。”如：万～家私。

(5) 由用绳索串起引伸为穿过。《左传·成公二年》：“矢贯余手及肘。”鲁迅《坟·摩罗诗力说》：“飞矢来贯其胸，遂死。”

(6) 由穿过引伸为通、贯通。《论语·里仁》：“吾道一以贯之。”《史记·乐书》：“礼乐之说贯乎人情矣。”

(7) 由贯通引伸为经历。《礼记·礼器》：“故贯四时而不改柯易叶。”孔颖达疏：“贯，经也。”

(8) ①由经历引伸为连续。清朝黄生《义府·贯》：“以缗穿钱曰贯，故有相续不绝之义。”《汉书·谷永传》：“以次贯行，固执无违。”颜师古注：“贯，联续也。”②由连续引伸为积累。《广雅·释诂四》：“贯，累也。”《荀子·王霸》：“贯日而治详，一日而曲列之。”杨倞注：“贯日，积日也。”③由积累引伸为满。清朝黄生《义府·贯》：“以缗穿钱曰贯……钱满一贯，则不可益，故有盈满之义。”《周书·泰誓》：“商罪贯盈。”

(9) ①由经历引伸为学习、复习。《广雅·释诂》：“贯，习也。”《国语·鲁语下》：“昼而讲贯，夕而习复。”韦昭注：“贯，习也。”②由学习引伸为习惯（后写作“惯”）。

《司马法·天子之义》：“习贯成则民体俗矣。”《孟子·滕文公下》：“我不贯与小人乘，请辞。”③由学习引伸为系统、条理。《荀子·成相》：“后世法之成律贯。”杨倞注：“律贯，法之为条贯也。”《金史·守贞传》：“时金有国七十年，礼乐刑政，因辽、宋旧制，杂乱无贯。”

二、“贯”：进入

（1）由穿过引伸为进入。《三国演义》第三十八回：“久闻先生大名，如雷贯耳。”

（2）由进入引伸为刺。《列子·说符》：“白公胜虑乱，罢朝而立，倒杖策，錣上贯颐，血流至地而弗知也。”《韩非子·外储说右下》：“马欲进则钩饰禁之，欲退则错錣贯之，马因旁出。”

（3）由刺引伸为射中。《诗·齐风·猗嗟》：“舞则选兮，射则贯兮。”毛传：“贯，中也。”《仪礼·乡射礼》：“不贯不释。”郑玄注：“贯，犹中也。”

申

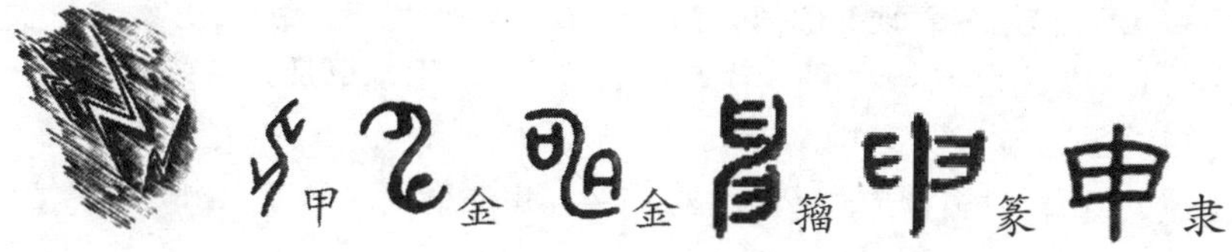

申（shēn）是一个象形字。甲骨文字形，像雷雨天的闪电之状。早期的金文字形与甲骨文相同，后期的金文除了闪电的弯曲状，还增加两个口，表示闪电发出的雷声。籀文字形将口变成手形，表示天神用手制造闪电。秦篆字形在籀文的基础上，将表示闪电的弯曲线变成一竖。汉隶字形则在秦篆的基础上将双手合拢，合抱中间的一竖，就成了现在的“申”。从甲骨文字形来看，“申”最初之义就是闪电。在上古，“申”与“电”是同一个字。《说文解字·虫部》：“申，电也。”只是“申”的电之义未见经典文献中，很可能在金文字流行时，就为“电”字取代之了。

一、“申”：伸展

（1）由闪电时电光向两边延伸之状引伸为伸展、舒展。此义后来写成“伸”字。《广雅·释诂四》：“申，伸也。”《战国策·魏策四》：“衣焦不申，头尘不去。”汉朝班彪《北征赋》：“行止屈申，与时息兮。”

（2）由伸展引申延长。《集韵·震韵》：“申，引也。”《新唐书·卢坦传》：“坦诣府申信十日，不听。”《资治通鉴·晋元帝太兴元年》：“帝从之，听孝廉申至七年乃试。”

（3）由伸展、舒展引伸为至、到。《素问·刺法论》：“臣乃尽陈斯道，可申洞微。”《文选·宋玉〈九辩〉》：“独申旦而不寐兮，哀蟋蟀之宵征。”李周翰注：“申，至也。”

（4）由伸展、舒展反向引伸为约束。《孟子·梁惠王上》：“谨庠序之教，申之以孝悌之义。”俞樾：“申乃约束之义……谓以孝悌约束之也。”《汉书·文帝纪》：“申教令，赐吏卒。”明朝陈宏绪《守望杜题词》：“刑牲而盟，授以器，申以约。”

（5）由伸展、舒展引伸为申述、说明。《礼记·郊特牲》：“大夫执圭而使，所以申信也。”《楚辞·九章·抽思》：“道卓远而日忘兮，愿自申而不得。”白居易《杜陵叟》：“长吏明知不申破，急敛暴征求考课。”

(6) 由申述、说明引申下级向上级陈述，下级向上级呈公文。《唐六典》卷七："其供桥杂料须多少，预申所司。"《唐律疏义·户婚二》："里正须言于县，县申州，州申省，多者奏闻。"

(7) 由申述、说明引伸为重复、再三。《尔雅·释诂下》："申，重也。"《尚书·尧典》："申命羲叔宅南交。"孔传："申，重也。"晋朝陆机《辨亡论》："而加之以笃固，申之以节俭。"如：三令五～。

(8) 由申述、说明引伸为明白。《字汇·田部》："申，明也。"《后汉书·邓骘传》："利口倾险，反乱国家，罪无申证，狱不讯鞫。"李贤注："申，明白也。"

(9) 由申述、说明引伸为吟咏。"申"通"呻"。《淮南子·天文》："申者，呻之也。"李白《江夏赠韦南陵冰》："玉箫金管喧四座，苦心不得申长句。"

二、"申"：地支

"申"借用为表地支的第九位，子丑寅卯 辰巳午未 申酉戌亥。

(1) ①用以记年。甲申年（2004 年）。②用以记月。《晋书·乐志》："七月申…七月之辰名申。"③用以记时。申时指一天中的 15 ～ 17 时（晡时）。

(2) 由记时引伸为表十二生肖之一，申属猴。《论衡·物势》："戌，土也，申，猴也。"

(3) 由表地支第九引伸为表天上星的序数之一。清朝朱骏声《说文通训定声·坤部》："申，又以命天体之十二宫。"《淮南子·时则》："孟秋之月，招摇指申。"《论衡·偶会》："正月建寅，斗魁破申。"

三、"申"：神

"申"通"神"。古人对闪电不理解，认为是天上的神制造，所以就祭祀它，这就出现"神"这个字。"神"由"示"和"申"组成，"示"表示祭祀，就是祭祀闪电。后来就代指天上之"神"。《说文解字》："申，神也。"《马王堆汉墓帛书·老子甲本》："非其申不伤人也。"今本《老子》第六十章作"非其神不伤人也。"

四、"申"：古国名

(1) 古代的国名。姜姓，传为伯夷之后。《诗·王风·扬之水》："彼其之子，不与我戍申。"毛传："申，姜姓之国。"《左传·隐公元年》："郑武公娶于申。"

(2) 由国名引伸为姓氏之名。《通志·氏族略二》："申氏，伯爵，姜姓。"

(3) 由姓氏引伸为古州名。清朝顾祖禹《读史方舆纪要·湖广三·德安府》："（随）州，北接黾、阨，东蔽汉、沔，介襄、郢、申、安之间，实为重地。"

由古州名引申指城市之名，上海的别称。由于黄浦江别称春申江，简称为申江，所以上海就简称"申"。

解

 甲  金  篆  隶

解（jiě）是一个会意字。甲骨文字形，下面是一个牛头，上面的中间是牛角，左右两边的手正握着牛的角，表示将牛的角从牛头上掰下来。商承祚《殷墟文字类编》：“此象两手解牛角。”金文字形，左边下面是牛头，上面还是牛角，右边是一只手拿着刀，表示用刀割牛角。秦篆字形沿袭金文并进一步符号化，左边是“角”字，右边上面是“刀”字，下面是“牛”字。其义与金文同。汉隶字形与秦篆同，只是字形方块化而已。从甲骨文字形来看，“解”最初之义是用手掰牛头上的角。

一、“解（jiě）”：掰开、割开

（1）由用手掰牛头上的角演化成用刀割开牛头上的角。《说文解字》：“解，判（用刀分牛头）也。从刀判牛角。”

（2）由用刀割开牛头上的角引伸为指用刀分割动物及人。《庄子·养生主》：“庖丁为文惠君解牛。”成玄英疏：“解，宰割之也。”《左传·宣公四年》：“宰夫将解鼋（大鳖）。”《墨子·节葬》：“昔者越之东，有輆（kài）沭之国者，其长子生，则解而食之，谓之宜弟。”

（3）由用刀分割动物及人引伸为剖开。唐朝刘恂《岭表录异》卷中：“木性如竹，紫黑色，有文理而坚，工人解之以制博弈局。”孙犁《白洋淀纪事·织席记》：“今天她就可以解好苇。”

（4）由剖开引伸为分割。《国语·鲁语上》：“晋文公解曹地以分诸侯。”韦昭注：“解，削也。”

（5）由分割引伸为分裂、破裂。《左传·成公八年》：“信不可知，义无所立，四方诸侯，其谁不解体！”《西游记》第二回：“骨肉消疏，其身自解。”如：土崩瓦～。

（6）由分裂引申离散、涣散。《广雅·释诂三》：“解，散也。”《礼记·檀弓下》：“苟无礼义忠信诚悫（què，诚实）之心以涖之，虽固结之，民其不解乎？”《汉书·陈馀传》：“今独王陈，恐天下解也。”颜师古注：“解谓离散其心也。”

（7）由离散引伸为消散、融化。《礼记·月令》：“东风解冻，蛰虫始振。”宋朝王谠《唐语林·补遗二》：“（李）锜伏法，京师大雾，三日不解。”

（8）由融化引伸为和解、劝解、排解。《墨子·号令》：“请有怨仇雠不相解者，召其人，明白为之解之。”《战国策·赵策三》：“所贵于天下之士者为人排患，释难，解纷乱而无所取也。”

（9）由劝解引伸为讲解，解释，注解。《玉篇·角部》：“解，释也。”《广韵·蟹韵》：“解、讲也、说也。”《庄子·徐无鬼》：“以不惑解惑，复于不惑，是尚大不惑。”唐朝韩愈《师说》：“师者，所以传道、授业、解惑也。”《二刻拍案惊奇》卷十七：“（杜子中）问道：‘蜚娥怎么解？’闻小姐道：‘此妾闺中之名也。’”

（10）由讲解、解释引伸为辩解、陈述理由。汉朝扬雄《解嘲》："有人嘲雄以玄之尚白，雄解之，号曰《解嘲》。"宋朝王安石《上田正言书二》："虽坚强之辩，不能为执事解也。"

（11）①由讲解、解释引伸为指古代文体的一种。晋朝张华《博物志》卷四："贤者著述曰传，曰记，曰章句，曰解，曰论，曰读。"宋朝孙复《答张洞书》："必皆临事摭（zhí，摘）实，有感而作，为论，为议，为书、疏、歌、诗、赞、颂、箴、解、铭、说之类，虽其目甚多，同归于道，解谓之文也。"②由古代文体的一种引伸为指文章、诗歌、乐曲的章节。《乐府诗集·相和歌辞一》："《古今乐录》曰：'伧歌以一句为一解，中国以一章为一解。'王僧虔启云：'古曰章，今曰解。……'"唐朝李贺《送沈亚之歌·序》："吾悲其行，无钱酒以劳，又感沈之勤请，乃歌一解以劳之。"

（12）由讲解、解释引伸为晓悟、理解。知道。《广韵·蟹韵》："解，晓也。"《庄子·天地》："大惑者，终身不解；大愚者，终身不灵。"成玄英疏："解，悟也。"宋朝范成大《大暑舟行含山道中》："不知忧稼穑，但解加餐饭。"《红楼梦》第一回："满纸荒唐言，一把辛酸泪！都云作者痴，谁解其中味？"

（13）由晓悟、理解引伸为通、达。《庄子·秋水》："且彼方跐黄泉而登大皇，无南无北，奭（shì）然四解，沦于不测。"《淮南子·厚道》："是故一之理，施四海；一之解，际天地。"高诱注："解，达也。"

二、"解（jiě）"：解开、脱掉

（1）由分割引伸为解开、脱掉。《广韵·蟹韵》："解，脱也。"《墨子·公输》："子墨子解带为城。"《韩非子·难一》："桓公解管仲之束缚而相之。"《礼记·曲礼上》："解屦不敢当阶。"孔颖达疏："解，脱也。"

（2）由解开引伸为开放、开。《文子·上德》："雷之动也万物启，雨之润也万物解。"宋朝欧阳修《钱相中伏日池亭宴会分韵》："粉箨（tuó）春苞解，红榴夏实初。"清朝唐甄《潜书·贞隐》："天地之气，不能有解而无闭；日月之行，不能有盈而无亏。"

（3）由解开引伸为结束、停止、休止。《汉书·五行志上》："归狱不解，兹谓追非，厥水寒，杀人。追诛不解，兹谓不理，厥水五谷不收。大败不解，兹谓皆阴。解，舍也。"颜师古注引张晏曰："解，止也。"宋朝杨万里《答朱侍讲》："伏以春事将中，苦雨未解。"

（4）由解开引伸为落、脱落。《逸周书·时训》："夏至之日，鹿角解。"汉朝刘向《列女传·楚老莱妻》："鸟兽之解毛，可绩而衣之。"

（5）由解开引伸为废除、免除。《周易·系辞下》："故恶绩而不可揜，罪大而不可解。"唐朝李白《江夏赠韦南凌冰》："有似山开万里云，四望青天解人闷。"

（6）由脱落、解开引伸为指身体分泌汗液、排泄大小便。《论衡·寒温》："人中于寒，饮药行解。"明朝戚继光《练兵实纪》卷七："各开厕坑一个于本地方，遇夜即于厕中大小解。"

（7）由脱落、解开引伸为指尸解（道家认为修道者死后魂魄脱离尸体而成仙）。《字汇·角部》："解，道家尸解。"《史记·封禅书》："而宋毋忌、正伯侨、羡门高最后皆燕人，为方仙道，形解销化。依鬼神之事。"裴骃《史记集解》："服虔曰：'尸解也。'"《太平广记》卷五十八引《集仙录》及《魏夫人传》："白日解者为上，夜半解者为下。"

(8) 由尸解引伸为向鬼神祈祷消除灾祸。《淮南子·修务》：“是故禹之为水，以身解于阳盱（xū）之河；汤旱，以身祷于桑山之林。”高诱注：“为治水解祷，以身为质。

三、“解（jiè）”

(1) 由古代文体引伸为指下级向上级的报告。《集韵·卦韵》：“解，闻上也。”《宋书·礼志二》：“宋孝武帝孝建三年八月戊子，有司奏：‘云杜国解称国子檀和之所生亲王，求除太夫人。”《魏书·韩显宗传》：“近虽仰凭威灵，得摧丑虏，兵寡力弱，擒斩不多。脱复高曳长缣，虚张功捷，尤而效之，其罪弥甚，臣所以敛毫卷帛，解上而已。”

(2) 由下级向上级报告引伸为指唐朝时期，由地方推荐进士并送到京城。这种做法叫解。唐朝范摅《云溪友议》：“昔求府解、侍郎为试官，送一百二人，独小生不蒙一解。”《新唐书·令狐楚传》：“滈（hào）未尝举进士，而妄言已解，使天下谓无解及第，不已罔乎？”

(3) 由地方推荐进士并送到京城称解，引伸为指押送犯人或财物。《京本通俗小说·碾玉观音》：“当下赐钱酒赏犒捉事人，解这崔宁到临安府，一一从头供说。”《儒林外史》第三十四回：“我们是四川解饷进京的。”

(4) 由押送财物引伸为抵押、典当。宋朝吴曾《能改斋漫录》卷二：“江北人谓以物质钱为解库，江南人谓为质库，然自南朝已如此。”《醒世恒言·郑节使立功神臂弓》：“你赎典，还是解钱？”《水浒全传》第六十一回：“卢员外正在解库厅前坐地，看着那一班主管收解。”

(5) 由抵押、典当引伸为租用。《清平山堂话本·杨温拦路虎传》：“天色已晚，杨三官人同那妻子和当直去客店，解一房歇泊。”《警世通言·万秀娘仇报山亭兒》：“当日天色晚，见一所客店，姊妹两人解了房，讨些饭吃了。

四、“解（xiè）”

(1) 指物体相连接的地方。《玉篇·角部》：“解，接中也。”《素问·气穴论》：“内解者写于中者十脉。”王冰注：“解，谓骨解之中经络也。”《灵枢经·经脉》：“出肩解，绕肩胛，交肩上，入缺盆。”马莳注：“膂上两角为肩解。”

(2) 由物体相连的地方引伸为指地方。即古地名。春秋周畿内地有两解。大解在今河南洛阳南，小解在今河南洛阳西南。

(3) 由地方引伸为指官署，官吏办事的地方。后作“廨”。《玉篇·角部》：“解，署也。”《商君书·垦令》：“又高其解舍，令有甬官食概。”朱师辙《商君书解诂定本》：“解音廨，是以解舍为衙署。”《韩非子·五蠹》：“故事私门而完解舍。”

(4) 由地方引伸为姓氏。《急就篇》第二章：“解莫如。”颜师古注：“解，地名也。在河东，因地为姓，故晋（晋国）因多解氏焉。”

交

交（jiāo）是一个象形字。甲骨文字形像正面站着的一个人，两腿相交叉。金文字形讹变，看不出两腿相交叉之形。秦篆字形沿袭甲骨文，只是字形符号化了。汉隶字形在秦篆的基础上进一步变化，成为今天的“交”字。从甲骨文的字形来看，“交”最初之义是腿相交。《说文解字》：“交，交胫（胫，小腿）也。从大，像交形。”

(1) 由人的腿相交扩展引伸为事物交叉、交错。段玉裁《说文解字注》曰：“凡两者相和曰交。”《孟子·藤文公上》：“兽蹄鸟迹之道交于中国。”《史记·项羽本纪》：“交戟之卫士欲止不内。”如：相～、～织、～杯、～臂、犬牙～错、纵横之～、阡陌～通。

(2) 由交叉、交错引伸为接触。《论语·学而》：“与朋友交而不信乎？”《战国策·秦策三》：“王不如远交而近攻。”如：～际、世～、神～、～善、～情、绝～、～朋友、一面之～、～浅言深、八拜之～、患难之～、外～辞令。

(3) 由接触引伸为性交。《礼记·月令》：“（仲冬之月）虎始交。”郑玄注：“交，犹合也。”《聊斋志异·贾儿》：“妇独居，梦与人交。”如：～配、杂～、～媾。

(4) 由接触引伸为交往。《周易·泰》：“天地交而万物通也。”晋朝空坦《与石聪书》：“锋镝一交，玉石同碎。”

(5)①由交往引伸为相互授受。《礼记·坊记》：“礼非祭，男女不交爵。”郑玄注：“交爵，谓相献酢。”如：～换、～易、成～、～割、～市、～杯酒。② 由相互授受引伸为我予彼受。如：～代、递～、移～、～班、～保、～货、～账、～款、～税、～白卷。

(6) 由交往引伸为朋友。《史记·廉颇蔺相如列传》：“臣闻布衣之交尚不相欺，况大国乎？”如：知～、旧～。

(7) 由交往引伸为相互。《左传·隐公三年》：“周郑交恶。”杜预注：“两相疾恶。”如：～互、～恶、～往、～流、～谈、～和、～火、～战、～争、～质、～相辉映、水乳～融。

(8) 由相互引伸为更替。《玉篇·交部》：“交，更也。”《诗·邶风·北门》：“我入自外，室人交徧谪我。”郑玄注：“在室之人更迭遍来责我。”《吕氏春秋·务大》：“细大贱贵，交相为赞。”高诱注：“交，更也。”如：～替。

(9) 由相互引伸为都、俱。《小尔雅·广言》：“交，俱也。”《玉篇·交部》：“交，共也。”《淮南子·俶真》：“交被天和，食于地德。”高诱注：“交，俱也。”宋朝陈亮《甲辰秋答朱元晦书》：“风雨云雷，交发而并至。”如：百感～集、悲喜～加、饥寒～迫、贫病～加、风雨～加、心力～瘁、内外～困。

(10) 由都、俱引伸为相并、合在一起。《广雅·释诂二》：“交，合也。”《楚辞·九章·思美人》：“解萹薄与杂菜兮，备以为交佩。”王逸注：“交，合也。言已解析萹蓄，杂以香菜，合而佩之。”

化

化（huà）是一个会意字。甲骨文字形，左边是一个站立之人，右边是一个倒立之人。整个字形表现：左边的人与右边的人处在正立与倒立的状态。另一个甲骨文字形左边人倒立，右边的人站立，其正立与倒立就变了。我们也可以看成：现在左边的人站立，右边的人倒立，过一会儿就变成：左边的人倒立，右边的人站立。这样正立与倒立处于变化之中。朱芳圃《殷文字释丛》："化象人一正一倒之形，即今俗所谓翻跟斗。" 金文字形与甲骨文字形相同，但字形开始符号化，还是看得出站立与倒立之形状。秦篆沿袭金文进一步符号化。汉隶字形则变成左边是站立之人，即"亻"字，右边倒立之人则变成"七"字，就成为今天的"化"字。从甲骨文字形来看，"化"最初之义是变，即变化。《玉篇·七部》："化，易也。"《国语·晋语》："胜败若化。"《周易·恒》："日月得天而能久照，四时变化而能久成。"

一、"化"：造化

(1) 由变化引伸为造化，自然之功能。《素问·五常政大论》："岐伯曰：'昭乎哉，圣人之问也！化不可代，时不可违。'"王冰注："化，谓造化也。"《论衡·订鬼》："天地之性，本有此化，非道术之家所能论辩。"

(2) 由造化引伸为生、产生。《礼记·乐记》："乐者，天地之和也，……和，故百物皆化。"郑玄注："化，犹生也。"《素问·天元纪大论》："人有五藏，化五气。"王冰注："化，谓生化也。"

(3) 由生、产生引伸为产生之物。《礼记·乐记》："鼓之以雷霆，奋之以风雨，动之以四时，暖之以日月，而百化兴焉。"

(4) 由生、产生之物引伸为胚胎。《尚书·尧典》："鸟兽孳尾。"孔注："乳化曰孳。"孔颖达疏："胎孕为化。"《吕氏春秋·过理》："（纣王）剖孕妇而观其化；杀比干而视其心。"

(5) 由生引伸为死。唐朝刘禹锡《祭柳员外文》："惟君平昔，聪明绝人，今虽化去，夫岂无物。"元朝白朴《梧桐雨》第三折："不想你马嵬坡下今朝化。"

(6) 由死引伸为烧。《礼记·礼运》："昔者先王……未有火化，食草木之实，鸟兽之肉，饮其血，茹其毛。"《西游记》第十三回："化了众神纸马，烧了荐亡文疏，佛事已毕，又各安寝。"如：火～。

(7) 由烧引伸为消融、消化。《韩非子·五蠹》："有圣人作，钻燧取火，以化腥臊，而民说之。"宋朝杨万里《庸言》："学而不化，非学也。"陈毅《冬夜杂咏》："要知松高洁，待到雪化时。"

二、"化"：感化

(1) 由变化引伸为感化、转变人心。《说文解字》："化，教行也。"《礼记·学记》："君子如欲化民成俗，其必由学乎。"清朝魏源《默觚上·学篇一》："墨子非乐，异乎先王，然后儒亦未闻以乐化天下。"

(2) 由感化引伸为教化，即古代统治者统治百姓的理论。《三国志·魏志·高柔传》："夫治定之化，以礼为首；拨乱之政，以刑为先。"汉朝仲长统《昌言·理乱》："夫乱世长而化世短。"

(3) ①由教化而形成风俗，即引伸为风俗、风气。《盐铁论·本议》："散敦厚之朴，成贪鄙之化。"《红楼梦》第一百十一回："世人都把淫欲之事，当做情字，所以做出伤风败化的事来。"②由于风俗中有乞讨之事，就引伸为乞讨、募化。宋朝张元干《满庭芳》："三十年来，云游行化，草鞋踏破尘沙。"明朝朱有墩《豹子和尚》："则他那化来的米面真强如盗，白得的钱财更胜似贼。”

(4) 由于教化中有道教，所以化引伸为指道观的别名。《字汇补 · 匕部》：“奉道之室曰化，蜀有文昌二十四化，又有主薄化。犹今曰宫观也。”

介   甲  金  篆  隶

介（jiè）是一个象形字。甲骨文字形，中间是一个人形（侧面的人形），两侧的点表示护身铠甲的甲片，整个字形表示人穿着铠甲。金文字形与甲骨文相同。秦篆字形由于符号化，两边的点变成竖笔，就看不出甲片的形状了。汉隶字形则将中间的“人”字，移到上面，就成了现在的“介”字。从甲骨文字形来看，“介”最初之义就是指护身的铠甲。《广雅 · 释器》：“介，铠也。”《玉篇 · 八部》：“介，甲也。”《礼记 · 曲礼上》：“介者不拜。”《史记 · 韩非子》：“急则用介胄（zhòu，头盔）之士。”三国吴国韦昭《秋风》：“跨马披介胄。”

一、“介”：边疆

(1) 由铠甲引伸为士兵，由士兵引伸为士兵守边疆，由士兵守边疆引伸为边疆、边界。此意后作“界”字来表示。《说文解字》：“介，画（画的最初之义是划边界）也。”徐灏对“介”字作注笺：“古疆界字只作介。”

(2) 由边界引伸为间隔、阻碍。《汉书 · 翼奉传》：“前向崧高，后介大河。”颜师古注：“介，隔也；碍也。”明朝陶宗仪《辍耕录》卷二十八：“惟见巨蛇介道。”

(3) 由间隔引伸为侧畔。《字汇 · 人部》：“介，畔也。”《楚辞 · 九章 · 哀郢》：“悲江介之遗风。”南朝梁吴均《闺怨》：“妾坐江之介，君戍小长安。”

(4) 由侧畔引伸为接近。《尚书 · 召诰》：“比介于我有周御事。”孔传：“使比近于我有周治事之臣。”《谷梁传 · 文公十五年》：“不以难介我国也。”范宁注：“介，犹近也。”

(5) 由接近引伸为系、留。《字汇 · 人部》：“介，系也。”《汉书 · 匡衡传》：“情欲之感，无介乎容仪。”颜师古注：“介，系也。言不以情欲系心，而著于容仪者。

二、“介”：两者之间

(1) 由边界引伸为处于两者之间。《集韵 · 怪韵》：“介，间也。”《左传 · 相公九年》：“天祸郑国，使介居二大国之间。”杜预注：“介，犹间也。”韩愈《守戒》：“今之通都大邑，介于屈强之间，而不知为之备。”

(2) 由处于两者之间引伸为介绍、介绍人。《玉篇 · 人部》：“介，绍也。”《汉书 · 谷永传》：“无一日之雅，左右之介。”颜师古注：“介，绍也。”《孔丛子 · 杂训》：“士无介不见，女无媒不嫁。”

(3) 由介绍引伸为指在古代传达宾主之言的人。《礼记 · 聘义》：“上公七介，侯伯五介，子男三介，所以明贵贱也。”孔颖达疏：“此一节明聘礼之有介，传达宾主之命。”

(4) 由传达宾主之言引伸为指宾方的辅助人员、副手。《左传 · 成公十三年》：“孟

献子从，王以为介。”杜预注：“介，辅相威仪者。”《荀子·大略》：“诸侯相见，卿为介。”杨倞注：“介，副也。”

(5) 由宾方的辅助人员、副手引伸为佑、助。《尔雅·释诂下》：“介，右也。”邢昺疏引孙炎曰：“介，相助之义。”《诗·豳风·七月》：“为此春酒，以介眉寿。”《宋史·乐志七》：“丽配皇灵，亿神来介。”

(6) 由佑、助引伸为凭借、仗恃。《字汇·人部》：“介，因也。”《左传·文公六年》：“介人之宠，非勇也。”杜预注：“介，因也。”《南史·宋本纪上》：“介恃遐阻，仍为边害。”

三、“介”的其余引申义

(1) 由铠甲引伸为指带有甲壳的昆虫和水族。《吕氏春秋·孟冬纪》：“其虫介，其音羽。”高诱注：“介，甲也。”唐朝白居易《题海图屏风》：“鳞介无小大，遂性各沉浮。”

(2) 由铠甲之义引伸为坚固、坚守。《正字通·人部》：“凡坚确不拔亦曰介。”《周易·豫》：“介于石，不终日。”《荀子·修身》：“善在身介然，必以自好也。”杨倞注：“介然，坚固貌。”

(3) 由坚守引伸为节操。《孟子·尽心上》：“柳下惠不以三公易其介。”孙奭疏：“不以三公之荣位而移易己之大志也。”宋朝王禹偁《寄题陕府南溪兼简孙何兄弟》：“石危君子介，筍易小人勇。”

(4) 由节操引伸为独、特异。《广雅·释诂三》：“介，独也。”《集韵·黠韵》：“介，特也。”《韩非子·外储说左下》：“夫介异于人臣，而独忠于主。”梁启雄注：“谓特立独异于群臣之间。”《水经注·庐江水》：“又有孤石，介于大江中。”

参

参（shēn、cān、cēn、sān）是一个会意字。从甲骨文字形来看，上面三个口的形状是天上的三（“三”是多的意思）颗星，下面是一个站着的人，中间的三根线表示人正看着星星。金文字形上面的星，有些是圆圈，有的是圆圈中有一点，表示星星在闪烁。下面人的形状有跪着或站着，左下方增加三条斜线，表示人在数星星。秦篆字形则将圆圈变成“日”字，就成了“晶”字。成为“曑”字。汉隶沿袭秦篆字形，但将三个“日”变成三个“厶”，就成为“參”字，后来简化成“参”字。从甲骨文字形来看，“参”最初之义是指天上的星，因此参的最初的读音应该是读表星的读音（shēn）。《说文解字》：“参，商星也。从晶，㐱声。”那是后起之意。

一、“参”：星宿名

“参（shēn）”是天上二十八星宿之一。《说文解字》：“参，商星也。”。唐朝李白《蜀道难》：“扪参历井仰胁息，以手抚膺坐长叹。”《史记·天官书》：“参为白虎。”如：～商、～辰卯酉（参星酉时，即下午五时至七时出于西方；辰星卯时，即早晨五时至七时出于东方。两星互不相见。）、～辰日月。

二、“参（sān）”：三

“参”由表示天上的参宿之星（这个星宿是由三颗星组成）引伸为表达数目的“三”。《左传 · 隐公元年》：“先王之制，大都不过参国之一。”后来为了区分作为星宿的“参”与表示数目的“参”，就把表示表示数目的“参”改写成“叁”字。就是今天的大写数目“参”。

三、“参（cān）”

(1) 由参表示天上的三颗星，就引申表示三个的事物。此意旧读“cān”。《周礼 · 天官 · 大宰》：“乃施于邦国，而建其牧，立其监，设其参，傅其伍，陈其殷，置其辅。”郑玄注：“参，谓卿三人。”

(2) 由三个的事物引申表示指古代乘车的陪坐之人（主人、驾车人，加陪坐共三人），叫“参乘”。《史记 · 项羽本纪》：“沛公之参乘樊哙者也。”

(3) 由陪坐之人引伸为配合。《国语 · 越语下》：“夫人事必须与天地相参，然后乃可以成功。”《荀子 · 天论》：“天有其时，地有其财，人有其治，夫是之谓能参。”

(4) 由配合引伸为指加入、参与。《荀子 · 强国》：“与之参国政，正是非。”如：～军、～战、～事、～加、～预、～谋、～赛、～观、～见。

(5) 由参与引伸为指下级晋见上级叫参见、参拜。

(6) 由参与引伸为比证、参考。如：～看、～阅、～照、～酌、～证。

(7) 由比证、参考引伸为探究、领悟。《集韵 · 覃韵》：“参，谋度也。”《警世通言》：“参不尽者，天下之理。”周恩来《生别死离》：“生死参透了，努力为生，还要努力为死。”如：～透、～破。

(8) 由探究引伸为检验、考察。《韩非子 · 显学》：“无参验而必之者，愚也。”如：～校、～稽。

四、“参（cēn）”：不规则

“参”最初是表示天上的星星，由于星星位置不规则，因此就引伸为表达长短、高低不齐的意思，后成为“参差”的固定词语。《诗 · 周南 · 关雎》：“参差荇菜，左右采之。”如：～差不齐。

为   甲  金  篆  隶

为（為、爲）（wéi）是一个会意字。甲骨文字形，左上边是一只手，右边是一头大象。金文字形则变成手在上面，下面的象也变得不那么像了。秦篆字形由于字形的符号化，下面的象就变成抽象化的符号了，但还能看出象的身子与脚。汉隶字形在秦篆基础上变成繁体字“爲”。后来通行体作“為”。简体字再在繁体字基础上简化成“为”字。从甲骨文字形来看，“为”最初之义是手牵大象为人劳作。罗振玉《增订殷虚书契考释》：“按：（爲）从爪，从象……意古者役象以助劳，其事或尚在服牛马以前。”

一、“为”：作、做事

(1) 由手牵大象为人劳作引伸为作。《尚书 · 益稷》：“予欲宣力四方，汝为。”郑玄注：“汝群臣当为之。”汉朝枚乘《上书谏吴王》：“欲人勿闻，莫若勿言；欲人勿知，

莫若勿为。”

（2）由作引伸为种植、营作。《战国策·东周》：“东周欲为稻，西周不下水，东周患之。”鲍彪注：“为，谓种之。”

（3）由种植、营作引伸为制作、做事。《尔雅·释言》：“作，为也。”《周礼·春官·典同》：“典同掌六律六同之和，以辨天地四方阴阳之声，以为乐器。”郑玄注：“为，作也。”宋朝沈括《梦溪笔谈·技艺》：“庆历中，有布衣毕昇，又为活板。”

（4）由制作、做事引伸为变成、成为。《广雅·释诂三》：“为，成也。”《诗·小雅·十月之交》：“高岸为谷，深谷为陵。”《荀子·劝学》：“冰，水为之，而寒于水。”唐朝黄巢《题菊花》：“他年我若为青帝，报与桃花一处开。”

（5）由变成、成为引伸为使。《左传·昭公二十年》：“今君疾病，为诸侯忧，是祝史之罪也。”三国魏阮籍《咏怀诗八十二首》之三十九：“忠为百世荣，义使令名彰。”

（6）由使引伸为施、给与。《左传·襄公二十三年》：“齐侯将为臧纥田。”

（7）由使引伸为用（某种东西）。《淮南子·主术》：“为智者务于巧诈，为勇者务于斗争。”《齐民要术·序》：“故赵过始为牛耕，实胜耒耜之利。”

（8）由用引伸为行为。《国语·晋语七》：“诸侯之为，日在君侧，以其善行，以其恶戒，可谓德义矣。”韦昭注：“为，行也。”宋朝范仲淹《岳阳楼记》：“予尝求古仁人之心，或异二者之为，何哉？”

（9）由行为引伸为治理。《小尔雅·广诂》：“为，治也。”《论语·为政》：“为政以德。”《商君书·农战》：“善为国者，仓廪虽满，不偷于农。”

（10）由治理引伸为设置、建立。《商君书·君臣》：“民众而奸邪生，故立法制，为度量以禁之。”唐朝柳宗元《封建论》：“秦有天下，裂都会而为之郡邑。”

（11）由设置、建立引伸为充当、担任。《论语·雍也》：“子游为武城宰。”

（12）由充当、担任引伸为谋取、取得。《广雅·释诂》：“取，为也。”《孟子·尽心上》：“鸡鸣而起，孳孳为利者，跖之徒也。”

二、“为”：虚词

（1）介词。①指行为的主动者，相当于“被”。《论语·子罕》：“出则事公卿，入则事父兄，丧事不敢不勉，不为酒困，何有于我哉。”②由主动者引伸为所处的时间或处所，相当于“于”、“在”。《淮南子·氾论》：“今之时人，辞官而隐处为乡邑之下，岂可同哉！”③由指主动者引伸为指对象。《论语·卫灵公》：“子曰：道不同不相为谋。”陶潜《桃花源记》：“此中人语云：‘不足为外人道也。’”

（2）连词。①表示并列关系，相当于“和”。《孟子·公孙丑下》：“得之为有财，古之人皆用之。”王引之《释词》：“言得之与有财也。”②表示顺承关系，相当于“则”、“就”。《庄子·寓言》：“与己同则应，不与己同则反，同于己为是之，异于己为非之。”王引之《释词》：“为，亦则也。”③表示假设关系，相当于“如果”。《韩非子·内储说下》：“王甚喜人之掩口也，为近王，必掩口。”④表示选择关系，相当于“或者”。《孟子·告子上》：“虽与之俱学，弗若之矣，为是其智弗若与？曰：‘非然也。’”

（3）助词。①用于名词性偏正结构中，相当于“的”。《后汉书·马援传》：“（援）常谓宾客曰：‘丈夫为志，穷当益坚，老当益壮。’”②宾语前置的标志。《孟子·告子上》：“使弈秋诲二人弈（棋），其一人专心致志，惟弈秋之为听。”③用在形容词后，表示程度加深和范围扩大。如：大～高兴、广～流传。

(4) 语气词。①用于句尾表示反诘、疑问，多与“何”连用。《论语 · 颜渊》：“君子质而已矣，何以文为？”《墨子 · 公输》：“夫子何命焉为？”②用于句尾，表示感叹。《庄子 · 逍遥游》：“予无所用天下为。”《汉书 · 外戚传下 · 赵皇后》：“帝曰：‘今故告之，反怒为！’”

三、“为（wèi）”：帮助

(1) 用作动词。由手牵大象为人劳作引伸为帮助、佑助。《广韵 · 寘韵》：“为，助也。”韩愈《柳子厚墓碑志铭》：“子厚前时少年，勇于为人，不自贵重顾籍。”

(2) 用作介词。①由手牵大象为人劳作引申出表对象，相当于“替”、“给”。唐朝秦韬玉《贫女诗》：“最恨年年压金线，为他人作嫁衣裳。”②由对象引伸为表目的。相当于“为了”。《论语 · 学而》：“吾日三省吾身，为人谋而不忠乎？”③由表目的引伸为表原因，相当于“因”、“由于”。《荀子 · 天论》：“天行有常，不为尧存，不为桀亡。”

依

依（yī）是一个象形字。甲骨文字形，外面是一件衣服，上面三角形是衣领，两边的岔口表示衣袖处，下面是衣襟的结合处，衣服的里面是一个人形。整个字形表示衣服穿在人身上。金文字形则变得不太像衣服，并且在人的下面加上一横，表示人站立，通过站立表示衣服合身。秦篆字形则将里面的人移到衣服外面来了，成为左人、右衣的形声字。汉隶字形沿袭秦篆，只是将字形方块化了，以至于成为今天的“依”字。从甲骨文字形来看，“依”最初之义是将衣服穿在身上。大概古人是想用“依”这样的字形来表达，人依靠衣服来保持体温，驱赶寒气的意思。

一、“依”：依、靠

(1) 由依靠衣服来保持体温引伸为依靠、依托。《广雅 · 释诂三》：“依，恃也。”《史记 · 司马相如列传》：“（司马相如）长卿故倦游，虽贫，其人材足依也。”唐朝温庭筠《江南曲》“花开子留树，草长根依土。”

(2) 由依靠引伸为顺从、同意。《庄子 · 养生主》：“依乎天理。”元朝关汉卿《窦娥冤》第三折：“有一事肯依，窦娥便死而无怨。”

(3) 由顺从引伸为遵循、按照。《楚辞 · 离骚》：“虽不周于今之人兮，愿依彭咸之遗则。”关汉卿《窦娥冤》第一折：“行医有斟酌，下药依《本草》。”沙丁《凶手》：“他却铁青了脸，颤抖着膝盖，依轮次去履行他的入伍手续去了。”

(4) 由遵循引伸为仍旧。唐朝方干《献王大夫》：“历任圣朝清峻地，至今依是少年场。”《西游记》第一回：“海风吹不断，江月照还依。”

二、“依”：依傍

(1) 由依靠引伸为依傍、靠着。《说文解字》：“依，倚也。”《孙子兵法 · 行军》：

“凡处军相敌，绝山依谷。”贾林注：“依谷，傍谷也。”《三国志通俗演义》第六十七回：“可于（阳平）关之左右，依山傍林，下十余个寨栅，迎敌曹兵。”

（2）由依傍引伸为助。《玉篇·人部》：“依，助也。”《汉书·礼乐志》：“声依咏，律和声。”颜师古注：“依，助也。五声所以助歌也。”

（3）由助引伸为保。《逸周书·程典》：“习其武诫，依其山川；通其舟车，利其守务。”朱右曾校释：“依，保也。”

伏

 金  篆 伏 隶

伏（fú）是一个会意字。字形出现较晚，目前只有金文。金文字形是，左上方是一个面朝左边的人，右下方是一只犬。秦篆字形与金文相同，只是人与犬并列了。汉隶字形沿袭秦篆并且字形方块化，而成为今天的“伏”字。“伏”由“人”与“犬”构成，学术界对此字有多种解释：一说，犬趴在人的脚边；一说，犬由后面把人拽伏倒；一说，人像犬一样匍匐在地，以伺机而行动。不管解释如何不同，但都含有趴下之义。这大概是“伏”最初之义。

一、“伏”：卧

（1）由趴下引伸为俯伏、面向下卧。《释名·释姿容》：“伏，覆也。”《列子·黄帝》：“仰飞伏走，谓之禽兽。”《史记·汲黯列传》：“乃召拜黯为淮阳太守，黯伏谢不受印。”

（2）由俯伏、面向下卧引伸为身体前倾靠在物体上。《庄子·渔父》：“孔子伏轼而叹。”

（3）由俯伏、面向下卧引伸为守候。《说文解字》：“伏，司也。从人，从犬。”段玉裁《说文解字注》：“司，今之伺字。”

（4）由守候引伸为守、保持。《楚辞·离骚》：“伏清白以死直兮。”汉朝王逸《楚辞章句·叙》：“以忠正为高，以伏节为贤。”

（5）由守侯引伸为居住、居处。《左传·定公四年》：“寡君越在草莽，未获所伏。”杜预注：“伏，犹处也。”

二、“伏”：隐蔽

（1）由俯伏、面向下卧引伸为藏匿、隐蔽。《广雅·释诂四》：“伏，藏也。”《老子》第五十八章：“祸兮福所倚，福兮祸所伏。”如：潜～、～击、昼～夜出。

（2）由藏匿、隐蔽引伸为伏兵、伏击。《左传·庄公十年》：“夫大国，难测也，惧有伏焉。”《史记·匈奴列传》：“御史大夫韩安国为护军，护四将军以伏单于。”

（3）由伏击引伸为制伏、降服。唐朝柳宗元《封建论》：“其智而明者，所伏比众。”《西游记》第三十三回：“伏虎降龙，大闹天宫。”

（4）由降服引伸为屈服、顺服。《正字通·人部》：“伏，屈服也。”《淮南子·原道》：“海外宾伏。”《尚书·汤诰》：“罪人黜伏。”蔡沈《尚书集传》：“故夏桀窜亡而屈服。”

（5）由顺服引伸为表敬词。清朝刘琪《助字辩略》卷五：“伏者，以卑承尊之词也。”汉朝枚乘《七发》：“伏闻太子玉体不安，亦少间乎？”三国魏曹植《求自试表》：“伏见先武皇帝。”

三、“伏”：低下

(1) 由俯伏、面向下卧引伸为低、低下。《字汇 · 人部》：“伏，偃也。”唐朝韩愈《南海神庙碑》：“日光穿漏，伏波不兴。”《徐霞客游记 · 楚游日记》：“二山之西，高峰渐伏。”

(2) 由俯伏引伸为指伏天。伏天是夏季最热的天气，一些动物受不了热，就伏卧在地，由此称这种天气为伏天。《史记 · 秦本纪》：“（德公）二年，初伏。”张守节《史记正义》：“六月三伏之节，起秦德公为之，故云初伏。”

(3) 由俯伏引伸为指脉搏跳动中的下沉现象。《难经 · 经脉诊候 · 十八难》：“伏者，脉行筋下也。”

俘

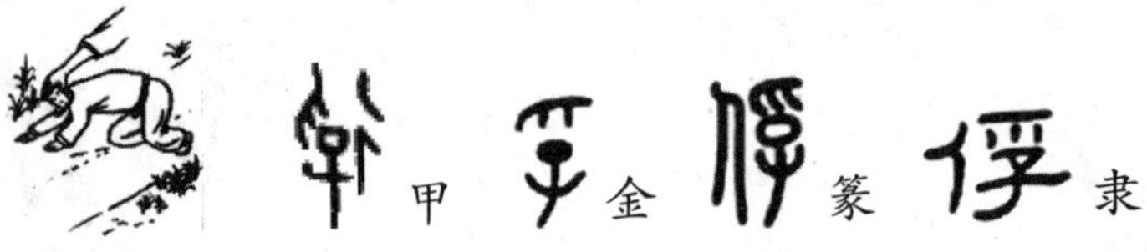

俘（fú）是一个会意字。甲骨文字形，右边是“亍”，表示大道；左边上方是“爪”，表示抓住；下方是“子”，既可表示小孩，又可表示成人，在这里应该是指成人。整个字形之意是在路上抓住人。金文字形则省掉表示大道的“亍”字。只有“爪”与“子”，就是用手抓人。秦篆字形则在金文的基础上增加了“亻”旁，特以表示抓人。金文的“孚”应该是“俘”的本字。汉隶字形与秦篆相同，只是字形方块化而已。从甲骨文字形来看，“俘”应该是指远古时期的部落之间用战争擒获人。《说文解字》：“俘，军所获也。”《孔子家语 · 相鲁》：“裔夷之俘，敢以兵乱之。”王肃注：“俘，军所获虏也。”晋朝李密《陈情事表》：“今臣亡国贱俘。”

由擒获之人引伸为擒获。《尔雅 · 释诂下》：“俘，取也。”《左传 · 成公十二年》：“俘我王官，翦我羁马。”南朝梁沈约《齐故安陆昭王碑文》：“小则俘民略畜，大则攻城剽邑。”

服

服（fú）是一个会意字。甲骨文字形，左边是一个跪着的人，右边是一只手。整个字形表示，这只手在按着这个人的头，强迫他跪着，大概是要他屈服。金文字形，则在左边增加一个像舟形的盘具，表示强迫他做某事。秦篆字形由于字形符号化，有了很大的变化，左边的盘具成为舟的字形符号，手也放在人形的下面，汉隶字形则在秦篆的基础上进一步方块化，将“舟”变成“月”，成为现在的“服”字。从甲骨文字形来看，“服”最初之义是强迫人屈服。

一、“服”：慑服

(1) 由强迫人屈服引伸为畏服、慑服。《礼记 · 儒行》：“博学以知服。”孔颖达疏：“谓广博学问犹知畏服先代贤人，言不以己之博学凌夸前贤也。”《韩非子 · 说林》：“夫虎之所以能服（使……畏服）狗者，爪牙也。”

(2) 由畏服引伸为服从、顺从。《论语 · 为政》：“哀公问曰：‘何为则民服？’孔子对曰：‘举直错诸枉，则民服；举枉错诸直，则民不服。’”

(3) 由服从、顺从引伸为信服、佩服。《吕氏春秋·顺说》："惠盎趋而出，宋王谓左右曰：'辨矣，客之以说服寡人也。'"宋朝王安石《上蒋侍郎书》："天下之人，孰不惮执事之威名，服执事之德望。"如：～气、口～心～、心悦诚～。

(4) 由服从，顺从引伸为任用，使用。《广雅·释诂二》："服，任也。"《荀子·赋》："忠臣危殆，谗人服矣。"《荀子·牧民》："君好之则臣服之。"

(5) 由任用、使用引伸为职位、职事。《尚书·酒诰》："越在外服，侯甸男卫邦伯；越在内服，百僚庶尹、惟亚惟服宗工，越百姓里居，罔敢湎于酒。"杨树达《积微居小学述林·释服》："外服内服，即外职内职，犹后世言外官京官也。"宋朝苏轼《赐新除知枢密院断来章批答》："德称其服，臣主俱荣。"

(6) 由职位引伸为从事。《尔雅·释诂》："服，事也。"《论语·为政》："有事，弟子服其劳。"《汉书·徐乐传》："此陛下之所服也。"颜师古注："服，事也。"

(7) 由从事引伸为实行。《广雅·释诂一》："服，用也。"《广雅·释诂二》："服，任也。"《晏子春秋·内篇谏上三》："君身服之，故外无怨治，内无乱行。"吴则虞《晏子春秋集释》："此服字当训行，身服之者犹言躬行之。"唐朝柳宗元《吊屈原文》："穷与达固不渝兮，夫唯服道以守义。"

(8) 由实行引伸为事情。《素问·八正神明论》："用针之服，必有法则焉。"王冰注："服，事也。"《礼记·学记》："不学杂服，不能安礼。"俞樾平议："杂服者，杂事也。"

(9) 由实行引伸为整治、治理。《尔雅·释言》："服，整也。"《管子·度地》："臣服之以尽忠于君，君体有之以临天下，故能为天下之民先也。"《韩非子·说疑》："故有道之主，远仁义，去智能，服之以法。"

(10) 由实行引伸为练习、熟悉。《广韵·屋韵》："服，习也。"《韩非子·显学》："藏书策，习谈论，聚徒役，服文学而议说，世主必从而礼之。"《礼记·孔子闲居》："君子之服之也，犹有五起焉。"郑玄注："服，犹习也。"隋朝王通《文中子·王道》："服先人之义，稽仲尼之心。"

(11) 由练习引伸为持、执。《国语·吴语》："夜中，(吴王) 乃令服兵擐甲。"韦昭注："服，执也。"

(12) 由持、执引伸为习惯、适应。《楚辞·九章·橘颂》："后皇嘉树，橘来服兮。"王逸注："言皇天后土生美橘，树异于众木，来服习南土便其风气。"清朝黄叔璥《台海使槎录》卷六："彼地人虽能到，不服水土，生还者无几。"

(13) 由持、执引伸为吞服（药物）。《礼记·曲礼下》："医不三世，不服其药。"《史记·扁鹊仓公列传》："即令更服丸药，出入六日，病已。"

二、"服"：器物

(1) 由于金文字形是强迫人拿器具。因此就由器具引伸为指器物，即对衣服、器物、车马、宫室等的泛称。《广韵·屋韵》："服，亦衣服。"《周礼·春官·都宗人》："正都礼，与其服。"郑玄注："服，谓衣服及宫室车旗。"《山海经·西山经》："是司帝之百服。"郭璞注："服，器服也。"

(2) 由器物引伸为指弓箭、刀剑等的套子。后写作"箙"。《诗·小雅·采薇》："四牡翼翼，象弭鱼服。"郑玄笺："服，矢服也。"

(3) 由车马引伸为专指一车驾四马，居中的两匹叫服。《诗·郑风·大叔于田》："两服上襄，两骖雁行。”郑玄笺：“两服，中央夹辕者。”清朝钱坫《车制考·马》：“夹辕两马谓之服。”《天工开物·舟车·车》：“战车四马一班，分骖服。”

(4) 由车马引伸为指很远的地方，即王畿以外的地方。《尚书·皋陶谟》：“弼成五服，至于五千里。”程树德《九朝律考·北周刑名》：“流卫服去皇畿二千五百里，流蕃服去皇畿四千五百里。”

(5) 由指衣服引伸为穿戴。《孝经·卿大夫章》：“非先王之法服不敢服。”《汉书·王莽传上》：“周公服天子之冕。”

(6) 由衣服引伸为佩戴。《银雀山汉墓竹简·孙膑兵法·势备》：“何以知剑之为阵也？旦暮服之，未必用也。”明朝陶宗仪《辍耕录》卷二十六：“高祖即位，服其玺，因世传之，谓为传国玺。”

(7) 由于衣服包括居丧期间所穿戴服饰，所以引伸为指居丧时期。《史记·魏其武安侯列传》：“会仲孺有服。”司马贞《史记索隐》：“案：服，谓朞功之服也。”《红楼梦》第九十六回：“若说服里娶亲，当真使不得。”

三、“服（fù）”

(1) 由吞服药物引伸为量词，指中药的剂量。一剂为一服。北周庾信《燕歌行》：“定取金丹作几服，能令华表得千年。”宋朝苏轼《圣散子后序》：“所用皆中下品药，略计每千钱即得千服，所济已及千人。”

(2) 由指中药剂量引伸为指药煎熬一次为一服。如：头服、二服。

孚（fú）是一个会意字。甲骨文字形，左上角是一只手（右手），下面是一个人，整个字形像是用手抓人的头（头发），表示控制被抓的人。金文字形与甲骨文相同，只是上面的手变成手心向下，其义更明确。秦篆字形与金文相同。汉隶字形则有较大的变化，上面的手成为“爫”字，下面的人成为“子”字。从甲骨文字形来看，“孚”最初之义是控制被抓的人。从这个意思上讲，“孚”是“俘”的初文。这是因为秦篆的“孚”已经看不出人形了，俘虏的含义从字形上难看出，于是就在“孚”字的左边加上“亻”旁，以表示抓的是人，这样就成了“俘”字。王国维《鬼方昆夷猃狁考》：“孚即俘之本字。”《小盂鼎》：“孚人万三千八十一人。”后世的文人用“孚”表示“俘”时，我们就称为“孚”同“俘”。

(1) 由指俘虏引伸为诚信、信用。古代战争中，双方俘虏了对方的人，在战争结束后进行战俘交换，交换战俘是要讲诚信的。因此孚就有诚信之义。《说文解字·爪部》：“孚，信也。”《尔雅·释诂上》：“孚，信也。”《诗·大雅·下武》：“永言配命，成王之孚。”郑玄笺：“孚，信也。”《后汉书·来歙传》：“少公虽孚，宗卿未验。”李贤注：“孚，信也。”

(2) 由诚信引伸为为人所信服。《左传·庄公十年》：“小信未孚，神弗福也。”矛盾《虹》

八：“为什么挑中了这位不孚人望的秋敏。”如：不～众望。

（3）由为人所信服引伸为符合、相应。《正字通·子部》：“孚，合也。”明朝余继登《典故纪闻》卷四：“上下乖隔，情意不孚。”孙中山《第二次讨袁宣言》：“当南北两方情志未孚时，文尝任调和。”

作（zuò）是一个象形字。甲骨文字形，像人胸前的衣领形状。上面的小叉形是靠近脖子的衣领部分，下面大的叉形是衣领的花纹标志，往右边下垂的线是里外衣服的交复线。从甲骨文字形来看，古人胸前衣领交复，应该是向着右的方向。“河南安阳出土的石雕和玉雕的奴隶主形象来看，头戴扁帽，身穿右衽交领衣，下穿裙裳，腰间束带，裹腿，着尖鞋。”（《中国文化史三百题·中国传统服装形式是怎样形成的》）这与后世的左衽不相同。金文字形与甲骨文相同。秦篆字形，增加一个“亻”字，就成了“作”的原型字。汉隶字形则在秦篆的基础上方块化，成为今天的“作”字。从甲骨文字形来看，“作”最初之义是指衣服，当然也就包括制作衣服。从字形的演变来看，甲骨文、金文的字形是“乍”字，表示衣服。秦篆字形增加了人旁，变成“作”字，其字义强调人的劳作，劳作的方式，扩大了劳做的对象。从古代文献来看，“乍”还未变成“作”之前，字就已经含有劳作之义。只是成为“作”后，其衣服的含义已经消失。从文献资料来看，“作”最早之义是劳作。《尚书·尧典》：“寅宾出日，平秩东作。”孔传：“岁起于东而始就耕，谓之东作。”《乐府诗集·杂歌谣辞·击壤歌》：“日出而作，日落而息。”唐朝李白《宿五松山下荀媪家》：“田家秋作苦，邻女夜舂寒。”如：工～、～息、～田。

一、“作”：制作

（1）由制作衣领引伸为制作。《尔雅·释言》：“作、造，为也。”《广韵·暮韵》：“作，造也。”《周礼·考工记序》：“作车以行陆，作舟以行水。”

（2）由制作衣领引伸为制作的地方，工场、作坊。《三国志·魏志·孙礼传》：“而礼径至作所，不复重奏，称诏罢民。”

（3）由制作引伸为工作、劳动、做。《尚书·尧典》：“寅宾而出，平秩东作。”如：劳～、无恶不～、精耕细～、日出而～，日入而息。

（4）由做引伸为从事或进行某种活动。如：～揖、～弄、弄虚～假、自～自受。

（5）由从事某种活动引伸为充当、担任。《尚书·舜典》：“伯禹作司空。”如：～保、认贼～父。

（6）由担任引伸为造就、培养。顾炎武《日知录》卷十二：“必有作人之法，而后科目可得而设也。”

（7）由充当、担任引伸为役使。《广韵·铎韵》：“作，役也。”《周礼·地官·鄙师》：“凡作民，则掌其戒令。”

二、“作”：开始

（1）由制作衣领（衣领是制衣的最开始处）引申开始。《广雅·释诂一》：“作，始也。”

《老子》第六十三章：“天下难事，必作于易；天下大事，必作于细。”

(2) 由开始引伸为发生、兴起。《说文解字·人部》：“作，起也。”《论衡·佚文》：“周秦之际，诸子并作。”

(3) 由开始引伸为起身、起立。《礼记·少仪》：“客作而辞。”

三、“作”：制定

(1) 由制作引伸为制定。《尚书·吕刑》：“度作刑以诘四方。”《商君书·更法》：“知者作法，而愚者制焉。”如：制礼～乐、～法自毙。

(2) 由制定引伸为措施、办法。《后汉书·仲长统传》：“作有利于时，制有便于物者，可为也。”

(3) 由措施、办法引伸为创作。《尚书·益稷》：“帝庸作歌曰：‘勑天之命，惟时惟几。’”《论语·述而》：“述而不作，信而好古。”如：～曲、写～、吟诗～赋、读书～文。

(4) 由创作引伸为作品。《文心雕龙·时序》：“然《大风》、《鸿鹄》之歌，亦天纵之英作。”如：佳～、杰～、原～、大～、成名之～。

(5) 由作品引伸为事情、事业。《礼记·缁衣》：“毋以小谋败大作。”

四、“作”：装作

(1) 由制作引伸为装作。如：装聋～哑、扭捏～态、装腔～势、装模～样、逢场～戏、拿腔～势、故～姿势。

(2) 由装作引伸为当作。如：苦中～乐、过期～废。

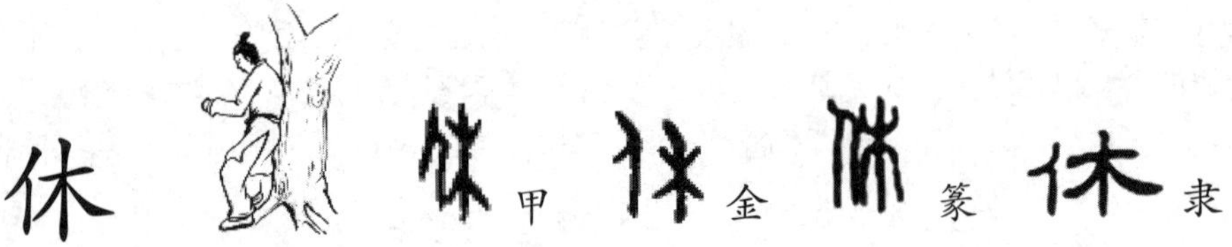

休(xīu)是一个会意字。甲骨文字形，左边是一个人，右边是一棵树，左边的人正靠着树。金文字形与甲骨文相同。秦篆字形与金文相同，只是符号化了，汉隶字形沿袭秦篆并字形方块化，成为今天的“休”字。从甲骨文字形来看，“休”最初之义就是人靠着树休息。《说文解字》：“休，息止也。从人依木。”《诗·周南·汉广》：“南有乔木，不可休思。”《晏子春秋·内篇谏下九》：“景公猎，休，坐地而食。”宋朝欧阳修《醉翁亭记》：“行者休于树。”

一、“休”：休息

(1) 由靠树休息引伸为泛指休息。《尔雅·释诂下》：“休，息也。”《聊斋志异·念秧》：“既暮，休于旅舍。”如：～息、～养、退～。

(2) 由休息引伸为休假。《后汉书·蔡邕传》：“臣属吏张宛长休百日。”李贤注：“休，假也。”唐朝王勃《滕王阁序》：“十旬休假，胜友如云。”

(3) 由休假引伸为辞官。唐朝杜甫《旅夜书怀》：“名岂文章著，官应老病休。”唐朝白居易《自问》：“官途气味已谙尽，五十不休何日休？”宋朝苏轼《游斜川》：“谪居谈无事，何异老且休。”

(4) ①由休假引伸为停止。《韩非子·内储说上》：“令下而人皆疾习射，日也不休。”

宋朝李清照《凤凰台上忆吹箫》：“生怕闲愁暗恨，多少事，欲说还休。”如：~学、~业、争论不~。②由停止引伸为完结。晋朝陶潜《归去来兮辞》：“善万物之得时，感吾生之行休。”唐朝李商隐《即日》：“一岁林花即日休，江间亭下怅淹留。”《马嵬》：“他生未卜此生休。”③由完结引伸为指离弃妻子。即休妻。《清平山堂话本 · 简帖和尚》：“只有小娘子见丈夫不要他，把他休了，哭出州衙门来。”《红楼梦》第六十八回：“如今指名提我，要休我。”④由休妻引伸为不要，表示否定。宋朝辛弃疾《摸鱼儿》：“休去倚危栏。”《红楼梦》第五回：“势败休云贵，家亡莫论亲。”⑤由表示否定，不要引伸为罢、了。用于句尾。宋朝李清照《玉楼春》：“要来小酌便来休，未必明朝风不起。”《水浒全传》第四十四回：“我自先辞了回乡去休。”

二、“休”：喜悦

(1) 由休息引伸为喜悦、欢乐。《广雅 · 释诂一》：“休，喜也。”《诗 · 小雅 · 青青者莪》：“既见君子，我心则喜。……既见君子，我心则休。”《国语 · 周语下》：“为晋休戚，不背本也。”韦昭注：“休，喜也。”如：~戚与共。

(2) 由喜悦、欢乐引伸为美好。《尔雅 · 释诂下》：“休，美也。”《广韵 · 尤韵》：“休，美也，善也。”《诗 · 豳风 · 破斧》：“哀我人斯，亦孔之休。”毛传：“休，美也。”

(3) 由美好引伸为吉庆、福禄。《尔雅 · 释言》：“休，庆也。”邢昺疏：“谓嘉庆也。”《拾雅 · 释训中》：“休，福禄也。”《左传 · 襄公二十八年》：“以礼承天之休。”《战国策 · 魏策四》：“休祲降于天。”

(4) 由吉庆引伸为盛壮。《诗 · 周颂 · 载见》：“休有烈光。”郑玄笺：“休者，休然盛壮。”孔颖达疏：“休与烈光连文，故为盛壮。”

像

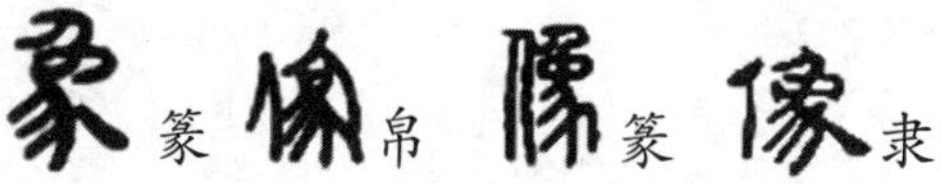

像（xiàng）是形声兼会意字。“像”字产生在“象”字的基础上。“像”字最早出现在楚帛书，字体是左边一个“亻”字，右边是一个与金文不太相同的“象”字。秦篆字形在此基础上成为“像”字。汉隶字形在秦篆基础上方块化，成为今天的“像”字。“象”字出现在前，“像”字出现在后。“像”的字义在“像”未出现之前，都在“象”字中。后来出现了“像”，就将“象”中的部分字义分离出来，用“像”字来表达。许慎在《说文解字》中说：“像，象也。从人，从象，象亦声。”许慎的解释只表明：“像”与“象”相同方面。段玉裁在“像”字的解释中说：“韩非曰：‘人希见生象也，而案其图以想其生，故诸人之所以意想者皆谓之象。’然韩非以前或只有象字，无像字。韩非以后小篆既作像，则许（慎）断不以象释似，复以象释像矣。”段玉裁在“象”字的解释中说：“像从人，象声。许书：一曰指事。二曰象形，当作像形。全书凡言象某形者，其字皆当作像。而今本皆从省作象。”段玉裁的意思是：“象”字是指自然中的动物的形体模样。而“像”字是指人们根据自然中的动物形体模样而想象出的样子。因此“像”的含义应该是事物的样子，而不是事物的本身。正是这样，段玉裁《说文解字注》引用许慎的解释是“像，似也。”而不是《说文解字》所说的“像，象也。”根据上文段玉裁“对“像”和“象”字的解释，可以看出“像”字产生时的含义有两点：①对动物象的描绘、摹仿。②描绘、摹仿出的象的样子。

一、“像”：描绘

(1) 由对象的描绘、摹仿引伸为对其它的描绘、摹仿。《类篇·人部》：“像，写也。”《增韵·养韵》：“像，摹仿也。”《淮南子·原道》：“九疑之南，陆事寡而水事众，于是民人被发文身以像鳞虫。”《辽史·礼志一》：“中立君树，前植群树，以像朝班。”

(2) 由对其他的描绘、摹仿引伸为指所描绘出对象的形象、相貌。《增韵·养韵》：“像，形象也。”《淮南子·主术训》：“此皆有充于内而成像于外。”元朝王实甫《西厢记》第一本第四折：“外像儿风流，青春年少。”

(3) 由描绘出对象的形象，相貌引伸为专指人物形象的图画或雕塑。《白石神君碑》：“华殿清闲，肃雍显相。玄图灵像，穆穆皇皇。”《后汉书·赵岐传》：“图季札、子产、晏婴、叔向四像居宾位，又自画其像居主位。”《后汉书·应劭传》：“各上前人像赞。”晋潘岳《寡妇赋》：“上瞻兮遗像，下临兮泉壤。”如：人～、神～、佛～、头～、～章、遗～。

(4) 由人物的图画或雕塑引伸为想象的形状，如：想～。

(5) 由想象引伸为相似。如：～样、～什么。

(6) 由相似引伸为推测。如：好～。

(7) 由推测引伸为比如（列举）。如：～这件事应该引起人们注意。

二、“像”：依照

(1) 由摹仿引申依照。《荀子·议兵》：“然后百姓晓然皆知修（修，遵循）上之法，像上之志而安乐之。”《淮南子·览冥》：“居君臣父子之间，而竞载骄主而像其意。”高诱注：“像，犹随也。”

(2) 由依照引伸为范式、法式，如《楚辞·九章·橘颂》：“行比伯夷，置以为像兮。”王逸注：“像，法也。”

受

受(shòu)是一个会意字。甲骨文上下为两只手，上为右手，下为左手。中间是一个方盒，金文字形与甲骨文相同，只是中间的盒变成舟。秦篆字形又一变，中间的舟变成“冂(jiōng)”字，下面的手被放在“冂”字里面，上面的手变成“爪”字。汉隶字形将上面的“爪”变成“爫”字，中间的“冂”字变成“冖（mì）”字，下面的手变成了“又”字，这样就成了今天的“受”字。从甲骨文字形来看，“受”最初之义就是一人向另一人交付物品。“受”因此有两层含义，一是接受东西。二是交付东西，交付东西之义，后来就另造一字“授”来表示。“受”就专表示“接受”之义。《说文解字》：“受，相付也。”林义光《文源》：“象相授受形，舟声。授、受二字，古皆作受。”受的最初之义为接受。《广雅·释诂三》：“受，得也。”《尚书·大禹谟》：“满招损，谦受益。”李白《留别金陵崔侍御》：“三军受号令，千里肃雷霆。”

一、“受”：收取

(1) ①由接受引伸为收、取。《字汇·又部》：“受，取也。”《周礼·春官·司干》：“祭祀，舞者既陈，则授舞器，既舞则受之。”郑玄注：“受，取藏之。”②由收、取引伸为禀（禀）受、领受。《字汇·又部》：“受，禀也。”《诗·大雅·假乐》：“受福无疆，四方之纲。”宋朝苏轼《乞常州居住表》：“臣受性刚褊，赋命奇穷。”③由禀受引伸为继承。《广雅·释诂四》：“受，继也。”《史记·李将军列传》：“（李）广家世世受射。”王安石《寄吴氏女子》：“儿已受师学，出蓝而更青。”

(2) ①由接受引伸为遭受、遭到。《诗·邶风·柏舟》：“觏闵既多，受侮不少。”《后汉书·宦者传·吕强》：“调广民困，费多献少，奸吏因其利，百姓受其敝。”如：～挫、～损失。②由遭到、遭受引伸为忍受、禁受。周立波《暴风骤雨》十三：“刘胜也是心里不好受。可是他不说。”如：～不了、真够～。③由忍受引伸为盛、容纳。《方言》卷六：“受，盛也。犹秦晋言容盛也。”《周易·咸》：“君子以虚受人。”杜甫《南邻》：“秋水才深四五尺，野航恰受两三人。”《宋史·岳飞传》：“此其受大而不苟取，力裕而不求逞，致远之材也。”

二、“受”：授予

“受”最初之义为授予、付给。后来作“授”。《商君书·定分》：“今先圣人为书而传之后世，必师受之，乃知所谓之名。”韩愈《师说》：“师者，所以传道受业解惑也。”

辟（bì）是一个会意字。甲骨文字形，左边是一个跪着在等候被行刑的人，右边是一把行刑的尖刀，表示这犯人要被杀掉。甲骨文中有的中间有个“口”，表示他被审讯过。金文字形，则把“口”放到人形的下面，右边的行刑尖刀变得有些像“辛”字（古代“辛”代表行刑的尖刀）。秦篆字形，左边变成“尸”和“口”，右边的尖刀变成了“辛”字。汉隶字形沿袭秦篆进一步方块化，称为今天的“辟”字。从甲骨文字形来看，“辟”最初之义是指犯人被审讯，然后杀掉。

一、“辟（bì）”：法度

(1) 由犯人被审讯，然后杀掉引伸为指法、法度。《说文解字》：“辟，法也。”《尔雅·释诂一》：“辟，法也。”《左传·昭公六年》：“夏有乱政而作《禹刑》，商有乱政而作《汤刑》，周有乱政而作《九刑》。三辟之兴，皆叔世也。”《汉书·匈奴传》：“于是作《吕刑》之辟。”颜师古注：“辟，法也。”

(2) 由被审讯，然后杀掉引伸为罪行。《尔雅·释诂一》：“辟，辠（罪）也。”《汉书·扬雄传下》：“言奇者见疑，行殊者得辟。”唐朝柳宗元《与吕恭论墓中石书书》：“圣人有制度，有法令，过则为辟。”

(3) 由罪行引伸为惩罚。《尚书·君陈》：“辟以止辟，乃辟。”孔传：“刑之而惩止，犯刑者乃刑之。”《左传·襄公二十五年》：“先王之命，唯罪所在，各致其辟。”杜预注：“辟，诛也。”

(4) 由惩罚引伸为治理。《玉篇 · 辟部》："辟，理也。"《尚书 · 金縢》："我之弗辟，我无以告我先王。"陆德明《经典释文》："辟，治也。"

(5) 由治理引伸为制定治理规则的人，即国君、天子。《尔雅 · 释诂一》："辟，君也。"《尚书 · 洪范》："惟辟作福，惟辟作威，惟辟玉食。"《旧唐书 · 太宗纪下》："末代已来，明辟盖寡。"

(6) 由治理引伸为执行治理规则的人，即官吏。宋朝苏轼《赐新除中大夫守尚书右丞相王存辞免恩命不允诏》："朕历选百辟，试之以事。"明朝沈德符《貂帽腰舆》："宰相为百辟之师表。"

(7) 由执行治理的人引伸为征召、召。《管子 · 轻重乙》："辟之以号令，引之以徐疾。"《文选 · 阮籍〈诣蒋公〉》："辟书始下，下走为首。"李善注："辟，犹召也。"

(8) 由执行治理引伸为效法、取法。《逸周书 · 祭公》："天子自三公上下辟于（周朝）文武，文武之子孙大开方封于下土。"孔晁注："辟，法也。言我上法文武，方大开国，旁布下土。"

(9) 由效法引伸为彰明。《礼记 · 祭统》："悝拜稽首曰：'对扬以辟之，勤大命，施于烝彝鼎。"郑玄注："辟，明也。"《汉书 · 扬雄传》："惟天轨犹之不辟兮，何纯洁而离纷！"

(10) 由彰明（反向）引伸为批驳、反驳。宋朝王安石《答司马谏议书》："辟邪说，难壬人，不为拒谏。"严复《辟邪》："韩子一概辞而辟之，则不思之过耳。"

(11) 由批驳、反驳引伸为排除。《汉书 · 朱博传》："博辟左右问禁：'是何等创也？'"《论衡 · 儒增》："金鼎之器，安能辟邪？"

二、"辟（pì）"：开辟

(1) 是行刑犯人，表示治理国家，国家有一个由乱到治的过程。辟可引伸为指开拓、开辟。《诗 · 大雅 · 江汉》："江汉之浒，王命召虎，式辟四方，徹我疆土。"郑玄注："王于江汉之水上命召公，使以王法征伐开辟四方，治我疆界于天下。"《诗 · 大雅 · 召旻》："日辟国百里。"

(2) 由开辟引伸为开发。《史记 · 货殖列传》："财匮少而山泽不辟矣。"宋朝王安石《风俗》："田畞辟，则民无饥矣。"

(3) 由开发引申打开。《正字通 · 辛部》："辟，犹开也。"《仪礼 · 士丧礼》："主人即位，辟门。"郑玄注："辟，开也。"

(4) 需要开发的地方是偏僻、幽僻之处，所以辟引申偏僻、幽僻。《楚辞 · 离骚》："扈江离与辟芷兮，纫秋兰以为佩。"王逸注："辟，幽也。"《汉书 · 薛宣传》："而粟邑县小，辟在山中。"

(5) 由幽僻引伸为偏。《礼记 · 大学》："所谓齐家在修其身者，人之其所亲爱而辟焉。"朱熹注："辟，犹偏也。"汉魏曹操《军令》："行三里，辟矛戟，结幡旗，止鼓。"

(6) 由幽僻引伸为鄙陋。《左传 · 哀公七年》："鲁弱晋而远吴，冯恃其众，而背君之盟，辟君之执事，以陵我小国。"杜预注："辟，陋也。"

(7) 环境鄙陋就很容易产生邪僻之心，所以引伸为邪僻、不老实。《论语 · 先进》："柴也愚，参也鲁，师也辟，由夜喭。"朱熹集注："辟，便辟也。谓习于容止，少诚实也。"《左传 · 昭公六年》："叔向曰：'楚辟，我衷，若何效辟？'"杜预注："辟，邪也；衷，正也。"《汉书 · 霍光传》："行淫辟不轨。"

夹

夹（夾）（jiā）是一个会意字。甲骨文、金文、秦篆、汉隶字形基本相同。甲骨文字形，中间是一个大人，两边是较小的人，两边的人在中间大人的腋下。学术界有的认为，两边之人是在挟持中间的人，此字义为左右相持。《说文解字》：“夹，持也。”王筠句读：“大，受持者也，二人，持之者也。”林义光《文源》：“象二人相向夹一人。”夹的此字义，后来写成“挟”字。有的认为，两边之人是在搀扶中间的人，此字义为左右扶持。左安民《细说汉字》：“甲骨文中间是一个大人，左右两个小人搀扶这个大人。……‘夹’字的本义是‘在左右辅佐’。” 这两种观点都能成立。笔者更倾向于左安民先生的搀扶观点，其理由为两边的人在中间的人的腋窝里。从甲骨文字形来看，“夹”的最初之义应是搀扶、扶持。

一、“夹”：辅佐

(1) 由搀扶、扶持引伸为辅佐。唐朝玄应《一切经音义》卷十二引《三仓》：“夹，辅也。”清朝徐灏《说文解字注笺·大部》：“夹，二人夹持，夹辅之义也。”《尚书·梓材》：“先王既勤用明德，怀用夹。”孙星衍疏：“言今王爰思先王勤劳，用明德之臣来为夹辅。”《史记·鲁周公世家》：“已杀纣，周公把大钺，召公把小钺，以夹武王。”

(2) 由辅佐引伸为接近、亲近。《广雅·释诂三》：“夹，近也。”

(3) 由接近引伸为指夹杂、掺杂。《古今韵会举要·洽韵》：“夹，兼也，相杂也。”《宋史·食货志下四》：“许客用私船运致，仍严立辄逾强至夹带私盐之禁。”清朝翟灏《通俗编·天文》：“‘夹雨夹雪，无休无歇’。见娄元礼《田家五行》。”安徽泗州戏《走娘家》：“芝麻地里夹绿豆，绿豆地里种甜瓜。”

二、“夹”：夹持

(1) 左右夹持。《说文解字》：“夹，持也。”段玉裁《说文解字注》：“捉物必两手，故凡持曰夹。”《礼记·檀弓下》：“（陈乾昔）如我死，则必大为我棺，使吾二婢子夹我。”

(2) 由夹持引伸为从两面加力使固定。如：（胳膊下）～着公文包、（手指头）～着香烟。

(3) ①由从两面加力使固定引伸为夹东西的器具。如：～子、画～、讲义～。②由夹东西的器具引伸为专指夹人的刑具。唐朝柳宗元《乞巧文》：“胶加钳夹，誓死无迁。”《明季稗史·烈皇小识》：“内侍遂进用夹，两胫皆绝，昏迷不省人事。”如：～棍。

(3) 由两面加力引伸为指在左右两边。唐朝玄应《一切经音义》卷十二：“夹，在两边也。”《古诗十九首·驱车上东门》：“白杨何萧萧，松柏夹广路。”如：～道欢迎。

(4) 由指左右两边引伸为指古代宫室的夹室。《释名·释宫室》：“夹室，在堂两头，故曰夹也。”清朝汪中《述学·明堂通释》：“中为大室，东为东房，西为西房；又东为东夹，又西为西夹。”

三、“夹（jiá）”

“夹（jiá）”由指左右两边引伸为指双层。唐朝李贺《秦宫诗》：“越罗夹衫迎春风，玉刻麒麟腰带红。”如：夹衣之夹，后来写成“袷”字。

四、“夹（xié）”

“夹（xié）”由左右相持引伸为挟持。此字义后来写成“挟”字。《字汇》：“夹，挟持也。”《墨子·非攻中》：“东方有莒之国，其为国甚小，间于大国之间，不敬事于大，大国亦弗之从而爱利。是以东者越人夹削其壤地，西者齐人兼而有之。”

弄

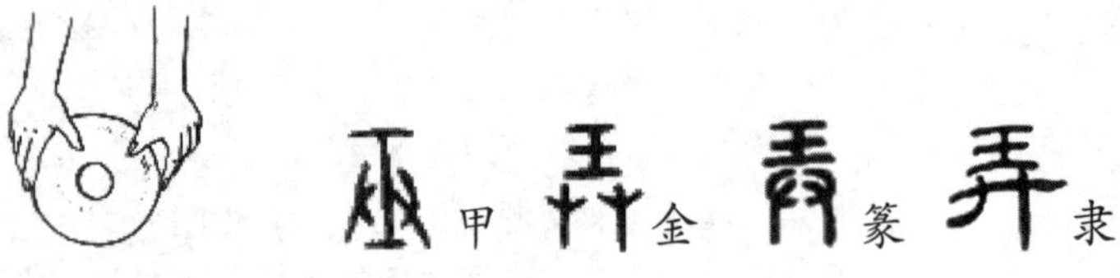

弄（nòng）是一个会意字。甲骨文字形，中间的“工”是玉器之形状；两边是左右手，其手握着玉，以表示摸玩其玉。甲骨文字形之义为用两手玩弄玉。金文字形与甲骨文有些不同，一是，“玉”的字形由甲骨文的“工”形变成“王”（古代“王”就是指“玉”，后来为了区别“君王”的“王”，才在“王”字上加一点成为“玉”）。二是，双手捧着玉，这不仅表明，古人不仅玩玉，而且还崇拜玉。秦篆字形与金文相同。汉隶字形则变成上面是“王”，下面是表示双手的“廾（gǒng）”字，表示双手捧着玉。从甲骨文字形来看，“弄”最初之义为用两手玩弄玉。林义光《文源》：“弄，象两手持玉形。”《汉语大字典》：“（弄）玉为珍宝，两手奉玉摩挲玩赏为弄的本义。”

一、“弄”：玩弄

（1）由两手玩弄玉引伸为用手玩弄。《说文解字》：“弄，玩也。”《尔雅·释言》：“弄，玩也。”《汉书·赵尧传》：“高祖持御史大夫印弄之。”《乐府诗集·杂曲歌词·西洲曲》：“低头弄莲子，莲子清如水。”

（2）由用手玩弄引伸为玩耍、游戏。《论衡·本性》：“孔子能行，以俎豆为弄。”唐朝李白《长干行》：“郎骑竹马来，绕床弄青梅。”

（3）①由游戏、玩耍引伸为作弄、欺侮。《古今韵会举要·送韵》：“弄，侮也。”《左传·襄公四年》：“（寒浞）愚弄其民。”杜预注：“欺罔之。”《汉书·东方朔传》：“自公卿在位，朔皆敖弄，无所为屈。”如：愚～。②由作弄、欺侮引伸为奸污、淫乱。《警世通言·乔彦杰一妾破家》：“（高氏）看见女儿奶大……问道：‘你吃何人弄了身体？’”《红楼梦》第六十七回：“你二爷在外头弄了人。”如：玩～女性。

（4）由游戏、玩耍引伸为扮演、表演。《旧唐书·文宗纪》：“上宴群臣于麟德殿。是日，杂戏人弄孔子。”如：唐代有“～参军”、“～假妇人”。

（5）由扮演引伸为修饰。唐朝温庭筠《菩萨蛮·小山重叠》：“懒起画娥眉，弄妆梳洗迟。”元朝张小山《归兴》：“黄金羞壮士，红粉弄佳人。”

（6）由表演引伸为演奏、奏乐。《汉书·司马相如传》：“（相如）及饮卓氏弄琴。文君窃从户窥，心说而好之。”唐朝王维《秋夜曲》：“银筝夜久殷勤弄，心怯空房不忍归。”清朝孔尚任《桃花扇·听稗》：“仙院参差弄笙簧。”

（7）由奏乐引伸为乐曲。《文选·王褒〈洞箫赋〉》：“时奏狡弄，则彷徨翱翔。”李善注：

“狡，急也；弄，小曲也。”唐朝陆龟蒙《乐府杂咏 · 双吹管》：“高楼明月夜，吹出《江南弄》。”

(8) 由乐曲引伸为指乐曲的单位，即一段或一支。唐朝白居易《食饱》：“浅酌一杯酒，缓弹数弄琴。”金国董解元《西厢记诸宫调》卷三：“如先生深夜作两三弄，(崔莺莺) 莺闻必至。”

二、“弄”：赏玩

(1) 由用手玩弄引伸为玩赏，以某事为乐。南朝梁简文帝《七励》：“方追山壑，永弄林泉。”唐朝李白《峨眉山月歌送蜀僧晏入中京》：“一振高名满帝都，归时还弄峨眉月。”

(2) 由以某事为乐引伸为做、搞、从事。唐朝李白《送王屋山人魏万还王屋》：“十三弄文史，挥笔如振绮。”《红楼梦》第九十二回：“各自念书作文章，天天晚上弄到四更多天才睡。”

(3) 由做、搞、从事引伸为设法取得。《红楼梦》第九十九回：“只要你们齐心打伙儿弄几个钱，回家受用。”《老残游记》第七章：“因此，各人都弄个谋生之道，混饭吃去。”

报

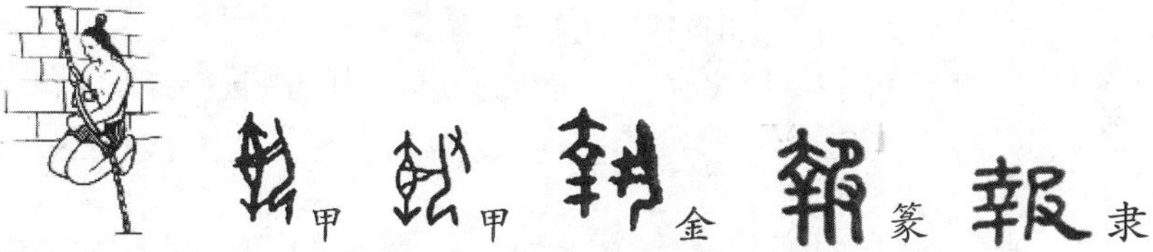

报（報）（bào）是一个会意字。甲骨文字形，左边是一个刑具，像现在的手铐；右边是一个跪着的人，两只手在刑具里。有些字形增加一只手按着，以表示强迫他认罪。金文字形，左边的刑具变成了“幸（niè）”字，右边的人站立着，两只手在刑具中（连接两手的一条竖线表示刑具），表示已经把他拘捕。秦篆字形则将右边的人与手合成一个字，即“𠬝（fú）”字，再与“幸”字组合，就成了“報”字。汉隶字形则沿袭秦篆字体后进一步方块化。后来将“報”简化成“报”字。从甲骨文字形来看，“报”最初之义是拘捕罪犯。

(1) 由拘捕罪犯引伸为按律定罪、判决。《说文解字》：“报，当罪人也。”王筠《说文句读》：“颜注《急就篇》：‘报者，处当罪人也。’”《后汉书 · 孝安帝纪》：“自今长吏被考竟未报，自非父母丧无故辄去职者。”李贤注：“考谓考问其状也，报谓断决也。”

(2) 由按律定罪引伸为报复。唐朝白居易《李都卫古剑》：“不顾报小怨，夜半刺私仇。”杨超《就义诗》：“留得子胥豪气在，三年归报楚王仇。”如：～仇、～怨。

(3) 由报复引伸为报应。《庄子 · 列御寇》：“夫造物者之报人也，不报其人而报其人之天。”《荀子 · 宥坐》：“为善者天报之以福，为不善者天报之以祸。”如：善有善～，恶有恶～。

(4) 由报应引伸为报答、报酬。《集韵 · 号韵》：“报，答也。”《字汇 · 土部》：“报，答也，酬也。”《诗 · 大雅 · 抑》：“投我以桃，报之以李。”唐朝王维《送张判官赴河西》：“单车曾出塞，报国敢邀勋。”如：知恩图～。

(5) 由报答引伸为答复、报告。清朝吴善述《说文广义校订》：“凡下覆上，上答下，及彼此答书皆曰报。”《史记 · 廉颇蔺相如列传》：“求人可使报秦者，未得。”汉朝司马迁《报任少卿书》：“阙然久不报，幸勿为过。”

(6) 由答复引伸为告知。《战国策 · 齐策》：“庙成，还报孟尝君。”如：～告。

(7) 由告知引伸为指传达消息，发表意见的文字或信号。如：捷～、战～、简～、公～、海～。

(8) 由传达消息引伸为特殊的方式传达消息，即电报。如：发～机、送～员。

(9) 由传达消息，发表意见的文字或信号引伸为报纸。如：～刊、～章、～头、～亭、日～、晚～、党～。

(10) 由报纸引伸为刊物。如：学～、月～、画～、科学通～。

扶   金  篆 扶 隶

扶（fú）是一个会意兼形声字。甲骨文无此字形。金文字形，左边是个“夫”字（“夫”是“大”字上面加一横，“大”是人的正面站立之形，“大”的上面一横表示人的头上插着簪子）；右边是一只手，表示搀扶左边的人。秦篆字形，左边的是手的正面形状，右边的“夫”因字形符号化，而变得不像人形了。汉隶字形在秦篆基础上进一步方块化，而成为今天的“扶”字。从金文字形来看，“扶”最初之义是搀扶。

一、“扶”：扶持

(1) 有扶持、搀扶之义。《玉篇·手部》：“扶，扶持也。”《论语·季氏》：“危而不持，颠而不扶。”《荀子·劝学》：“蓬生麻中，不扶自直。”如：～老携幼。

(2) 由扶持、搀扶引伸为佐助、帮助。《说文解字》：“扶，左也。”段玉裁《说文解字注》：“‘左’下曰：手相助也。”《广韵·虞韵》：“扶，佐也。”《战国策·宋卫策》：“若扶梁伐赵，以害赵国，则寡人不忍也。”高诱注：“扶，助也。”《水浒全传》第六十三回：“天地咸扶，鬼神共佑。”如：救死～伤、～危济困。

(3) 由帮助引伸为护送。唐朝杜甫《别蔡十四著作》：“主人薨城府，扶榇（chèn，棺）归咸秦。”《红楼梦》第十七回：“遗言说他：‘不宜回乡，在此静候，自有结果。’所以未曾扶灵回去。”

(4) 由佐助引伸为治理。《淮南子·本经》：“扶拨以为正。”高诱注：“扶，治也。”《汉书·翼奉传》：“建荥阳，扶河东。”

二、“扶”：依靠它物支撑身体

(1) 既有扶持之义，也有依靠它物以支撑身体之义。汉朝贾山《至言》：“臣闻山东吏布诏令，民虽老羸隆疾，扶杖而往听之。”元朝迺贤《新乡媪》：“囊中无钱瓮无粟，眼前只有扶床孙。”《三国志通俗演义》第五十回：“焦头烂额者扶策而行。”

(2) 由依靠它物以支撑身体引伸为勉强撑持（病、醉时的肢体形状）。唐朝韦元甫《木兰诗》：“老父旧羸病，何以强自扶。”宋朝辛弃疾《鹧鸪天·戊午拜复职奉祠之命》：“扶病脚，洗衰头，快从老病借衣冠。”清朝陆嵩《新年作》：“开遍枝头桃李花，暂扶残醉停金勒。”

(3) 由依靠它物以支撑身体引伸为倚仗。《汉书·高帝纪上》：“不如更遣长者扶义而西，告谕秦父兄。”颜师古注：“扶，助也，以义自助也。”《新唐书·窦建德传》：“以能杖

顺扶义，安四方也。”

(4) 由倚仗引伸为靠近。《释名·释言语》：“扶，傅也，傅，近之也。”南朝宋鲍照《拟古八首》之七：“秋蛩扶户吟，寒妇成夜织。”闻人倓（tán）注：“扶，犹依也。”

(5) 由靠近引伸为旁、旁侧。《淮南子·人间》：“去高木而巢扶枝。”高诱注：“扶，旁也。”

(6) 由旁侧引伸为表示方向的介词。相当于“循”、“沿”。三国魏曹植《仙人篇》：“玉树扶道生，白虎夹门枢。”赵幼文校注：“扶道生，犹言沿路而生。”晋朝陶潜《桃花源记》：“既出，得其船，便扶向路，处处志之。”宋朝苏轼《吉祥寺赏牡丹》：“醉归扶路人应笑，十里珠帘半上钩。”

秉   甲  金  篆 秉 隶

秉（bǐng）是一个会意字。甲骨文字形，右边是一只手，左边是一株禾，上面的短斜线表示禾穗。整个字形表示手握住成熟的禾穗。金文字形与甲骨文相同，并且更形象，更明确。秦篆字形与金文相同，只是字形符号化了。汉隶字形沿袭秦篆进一步字形方块化，成为今天的“秉”字。从甲骨文字形来看，“秉”最初之义就是手握住成熟的禾。《说文解字》：“秉，禾束也。从又，持禾。”朱骏声《说文通训定声》：“从又持禾，会意。手持一禾为秉，手持两禾为兼。”

一、“秉”：拿

(1) 有手握禾之义引伸为拿、执持。《尔雅·释诂下》：“秉，执也。”《广雅·释诂三》：“秉，持也。”《诗·邶风·简兮》：“左手执籥，右手秉翟（羽毛）。”三国魏曹植《白马篇》：“宿夕秉良弓，楛矢何参差。”如：～笔、～烛。

(2) 由拿、执持引伸为执掌、操持。《诗·鄘风·定之方中》：“匪直也人，秉心塞渊。”毛传：“秉，操也。”《颜氏家训·勉学》：“当路秉权，不见昔时之党。”

(3) 由执掌、操持引伸为保持、坚持。《晋书·李含传》：“实有史鱼秉直之风。”鲁迅《坟·摩罗诗力说》：“有秉自由思想而探究者，世辄谓之恶人。”

(4) 由坚持引伸为遵循、顺。《国语·晋语二》：“吾秉君以杀太子，吾不忍。”《管子·势》：“不乱民功，秉时养人。”俞樾《管子平议》：“秉时养人者，顺时养人也。”

(5) 由遵循引伸为准则、依据。清朝翁方纲《志言集序》：“理者，民之秉也，物之则也。”

二、“秉”：柄、权柄

(1) 由手握之禾引伸为指器物的把儿。同“柄”。《集韵·映韵》：“柄，或作秉。”《史记·天官书》：“二十八舍主十二州，斗秉兼之。”《史记会注考证》引钱大昕曰：“秉，即柄字。”宋朝刘元英《题潭州寿宁观》：“醉走白云来，倒提铜尾秉。”

(2) 由器物的把儿引伸为指权柄。《管子·小匡》：“治国不失秉。”尹知章注：“秉，柄也。柄之所操以作事。国柄者，赏罚之纪要也。”《汉书·周亚夫传》：“君后三岁而侯，侯八岁，为将相，持国秉。”

三、“秉”：禾束

(1) 有手握禾之义引伸为禾束。《小尔雅·广物》：“把，谓之秉。”《诗·小雅·大田》：

"彼有遗秉，此有滞穗。"毛传："秉，把也。"《仪礼·聘礼》："四秉曰筥。"郑玄注："此秉谓刈禾盈手之秉也。"

(2) 由禾束之穗引伸为作古代计量单位词。十六斛为一秉。《集韵·梗韵》："秉，或曰粟十六斛为秉。"《论语·雍也》："冉子与之粟五秉。"

悬（懸）（xuán）是一个会意字。甲骨文字形，右边是一棵树；左边的上面是一根绳索连着树，下面是一个由绳索挂着的牛角。金文早期的字形与甲骨文相同，只是悬着不是牛角而是眼睛；后期字形的树变得像个树杈，眼睛变成人头，即"首"字，由于人头悬挂，胡须就倒垂着。古人有悬挂人头示众的习俗。秦篆字形沿袭金文，左边将倒挂之"首"变成一个"目"字，将倒垂的胡须成了三竖；右边将金文的树杈变成"小"字，再与绳索相连，就成了"系"字。汉隶字形则将三竖变成"小"字，就成为"県"（"县"）字；与"系"合成"縣"字。"縣"是"县"的繁体字。从甲骨文字形来看，"縣"最初之义就是悬挂牛角（东西）。只是后来"縣"被移用为表行政单位，如：郡县。就造一个"悬（懸）"字来表示悬挂东西之义。《正字通·心部》："悬，挂也。"《诗·魏风·伐檀》："不狩不猎，胡瞻尔庭有悬貆兮？"《孟子·公孙丑上》："民之悦之，犹解倒悬也。"《后汉书·费长房传》："又卧于空室，以朽索悬万斤石于心上。"

(1) 由悬挂引伸为悬空、无所依傍。宋朝赵希鹄《古翰墨真迹辨》："（黄）山谷乃悬腕书，深得《兰亭》风韵。"康有为《广艺舟双楫·执笔》："抽掣既紧，腕自虚悬，通身之力奔赴指间。"

(2) ①由悬挂引伸为久悬不决。《韩非子·亡征》："藏怒而弗发，悬罪而弗诛。"宋朝王钦若《禅社首坛颂》："斋居议刑，驰悬绝狱。"②由久悬不绝引伸为距离远、差别大。《荀子·天论》："君子小人之所以相悬者在此耳。"唐朝孟郊《寄崔纯亮》："器量各相悬，贤愚不同科。"③由距离远引伸为凭空设想。北朝周庾信《山斋》："遥想山中店，悬知春酒浓。"唐朝柳宗元《复杜温夫书》："多所未甚论，安敢悬断是且非耶？"④由凭空设想引伸为杜绝。《素问·病能论》："故人不能悬其病也。"

(3) ①由悬挂引伸为系连、关联。《管子·明法解》："吏者，民之所悬命也。"《史记·平原君虞卿列传》："王之命悬于遂手。"② 由悬挂引身为牵挂。唐朝李白《闻丹邱子营石门幽居》："心悬万里外，影滞两乡隔。"《红楼梦》第二十七回："教我悬了一夜的心。"

印（yìn）是一个会意字。甲骨文字形，左边是一只手，即"爪"字；右边是一个跪着的人，表示把人往下压。金文字形与甲骨文相同，只是跪着的人变得不跪了。秦篆字形沿袭金文，只是字形符号化了。汉隶字形在秦篆基础上变成今天的“印”字。从甲骨文字形来看，“印”最初之义就是用手压服人，即压抑之义。可以说，“印”是“抑”的古字。“印”与“抑”古音相同。

一“印”：印章

“印”怎么成为印章之义？罗振玉《增订殷虚书契考释》：“卜辞‘印’字从爪，从人跪形，象以手抑人而使之跪。”又说：“印之本训既为按抑，后世执政以印施治，乃假按印之印字为之。”这就是说古代用印表示信用，所用文书均须按上印。印，无论手印还是印章，都要往下按才有印的图形，古人就用所按的印章图形或手印来代指按的过程。印就称为印章的意思。而按的过程则用“抑”或“按”来表达。注意：秦朝以前“印”都称“玺（xǐ）”，秦始皇却规定只有皇帝的“印”才能称“玺”，官私所用的印都称“印”。汉代才出现“章”和“印章”的词语。这就是后世说的公章、私章、盖章。《说文解字》：“印，执政所持信也。”《广韵·震韵》：“印，符印也，印信也。”唐朝李贺《沙路曲》：“独垂重印押千官，金窠篆字红屈盘。”如：盖～。

二、“印”：验证

(1) 由印章引伸为验证、相合。唐朝玄应《一切经音义》卷七引《仓颉篇》：“印，验也。”《毛公鼎·铭文》：“告余先王若德，用印邵皇天。”郭沫若考释：“印邵皇天，当是体念天心之意。”宋朝苏轼《去杭州十五年复游西湖》：“还从旧社得心印，似省前生觅手书。”

(2) 由印引伸为痕迹、记号。唐朝段成式《酉阳杂俎·诺皋记上》：“丈夫衣之，手印当背；妇人衣之，手印当乳。”清朝方朝《苔》：“是谁留屐印，幽处久盘桓？”

(3) 由痕迹引伸为使物上留下痕迹。《南史·顾欢传》：“欢印树，树即枯死。”郭沫若《女神·登临》：“脚上印着黄泥。”

(4) 由使物上留下痕迹引伸为印刷。如：～书、～报、～杂志。

(5) 由使物上留下痕迹引伸为压、按。清朝周嘉胄《装璜志·洗》：“洗后将新纸印去水气，令速干为善。”郭澄清《大刀记·下关东》：“他见李大婶用袖子把眼角印了一下。”

(6) 由按手指为印引申指佛家语言。①用手指做出的种种形状，作为法德的标志。如：～相、～契、契～。②教理的决定者。如：实相～、三法～。

改

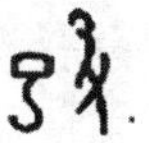 甲  金  篆 改 隶

改（gǎi）是一个会意字。甲骨文字形，学术界有多种解释。徐中舒《甲骨文字典》解释为：左边是蛇的符号，右边是手拿棍棒敲打蛇。左安民《细说汉字》解释为：左边是小孩，右边是手拿棍棒打小孩，使之改也。吴颐人《汉子寻根》解释为：左边是悬钩，右边是手用杈取钩，以更改悬挂之位置。金文字形则变成，左边是“巳”右边是“攴（pū）”。秦篆字形则将金文的“巳”改为“己”字。汉隶字形又将“攴”变成“攵（pū）”而成为“改”字。几种解释都有改变之意，从甲骨文字形来看，“改”最初之义是改变。《说文解字》：“改，更也。”徐灏《说文解字注笺》：“改，变、更并从攴……李阳冰云：‘己有过，攴

之则改。’”

(1) 改的最初之义也是其基本含义，变更、更易。《正字通·攴部》：“改，革也。”《周易·井》：“改邑不改井。”汉朝张衡《东京赋》：“春秋改节，四时迭代。”清朝谭嗣同《仁学》：“黜古学，改今制，废君统，倡民主。”

(2) 由变更引伸为改正。《周易·益》：“君子以见善则迁，有过则改。”唐朝唐高宗《诫滕王元婴书》：“人之有过，贵在能改。”如：～邪归正、～过自新。

(3) 由改正引伸为修改。叶圣陶《倪焕之》：“学生作了文，必须认真给他们改。”如：～文章、～衣服、限期整～。

临  金 金 篆 臨隶

临（臨）（lín）是一个会意字。金文字形的左上面，是一只竖着的眼睛（“臣”）。下面是三个小三角形或者圆形，以表示一些东西，右边是一个侧面弯着腰的人。整个字形表示人在弯腰仔细地看东西。秦篆字形则将金文的小三角形或者圆形变成三个口，眼睛变成“臣”字。汉隶则在秦篆的基础上进一步变化，成为“臨”字。简体字则将“臨”字变成“临”字。从金文字形来看，“临”最初之义是人在观察（看）事物，即居上视下，察视。林义光《文源》：“品，众物也，像人俯视众物形。”《说文解字》：“临，监临也。”段玉裁《说文解字注》：“临，监也。”《诗·大雅·大明》：“上帝临女（汝）无二尔心。”《荀子·劝学》：“不临深溪，不知地之厚也。”《庄子·田子方》：“临百仞之渊。”贾谊《过秦论》：“践华为城，因河为池，据亿丈之城，临不测之渊以为固。”如：登～、居高～下、～渊羡鱼。

一、“临”：降临

(1) 由居上视下引伸为降临（从上面到下面）。《玉篇·卧部》：“临，尊适卑也。”《正字通·臣部》：“临，自上临下也。”《左传·昭公六年》：“临之以敬，莅之以强。”孔颖达疏：“临谓位居其上俯临其下。”《论语·为政》：“临之以庄则敬。”邢昺疏：“自上莅下曰临。”《史记·淮阴侯列传》：“大王乃肯临臣。”如：～朝。

(2) 由降临引伸为来到、到达。《广韵·侵韵》：“临，莅也。”《楚辞·远游》：“朝发轫于太仪兮，夕始临乎于微闾。”汉朝曹操《步出夏门行》：“东临碣石，以观沧海。”如：光～、莅～、驾～、惠～、来～、～别赠言、～场发挥、～阵磨枪、亲～指导、春～大地、双喜～门、大难～头。

(3) 由降临引伸为接近、靠近。《吴子·料敌》：“赵冲吾北，齐临吾东。”《洛阳伽蓝记·城西》：“南临洛水，北达芒山。”如：～近、濒～、迫～、～到、～界、～产、～刑、～别、～行、～终、～阵、～门一脚、～窗而坐、～渴挖井。

(4) 由接近、靠近引伸为进攻。《战国策·西周策》：“楚请道于二周之间，以临韩魏，周君患之。”高诱注：“临，犹伐也。”毛泽东《持久战·内线中的外线》：“敌以少兵临大国，就只能占领一部分大城市、大道和某些平地。”

(5) 由进攻引伸为守卫。《战国策·西周策》：“君临函谷而无攻。”高诱注：“临，

犹守也。”《隋书·李密传》：“据险临之，故当必克。”

（6）由守卫引伸为统治、管理。《尚书·大禹谟》：“临下以简，御众以宽。”鲁迅《坟·文化偏至论》：“呜呼！古之临民者，一独夫也。”

二、“临”：面对

（1）由视察（居上视下）引伸为面对。《诗·小雅·小旻》：“如临深渊，如履薄冰。”宋朝范仲淹《岳阳楼记》：“把酒临风，其喜洋洋者矣。”如：面～、～危不惧、居山～水、东～大海、如～大敌、～崖勒马。

（2）由面对引伸为摹仿（照着字画摹仿）。唐朝姚合《秋夕遣怀》：“临书爱真迹，避酒怕狂士。”如：～摹、～帖。

兴

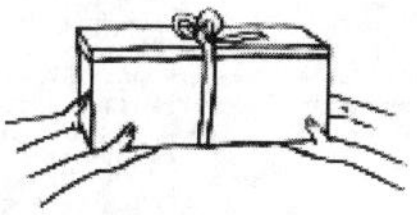

甲 金 篆 隶

兴（興）（xīng）是一个会意字。甲骨文字形，上面是一个方型的物体（东西），下面是两双手，正在举着它。金文字形与甲骨文相同。秦篆字形将金文四只手捧着的物体变成“同”字。上面两只手护着“同”，下面两只手捧着“同”。汉隶字形沿袭秦篆进一步变化，将上面的双手符号化，下面的双手变成一横，下面两点，成为繁体字的“興”字，后简化成“兴”。从甲骨文字形来看，“兴”最初之义是多人共同举起东西。

一、“兴”（xīng）：升起

（1）由共同举起东西引伸为指升起。《说文解字》：“兴，起也。”《礼记·乐记》：“达神明之德，降兴上下之神。”孔颖达疏：“谓降上而出（出：升）下也。”

（2）由升起引伸为起、起来。《诗·卫风·氓》：“夙兴夜寐，靡有朝矣。”《论语·卫灵公》：“从者病，莫能兴。”何晏《论语集解》引孔安国曰：“兴，起也。”

（3）由升起引伸为兴起、产生。《诗·大雅·绵》：“百堵皆兴。”郑玄注：“兴，起也。”《吕氏春秋·大乐》：“四时代兴，或暑或寒，或短或长。”苏轼《赤壁赋》：“清风徐来，水波不兴。”

（4）由兴起引伸为建立。《盐铁轮·本议》：“故兴盐铁。”《汉书·晁错传》：“臣闻汉兴以来，胡虏数入边地。”唐朝韩愈《与孟尚书书》：“及秦灭，汉兴且百年。”

（5）由建立引伸为创办、办理。《荀子·正论》：“兴天下之同利。”《三国志·魏志·武帝纪》：“是岁用枣祇韩浩等议，始兴屯田。”

（6）由创办引伸为推举、选拔。《周礼·夏官·大司马》：“进贤兴功，以作邦国。”郑玄注：“兴，犹举也。”贾公彦疏：“臣有功者举之。”《周礼·地官·乡大夫》：“三年则大比，考其德行道艺而兴贤者能者。”

（7）由创办引伸为发动、发起。《左传·哀公二十六年》：“大尹兴空泽之士千甲。”陆德明《经典释文》：“兴，发也。”《诗·秦风·无衣》：“王于兴师，修我戈矛。”

（8）由发动、发起引伸为流行、时行。唐朝韩愈《送窦从事序》：“雪霜时降，疠疫不兴。”

《红楼梦》第二十七回：“然闺中更兴这件风俗。”

(9) 由流行、时行引伸为发达、兴盛。《玉篇 · 舁（yú）部》：“兴，盛也。”《尚书 · 太甲下》：“与治同道罔不兴，与乱同事罔不亡。”《论语 · 子路》：“事不成则礼乐不兴。”司马迁《报任安书》：“稽其成败兴坏之纪。”

(10) 由发达、兴盛引伸为成功。《《国语 · 楚语上》：“教备而不从者，非人也，其可兴乎？”韦昭注：“兴，犹成也。”

二、“兴（xìng）”：比喻

(1) 由兴起引伸为指诗歌表现手法之一的起兴。即以他事引起此事，也称为兴。《周礼 · 春官 · 大师》：“教六诗：曰风，曰赋，曰比，曰兴，曰雅，曰颂。”《玉篇 · 舁部》：“兴，托事。”

(2) 由起兴引伸为指比喻。《周礼 · 春官 · 大司乐》：“以乐语教国子，兴、道、讽、诵、言、语。”郑玄注：“兴者，以善物喻善事。”

(3) 由起兴引伸为兴致、情趣。《晋书 · 王徽之传》：“乘兴而行，兴尽而反。”《红楼梦》第四十八回：“左右没有助兴的人。”

(4) 由兴致、情趣引伸为喜爱、喜欢。《墨子 · 非乐上》：“昔者齐康公兴乐万。”孙诒让《墨子间诂》引俞樾云：“兴，犹喜也……万，谓万舞也。”《礼记 · 学记》：“不兴其艺。”郑玄注：“兴之言喜也。”《红楼梦》第四十三回：“你瞧他兴的这样儿。”

坐

金

篆

隶

坐（zuò）是一个会意字。金文字形，中间是个“土”字，两边是两个相对着的人，字形表示两个人相对坐在土地之上。秦篆字形与金文相同，只是“土”移到下面了。汉隶字形与秦篆相同，只是字形方块化了。从金文字形来看，“坐”最初之义是指人在田间休息。林义光《文源》：“象二人对坐土上形。”《说文解字》：“坐，止也。”“止”为休息之义。远古之人的止息方式，多为席地而坐，坐式为两膝着地，臀部压在脚跟上（与现在的跪相似）。以这种坐的方式来休息。清朝顾炎武《日知录 · 杂事 · 坐》：“古人席地而坐，西汉尚然。”到了南北朝时期，胡床的出现，才开始坐在凳上了，唐代兴然。

一、“坐”：坐下

(1) 由人在田间休息引伸为一般的坐。《礼记 · 玉藻》：“退则坐取屦。”孔颖达疏：“坐，跪也。”明朝陶宗仪《辍耕录》卷七：“因令撤去座椅，自据中坐。”

(2) 由坐引伸为席位、座位，后写作“座”。《字汇补 · 土部》：“坐，与牀座之座通。”《韩非子 · 外储说左下》：“郑人有且置履者，先自度其足而置之其坐。”

(3) 由座位引伸为指座位上的人。《史记 · 刺客列传》：“家大人召使前击筑，一坐称善，赐酒。”《后汉书 · 孔融传》：“众坐莫不叹息。”

(4) ①由指座位上的人引伸为法庭辩讼叫做坐（古代庭上两人面对面的坐着进行辩

解）。《左传·襄公十年》：“王叔与伯舆讼焉，王叔之宰，与伯舆之大夫瑕禽坐狱于王庭，士匄（‘匄’同‘丐’）听之。”②由法庭辩讼引伸为由……而获罪，定罪。唐朝玄应《一切经音义》卷二：“坐，罪也。”《韩非子·定法》：“公孙鞅之治秦也，设告相坐而责其实。”《说苑·奉使》：“荆王与晏子立语，有缚一人过王而行……王曰：‘何坐？’曰：‘坐盗。’”

（5）由指座位上的人引申主持、掌管。《西游记》第四回：“就打止灵霄宝殿，教他龙床坐不成。”《儒林外史》第三十六回：“将来出去应考，进个学馆也好坐一些。”如：～衙、～馆、～江山。

（6）由主持、掌管引伸为守、留守。《左传·桓公十二年》：“楚人坐其北门，而覆诸山下。”杜预注：“坐，犹守也。”清朝徐珂《清稗类钞·奴婢类》：“省外各府州县，皆有坐省家丁。”

（7）由守、留守引伸为居住。宋朝朱敦儒《减字木兰花》：“乾坤许大，只在棘针尖上坐。”蔡梦慰《黑牢诗篇》：“为了免除下一代的苦难，我们要，要把这牢底坐穿！”

（8）由留守引伸为放置。《老残游记》第二十一章：“水壶里又添了些冷水，坐在火上。”《儿女英雄传》第九回：“大砂锅里的饭，因坐在汤罐口上，还是热腾腾的。”

（9）由放置引申指（房屋等）背靠着的方向。如：这屋～南朝北。

（10）由放置反向引伸为移动。如：步枪的～劲不小。这房子向下～了。

（11）由移动引伸为搭、乘。如：～火车、～飞机、～轮船。

二、“坐”：作连词用

（1）表因为、由于。杨树达《词诠》卷六：“坐，因也。”《燕丹子·下》：“吾坐轻易，为竖子所欺。”唐朝杜牧《山行》：“停车坐爱枫林晚，霜叶红于二月花。”

（2）表致、于是。韩愈《赠唐衢》：“胡不上书自荐达，坐令四海如虞唐？”宋朝李师道《登凤凰山怀子瞻》：“逢人自笑谋生拙，坐使红尘生白发。”

饮（飲、猷）（yǐn）是一个会意字。甲骨文字形，左下角是一个酒坛，右边是个人，手扶着酒坛，酒坛的上面是这个人低着头，张开大嘴，嘴里伸出长长的舌头，好像正在品尝酒。金文字形有一些变化，左下面是酒坛的形状，酒坛上面的“亼”表示酒盖，右边的人直着身子，头部突出张开的大嘴，表示在品酒。秦篆字形在金文字形的基础上，变成左边是上“今”下“酉”的“酓（yǐn）”字；右边的人形变成“欠”字。成为“猷”（“猷”是“飲”字的异体字）字。汉隶字形则将左边的“酓”字变成“食”字，就成为“飲”字，后来再将“飲”简化成今天的“饮”字。从甲骨文字形来看，“饮”最初之义是品尝酒味。品尝酒也就意味着饮酒。唐朝李白《月下独酌》四首其一：“月既不解饮，影徒随我身。”唐朝李商隐《杂纂·不如不解》：“僧解饮，则犯戒。”如：对～、晏～。

一、“饮”：(yǐn)

(1) 由饮酒引伸为饮水。《玉篇零卷·食部》：“饮，咽水也。”《诗·小雅·无羊》：“或饮于池。”《孟子·告子》：“冬日则饮汤，夏日则饮水。”毛泽东《水调歌头·游泳》“才饮长沙水，又食武昌鱼。”

(2) ①由饮水引伸为指饮的东西，即饮料。《古今韵会举要·寝韵》引《增韵》：“饮，凡可饮者亦谓之饮。”《穆天子传》卷三：“辛丑，天子渴于沙衍，求饮未至。”如：茹毛～血。②由饮料引伸为饮食的统称。《战国策·秦策一》：“张乐设饮，郊迎三十里。”《史记·高祖本纪》：“吕后与两子居田中耨，有一老父过请饮，吕后因餔之。” (2) 由饮水之饮引伸为含、忍（比喻义）。南朝梁江淹《恨赋》：“自古皆有死，莫不饮恨而吞声。”如：～泣吞声。(3) 由饮水引伸为进入，隐没。《汉书·游侠传·朱家》：“然终不伐其能，饮其德。”颜师古注：“饮，没也。谓不称显。”如：～弹身亡。

二、“饮(yìn)”

(1) 给人、畜吃或喝。《古今韵会举要·沁韵》引《增韵》：“饮，以饮饮之。”《诗·小雅·绵蛮》：“饮之食之，教之诲之。”《汉书·朱买臣传》：“故妻与夫家俱上冢，见买臣饥寒，呼饭饮之。”《搜神记》卷三：“乃以药饮女。”

(2) 由给人、畜吃或喝引伸为指给花草、菜浇水。张慎仪《蜀方言》卷下：“浇花木菜蓏(luǒ)曰饮水。”王炜《小溪之歌》：“我把干涸的菜园饮足。”

舂  

舂(chōng)是一个会意字。甲骨文字形，上面是两只手，中间是一根直立的杵（木棒），两只手正握住杵；下面是一个石臼，杵头旁由两小点，为臼里溅出的谷物。整个字形表示人握住杵舂臼内的谷物。古人用这种方法来去掉小米的外壳。金文字形与甲骨文相同，只是增加了杵杆上的握柄，使舂谷物用力更方便。臼里的尖刺表示臼的内壁粗糙，使小谷更容易脱去外壳。秦篆字形与甲骨文、金文相同，字形开始符号化了。汉隶字形有了很大变化，将双手与杵合为一体，就成为现在的“舂”字。从甲骨文字形来看，“舂”最初之义是用杵臼捣去谷物的皮壳。《说文解字》：“舂，捣粟也。”《诗·大雅·民生》：“或舂或揄，或簸或蹂。”《史记·淮南衡山列传》：“一尺布，尚可缝；一斗粟，尚可舂。兄弟二人不能相容。”《论衡·量知》：“谷之始熟曰粟，舂之于臼，簸其秕糠。”

一、“舂”：捣

(1) 由用杵臼捣去谷物的皮壳引伸为捣碎某种物体。宋朝张齐贤《洛阳缙绅旧闻记·石中获小龟》：“人多取白石舂末，用法合炼为药玉。”《天工开物·陶埏·白瓷》：“造器者将两土等分入臼，舂一日。”

(2) 由于捣碎物体要握住杵用力往下捣，就引伸为冲击。通“冲”字。《正字通·臼部》：“舂，与冲通。”《史记·鲁周公世家》：“鲁败翟于咸，获长翟乔如，富父终甥舂其喉，以戈杀之。”裴駰《史记集解》引服虔曰：“舂犹冲。”

（3）由冲击引伸为刺击。唐朝白居易《潜别离》：“深笼夜锁独栖鸟，利剑舂断连理枝。”唐朝李贺《猛虎行》：“长戈莫舂，强弩莫抨。”

二、“舂”：臼

（1）臼是舂粟的部件，由此臼也称舂。《聊斋志异 · 汪士秀》：“刚勇有力，能举石舂。”

（2）古代犯罪或被俘的人做舂谷的劳动因而被称为舂。《周礼 · 秋官 · 司厉》：“其奴，男子入于罪隶，女子入于舂、槀。”唐朝段成式《酉阳杂俎 · 黥》：“当黥者髡钳为城旦，舂。”

（3）臼四周高，中间凹的形状就引伸为指传说中的日落处山名。《集韵 · 钟韵》：“舂，山名，日所入。”南朝梁萧统《答湘东王书》：“高舂既夕，申之以清夜。”唐朝薛能《游嘉州后溪》：“山屐经过满径踪，隔溪遥见夕阳舂。”

（4）由日落处引伸为指将落的太阳。明朝袁宏道《晚游六桥待月记》：“其实湖光染翠之工，山岚设色之妙，皆在朝日始出，夕舂未下，始极其浓媚。”

要（yāo）是一个会意字。甲骨文字形，中间的上面是“日”字，下面是“女”字，上面的“日”是女人的头的变形；“女”的左右两边是两只手，用手护着腰。以表示腰的重要性。古人认为人的意识在心，心在腰中，所以要保护要（腰）。也有学者认为，这是古人好美的表现，即好细腰。金文字形则变化很大，“日”变成“目”，两只手在甲骨文中是护腰，却变成护“目”了。秦篆沿袭甲骨文字形又一变，中间是一个女人细腰的形象，两只手则护着中间的细腰。汉隶早期字形沿袭金文变化，将金文的“目”变成“田”字，双手左右护着“田”。汉隶后期字形再进一步变化就成为今天的上“西”下“女”的“要”字。从甲骨文字形来看，“要”最初之义就是指腰，即“腰”的初字。后世把“要”用作表示其他意思，就在“要”的左边加上“月”旁，成为“腰”字。在这里“月”表示肉。《说文解字》：“要，身中也。”邵瑛《群经正字》：“此字俗作腰，隶作要。”《墨子 · 兼爱中》：“昔者楚灵王好士细要，故灵王之臣皆以一饭为节。”《楚辞 · 离骚》：“户服艾以盈要兮，谓幽兰其不可佩。”洪兴祖补注：“要与腰同。”《荀子 · 礼论》：“量要而带之。”

一、“要（yāo）”：约束

（1）由腰引伸为指（东西）系在腰间。《公羊传 · 宣公元年》：“闵子要绖而服事。”曹植《洛神赋》：“愿诚素之先达兮，解玉佩而要之。”

（2）由系在腰间引伸为用绳索束物。清朝赵翼《陔余丛考》卷三十：“刺则用纸，阔二三寸，书姓名于纸之前，反卷如箸，以红线要之。”

（3）由用绳索束物引伸为约束、控制。《荀子 · 儒效》：“行礼要节而安之，若生四枝。”《史记 · 货殖列传》：“然地亦穷险，唯京师要其道。”

（4）由约束、控制引伸为要挟。《公羊传 · 庄公十三年》：“要盟可犯，而桓公不欺。”

何休注：“臣约其君曰要，强见要挟而盟尔，故云可犯。”宋朝陈亮《酌古论三·诸葛孔明上》：“夫仲达以所能要其君，压其同列，而夸其国人。”

(5) 由要挟引伸为拦阻、截击。《后汉书·班超传》：“(班超) 乃遣兵数百于东界要之。”三国魏曹丕《〈典论〉自叙》：“驰平原，赴丰草，要狡兽，截轻禽。”

(6) 由拦阻、截击引伸为求取、求得。《孟子·公孙丑上》：“非所以要誉于乡党朋友也。”朱熹注：“要，求也。”《吕氏春秋·贵生》：“所用重，所要轻也。”

(7) 由求取、求得引伸为邀请。《玉篇·臼部》：“要，今为要约字。”陶渊明《桃花源记》：“见渔人……问所从来，具答之，便要还家，设酒，杀鸡，作食。”杜甫《潼关吏》：“要我下马行，为我指山隅。”

(8) 由邀请引伸为相约、交往。《论语·宪问》：“见利思义，见危授命，久要不忘平生之言，亦可以为成人。”何晏《论语集解》引孔安国注：“久要，旧约也。”《古诗为焦仲卿妻作》：“虽与府吏要，渠会永无缘。”吴兆宜注：“要，约也。”

(9) 由交往引伸为察核。《尚书·多方》：“要囚，殄戮多罪，亦克用劝。”孔传：“要，察囚情。”《周礼·秋官·乡士》：“辨其狱讼，异其死刑之罪而要之。”贾公彦疏：“要，劾实也。”

(10) 由察核引伸为符合。《荀子·乐论》：“尽筋骨之力，以要钟鼓俯会之节。”《礼记·乐记》：“行其缀兆，要其节奏，行列得正焉，进退得齐焉。”

二、“要（yào）”：关键

(1) 由腰间引伸为关键、纲要。《商君书·农战》：“故圣人明君者，非能尽其万物也，知万物之要。”《韩非子·扬权》：“圣人执要，四方来效。”

(2) 由关键、纲要引伸为简略、少。《尚书·毕命》：“政贵有恒，辞尚体要。”《荀子·王霸》：“故明主好要，而暗主好详。”

(3) 由关键、纲要引申必须、应当。清朝刘淇《助字辨略》卷四：“要，犹须也，当也。”《世说新语·文学》：“孙兴公作《天台赋》成，以示范云期：‘卿试掷地，要作金石之声。’”孙犁《白洋淀纪事》：“我们要组织武装，寻找活路。”

(4) 由关键、纲要引伸为总括、总之。《史记·高祖功臣侯者年表》：“帝王者，各殊体而异务，要以成功为统纪。”《汉书·司马迁传》：“要曰强本节用，则人给家足之道也。”

(5) 由总括引伸为估计、比较。巴金《家》一：“他年纪稍轻一点，脸也要廋一些，但是一双眼睛非常地亮。”

(6) 由估计引伸为想、希望。清朝朱骏声《说文通训定声·小部》：“要，后人谓欲曰要。”韩愈《竹径》：“若要添风月，应除数百竿。”

(7) 由希望、想引伸为将要、快要。《汉书·广陵厉王胥传》：“人生要死，何为苦心？”如：铁树～开花。

(8) 由将要引伸为表示假设的连词，相当与“如果”、“若是”。《红楼梦》第六回：“没有什么说的便罢，要有话，只管回二奶奶，和大奶奶是一样儿的。”

(9) 由假设连词引伸为选择连词。相当于“要么……要么……”如：～就去，～就不去。

突  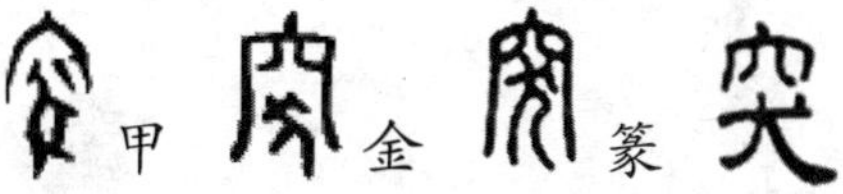 甲 金 篆 隶

突（tū）是一个会意字。甲骨文字形，上面的字形是洞穴的“穴”，下面是一只犬，侧着身子钻洞穴，整个字形表示犬在洞中正在往外冲。金文字形与甲骨文相同，但字形开始符号化了。秦篆字形与金文相同。汉隶字形在秦篆基础上将字形方块化。从甲骨文字形来看，“突”最初之义是犬从洞穴中急速往外冲。《说文解字》：“突，犬从穴中暂出也。从犬，在穴中。”徐锴《说文解字系传》：“犬匿于穴中伺人，人不意之，突然而出也。”

一、“突”：急速的冲击

(1) 由犬从洞穴中急速往外冲引伸为急速的冲击。唐朝慧琳《一切经音义》卷十六：“突，《韵诠》云：‘冲也。’”《后汉书·桓帝纪》：“惊马逸象突入宫殿。”班固《西都赋》：“穷虎奔突，狂兕触蹷。”《三国志·武帝纪》：“青州兵奔，太祖阵乱，驰突火出。”如：～出、奔～、驰～、～击、～飞猛进、狼奔豖～、左冲右～、掩护～围。

(2) 由急速的冲击引伸为穿、破。《玉篇·穴部》：“突，穿也。”《左传·襄公二十五年》：“宵突陈城，遂入之。”杜预注：“突，穿也。”如：～破、～围。

(3) 由急速的冲击引伸为凌犯、触犯。《三国志·吴志·吴主传》：“知有科禁，公敢干突。”如：唐～冒犯。

(4) 由急速的冲击引伸为忽然、猝然。《广雅·释诂二》：“突，猝也。”《周易·离》：“突如其来如。”孔颖达疏：“突然而至，突然而来。”如：兀～、～变、～降、～怒、～如其来、～然发生、异军～起、风云～变、病情～变、温度～降、～兀见此屋。

二、“突”：洞穴

(1) 由犬从洞穴中急速往外冲引伸为指洞穴、隧道。唐朝张鷟《游仙窟》：“兔入狗突里，自来饮食。”

(2) 由洞穴、隧道引伸为隐蔽、幽暗之处。《汉书·叙传上》：“守突奥之荧烛，未卬天庭而睹白日也。”如：～奥。

(3) 由隐蔽引伸为欺诈。《广韵·释诂二》：“突，欺也。”王念孙《广雅疏证》：“谓诈骗也。”

三、“突”：鼓起

(1) 由犬从洞穴中急速往外冲引伸为指地形的凸出、鼓起。《集韵·没韵》：“突，出貌。”《徐霞客游记·粤西游日记一》：“其崖突立向南。”如：～兀高耸、颧骨～出、奇峰～起、～怒偃蹇。

(2) 由地形的凸出、鼓起引伸为烟囱。又叫“堗”。《韩非子·喻老》：“千里之堤以蝼蚁之穴溃，百尺之室以突隙之烟焚。”如：灶～、烟～、曲～徙薪。

夺  金 篆 隶

夺（奪）（duò）是一个会意字。金文字形，上部分的外面是衣服，里面是一只鸟，鸟头上的三点表示鸟在向外飞时，身体抖动的状态；下面是一只手。整个字形表示，抓住的鸟放在衣服里，鸟则要挣脱衣服束缚往外飞出。秦篆字形则有了变化，金文的衣服变成“大”字，衣服中的鸟变成“隹”字，“隹”与“大”合成“奞（xùn）”（奞，鸟张毛羽，振翅待飞）字，下面是“又”（又，右手）。汉隶字形把下面“又”变成“寸”成为“奪”字。简化字则将“奪”简化成“夺”。从金文字形来看，“夺”最初之义是鸟挣脱束缚而飞。《说文解字》：“奪，手持隹失之也。”

一“夺”：冲出

(1) 由鸟挣脱束缚而飞引伸为冲出。如：～门而出、眼泪～眶而出。

(2) 由鸟挣脱束缚而飞引伸为丧失、失去。段玉裁《说文解字注》“夺”曰：“引伸为凡失去物之称。凡手中遗落物当作此字。”《史记·穰侯列传》：“身折势夺，而以忧死。”

(3) 由丧失、失去引伸为使……失去。《左传·桓公五年》：“王夺郑伯政。”《论语·宪问》：“夺伯氏骈邑三百。”如：剥～、褫（chǐ）～、～嫡、～魄、～气、～情、喧宾～主、生杀予～。

(4) 由使……失去引伸为使……错过。《孟子·梁惠王上》：“百亩之田，勿夺其时，数口之家可以无饥矣。”《荀子·富国》：“无夺农时。”《金史·兵志》：“北边番戍之人，岁冒寒暑往来千里，甚为劳苦……且夺其农时，不得耕种。”如：无～农时。

(5) ①由使……失去引伸为使……更改、改变。《玉篇·奞部》：“夺，易也。”《论语·子罕》：“三军可以夺帅，匹夫不可夺志也。”晋朝李密《陈情表》：“行年四岁，舅夺母志。”如：先声～人。②由使……更改、改变引伸为压倒、胜过。如：巧～天工。

(6) 由使……失去引伸为强取（反向引申）。《玉篇·奞部》：“夺，取也。”《篇海类编·通用类·大部》：“夺，强取也。”唐朝白居易《红线毯》：“地不知寒人要暖，少夺人衣作地衣。”如：～取、攫～、掠～、抢～、侵～、攘～、巧取豪～、争权～利、强词～理。

(7) ①由使……失去引伸为争取、竞争。《荀子·王制》：“王夺之人，霸夺之与，强夺之地。”章诗同简注：“夺，争取。”《世说新语·贤媛》：“明主可以理夺，难以情求。”如：～标、～杯、～冠、～魁、～红旗、～高产、争分～秒、争～权力、争妍～俊、～取胜利。②由争取、竞争引伸为裁定、做决定。《论衡·超奇》：“书疏文义，夺于肝心。”《红楼梦》第四十四回：“（凤姐）也并不忖夺，回身把平儿先打了两下。”如：定～、裁～、核～、酌～

二、“夺”：遗漏

(1) 由丧失、失去引伸为遗漏、脱落。《后汉书·党锢传·李膺》：“本谓膺贤，遣子师之，岂可以漏夺名籍，苟安而已。”南朝江淹《张黄门协苦雨》：“燮燮凉叶夺，戾戾飔风举。”

（2）由遗漏，脱落引申指古书文字的脱漏。清朝俞樾《札逐（逐同移）·序》：“其精熟训诂，通达假借，援据古籍，以补正讹夺。”如：～文、～讹、讹～。

（3）由遗漏引伸为混淆。《论语·阳货》：“恶紫之夺朱也，恶郑声之乱雅乐也。”

（4）由混淆引伸为耀眼，使人眼花。晋朝崔豹《古今注·草木》：“（荆葵）似木槿而光色夺目。”《红楼梦》第二十三回：“贾政一举目见宝玉站在眼前，神采飘逸，秀色夺目。”如：光彩～目。

索 

索（suǒ）是一个象形字。甲骨文字形，中间的一竖是绳索的经，周围的棱线是几股大绳将经线缠绕的形状，索的顶端分叉的三笔是经和绕绳的端头。整个字形的形状就是绳索的样子。金文字形在甲骨文字形上增加一个表示房屋的“宀（miǎn）”字，绳索的端头变得朝下了，两只手在绳索的两边，表示在屋里用手整理绳索。秦篆字形又一变，把表示房屋的顶盖去掉，只留表示房屋的两边的墙壁，即两竖；中间绳索的端头特整齐，大概表示整理好的绳索。汉隶字形又一变，保留房屋的样子，却把绳索上方的端头移到房顶处，房屋中的绳索的形状依旧保留，这样字形的演化就成为当今楷书字形的“索”。从甲骨文字形来看，“索”最初之义就是指绳索。《说文解字》：“索，艸有茎叶可作绳索。”按照《说文解字》的解释，古代的绳索是由草茎与树叶（藤）编织而成，那么这样的绳索不似后世用丝麻编织的那样细，而应该是很粗的绳索，所以古人称索为大绳。《小尔雅·广器七》：“大者谓之索，小者谓之绳。”

一、“索”：绳索

（1）①由指大绳引伸为泛指各种绳索。《尚书·五子之歌》：“若朽索之驭六马。”汉朝贾谊《惜誓》：“伤诚是之不察，并纫茅丝以为索。”②由各种绳索引伸为链条。宋朝汪元量《莺啼序》：“因思畴昔，铁索千寻，漫沉江底。”毛泽东《七律·长征》：“金沙水拍云崖暖，大渡桥横铁索寒。”③由绳索引伸为指像绳索的东西。宋朝苏轼《菩萨蛮·述古席上》：“娟娟缺月西南落，相思拨断琵琶索。”《古今小说·史弘肇龙虎君臣会》：“柳线正垂金落索，梅花初谢玉玲珑。”④由像绳索的东西引伸为指人的发辫。《南齐书·魏虏传》：“披发左衽，呼为索头。”宋朝陆游《闻虏乱有感》：“近闻索虏自相残，秋风抚剑泪汍澜。”

二、“索”：摸索

（1）①由古人手中搓摸而成。因此索又引伸为摸索、触摸。《聊斋志异·查牙山洞》：“忆路急奔，不敢手索壁，恐触鬼者物。”②由摸索引伸为探求。《小尔雅·广言二》：“索，求也。”《周易·系辞上》：“探赜索幽，钩深致远。”孔颖达疏：“索，谓求索。”《楚辞·离骚》：“路漫漫其修远兮，我将上下而求索。”

（2）由搓摸引伸为绞合。《玉篇·索部》：“索，纠绳曰索。”《诗·豳风·七月》：“昼尔于茅，宵尔索綯。”朱熹注：“索，绞也。”《楚辞·离骚》：“矫菌桂以纫蕙兮，索胡绳之纚纚。”王逸注：“纫索胡绳令之泽好。”

(3) 搓绳索有规矩，所以引伸为法度。《玉篇·索部》：“索，法度也。”《左传·定公四年》：“皆启以商政，疆以周索。”杜预注：“索，法也。”

三、“索”：寻找

(1) ①做绳索要寻找山里生长相关的植物，因此引伸为寻找。《韩非子·喻老》：“桓公体痛，使人索扁鹊，已逃秦矣。”唐朝李白《尚书情赠蔡舍人雄》：“倒海索明月，凌山采芳荪。”②由寻找引伸为搜索、搜捕。《孙子兵法·行军》：“军行有险阻，潢井、葭苇、山林、翳荟者，必谨覆索之，此伏奸之所藏处也。”《史记·留侯世家》：“秦始皇大怒，大索天下。”

(2) 做绳索要选材料。因此就引伸为选取。《左传·襄公二年》：“齐侯伐莱，莱人使正舆子赂夙沙卫，以索马牛，皆百匹。”杜预注：“索，简择好者。”

(3) 由选取引伸为娶妻。《三国志·蜀志·关羽传》：“(孙) 权遣使为子索 (关) 羽女，羽辱骂其使，不许婚。”唐朝李白《寒女吟》：“一拜五官郎，便索邯郸女。”

(4) 由娶妻引伸为请求、要求。《周易·说卦》：“一索而得男，故谓之长男。”孔颖达注：“王氏 (弼) 云：索，求也。”《韩非子·说林上》：“索救而得，今子有忧色，何也？”《三国志·魏志·袁绍传》：“(韩) 馥怀惧，从绍索去。”

(5) 由请求、要求引伸为索取、取用。《小尔雅·广诂一》：“索，取也。”《庄子·外物》：“君乃言此，曾不如早索我枯鱼之肆。”唐朝杜甫《少年行》：“不通姓氏粗豪甚，指点银瓶索酒尝。”

四、“索”：孤独

(1) 由人独自坐在一个地方不动，手却要不停地搓绞绳索，人难免产生孤与独的感觉。由此引伸为孤独。《广雅·释诂三》：“索，独也。”《礼记·檀弓上》：“吾离群而索居，亦已久矣。”

(2) 由孤与独引伸为指男子无配。《小广雅·广训》：“凡无妻无夫通谓之寡。”清朝宋翔凤训纂：“丈夫曰索，妇人曰嫠。”

取

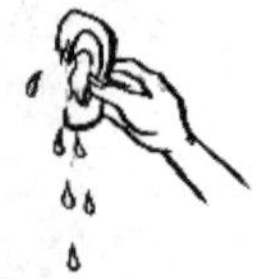

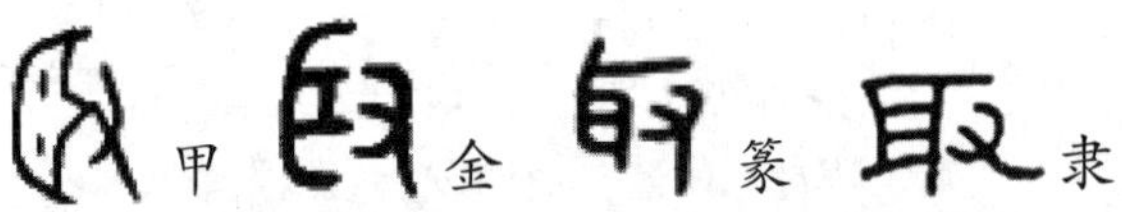

取 (qǔ) 是一个会意字。甲骨文字形。左边是一只耳朵 (左耳)，耳朵里有两点，表示耳内的形状；右边是一只手，表示手抓耳朵。金文字形与甲骨文相同，只是因为字形符号化，“耳”变得不像耳朵了。秦篆字形与金文相同，并在“耳”的字形增加了一横以表示取耳的刀具。汉隶字形在秦篆基础上，变为今天的“耳”，从而成为“取”字。从甲骨文字形来看，“取”是手抓耳朵。为什么要手抓耳朵呢？这是因为远古时期，部落之间进行战争，杀死对方的人，或部落打猎中打死野兽，就割下他们 (它们) 的左耳，拿去邀功。所以“取”最初之义就是割取耳朵。《周礼·夏官·大司马》：“(狩) 大兽公之，小禽私之，获者取左耳。”郑玄注：“得禽兽者取左耳，当以计功。”

一、“取”：斩首级

(1) 由割取耳朵引伸为指斩首级。宋朝苏轼《阳关词三首》：“恨君不取契丹首，金甲牙旗归故乡。”

(2) 由割取耳朵引伸为捕捉、捉拿。《说文解字》：“取，捕取也。”《诗·豳风·七月》：“取彼狐狸，为公子裘。”《旧唐书·李愬传》：“初至张柴，诸将请所止，愬曰：‘入蔡州取吴元济。’”

(3) ①由捕捉、捉拿引伸为收取。《玉篇·又部》：“取，收也。”《诗·小雅·甫田》：“倬彼甫田，岁取十千。”《战国策·赵策三》：“所贵于天下之士者，为人排患释难，解纷乱而无取也。”②由收取引伸为战胜、收复。《左传·庄公十一年》：“覆而败之曰取某师。”杜预注：“覆谓威力并兼，若罗网所掩覆。”唐朝杜甫《新安吏》：“我军取相州，日夕望其平。”③由战胜、收复引伸为治理。《广雅·释诂三》：“取，为也。”《老子》四十八章：“取天下常以无事。”河上公注：“取，治也。”《荀子·王制》：“成侯嗣公，聚敛计数之君也，未及取民也。”俞樾《诸子评议》：“此取字，亦当训治，取民言治民。”

(4) 由捕捉、捉拿引伸为获得、接受。《礼记·丧大记》：“取衣者亦以篋。”郑玄注：“取，犹受也。”《西游记》第六十二回：“国王疑僧盗宝，衔冤取罪，上下难明。”如：～信于人。

(5) 由获得引伸为寻求。《字汇·又部》：“取，索也。”汉朝张衡《西京赋》：“列爵十四，竞媚取荣。”明朝袁宏道《经太华》：“不取色态妍，唯求神骨肖。”

(6) 由获得引伸为请、召唤。唐朝张籍《夜宿黑灶溪》：“逢幽更移宿，取伴亦探行。”《水浒全传》第一百二十回：“李逵道：‘哥哥取我，必有话说’。”

(7) 由获得引伸为拿、拿出。唐朝常建《宿五度溪仙人得道处》：“前溪遇新月，聊取玉琴弹。”清朝吴嘉纪《哀羊裘为孙儿赋》：“晨起雪霏霏，取裘覆儿女。”

(8) 由获得引申选取、择定。《论语·公冶长》：“子曰：‘由也，好勇过我，无所取材。’”《汉书·贾谊传》：“为人主计者，莫如先审取舍。”颜师古注：“取，谓所择用也。”如：～道、～法、～景、去粗～精。

二、“取”：娶

“取”由捕获俘虏引伸为指抢别人部落的女子为妻。抢女子为“取”女子，此风俗演化到后世专指女子嫁到男家，男方则称取女，并在“取”字加上“女”就成为“娶”。当用“娶”字，而用“取”字则成为通假字。清朝朱骏声《说文通训定声·需部》：“取，假借为娶。”《诗·豳风·伐柯》：“取妻如何？匪媒不得。”陆德明《经典释文》：“取，亦作娶。”《史记·鲁周公世家》：“庄公取齐女为夫人曰哀姜。”

三、“取（qū）”：奔跑

(1) 由于捕捉动物时要奔跑，就引伸为奔跑。《韩非子·难势》：“夫良马固车，使臧获御之则为人笑，王良御之而日取千里。”《乐府诗集·相和歌词·瑟词曲·孤儿行》：“上高堂，行取殿下堂，孤儿泪下如雨。”

(2) 由奔跑引伸为趋向。《释名·释言语》：“取，趋也。”王先谦《释名疏证补》引苏舆曰：“趋，取字同。事之有可取者，人争趋之，故训取为趋。”《史记·秦始皇本纪》：“夸主以为名，异取以为高。”《汉书·王吉传》：“吉与贡禹为友，世称‘王阳在位，贡公弹冠’。言其取舍同也。”颜师古注：“取，进趋也，舍，止息也。”

(3) 由趋向引伸为距离、相隔。《清平山堂话本 · 杨温拦路虎传》：“此间取县有百三十里来。”元朝周达观《真腊风土记》：“渡淡洋可抵其地，曰干傍，取城五十里。”

弃  甲 金 古文 篆 隶

弃(棄)(qì)是一个会意字。甲骨文字形，上面是一个正在滴水的婴儿，中间是一只撮箕，下面是两只手，整个字形表达的意思是：大人用手把撮箕里的婴儿倒掉。金文字形与甲骨文大体相似，只是中间的撮箕不如甲骨文形象。古文文字形则在甲骨文、金文的基础上简化掉撮箕，双手将婴儿丢弃。秦篆字形沿袭金文，并将撮箕变成一个華（bān，撮箕）字。汉隶字形则有很大的变化，将秦篆的婴儿符号变成简化的“云”字，加上“華”和双手就成为“棄”字。后来字形简化成“弃”字。从甲骨文字形来看，“弃”最初之义就是把婴儿丢弃。《说文解字》：“弃，捐也。从廾（gōng，双手捧物）推華弃之。”

(1) 由抛弃婴儿引伸为抛尸于野外。《释名 · 释丧制》：“不得埋曰弃，谓弃之于野也。”

(2) 由抛尸于野外引申抛开、舍弃。《诗 · 周南 · 汝坟》：“既见君子，不我遐弃。”《三国志通俗演义》第七十二回：“鸡肋者，食之无肉，弃之有味。”

(3) 由舍弃引伸为废除。《国语 · 周语上》：“及夏之衰也，弃稷不务。”韦昭注：“弃，废也。”清朝龚自珍《明良论 · 四》：“删弃文法，捐除科条，裁省吏议。”

(4) 由舍弃引伸为遗忘。《尔雅 · 释言》：“弃，忘也。”《正字通 · 木部》：“弃，遗也。”《左传 · 昭公十三年》：“南蒯子仲之忧，其庸可弃乎？”杜预注：“弃，犹忘也。”

(5) 由舍弃引伸为背离。《左传 · 哀公七年》：“吴将亡矣，弃天而背本。”如：～言。

欠  甲 金 篆 隶

欠（qiàn）是一个象形字。甲骨文字形，是一个人跪在那里仰头打哈欠的形状。金文字形与甲骨文大致相同，只是嘴向着后面。秦篆字形符号化了，没有了人头，只是在人上面加上三横，表示打哈欠的气体。汉隶字形变得看不出人打哈欠的形状了，也就是现在的“欠”字。从甲骨文字形来看，“欠”最初之义是指人打哈欠。《说文解字》：“欠，张口气悟也。象气从人上出之形。”桂馥《说文解字义证》：“张口气悟也者，《御览》引作‘张口出气也。’”《仪礼 · 士相见礼》：“君子欠伸。”郑玄注：“志倦则欠，体倦则伸。”康有为《大同书》：“满空尽皆微生物也，以人之宏巨，一欠呻嘘吸而杀微生物无数。”

(1) 由于打哈欠，身体自然地向前微伸或移动。所以就引伸为指身体移动。《红楼梦》第八十一回：“黛玉听见是袭人，便欠身起来让座。”曹禺《雷雨》第一幕：“（鲁贵）有点驼背，似乎永远欠着身子向主人答应‘是’。”

(2) 由于人打哈欠时精神欠佳，略有一点呆状，就引伸为指痴呆。张相《诗词曲语词汇释》卷五：“欠，痴呆之义。俗语说人之呆者为欠气、欠气即呆气之谓。”元朝曾瑞《（双调）行香子 · 叹世》：“君休欠，何故苦厌厌。”

（3）人打哈欠时精神欠佳，总觉得欠缺什么，就引伸为欠缺，不足。《集韵·验韵》：“欠，不足也。”清朝段玉裁《说文解字注·欠部》：“欠者，气不足也，故引伸为欠少字。”宋朝陆游《老学庵笔记》卷一：“甚妙，但似欠四字耳。”

（4）由欠缺引伸为亏欠。《旧唐书·宣宗纪》：“今后凡隐盗欠负，请如官典犯赃例处分。”《红楼梦》第五回：“欠命的命已还；欠泪的泪已尽。”

（5）亏欠之事总挂记在心中，就引伸为牵挂、想念。《警世通言·玉堂春落难逢夫》：“小段名送至西厅，叫道：‘爹爹，大娘欠你，送辣面于你吃。’”

集（雧）（jí）是一个会意字。甲骨文字形，上部是一只鸟，下部是一棵树（木），整个字形表示鸟停在树上。金文字形与甲骨文相同，更形象。秦篆字形则把一只鸟变成三只鸟，都停在一根树上。鸟变成“隹”字（隹，zhuī，短尾鸟），成为“雧”字。汉隶字形又把三个“隹”简化成一个“隹”，成为上“隹”、下“木”的会意字“集”。后世的楷书都有“集”和“雧”两种字形（“雧”是“集”的繁体字）。现在用“集”字，而不用“雧”字。甲骨文字形只画一只鸟，应视为多只鸟。秦篆字形体现了这一含义。自然现象也表明，多鸟同停在一株树上，古今亦然。所以“集”在甲骨文字形上表示的字义应是群鸟栖止于树。《说文解字》：“群鸟在木上也。从雥（zá），从木，集，雧或省。”桂馥《说文解字义证》：“《禽经》：‘独鸟曰止，众鸟曰集。’”《五音集韵·缉韵》：“集，《字林》：‘群鸟驻木上。’”《诗·周南·葛覃》：“黄鸟于飞，集于灌木。”李白《古风五十九首》之五十九；“众鸟集荣柯，穷鱼守枯池。”

一、“集”：停留

（1）由群鸟栖止于树引伸为停留。清朝徐灏《说文解字注笺·雥部》：“集，引伸为止。”《国语·晋语二》：“人皆集于苑，己独集于枯。”韦昭注：“集，止也。”晋朝鲍照《赠傅都曹别》：“轻鸿戏江潭，孤雁集洲沚。”

（2）由群鸟栖止于树引伸为降落，落下。《韩非子·解老》：“时雨降集，旷野闲静。”《淮南子·说山》：“雨之集无能霑，待其止而能有濡。”

（3）由落下、降落引伸为至。《国语·晋语一》：“多而骤（骤，屡次）立，不其集亡。”韦昭注：“集，至也。”

（4）由至引伸为成就、完成。《小尔雅·广诂》：“集，成也。”《广雅·释诂三》：“集，就也。”《左传·成公二年》：“此车一人殿（殿，镇守）之，可以集事。”杜预注：“集，成也。”顾炎武《形势论》：“英雄无用武之地，则事不集。”

二、“集”：聚集

（1）由群鸟栖止于树引伸为聚集、会合。《尔雅·释言》：“集，会也。”《广雅·释诂三》：“集，聚也。”《玉篇·隹部》：“集，合也。”如：~合、~结、~聚、~拢、丛~、堆~、屯~、囤~、~体、荟~、云~、积~、汇~、召~、~结、~录、纠~、采~、筹~、攒~、~注、~运、调~、惊喜交~、~思广益、~约经营、~腋成裘、鸾翔凤~。

（2）①由聚集、会合引伸为人群聚集。晋朝王羲之《兰亭集序》：“群贤毕至，少长咸集。”如：～体、～市、逢～、赶～、～镇、～贸市场。②由人群聚集引伸为和睦、安定。《尔雅·释诂一》：“集，安也。”《史记·卫康叔世家》：“为武庚未集，恐其有贼心。”司马贞《史记索隐》：“集，犹和也。”③由和睦、安定引伸为一致。《广雅·释诂四》：“集，同也。”《汉书·晁错传》：“士不选练，卒不服习，起居不精，动静不集。”颜师古：“集，齐也。”

(3) ①由聚集、会合引申对汇辑单篇作品的书册称代。如：诗～、画～、全～、选～、～子、影～、别～、邮～、专～、总～、～刊。②由对汇辑单篇作品的书册称代引申对我国图书分类的文学作品汇集的名称。如：经、史、子、集。如：～部。③由汇辑单篇作品的书册称代引伸为对篇幅较长，而分成若干部分的某一部分的代称。如：上～、下～、第一～。

(4) 由聚集、会合引伸为众多。《广韵·缉韵》：“集，众也。”明朝周宗建《议恢复河东疏》：“而三路之举，有十八万之集。”

(5) 由众多引伸为杂糅。《篇海类编·鸟兽类·隹部》：“集，杂也。”《孟子·公孙丑上》：“是集义所生者，非义袭而取之也。”赵岐注：“集，杂也。”《论衡·对作》：“紫朱杂厕，瓦玉集糅。”

舍（shè）是一个象形字。金文字形是一个简易的房子。上面的两面斜线是屋顶，中间顶部的一横是房屋的横梁，中间的一竖为屋的顶柱，中间的两斜线为横梁的支撑架。下面的倒三角形表示房屋底部的座基。秦篆字形与金文相同。字形变得符号化了。汉隶字形与金文、秦篆相同，由于字形方块化而成为今天的“舍”字。从金文字形来看，“舍”最初之义就是指房屋。房屋在远古是用来住人的，所以“舍”的最先的引申义为住宅、处所。《玉篇·亼部》：“舍，处也。”《广韵·祃（mà）部》：“舍，屋也。”《汉书·高帝纪上》：“遂西入咸阳，欲止宫休（“休”通“修”）舍。”《吕氏春秋·察今》：“溺死者千有余人，军惊而坏都舍。”如：宿～、校～。

一、“舍”：止宿

(1) 由住宅、处所引伸为居止、止宿。《墨子·非攻中》：“至夫差之身，北而攻齐，舍于汶上。”《左传·宣公二年》：“宣子田于首山，舍于翳桑。”《礼记·月令》：“王命布农事，命田舍东郊。”郑玄注：“舍东郊，顺时气而居。”

(2) 由居止称舍，就把居住的人也称舍人，一般是对自己及家人的谦称。如：寒～、敝～、～间、～侄。

(3) 由居止引伸为止息。《诗·小雅·何人斯》：“尔之安行，亦不遑舍。”《论语·子罕》：“逝者如斯夫，不舍昼夜。”

(4) 由住宅引伸为虚拟的住宅。《管子·心术》：“德者，道之舍也。”《淮南子·原道》：“夫形者，生之舍也。”

(5) ①由住宅引伸为宫府。《玉篇·亼部》：“舍，宫也。”《周礼·地官·述官》：“舍人上士二人，中士四人，府二人，史四人，胥四人徒四十人。”郑玄注：“舍，犹宫也。”②由宫府引伸为府库。《古微书》卷九引《春秋文耀钩》：“天潢五星，五帝车舍也。”宋均注：

“舍，库也，五帝车之府库。”

(6) 由住宅引伸为指古代服丧者所居之处。《周礼 · 天官 · 宫正》：“大丧则授庐舍，辨其亲疏贵贱之居。”郑玄注：“舍，恶室也。”

(7) 由房屋引伸为客馆。所以《说文解字》：“舍，市居曰舍。”段玉裁《说文解字注》：“《食部》曰：‘馆，客舍也。’客舍者何也，谓市居也……此市字非买卖所之，谓宾客所之也。”《仪礼 · 觐礼》：“天子赐舍。”郑玄注：“赐舍，犹致馆也。”《逸周书 · 大聚》：“辟开修道，五里有郊，十里有井，二十里有舍。”

(8) 由客馆引伸为军队住一夜为舍。《左传 · 庄公三年》：“凡师一宿为舍，再宿为信，过信为次。”

(9) 由军队住一夜为舍引伸为古代行军三十里为一舍。《穆天子传》卷六：“五舍，至于重壁之台。”郭璞注：“三十里为舍也。”如：退避三～。

(10) 由军队行走的路径引申比喻为天上的星次、星宿运行所到之处。《史记 · 律书》：“《尚书》：七正，二十八舍……舍者，日月所舍。”司马贞《史记索隐》：“舍，止也。宿，次也。言日月五星运行，或舍于二十八之分也。”

二、“舍（shě）”：离开、放弃

(1) 由字义反向引伸为离开。《世说新语 · 方正》：“斯人乃妇人与人别唯啼泣，便舍去。”《孟子 · 公孙丑下》：“当今之世，舍我其谁也？”

(2) ①由离开引伸为放弃、放下。通“捨”。《广韵 · 马韵》：“舍同捨。”《周易 · 贲》：“舍车而徒。”《荀子 · 劝学》：“锲而不舍，金石可镂。”杨倞注：“舍与捨同。”②由放弃、放下引伸为放出、释放。《诗 · 小雅 · 车攻》：“不失其驰，舍矢如破。”孔颖达疏：“故令射者，舍放其矢，则如椎破物。”《孟子 · 梁惠王上》：“舍之，吾不忍其觳觫。”③由放出引伸为布施。《左传 · 昭公十年》：“施舍不倦，求善不厌，是以有国。”杜预注：“施舍，犹布恩德。”

(3) ①由放弃引伸为废止、罢弃。《左传 · 昭公五年》：“舍中军，卑公室也。”杜预注：“罢中军。”《国语 · 楚语下》：“民所以摄国者也，若之何其舍之也。”韦昭注：“舍，废也。”②由废止、罢弃引伸为解免。《周礼 · 地官 · 乡大夫》：“其舍者，国中贵者，贤者、能者、服公事者、老者、疾者，皆舍。”郑玄注：“舍者，谓有复除舍，不收役事也。”

舀   甲  篆  隶

舀（yǎo）是一个会意字。甲骨文字形，上面是一只手心向下的手，下面是一个臼。表示把手伸进臼里掏东西。秦篆字形与金文相同。汉隶字形，手变成了上面一横，下面三点，就成了“舀”字。从甲骨文字形来看，“舀”最初之义就是用手掏臼里的东西。《说文解字》：“舀，抒臼也。”朱骏声《说文解字通训定声》：“从爪臼，会意。按爪亦声。”

“舀”由用手掏臼里的东西引伸为用瓢、勺等挹取东西。唐朝张泌《粧楼记 · 半阳泉：“半阳泉，世传织女送董子经此，董子思饮（织女）舀此水与之。”宋朝秦观《沁园春 · 醉乡春》：“社瓮酿成微笑，半缺椰瓢共舀。”鲁迅《呐喊 · 社戏》：“现在去舀一瓢水来给你喝罢。”

第五章 形容词集

甘、好、美、善、妥、亚、媚、羞、不、非、弗、莫、敝、鄙、歹、反、重

甘

甘（gān）是一个指事字。甲骨文、金文、秦篆字形外面是“口”，当中的一横是表示舌头所在。大概是用舌头来表示味的甘美。汉隶字形由于方块化，有一些变化。《说文解字·甘部》：“甘，美也。”《说文解字·羊部》：“美，甘也。”段玉裁《说文解字注》：“五味之可口皆曰甘。”从甲骨文字形来看，“甘”最初之义是表示美味。从《说文解字》的解释来看，甘是美味。

一、“甘”：美味

(1) 美味之义。《尚书·洪范》：“稼穑作甘。”孔传：“甘味生于百谷。”《战国策·韩策二》：“臣有老母，家贫，客游以为狗屠，可旦夕得甘脆以养亲。”如：～美、肥～、～之如饴、食不～味。

(2) 由美味引申指甘美的食物。《孟子·梁惠王上》：“为肥甘不足于口与？”晋朝陶渊明《有会而作》：“菽麦实所羡，孰敢慕甘肥。”

(3) 由甘美的食物引伸为喜好某种食物。《洪武正韵·覃韵》：“甘，湛嗜也。”《尚书·五子之歌》：“甘酒嗜音。”《淮南子·精神》：“桓公甘易牙之和，而不以时葬。”

(4) 由喜好某种食物引伸为乐意、情愿。《玉篇·甘部》：“甘，甘心，快意也，乐也。”唐朝杜甫《严氏溪放歌》：“呜呼古人已粪土，独觉志士甘渔樵。”如：心～情愿、善罢～休、～拜下风、不～示弱、绝～分少、自～堕落、俯首～为孺子牛。

(5) 由某种食物引伸为甜味（五味之一）。《洪武正韵·覃韵》：“甘，甜也。”段玉裁《说文解字注》：“甘为五味之一。”《诗·邶风·谷风》：“谁谓荼苦，其甘如荠。”如：～甜、～苦、～味、～草、～薯、～蔗、～泉、～露、苦尽～来、同～共苦。古人认为美味集中体现在甜味上。从这个角度来看，“甘”是“甜”的本字。

(6) 由甜味引申指柑橘果实甜美，所以“甘”通“柑”。《洪武正韵·覃韵》：“甘，果名，俗作柑。”

二、“甘”：美好

（1）“甘”由美味引伸为美好。《诗 · 小雅 · 甫田》：“以祈甘雨，以介我稷黍。”汉朝班固《西都赋》：“竹林果园，芳草甘木，郊野之富，号为近蜀。”如：苦尽～来。

（2）由美好引伸为美言。《左传 · 昭公十一年》：“今重币而言甘，诱我也。”《史记 · 商君列传》：“苦言，药也；甘言，疾也。”

好

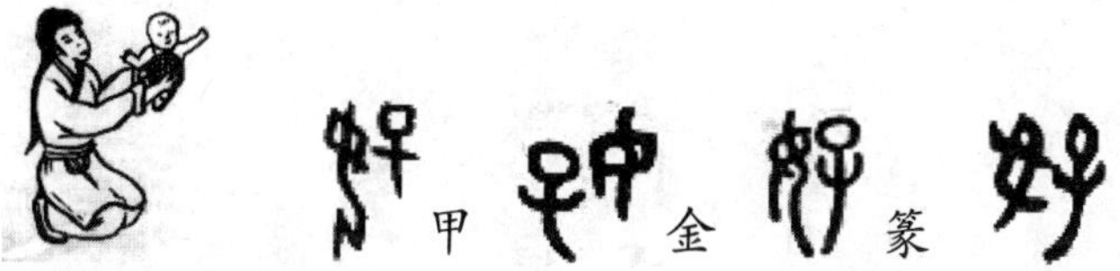

好（hǎo）是一个会意字。甲骨文字形，左边是一个半跪着的妇女，右边是一个婴儿。金文字形与甲骨文大致相同，只是女子跪着变成站立了。秦篆字形沿袭甲骨文，并进一步符号化。汉隶字形在秦篆基础上变成了今天的“好”字。从甲骨文字形来看，“好”最初之义应该是指有子女。就是说能生小孩的妇女就是好。在远古时代生产力低下，人的生存不容易，就需要增强生育，因此能生小孩的妇女就被认作好。随着生产力的提高，人的生存环境的改善，“好”的这一含义就消失了。由于生小孩正是妇女的青春期，是妇女一生最美貌的时期，因此“好”就转而被赋予美的含义。

一、“好”：美色

“好”由能生小孩的妇女引伸为美色。《方言》卷二：“自关而西，秦晋之间，凡美色或谓之好。”《战国策 · 赵策三》：“鬼侯有子而好，故入之于纣。”汉朝王褒《四子讲德论》：“故毛嫱、西施，善毁者不能蔽其好，嫫姆、倭傀（kuǐ），善誉者不能掩其丑。”

（1）①由美貌引伸为美。《说文解字》：“好，美也。从女，子。”段玉裁《说文解字注》：“好，本谓女子，引伸为凡美之称。”苏轼《卜算子 · 感旧》：“蜀客到江南，长忆吴山好。”如：美～、～看、～景、花～月圆。②由美引伸为健康。如：病～了、身体～、父母～。

（2）由美引伸为善。《广韵 · 晧韵》：“好，善也。”《诗 · 郑风 · 叔于田》：“不如叔也，洵美且好。”《诗 · 小雅 · 正月》：“好言自口，莠言自口。”如：～心、～意。

（3）由善引伸为优秀、优点（与坏相对），令人满意。如：不～、较～、至～、完～、～事、～处、～书、～戏、～样的、～脾气、～日子、～青年、～人家、～朋友、～景不长。

（4）由优秀、优点引伸为赞许（语气词）。如：～，干得漂亮。

（5）有赞许引伸为不满意（反话）。如：～，这下可糟了。

二、“好”：副词

（1）用在动词后。①表示满意。如：座～、准备～了。②引伸为交际的套语。如：走～、睡～。

（2）用在形容词前。①表示程度。如：～深啊、～远啊、～高啊、～冷啊、～面熟、～热闹、～漂亮。②有时表疑问。如：～深、～远、～高、～红、～冷、～多。

三、“好（hào）”：喜爱

（1）表示常常容易发生。《尔雅 · 释草》：“竹，萹蓄。”晋朝郭璞注：“似小藜，赤茎节，好生道旁。”唐朝寒山《诗》之二百二十二：“聪明好短命，痴騃（ǎi）却长寿。”

(2) 表示爱好、喜爱。动词《玉篇·女部》：“好，爱好也。”《诗·小雅·彤弓》：“我有嘉宾，中心好之。”唐朝李白《庐山谣寄卢侍御虚舟》：“一生好入名山游。”

(3) 现在用在动词前。表示满意、喜欢。如：～吃、～玩、～动、～学、～为人师、～动脑筋、～吃懒做、～逸恶劳。

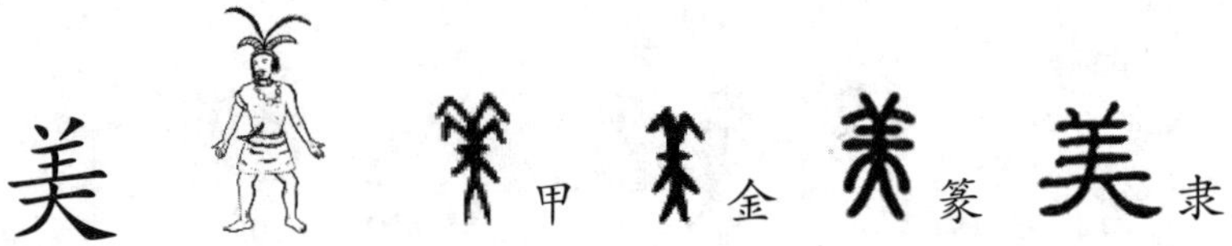

美 (mě i) 是一个会意字。甲骨文字形，下面是人的正面形象；上面是插在人头上羽毛，远古之人有用羽毛装饰自己的习俗。金文字形与甲骨文一样。秦篆字形与甲骨文、金文字形相同，只是字形符号化了。汉隶字形在秦篆的基础上演化成现在的“美”字。从甲骨文字形来看，“美”最初之义是指人用美丽的羽毛装饰自己。《说文解字》的作者由于未见甲骨文、金文的字形。只是从秦篆的字形进行分析，因而认为“美”是由“羊”与“大”二字组成，进一步认为：“美，甘也。从羊，从大。”南唐徐铉校定《说文解字》曰“羊大则美”。由于羊大而肥，其肉必鲜美，因而“美”就有“甘也”含义。今人由于见到甲骨文，才正确理解美的最初义。

一、“美”：好看

(1) 由用羽毛装饰人引伸为指形貌好看。《诗·邶风·静女》：“匪女之为美，美人之贻。”《孟子·梁惠王下》：“百姓闻王车马之声，见羽毛之美，举欣欣然有喜色而相告。”

(2) 由外在形貌好看引伸为艺术的优美。《论语·八佾》：“（孔）子谓《韶》尽美矣，又尽善也。”汉朝傅毅《舞赋》：“是以乐记干戚之容，雅美蹲蹲之舞。”

(3) 由外在形貌好看引伸为内在素质的优秀。《楚辞·离骚》：“纷吾既有此内美兮，又重之以修能。”朱熹注：“是天赋我美质于内也。”《韩非子·解老》：“夫物之待饰而后行者，其质不美也。”

(4) 由形貌美和素质优秀引伸为事物的完美。《国语·楚语上》：“夫美也者，上下、内外、大小、远近皆无害焉，故曰美。”《楚辞·远游》：“内欣欣而自美兮，聊愉娱以自乐。”

(5) 由素质的优秀引伸为精、质量高。《管子·小匡》：“美金以铸戈、剑、矛、戟，试猪狗马。”《资治通鉴·隋炀帝大业五年》：“帝大阅军实，称器甲之美。”

(6) 由素质优秀引伸为长处、才能。三国魏徐干《中论·贵验》：“善奖人之美，而好摄人之过。”《新唐书·杜如晦传赞》：“持众美效之君。”

(7) 由素质优秀引伸为品德或志趣的高尚。《论语·尧曰》：“子张曰：‘何谓五美？’子曰：‘君子惠而不费，劳而不怨，欲而不贪，泰而不骄，威而不猛。’”邢昺疏：“当尊崇五种美事。”三国魏曹丕《与吴质书》：“美志不遂，良可痛惜。”

(8) 由素质优秀引伸为称赞、褒奖。《诗·召南·甘棠序》：“美召伯也。”孔颖达疏：“善者言美，恶者言刺。”《韩非子·五蠹》：“然则今有美尧、舜、汤、武、禹之道于当今之世者，必为新圣笑矣。”

(9) 由称赞、褒奖引伸为快乐、喜欢。《老子》第二章：“天下皆知美之为美，斯恶已。”王弼注：“美者，人心之所进乐也；恶者，人心之所恶疾也。美恶犹喜怒也。”《荀子·致士》：“美意延年。”杨倞注：“美意，乐意也；无忧患则延年也。”

(10) 由快乐、喜欢引申舒服、美满。宋朝苏轼《纵笔》：“报道先生春睡美，道人轻打五更钟。”如：日子过得很～。

(11) 由舒服、美满引伸为味道可口。《说文解字》为：“美，甘也。”段玉裁《说文解字注》：“甘者五味之一，而五味之美皆曰甘。”《孟子·尽心下》：“脍炙与羊枣孰美。”宋朝苏轼《颜乐亭》：“天生烝民，为之鼻口；美者可嚼，芬者可嗅。”

二、“美”：成熟

(1) ①古人将“美”分拆成“羊”与“大”两字。因此美就有羊大的含义。羊大可以引伸为成熟、成长。《吕氏春秋·至忠》：“今有树于此，而欲其美也，人时灌之则恶之，而日伐其根，则必无活树矣。”高诱注：“美，成也。”《春秋繁露·天地之行》：“故荠以冬美而荼以夏成。”②由成熟引伸为丰收。《管子·国蓄》：“岁适美则市粜无予，而狗彘食人食。”《管子·禁藏》：“岁兼美恶，亩取一石，则人有三十石。”③由丰收引伸为巨大业绩、成就。《公羊传·僖公十年》：“桓公之享国也长，美见乎天下。”《三国志·魏志·刘廙传》：“亏匹夫之节，成巍巍之美。”

(2) ①羊大则体肥，因此引伸为肥沃。《韩非子·难二》：“必壤地美，然后草木硕大。”《礼记·月令》：“可以粪田畴，可以美土疆。”郑玄注：“粪与美互文耳。”②由肥沃引伸为（草木）茂盛。《管子·八观》：“山林虽近，草木虽美，宫室必有度。”《孟子·告子上》：“牛山之木尝美矣，以其郊于大国也，斧斤伐之，可以为美乎？”③由茂盛引伸为景物佳胜。《庄子·秋水》：“于是焉河伯欣然自喜，以天下之美为尽在己。”南朝宋谢灵运《述祖德诗》：“遗情舍尘物，贞观丘壑美。”

善（shàn）是一个会意字。甲骨文字形，上面是一个羊头（表示羊），下面是一只眼睛，以此特别突出羊的眼睛。这可能是远古的人在驯化羊的过程中，从羊的眼睛里读出了羊的温顺平和、友善亲和的习性。因此在造汉字时，就突出羊的眼睛，借以表达这层含义。金文字形，则将羊头下的眼睛去掉，换成两个“言”字，即“誩（jìng）”字，成为“譱（shàn）”字。这表现为古人从羊的叫声来感受羊对人的亲善友好温顺。秦篆字形则在金文基础上，将“誩”简化成“言”，其义相同。汉隶字形与秦篆大体相同，只是简化成现在的“善”字。从甲骨文字形来看，“善”最初之义是友善亲和。这体现出人类在驯化羊的过程中，与羊结成的和睦、友善、亲和的关系。以及羊作为当时游牧民的主要食品，及食物鲜美可口等特点，远古之人就用“善”这种字形来表达。

一、“善”：吉祥

(1) 由友善亲和、美味可口之义引伸为吉祥、美好。《说文解字》：“善，吉也。”《论语·八佾》：“子谓《韶》‘尽美矣，又尽善也’；谓《武》‘尽美矣，未尽善也’。”如：完～、尽～尽美。

(2) 由吉祥、美好引伸为与丑恶相对的美好。《荀子·非相》：“术正而心顺之，则形相虽恶而心术善，无害为君子也。”如：～良、性～、～心、～意、向～、～举、～人、～男信女、心～手软、心肠慈～、择～而从、隐恶扬～、为～最乐。

(3) 由美好引伸为认为是美好，即善的。《孟子·梁惠王下》：“王如善之，则何为不行？”

(4) 由认为是善的引伸为指亲善友好的态度。《管子·心术下》：“善气迎人，亲如弟兄；恶气迎人，害于戈兵。”如：和～、慈眉～目。

(5) 由认为是善的引伸为喜爱。《左传·襄公三十一年》：“其所善者，吾则行之，其所恶者，吾则改之。”《楚辞·离骚》：“亦余心之所善兮，虽九死其犹未悔。”

(6) 由喜爱引伸为赞许。《汉书·霍光传》：“善善及后世，其封光兄孙中郎将云为冠阳侯。”唐朝刘禹锡《上杜司徒书》：“当食而叹，闻弦而惊，不以众人之善为是非，而以相公之意为标准。”

(7) 由赞许引伸为应诺。《正字通·口部》：“闻人言而许可之，亦曰善。”《左传·襄公二年》：“孟献子曰：‘请城虎牢以逼郑。’知武子曰：‘善’。”

(8) 由赞许引伸为正确。《孟子·尽心上》：“善政，民畏之；善教，民爱之。善政得民财，善教得民心。”

二、“善”：亲善、友好

(1) 由表达人与羊的亲善友好关系引伸为指人与人之间的亲善友好关系。《正字通·口部》：“善，与人交欢曰友善。”《左传·隐公六年》：“亲仁善邻，国之宝也。”如：～处、～邻、友～、相～、亲～、与人为～、和～相处。

(2) 由亲善友好关系引伸为做善事。《论语·为政》：“举善而教不能，则劝。”《荀子·劝学》：“积善成德，而神明自得，圣心备焉。”元朝关汉卿《窦娥冤》：“为善的受贫穷，更命短；造恶的享富贵，又延寿。”如：改恶从～、积～人家、乐～好施、劝～规过、共襄～举。

(3) 由做善事引伸为做得好。《论语·卫灵公》：“工欲善其事，必先利其器。”宋朝苏轼《送范经略》：“谋初要百虑，善后乃完全。”如：改～、～后、～罢甘休、处理不～。

(4) 由做得好引伸为好好地。《论语·雍也》：“闵子骞曰：‘善为我辞焉。’”《汉书·史丹传》：“善辅道太子，毋违我意。”如：～自保重、～自为谋、～始～终、循循～诱、多多益～、～自珍重。

(5) 由做得好引申工巧、高明。《老子》二十七章：“善闭，无关键而不可开；善结，无绳约而不可解。”《淮南子·说林》：“入水而憎濡，怀臭而求芳，虽善者弗能为工。”高诱注：“善，或作巧。”

(6) 由工巧、高明引伸为擅长。《礼记·学记》：“善歌者使人继其声，善教者使人继其志。”《孙子兵法·军争》：“善用兵者，避其锐气，击其惰归。”如：能歌～舞、英勇～战、多谋～断、不～言辞、～为说辞。

(7) 由擅长引伸为容易。如：～变、～忘、长袖～舞、多愁～感。

(8) 由擅长引伸为熟悉。《三国演义》十九回：“（曹）操指（张）辽曰：‘这人好生面善。’”

妥  甲 金 篆 隶 隶

妥（tuǒ）是一个会意字。甲骨文字形，左上部是一只手（爪），右边是一个跪着（或坐着）的妇女。学术界对此字形有两种不同解释。一种认为：上面的手是抓住妇女的头（头发），制服妇女，使她安定服从地坐着（左安民《细说汉字》、李乐毅《汉字演变五百例》均持这种观点）。一种认为：上面的手是按着（抚摸）妇女的头，使她坐着，安定下来（徐中舒《甲骨文字典》、谷衍奎《汉字源流字典》均持这种观点）。尽管有不同的解释，但都认为字形表达的字义是使妇女安定。金文字形与甲骨文相同。只是字形圆润一些。秦篆字形变成上手，下女（《说文解字》未收此字）。汉隶字形有较大的变化，上面的手与下面的女都已经变得不像了。但整个字形结构仍然与甲骨文、金文相同。其义也同。后期的隶书与现在的字形相似，从甲骨文字形来看，“妥”最初之义是使妇女安坐。

一、“妥”：安坐

（1）有安坐之义。《尔雅 · 释诂下》：“妥，坐也。”《诗 · 小雅 · 楚茨》：“以妥以侑，以介景福。”毛传：“妥，安坐也。”《仪礼 · 士相见礼》：“妥而后传言。”郑玄注：“妥，安坐也。”

（2）由安坐引伸为安置。清朝顾炎武《天下郡国利病书 · 福建》：“议设公署营房，以妥官兵。”清朝元璟《三忠祠》：“崇祠妥海角，岁岁荐香萍。”

（3）由安置引伸为安稳，安定。清朝段玉裁《说文解字注》：“妥，安也。从爪，女。妥与安同意。”并注：“《说文解字》失此字。偏旁用之，今補。”《汉书 · 燕刺王旦传》：“北州以妥。”《新唐书 · 循吏传》：“官得其民，民去叹愁，就妥定。”

（4）由安稳引伸为妥当。《红楼梦》第十三回：“即如今日诸事俱妥，只有两件未妥。”如：甚～、欠～、事已办～、商量～当、～为照料。

二、“妥”：垂

（1）由安坐引伸为垂、落。唐朝杜甫《重过何氏》：“花妥莺捎蝶，溪喧獭趁鱼。”宋朝朱敦儒《清平乐》：“春寒雨妥，花萼红难破。”宋朝石孝友《点绛唇》：“日薄风迟，柳眠无力花枝妥。”

（2）由垂、落引伸为停止。《尔雅 · 释诂下》：“妥，止也。”

亚  甲 金 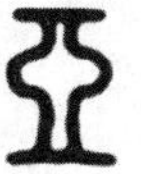篆 隶

亚（亞）（yà）是一个象形字。甲骨文字形像古代聚族而居的一组大型建筑的平面图形。殷代的城郭、庙堂，以及帝王的陵墓，其布局均像这种形状。金文、秦篆、汉隶字形与甲骨文相似。只是简体字变成“亚”字。从甲骨文字形来看，“亚”最初之义应该是指古建筑图形。《说文解字》：“亚，丑也。象人局背之形。”这种说法不对。当代学者于省吾《甲骨文字释林》：“亚字象隅角之形。”

“亚”所表示的古建筑图形是方形，对仗的，因此就引伸为匹配、等同。《玉篇·亚部》：“亚，配也。”《南史·颜协传》：“时吴郡顾协亦在蕃邸，与（颜）协同名，才学相亞，府中称为二协。”宋朝黄庭坚《寄陈适用》：“新晴百鸟喧，各自有匹亚。”

(1) 由匹配等同引伸为次一等、次于。《尔雅·释言》：“亚，次也。”《国语·吴语》：“乃退就幕而会，吴公先歃，晋侯亚之。”《世说新语·识鉴》：“诸葛道明初过江左，自名道明，名亞王、庾之下。”如：~军。

(2) 由次一等引伸为指姐妹丈夫的互相称呼。后作“娅”。《尔雅·释亲》：“两壻（婿）相谓为亚。”《释名·释亲属》：“两壻相谓曰亚。言一人取姊，一人取妹，相亚次也。”《诗·小雅·节南山》：“琐琐姻亚。”毛传：“两婿相谓曰亚。”

(3) 由次一等、次于引伸为挨着、靠近。《玉篇·亚部》：“亚，就也。”唐朝元稹《山枇杷》：“亚水依岩半倾倒，笼云隐雾多愁绝。”宋朝陈造《山郭》：“红粉谁家短墙亚。”

(4) 由挨着、靠近引伸为俯、低垂。也作“压”。《正字通·二部》：“亚，《读书通》：‘压，通作亚。’”张相《诗词曲语辞汇释》卷五：“亚，犹低也；俯也。”宋朝欧阳修《蝶恋花》：“叶重如将青玉亚，花轻疑是红绡挂。”

(5) 由俯、低垂引伸为掩、闭。宋朝蔡伸《丑奴儿慢》：“花笼淡月，重门深亚。”金国董解元《西厢记诸宫调》卷一：“几间寮舍，半亚朱扉。”

媚

媚（mèi）是一个会意字。甲骨文字形，上面是一个大眼睛，眼睛上面的弯折两笔表示眉毛；下面是一个女人的形体，即“女”字。金文字形与甲骨文相同，字形更突出眼睛和眉毛。秦篆字形则变成会意兼形声的“媚”字。左边是个“女”，右边下面是表示眼睛的“目”，上面的“仌”表示眉毛，中间的弯曲线表示眉毛弯曲的伏线形状。汉隶字形在秦篆的基础上变成现在的“女”与“眉”组成的“媚”字。从甲骨文字形来看，“媚”最初之义是指女子美丽的眉毛和眼睛。

(1) 由美丽的眉毛和眼睛引伸为指美好、娇艳。《广雅·释诂一》：“媚，好也。”《小尔雅·广诂》：“媚，美也。”《玉篇·女部》：“媚，妩媚也。”晋朝陆机《文赋》：“石韫玉而山辉，水怀珠而川媚。”宋朝苏轼《木兰花令》：“三月风光初觉媚。”

(2) 由美好引伸为喜爱。《说文解字》：“媚，说也。”段玉裁《说文解字注》：“说，今悦字也。”《集韵·至韵》：“媚，说也。”《诗·大雅·下武》：“媚兹一人。”郑玄注：“媚，爱也。”三国魏繁钦《定情诗》：“我既媚君姿，君亦悦我颜。”元朝陈草庵《山坡羊》：“朝，也媚酒；昏，也媚酒。”

(3) 由喜爱引伸为巴结、讨好。《正字通·女部》：“媚，谄媚。又亲顺也。”《诗·大雅·卷阿》：“维君子使，媚于天子。”朱熹注：“媚，顺爱也。”《二十年目睹之怪现状》第一百零六回：“只有天天下功夫去媚秀英，甜言蜜语去骗她。”

羞   甲  金  篆  隶

羞（xiū）是一个会意字。甲骨文字形，左上部分是羊头（也可指羊），右下部分是一只手，表示用手握住羊头。金文字形与甲骨文相同。秦篆字形与金文相同，只是字形符号化了。汉隶字形则将“手”变为“丑”字，成为上“羊”下“丑”的形声字。从甲骨文字形来看，“羞”最初之义是进献羊。进献的羊可能作祭品（太牢、少牢均离不开羊作祭品），也可能作食物（羊是美味食品）。远古时代，祭祀之后一般都会举行祚席，请亲人、好友宴饮。祭祀与宴饮都有进献羊等活动。《说文解字》：“羞，进献也。”

一、“羞”：进献食物

(1) 由进献祭品羊引伸为进献食物。《周礼·天官·笾人》：“凡祭祀共其笾荐羞之实。”郑玄注：“荐羞皆进也。未食未饮曰荐，既食既饮曰羞。”《左传·隐公三年》：“可荐于鬼神，可羞于王公。”杜预注：“羞，进也。”

(2) 由进献食物引伸为指做熟的其它兽类食物。《方言》卷十二：“羞，熟也。”郭璞注：“熟食为羞。”《仪礼·聘礼》：“燕（宴）与羞俶。”郑玄注：“羞谓禽羞，雁鹜之属；成熟煎和也。”

(3) 由做熟的其它兽类食物引伸为美味的食品。《周礼·天官·庖人》：“以共王之膳，与其荐羞之物。”郑玄注：“备品物曰荐，致滋味乃为羞。”《周礼·天官·膳夫》：“膳夫掌王之食饮膳羞。”郑玄注：“羞，有滋味者。”

二、“羞”：耻辱

(1) 由进献而崇敬进一步反向引伸为耻辱。《广雅·释诂三》：“羞，辱也。”《广雅·释诂四》：“羞，耻也。”《孟子·告子上》：“羞恶之心，人皆有之。”如：识～、～恶、内～、～愧、遮～布、不知～耻、民族之～。

(2) 由耻辱引伸为惭愧。《后汉书·刘玄传》：“羞愧流汗，举手不能言。”宋朝辛弃疾《水龙吟·登建康赏心亭》：“求田问舍，怕应羞见，刘郎才气。”如：～惭、～愤、老～成怒、恼～成怒。

(3) 由惭愧引伸为害臊、难为情。唐朝李白《长干行》：“十四为君妇，羞颜未尝开。”《红楼梦》第七十六回：“明日羞他们一羞。”如：害～、怕～、娇～、没～、～怯、～涩、～赧、～答答、～得满脸通红。

不   甲  金  篆  隶

不（bù）是一个象形字。甲骨文字形，上面是一横，下面是三根略微弯曲的竖线，中间的竖线为主线，左右两边的线是从主线生发出来的。对这一字形的解说，学术界都认为字

形是象形字，但具体像什么却有分歧：一为“花萼”，一为“草根”，一为“胚芽”。“花萼说”认为：“不”的上面倒三角形像花萼，即花的托盘，下面三竖线为花心下垂之貌。高鸿晋《中国字例》：“不，原意为鄂足，象形字，名词。后借用为否定副词。”依据为，《诗·小雅·棠棣》：“鄂不韡韡。”郑玄笺：“不，当作柎；柎（fū），鄂足也。”鄂（è）即花萼。鄂不，就是花托。韡韡（wěi）即光明貌。其诗意为：花托长得有力，花开得鲜艳。“草根说”认为甲骨文的“不”字的上面一横为地面，下面的三竖为植物根须之状。赵诚认为甲骨文的“不”“均象草根之形”。单周尧认为甲骨文的“‘不’字之本义为植物之根耶”。“胚芽说”，李乐毅认为：“‘不’是‘胚’的本字。甲骨文‘不’字的一横表示地面；下面的须状线表示种子萌发时首先向地下生长的胚根。后来假借为‘丕’、‘不’和‘否’。”《说文解字》：“不，鸟飞上翔不下来也。”《说文解字》的这一解释基本上被学术界否定。从后世文献来看，“不”的字义为非、不是。表否定。这是“不”的引申义。《礼记·中庸》：“苟不至德，至道不凝焉。”孔颖达疏：“不，非也。”《左传·成公二年》：“马逸不能止。”宋朝苏轼《石钟山记》：“古之人不余欺也。”

现代语法把“不”的用法分成两大类，即副词与助词。

一、“不”：副词、助词

(1) 作副词。①表否定。如：～吃、～去、～信。②表禁止。如：～要。③用于同一名词或形容词中间，表示不管、不论、不介意。如：美～美、家乡水。④用在动词后，表示不可能。如：拿～动、装～下、吃～了、办～到。⑤表示反问。如：～说～行吗？

(2) 作助词。加强语气。如：好～吓人。

二、“不”：丕、否

(1) “不”通“丕（pī）”，表示大。清朝朱骏声《说文通训定声·颐部》：“不，假借为丕。”

(2) “不”通“否”。《正字通·一部》：“不，与可否之否通。”唐朝李白《秋浦歌十七首》之一：“寄言向江水，汝意忆侬不。”

非

非（fēi）是一个象形字。甲骨文字形像鸟儿飞时展开的一对羽翅。金文字形与甲骨文相同。秦篆字形在金文的基础上将字形符号化。汉隶字形又在秦篆基础上进一步方块化，而成为现在的“非”字。从甲骨文字形来看，“非”最初之义就是指鸟儿飞的形态。但是“非”后来借为表达其他的意思，秦篆就另造一个“飞（飛）”字来表达鸟儿飞的意思（汉隶已经出现“非”与“飞”的字形）。所以戴侗的《六书故》和周伯琦的《说文字原》都认为上古“非，飞同字”。由于“非”是指鸟飞时翅膀左右展开，羽翅的形状成对立状态，因此“非”就引申出相背的字义。《说文解字》：“非，违也。从飞下𦐇（‘翅’的异体字），取其相背。”

(1) 由相背引伸为违背。《论语·颜渊》：“非礼勿视，非礼勿听，非礼勿言，非礼勿动。”《韩非子·功名》：“非天时，虽十尧不能冬生一穗。”如：～法。

(2) 由违背引伸为错误、邪恶。《广韵·之韵》：“非，不是也。”《庄子·盗跖》：

“强足以拒敌，辩足以饰非。”晋朝陶渊明《归去来兮辞》：“实迷途其未远，觉今是而昨非。”如：明辨是～、为～作歹。

(3) 由错误、邪恶引伸为责怪、反对。《玉篇·非部》：“非，责也。”《荀子·修身》：“故非我而当者，吾师也。”《二刻拍案惊奇》卷十三：“若小生有始无终，不但人非，难堪鬼责。”如：～议、～难。

(4) 由责怪、反对引伸为怨恨、仇恨。《国语·晋语八》：“今既无事矣，而非和。”韦昭注：“非，恨也。”《汉书·龚胜传》：“不崇礼义，而居公门下相非恨。”

(5) 由怨恨引伸为讥刺。《史记·李斯传》：“非世而恶利，自托于无为。”司马贞《史记索隐》：“非者，讥也。”《后汉书·光武传》：“而兄伯升好侠养士，常非笑光武事田业，比之高祖兄仲。”

(6) 由讥讽引伸为诽谤。此意后由“诽”字表达。“非”通“诽”。《楚辞·九章·怀沙》：“非俊疑杰兮，固庸态也。”汉朝王逸注：“《史记》云：‘诽骏疑杰。’”《汉书·晁错传》：“非谤不治，铸钱者除。”颜师古注：“非，读曰诽。”

(7) 由诽谤引伸为“不”、“不是”(副词)。《庄子·秋水》：“子非鱼，安知鱼之乐？”唐朝韩愈《师说》：“人非生而知之者，孰能无惑。”如：～同小可、～亲即友。

(8) 由“不”、“不是”引伸为表疑问，用在句末，相当于“否”。《汉书·终军传》：“此言与实反者非？”宋朝陆游《老境》：“堪笑街头小儿女，问予‘君是伯休非？”

(9) 由“否”引伸为无、没有。《史记·孔子世家》：“夫子则非罪。”《元史·食货志一》：“民非食货则无以为生。”

(10) 由无、没有引伸为不真实。唐朝白居易《与杨虞卿书》：“其不与者，或诬为伪言，或构以非语。”宋朝苏轼《谏买浙灯状》：“近日小人妄造非语。”

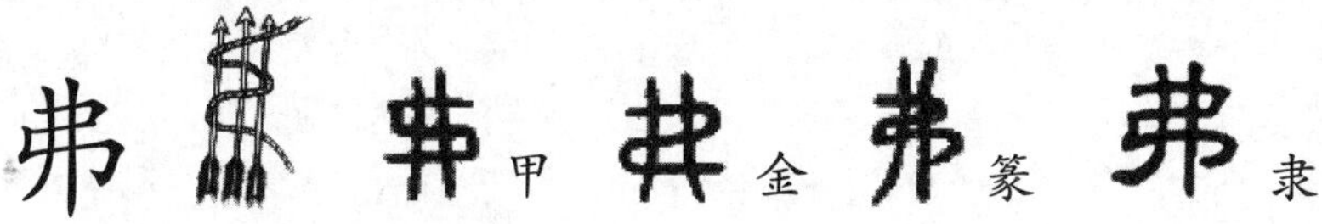

弗（fú）是一个表意字。甲骨文字形像用绳索把箭杆捆束在一起，使弯的箭杆变直，表示矫正之义。金文字形的箭杆微翘，更显矫正之义。秦篆字形与金文相同。汉隶字形则规范成方块字。从甲骨文字形来看，“弗”最初之义就是矫正箭杆使之变直，即矫正之义。《说文解字》：“弗，挢也（挢，有矫正之义）。”段玉裁《说文解字注》：“弗，矫也。”李孝定《甲骨文集释》：“字作弗，正象矫箭使直之形。”弗的矫正箭杆之义在古文献中极少出现。历代的字典对弗的释义都是从矫正箭杆字义之上引申出来的。如：《尔雅·释诂下》：“弗，治也（此义是从捆束不正箭杆的做法上引申出来的）。”《玉篇·丿部》：“弗，不正也（就是从箭杆不正上引申出来的）。”五代的徐锴《说文解字系传·丿部》：“弗者，违也（也是从箭杆不正上引申出来的）。”但这些对弗的字义的解释仅限于古代的字典。而在古文献中弗最常见的字义是表示否定、不。

(1) 古代常用的字义为不、不能、不要等意思。《老子》第二章：“万物作焉而不辞，生而不有，为而不持，功成而弗居。”《战国策·秦策三》：“弗知而言为不智，知而不言为不忠。”《庄子·秋水》：“至德者，火弗能热，水弗能溺，寒暑弗能害，禽兽弗能贼。”

如：自愧~如。

(2) 由不、不要引伸为治理。《尔雅·释诂下》：“弗，治理也。”邢昺疏：“皆治理也。”

“弗”的一些通假字都与弗的本义有联系。

(1) 弗在古代常借用为表示除灾求福，通“祓”。《诗·大雅·生民》：“克禋（禋（yīn）升烟以祭）克祀，以弗无子。”毛传：“弗，去也，无子求有子，古者必立郊禖焉。”

(2) 通“绋”，指送葬时引棺木的大绳。《论衡·薄葬》：“苏秦为燕，使齐国之民高大丘冢，多藏财物，苏秦身弗以劝之。”

(3) 通“怫”，表忧闷、不舒畅。《汉书·沟洫志》：“吾山平兮钜野溢，鱼弗郁兮柏冬日。”颜师古注：“弗郁，忧不乐也。”

莫

 甲  金  篆  隶

莫（mù）是一个象形字。甲骨文字形，上面是两株草（两株草表示草丛），下面也是两株草，中间是一个太阳。整个字形描绘的是太阳落在草丛中，表示时间是傍晚。金文字形与甲骨文相同，秦篆字形也与甲骨文、金文相同，由于字形符号化，上面的两株草变成两个“屮（chè）”，即“艸”字。下面的两株草也变成了两个“屮”。中间的太阳变成了“日“字。其义与甲骨文、金文相同。汉隶字形则在秦篆的基础上进一步变化，上面的“艸”简化成字头“艹”字，中间还是“日”字，秦篆字形下面的“艸”字，却变成“大”字，成为“莫”字。从甲骨文字形来看，“莫”是太阳落在草丛中的形象字，“莫”最初之义就表示时间傍晚。然而“莫”字后来就借用为表其他的意思，人们为了表达傍晚这个含义，就在“莫”字的下面再加上一个“日”字，形成一个新字“暮”，“暮”就专门表达傍晚之义。应该说“莫”是“暮”的本字。所以“莫”的读音最初应该是“mù”，而不是“mò”，以至后来为了与“暮”的读音相区分，才改变读音为“mò”。

一、“莫(mù)”

(1) 有日落的含义。后写成“暮”。《说文解字》：“莫，日且冥也。”《诗·齐风·东方未明》：“不夙则莫。”《礼记·聘义》：“日莫人倦，齐庄正齐，而不敢解惰。”

(2) 由日落引伸为晚，一年将尽，时间将尽。《诗·小雅·采薇》：“曰归曰归，岁亦莫止。”《诗·唐风·蟋蟀》：“蟋蟀在堂，岁聿（yù）其莫。”

(3) 由于日落天色就暗了，因此日落引伸为昏暗。《荀子·成相》：“门户塞，大迷惑，悖乱昏莫无终极。”汉朝枚乘《七发》：“于是榛林深泽，烟云闇莫。”

(4) 由昏暗引伸为指帐篷（帐篷内光线暗）。后通“幕”。清朝朱骏声《说文通训定声·豫部》：“莫，假借为幕。”《史记·张释之冯唐列传》：“斩首捕虏，上功莫府。”司马贞《史记索隐》：“‘莫’当为‘幕’。”

二、“莫（mò）”：怀疑

(1) ①由昏暗看不清楚就产生怀疑。《庄子·人间世》：“凡溢之类妄，妄则其信之也莫，莫则传言者殃。”成玄英疏：“莫，致疑貌也。”② 由怀疑而恐惧，则需要安定，“莫”

就引伸为安定。《诗·大雅·皇矣》：“监观四方，求民之莫。”毛传：“莫，定也。”

(2) 由昏暗而感觉天地格外广大，莫就引伸为广大。《小尔雅·广诂》：“莫，大也。”《庄子·逍遥游》：“何不树之于无何有之乡，广莫之野。”陆德明《经典释文》引简文注：“莫，大也。”

三、“莫（mò）”：没有谁

“莫”借用为作代词。表示没有什么或没有谁。《战国策·楚策》：“群臣莫对。”汉朝贾谊《论积贮疏》：“残贼公行，莫之或止。”

四、“莫（mò）”：副词

(1) 相当于不。《诗·魏风·硕鼠》：“三岁贯女，莫我肯顾。”唐朝柳宗元《种树郭橐驼传》：“他植者虽窥伺傚慕，莫能如也。”

(2) 由不引伸为表禁止。相当于别、不要。《资治通鉴·汉献帝建安十三年》：“愿早定大计，莫用众人之议也。”唐朝刘禹锡《杨柳枝词》：“请君莫奏前朝曲，听唱新翻杨柳枝。”

(3) 由不要引伸为不能。唐朝李白《蜀道难》：“一夫当关，万夫莫开。”

(4) 由不能引伸为表示反问或揣测。宋朝徐梦莘《三朝北盟会编》卷二十七：“时中怒，厉声曰：‘李纲莫能将兵出战否？’”李季《玉门诗抄·难忘的春天》：“莫不是他又要来到我们村上。”

敝 

敝（bì）是一个会意字。甲骨文字形，一种是：右边是一只手拿着一根棍子，左边是一个挂着破旧的布巾，表示用棍子敲打破旧的布片；另一种是：布巾上有两点，表示布巾里的尘土，在敲打中散落出。秦篆字形变成了左边是“㡀（bì）”字，右边是“攴（pū）”字，成为形声字。汉隶字形就将右边的“攴”变成“攵（pū）”，成为今天的“敝”字。从甲骨文字形来看，“敝”最初之义就是指破旧的布巾或衣服。《说文解字》：“敝，败衣。”《玉篇·㡀部》：“㡀，败衣也。与敝同。”

一、“敝”：破败

(1) 由破衣引伸为破旧。《玉篇·㡀部》：“敝，坏也。”《周易·井》：“瓮敝漏。”宋朝辛弃疾《水调歌头·日落古城角》：“长安路远，何事风雪敝貂裘。”如：～帚、～衣。

(2) 由破旧引伸为表谦辞。《三国志平话》第十二回：“二公不弃，就敝宅聊饮一杯。”《官场现形记》第五十二回：“一切事情部瞒不过我们这敝老师的。”

(3) 由破旧引伸为衰敝。《礼记·乐记》：“土敝则草木不长，水烦则鱼鳖不大。”宋朝魏了翁《唐文为一王法论》：“道衰文敝。”

(4) 由衰敝引伸为疲困。《左传·襄公九年》：“许之盟而还师，以敝楚人。”杜预注：“敝，疲也。”《史记·项羽本纪》：“今秦攻赵，战胜则兵疲，我承其敝。”

(5) 由疲困引伸为损害。《左传·僖公三十年》：“因人之力而敝之，不仁。”梁启超《生计学学说沿革小史》第九章：“盖供过求……则供者必受敝，受敝则迁。”

(6) 由损害引伸为失败。《玉篇·㡀部》：“敝，败也。”《左传·僖公十年》。“敝于韩。”杜预注：“敝，败也。”《清朝野史大观·清人逸事·李壮烈战绩》：“羁以官爵，陷以利货，以伺其敝。”

(7) 由失败引伸为丢弃。《礼记·郊特牲》：“冠而敝之可也。”陆德明《经典释文》：“敝，弃也。”《仪礼·士冠礼》：“孔子曰：‘吾未之闻也，冠而敝之可也！’”

(8) 由丢弃引伸为尽。《玉篇·㡀部》：“敝，极也。”《素问·上古天真论》：“故能寿敝天地。”王冰注：“敝，尽也。”《淮南子·原道》：“兵强则灭，木强则折，革固则裂，齿坚于舌而先之敝。”高诱注：“敝，尽。”

二“敝”：衣巾

(1) 左边的“㡀”字指衣巾，所以就引伸为指一幅巾。《说文解字》：“敝，帗也。”段玉裁注：“帗者，一幅巾也。”

(2) 由衣巾引伸为指衣袖。《礼记·缁衣》：“子曰：苟有车必见其轼，苟有衣必见其敝。”王引之述文：“敝，谓衣袂也。”

鄙

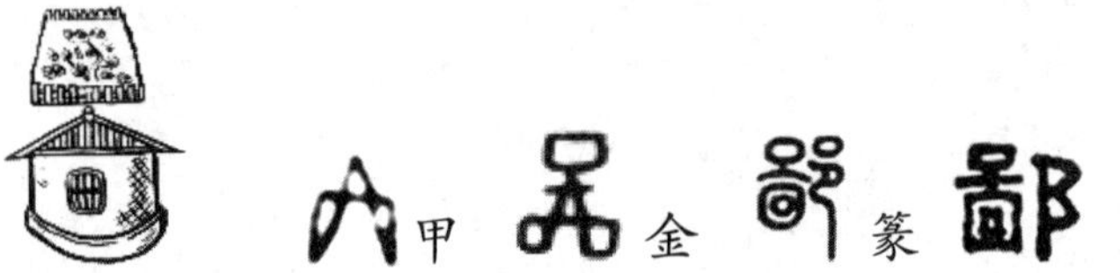

鄙(bǐ)是一个象形字。甲骨文字形像一个粮仓。徐中舒的《甲骨文字典》解释为“象禾麦堆积于仓廪之形”。金文字形在甲骨文字形上加一个“口”，表示收取粮食的地域。秦篆字形则将金文字形变成“啚(bǐ)”字。“啚”由“口”与“㐭(lǐn)”构成。“㐭”是“廪”的本字。《说文解字》说：“㐭，谷所振入……从人，回象屋形，中有户牖。”段玉裁《说文解字注》：“㐭，所以受谷。”《玉篇》：“㐭，藏米室也，亦作廪。”“啚”字既表示粮仓，又表示地域。后人认为“啚”表示地域的含义不明确，就再在“啚”字的右边加上表地域的“邑”字。汉隶字形就把“邑”变成右的“阝(‘邑’作为部首为‘阝’)”，就成了现在的“鄙”字。可以说“啚”是“鄙”的古字。《说文解字》：“五酂(百家为酂)为鄙。”从甲骨文字形来看，“鄙”最初之义是指收藏粮食的粮仓。

一、“鄙”：边疆

(1) 由野外建立粮仓引伸为指边远的区域或边疆(有粮仓就逐步形成人的生活区域)。段玉裁《说文解字注》：“春秋经传鄙字多训为边者，盖《周礼》都鄙距国五百里，在王畿之边，故鄙可释为边。”《左传·隐公元年》：“既而大叔命西鄙，北鄙贰于己。”张衡《东京赋》：“撞洪钟，伐灵鼓，旁震八鄙。”

(2) 由边远区域引申指管理单位。由于形成人的生活区域，周朝统治者就将这些区域管理起来，鄙就成为地方行政单位的名称。五百家为鄙。《周礼·地官·遂人》：“五家为邻，五邻为里，四里为酂，五酂为鄙，五鄙为县，五县为遂。”《说文解字·邑部》：“鄙，五酂为鄙。”段玉裁注：“鄙，五百家也。”

(3) 由边远区域引申指采邑。(周朝王孙公子及卿大夫将这些地域作为自己的采邑，他们称这些叫小邑）。郑玄注《周礼》曰：“都之所居曰鄙……都鄙，公卿大夫之采邑，王子弟所食邑。”孙诒让《周礼正义》：“鄙，即都家居治之邑，通界域言之，则曰都鄙。”晋朝潘岳《藉田赋》：“于斯时也，居靡都鄙，民无华裔。”

（4）由于采邑的地域小、就引伸为指狭，小。《广雅 · 释诂二》：“鄙，小也。”《孟子 · 尽心下》：“鄙夫宽。”赵岐注：“鄙，狭也。”汉朝司马相如《子虚赋》“臣，楚国之鄙人也。”

二、“鄙”：郊野

（1）由于边远区域引伸为指郊野。这个郊野相对国都而言。《国语 · 齐语》：“昔者，圣王之治天下也，参其国而伍其鄙。”韦昭注：“鄙，郊以外也。”宋朝王安石《新田诗序并诗》：“僦（jiǔ）船与车，四鄙出谷。”

（2）由郊野引申指俚俗。生活在郊野的人主要是氓，即社会下层人。他们形成与国都贵族不同的生活方式。因此称他们的生活方式为俚俗。《韩非子 · 五蠹》：“鄙谚曰：‘长袖善舞，多钱善贾。’”《文心雕龙 · 书记》：“夫文辞鄙俚，莫过于谚。”

（3）①由俚俗引伸为质朴。《正字通 · 邑部》：“鄙，人物朴野者皆曰鄙。”《庄子 · 胠箧》：“焚符破玺，而民朴鄙。”《汉书 · 张陈王周传赞》“周勃为布衣时，鄙朴庸人。”②由质朴引伸为表自谦的词语。《史记 · 冯唐列传》：“鄙人不知忌讳。”宋朝王安石《与孙莘老书》：“足下聪明，想宜知鄙心，要当往复穷道理耳。”

（4）由俚俗引伸为庸俗、鄙陋。《玉篇 · 邑部》：“鄙，鄙陋。”《左传 · 庄公十年》：“肉食者鄙，未能远谋。”三国蜀诸葛亮《出师表》：“先帝不以臣卑鄙，猥自枉屈，三顾臣于草庐之中。”

（5）由鄙陋引伸为蔽固不通。即思维不敏捷。《玉篇 · 邑部》：“鄙，不慧也。”《汉书 · 叔孙通传》：“若真鄙儒，不知时变。”颜师古注：“鄙，言不通。”

（6）由鄙陋引伸为鄙吝，即爱财。《正字通 · 邑部》：“鄙，吝于财，薄于礼者曰鄙吝。”《韩非子 · 五蠹》：“今之争夺，非鄙也，财寡也。”《淮南子 · 本经》：“财足，而人赡矣，贪鄙忿争不得生焉。”

（7）由鄙吝引伸为轻视、鄙薄。《洪武正韵 · 纸韵》：“鄙，厌薄之也。”《左传 · 召公十六年》：“我皆有礼，夫犹鄙我。”杜预注：“鄙，贱也。”

（8）由轻视、鄙薄引伸为恶。唐朝玄应《一切经音义》卷二十四：“鄙，恶也。”《庄子 · 人世间》：“凡事亦然，始于谅，常终乎鄙。”成玄英注：“凡情常事，亦复如然，莫不始则诚信，终则鄙恶。”

歹（è）是一个象形字。甲骨文字形，上面像头骨破碎的裂纹，下面像人死腐烂后的骨架。一些甲骨文还在骨架两边加上点，表示骨架的泥土。金文字形与甲骨文相同。秦篆字形将字形符号化成为“歺（è）”。汉隶字形则写成“歹（è）”字。裘锡圭《文字学概要》：“好歹的‘歹（dǎi）’本是汉语从蒙古语借来的一词。”“歹（dǎi）”在宋元时代才正式进入汉字体系，与“歺”（è）的源流不同。后来两字通用。《广韵·曷韵》：“歺……凡从歺者今亦作歹。”《类篇·歺部》：“歺，隶或书作歹。”从甲骨文字形来看，“歹（歺）”最初之义就是指残骨。《说文解字》：“歺，列（裂）骨之残也。”所说之意为破碎的残骨。

一、“歹”：恶

歹（dǎi）表示恶、坏。与“好”相对。《宣和遗事》前集：“父亲做歹事，误我受此重罪。”《文明小史》第二回：“并无歹意，叫他们不必惊疑。”如：为非作～。

二、“歹”：你、我

苗族人称你、我为“歹（dǎi）”。明朝田汝成《炎徼记闻》：“南蛮称人曰歹，自称亦曰歹。”

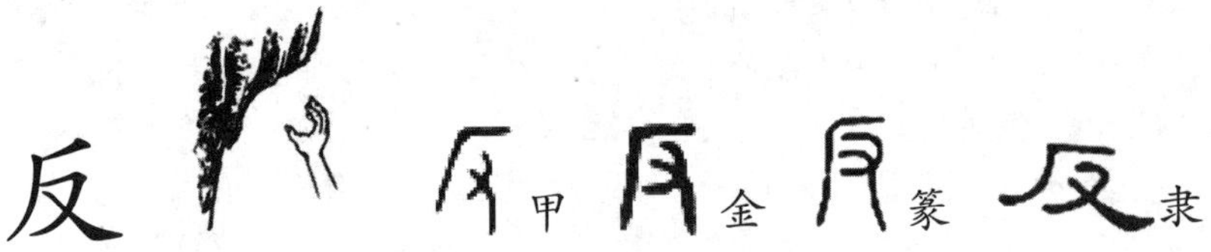

反（fǎn）是一个会意字。甲骨文字形，左上角是“厂”，“厂”是山崖之形；右下面是“又”，“又”是右手的最初字形。整个字形表示用手攀爬山崖。应该说“反”是“扳”的初文。金文字形与甲骨文相同。秦篆字形与金文相同，只是字形符号化而已。汉隶字形在秦篆基础上将字形方块化，成为今天的“反”字。从甲骨文字形来看，“反”最初之义是攀爬山崖。杨树达《积微居小学述林》：“反字从又从厂者，厂为山石厓（崖）岩，谓人以手攀厓也……扳实反之后起加旁字。”《说文解字》的“反，覆（翻转）也”是引申之义。人在以手攀厓时，手心与平时提东西的状态不同，是翻转着的，所以反由攀崖引伸为翻转。

一、“反”：翻转

（1）有翻转之义。清朝朱骏声《说文通训定声》：“反，谓覆其掌。”《诗·周南·关雎》：“优哉游哉，辗转反侧。”《吕氏春秋·观世》：“晏子之晋，见反裘负刍息于途者，以为君子也。”《汉书·枚乘传》：“易于反掌，安于泰山。”

（2）由翻转引伸为掉转（转到相反的方向），掉转头。《史记·齐太公世家》：“纣师败绩。纣反走登鹿台，遂追斩纣。”《唐律·斗讼·诬告反坐》：“诸诬告人者，各反坐。”

（3）由掉转引伸为颠倒，方向相反。与“正”相对。《周易·说卦》：“其于稼也，为反生。”宋朝朱震《汉上易集传》引郑玄注：“生而反出也。”唐朝杜甫《秋雨叹三首》之三：“长安布衣谁比数，反锁衡门守环堵。”

（4）由方向相反引伸为返回，同“返”。《论语·子罕》：“吾自卫反鲁，然后乐正，《雅》《颂》各得其所。”《列子·汤问》：“寒暑易节，始一反焉。”

（5）①由返回引伸为归还、送还。《左传·宣公五年》：“冬，来，反马也。”杜预注：“礼，送女留其送马，谦不敢自安。三月庙见，遣使反马。”《宋史·方信儒传》：

“反俘，归币可也。”②由归还、送还引伸为回报、回复。《周礼·春官·都宗人》：“国有大故，则令祷祠，既祭，反命于国。”郑玄注：“反命，还白王。”《左传·成公十六年》：“箕之役，先轸不反命。”韦昭注：“先轸死之，故不反命于君。”

（6）由返回引伸为重复。《论语·述而》：“子与人歌而善，必使反之，而后和之。”何晏《论语集解》：“乐其善，故使重歌而自和之。”《荀子·赋》：“与愚以疑，愿闻反辞。”杨倞注：“反辞，反复叙说之辞。”

二、“反”：违背

（1）由翻转、颠倒引伸为违背、违反。《周易·屯》：“十年乃字，反常也。”《国语·周语下》：“足高，日弃其德；言爽，日反其信。”韦昭注：“反，违也。”

（2）由违反、违背引伸为反对。如：～腐败、～贪污、～浪费。

（3）由反对引伸为报复。《左传·昭公二十年》：“（伍）员如吴，言伐楚之利于州于。公子光曰：‘是宗为戮，而欲反其仇，不可从也。’”杜预注：“反，复也。”

（4）由反对引伸为反抗、背叛。《正字通·又部》：“以下叛上曰反。”《吕氏春秋·古乐》：“成王立，殷民反。”高诱注：“反，叛也。”《史记·秦始皇本纪》：“荆将项燕立昌平君为荆王，反秦于淮南。”

（5）由反对引伸为反省。《淮南子·泛论》：“纣居于宣室，而不反其过。”清朝方苞《赠介庵上人序》：“余自反，所以奉吾亲不能如是之诚壹也。”

（6）由反省引伸为纠正错案。《广韵·元韵》：“反，断狱平反。”《正字通·又部》：“反，平反，言理正幽枉，举活罪囚也。”《史记·平準书》：“杜周治之，狱少反者。”

（7）由反省引伸为类推。《论语·述而》：“举一隅，不以三隅反，其人不思其类，则不复重教之。”《韩非子·扬权》：“因天之道，反形之理，督参鞠之，终则有始。”

重

重（zhòng）是一个会意兼形声的字。甲骨文字形，左面是一个弯着的人，下面是脚趾。右上面是一个大口袋，口袋里有很多东西。整个字形表示人背着很大、很重的包袱。金文字形则是人站在大口袋的上面。人站在大口袋上面，表示口袋之大，里面的东西多，其物之重。秦篆字形已经符号化了，上面“人”字形体还能识别，并且在口袋的下面增加了一个“土”字，表示其口袋之重只有地上才能承受。汉隶字形在秦篆基础上进一步变化，成为今天的“重”字。从甲骨文字形来看，“重”最初之义是负重（远古之人对于“重”这种表示感觉的字，就借用“负重”的形态来表达，不能不说古人的聪明）。《说文解字》：“重，厚也。”

一、“重”：重量

（1）由大口袋的重量引伸为物体的重量。《周礼·考工记》：“其耳三寸，其实一升，重一钧。”《史记·秦始皇本纪》“金人十二，重各千石。”如：体～、辎～、皮～、举～、荷～、承～、载～、加～、过～、轻～颠倒、头～脚轻。

(2) 由重量引伸为分量重，与“轻”相对。《玉篇·重部》：“重，不轻也。”《尚书·大禹谟》：“罪疑惟轻，功疑惟重。”《孟子·梁惠王上》：“权，然后知轻重。”如：我比你～、脚步～。

(3) 由分量大引伸为增加、加重。《左传·宣公十二年》：“今天或者大警晋也，而又杀林父以重楚胜，其无乃久不竞乎！”《吕氏春秋·制乐》：“今故兴事动众以增国城，是重我罪也。”

(4) 由加重引伸为重视。《礼记·缁衣》：“臣仪行不重辞。”郑玄注：“重，犹尚也。”三国魏曹丕《典论·论文》：“古人贱尺璧而重寸阴。”如：注～、敬～、尊～、珍～、看～、自～、倚～、依～、～理轻文、～男轻女、～于泰山。

(5) 由重视引伸为重要。《论语·泰伯》：“任重而道远。”《孟子·告子下》：“色与礼孰重？”如：偏～、～托、～地、～点、着～、～臣、轻～缓急、任～道远、如释～负、举足轻～。

(6) 由重要引伸为慎重、谨慎。《广韵·肿韵》：“重，慎也。”《荀子·议兵》：“重用兵者强，轻用兵者弱。”如：慎～、凝～、老成持～、安土～迁、郑～其事。

(7) 由慎重、谨慎引伸为敦重、端庄。《论语·学而》：“君子不重则不威，学则不固。”唐朝韩愈《祭窦司业文》：“魁然厚重，长者之风。”如：、庄～、典～、端～。

(8) 由敦重引伸为威重、威望。《史记·汲郑列传》：“顾淮阳吏民不相得，吾徒得君之重，卧而治之。”《后汉书·孔融传》：“时河南尹李膺，以简重自居，不妄接士宾客。”如：德高望～。

(9) 由威重、威望引伸为权势、权力。《韩非子·三守》：“然则人主无威，而重在左右矣。”《汉书·王莽传上》：“当此之时，宫无储主，董贤据重。”

(10) 由权利引伸为负责、重任。《左传·召公五年》：“既获姻亲，又欲耻之，以召寇仇，备之若何？谁其重此？”唐朝韩愈《送石处士序》：“先生仁且勇，若以义请而强委重焉，其何说之辞。”

二、“重”：大

(1) ①由重量引伸为大。《吕氏春秋·贵生》：“天下，重物也。”高诱注：“重，大；物，事。”如：～大、权～。②由大引伸为场面大。如：隆～。

(2) 由重量引伸为厚。《说文解字》：“重，厚也。”《淮南子·俶真》：“九鼎重味。”高诱注：“重，厚也。”宋朝范仲淹《让观察第二表》：“享千钟之厚禄，加千金之重赐。”

(3) 由厚引伸为浓厚。《吕氏春秋·尽数》：“凡食，无强厚味，无以列味重酒，是以谓之疾首。”唐朝钱起《县城秋夕》：“露重蕙花落，月冷莎鸡飞。”

(4) 由厚引伸为程度深。《礼记·檀弓下》：“子之哭也，一似重有忧者。”《吕氏春秋·悔过》：“今行数千里，又绝诸侯之地以袭国，臣不知其可也，君其重图之。”如：深～、沉～、严～、～犯、～创、病～、危～、伤很～、情意～、避～就轻。

三、“重（ch ó ng）”

(1) 由增加重量引伸为重复、重叠（相加）。《玉篇·壬部》：“重，叠也。”《广韵·钟韵》：“重，复也。”《周易·乾》：“九三，重刚而不中。”孔颖达疏：“上下俱阳，故重刚也。”宋朝陆游《游西山村》：“山重水复疑无路，柳暗花明又一村。”如：～合、～九、～唱、～婚、～印、山～水复、～峦叠嶂、双～领导、～足而立。

（2）由重复引伸为重新、再一次。《楚辞·离骚》：“纷吾既有此内美兮，又重之以修能。”如：～唱、～播、～申、～现、～演、～提、～温、～做、～译、久别～逢、～温旧梦、～修旧好、～整军威、～整旗鼓、～蹈覆辙、～见天日、～起炉灶、故地～游。

（3）由再一次引伸为两个、成双。量词。《诗·鲁颂·閟宫》：“朱英绿縢，二茅重弓。”《汉书·朱博传》：“（博）自微贱至富贵，食不重味，案上不过三杯。”

（4）由两个、成双引伸为倍。《墨子·非攻上》：“若以此说，往杀十人，十重不义，必有十死罪矣；杀百人，百重不义，必有百死罪矣。”《逸周书·文传》：“生十杀一者物十重，生一杀十者物顿空，十重者王，顿空者亡。”

（5）由倍引伸为多。《左传·成公二年》：“重器备，椁有四阿，棺有翰桧。”杜预注：“重，犹多也。”《荀子·富国》：“重色而衣之，重味而食之。”

第六章 连词集合

若、而、乃、且、既、并、並、兼、奚、及、亦、从、即

若

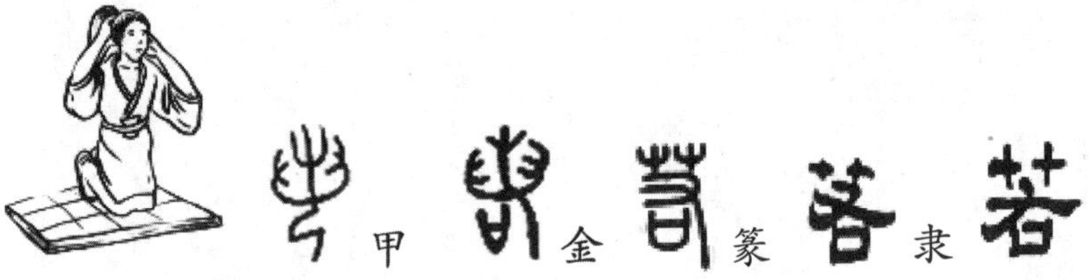

若（ruò）是一个象形字。甲骨文字形是一个女子梳头的形状，上面中间的三竖表示长长的头发，左右双手举起，靠近头发，表示正在把头发梳理顺畅。下面弯曲的线条表示坐着的身子。金文字形上半部分与甲骨文相同，下面增加了一个“口”，就变成会意字。不仅理顺头发，还用口突出表达顺应之义。秦篆字形则有很大的变化，上面是“艸”，中间是“手（右手）”，下面是“口”。“艸”与“手”大概是表示用手整理顺杂草，字形还是想表示理顺之意。汉隶字形在秦篆基础上进一步变化，就成为上“艸”或“艹”，下“右”的“若”字。从甲骨文字形来看，“若”最初之义就是指女子梳理头发的情形，大概借此表达顺应之义。商承祚《殷虚文字类编》：“卜辞诸若象人举手而跽足，乃象诺是巽顺之状，古诺与若为一字，故若字训为顺。古金文若字与此略同。”

一、“若”：顺从

(1) 由把头发梳理顺畅引伸为和善、顺从。《尔雅·释言》：“若，顺也。”《左传·宣公三年》：“故民入川泽山林，不逢不若。”《资治通鉴·唐睿宗景云二年》：“天地垂祐，风雨时若。”

(2) 由顺从引伸为应允，即诺，后写作“诺”。《马王堆汉墓帛书·经法·名理》：“若者，言之符也；已者，言之绝也。已若不信，则知（智）大惑矣，已若必信，则处于度之内也。”

(3) 由应允引伸为到、及。《国语·晋语五》：“病未若死。”

(4) 由及、到引伸为比得上。《论语·学而》：“未若贫而乐，富而好礼者也。”《礼记·檀弓下》：“虽然，则彼疾，当养者孰若妻与宰？”

(5) 由比得上引伸为同、相当。《孟子·滕文公上》：“布帛长短同，则价相若。”《醒世姻缘传》第十八回：“也不论班辈差与不差，也不论年纪若与不若。”

(6) 由同、相当引伸为像、如同。《尚书·盘庚上》：“若网在纲，有条不紊。”唐朝王勃《杜少府之任蜀川》：“海内存知己，天涯若比邻。”

二、“若”：香草

“若”的秦篆字形是草头，因此若就引申指香草杜若。《说文解字》：“若，杜若，香草。”《楚辞·九章·惜往日》：“自前世之妒贤兮，谓蕙若其不可佩。”洪兴祖补注：“若，杜若也。”唐朝陆龟蒙《美人》：“犹欲悟君心，朝朝佩兰若。”

三、“若”：代词

(1) 相当于“你（们）”、“你（们）的”。《史记·项羽本纪》：“吾翁即若翁。”唐朝柳宗元《捕蛇者说》：“更若役，复若赋。”

(2) 相当于“其”、“他的”。《墨子·天志下》：“今人处若国得罪，将犹有异国所，以避逃之者矣。”《论衡·实知》：“孔子生，不知其父，若母匿之。”

(3) 相当于“这个”、“这样”。《论语·宪问》：“君子哉若人！尚德哉若人！”《孟子·梁惠王上》：“以若所为，求若所欲，犹缘木而求鱼也。”

四、“若”：副词

(1) 表示承接。相当于“乃”、“才”。《国语·周语中》：“必有忍也，若能有济也。”《马王堆汉墓帛书·十六经·姓争》：“刑德相养，逆顺若成。”

(2) 表示不肯定。相当于“似乎”、“好像”。《左传·定公四年》：“若闻蔡将先卫，信乎？”《本草纲目·禽部·杜鹃》：“其鸣若曰：‘不如归去。’”

五、“若”：连词

(1) 表示假设。相当于“如果”。《左传·僖公二十三年》：“公子若反晋国，则何以报不穀（谷）？”唐朝李贺《金铜仙人辞汉歌》：“天若有情天亦老，携盘独出月荒凉。”

(2) 表示选择。相当于“或”、“或者”。《左传·定公元年》：“若从践土，若从宋，亦惟命。”《红楼梦》第七十四回：“将镜奁、妆盒、衾袱、衣包若大若小之物，一齐打开。”

(3) 表示转折。相当于“至于”。《荀子·劝学》：“故学数有终，若其义则不可须臾舍也。”宋朝欧阳修《醉翁亭记》：“若夫日出而林霏开，云归而岩穴暝。”

六、“若”：助词

用在形容词或副词后面，表示事物状态。相当于“貌”、“样子”。《诗·卫风·氓》：“桑之未落，其叶沃若。”《史记·司马相如列传》：“于是二子愀然改容，超若自失。”

而

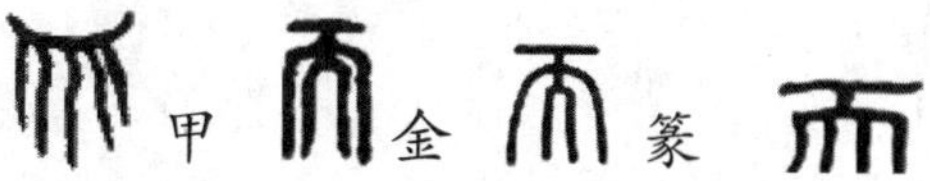

而（ér）是一个象形字。甲骨文字形是老人下巴长出长长的胡须，上面弧线表示下巴的形状，下面五根有点弯曲的线条表示众多的胡须。金文字形，将下巴变成一横，众多的胡须变成弯曲的四根，以表示两边腮帮的胡须。秦篆字形与金文相同，只是字形符号化，但也能看出下垂的胡须状。汉隶字形沿袭秦篆变成今天的“而”字形体。从甲骨文字形来看，“而”最初之义就是指人的胡须。《说文解字》：“而，颊毛也。像毛之形。”段玉裁注：“颊毛者，所谓髯鬚之类耳。”

“而”出现不久胡须之义就丢失，被挪用作其他词语用。

一、“而”：动词

(1) 如、像、似。《周易·明夷》：“君子以莅众，用晦而明。”虞翻注：“而，如也。”《新序·杂事三》：“白头而新，倾盖而故。何则？知与不知也。”按：《汉书·邹阳传》引此作“白头如新，轻盖如故”。

(2) 即，就是。常与“非”对用，构成“非……而……”。《战国策·楚策一》：“凡天下强国，非秦而楚，非楚而秦。”《史记·刘敬叔孙通列传》：“非其德薄，而形势弱也。”

二、“而”：代词

(1) 表示对称，相当于“你”。《小尔雅·广诂》：“而，汝也。”《诗·大雅·桑柔》：“嗟尔朋友，予岂不知而作。”郑玄注：“而，犹女（汝）也。”《左传·昭公二十年》：“余知而无罪也。”杜预注“而，女（汝）也。”

(2) 表示领有，相当于“你的”。《史记·越王勾践世家》：“我令而父霸，我又立若。”《聊斋志异·促织》：“业根，死期至矣！而翁归，自与汝覆算耳！”

(3) 表示指示，相当于“此”。《穆天子传》卷三：“比及三年，将复而野。”郭璞注：“复返此野。”《战国策·赵策一》：“豫让拔剑三跃，呼天击之曰：‘而可以报知伯矣。’”

三、“而”：副词

(1) 表示时间，相当“才”。《玉篇·而部》：“而，乃也。”《公羊传·宣公十五年》：“吾今取此，然后而归尔。”《大戴礼记·曾子本孝》：“如此而成于孝子也。”

(2) 表示范围，相当于“只”、“唯独”。《论语·季氏》：“不患寡而患不均，不患贫而患不安。”

(3) 表示继续，相当于“犹”、“还”。《论语·阳货》：“年四十而见恶焉，其终也已。”邢昺疏：“言人年四十，犹为恶行而见憎于人者，则是其终无善行也已。”

四、“而”：连词

(1) 表示并列，相当于“和”、“与”。《左传·昭公二十五年》：“哀乐而乐哀，皆丧心也。”汉朝贾谊《过秦论》：“此四君者，皆明智而忠信，宽厚而爱人。”唐朝李白《蜀道难》：“剑阁峥嵘而崔嵬。”

(2) 表示承接，动作因循相继。《论语·学而》：“学而时习之，不亦说乎。”《孟子·万章上》：“予既烹而食之。”

(3) 表示“就”。《孟子·万章下》：“可以速而速，可以久而久，可以处而处，可以仕而仕。”《荀子·王制》：“知此三具者，欲王而王，欲霸而霸，欲强而强矣。”

(4) 表示假设，相当于“如果”。《论语·为政》：“人而无信，不知其可也。”《左传·襄公三十年》：“子产而死，谁其嗣之？”《论语·八佾》：“管氏而知礼，孰不知礼？”范缜《神灭论》：“人而无知，与木何异！”

(5) 表示因果，相当于“因而”、“所以”。《说苑·修文》：“情动于中，而形于声。”《韩非子·问田》：“楚不用吴起而削乱，秦行商君而富强。”

(6) 表示转折，相当于“却”、“然而”。《孟子·离娄下》：“问其与饮食者，尽富贵也，而未尝有显者来。”《聊斋志异·狼三则之二》：“骨已尽，而两狼之并驱如故。”

五、“而”：助词

(1) 表偏正关系，相当于“之”、“的”。《论语·宪问》：“君子耻其言而过其行。”《说苑·建本》引《诗》曰：“人而无良，相怨一方。”

（2）与“上”、“下”、“前”、“后”、“来”、“往”连用。《周易·系辞上》：“形而上者为之道，形而下者为之器。”《孟子·尽心下》：“由孔子而来，至于今百有余年。”

六、“而”：语气词

（1）用于句中，表示反问，相当于“岂”、“难道”。《左传·昭公十三年》：“诸侯事晋，未敢携贰，况卫在君之宇下，而敢有异志？”《论语·颜渊》：“为仁由己，而由人乎哉？”邢昺疏：“言行善由己，岂由他人乎哉。”

（2）用于句末，相当于“耳”、“哪”。《诗·齐风·著》：“俟我于著乎而，充耳以素乎而，尚之以琼华乎而！”《论语·微子》：“已而已而！今之从政者殆而。”

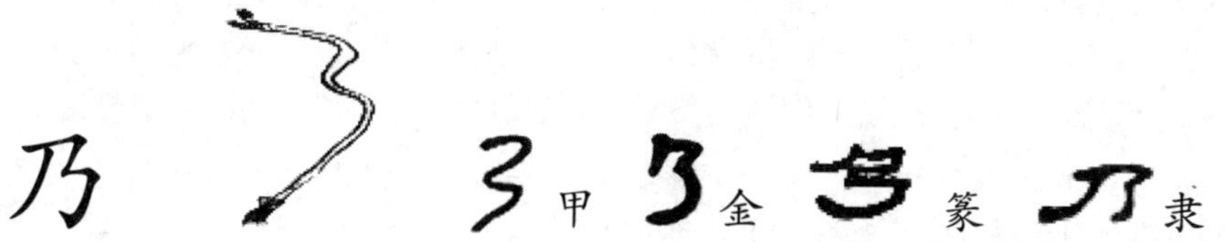

乃（迺）（nǎi）是一个象形字。甲骨文字，学术界有多种解释。一种认为像绳索弯曲之形。朱芳圃《殷周文字释丛》卷中第八十页：“乃即绳之初文……此正象绳索之形。”李乐毅《汉字演变五百例》：“甲骨文和金文‘乃’字像一条绳子。”一种认为像人侧面的胸部乳房突出之形。郭沫若《金文从考》：“余以为当是人形，象人侧立，胸部有乳房突出，是则乃盖奶之初文矣。”徐中舒《甲骨文字典》：“（乃）象妇女乳房侧面形，为奶之初文。”一种认为是气出之难。《说文解字》解释为“乃，曳词之难也，象气之出难。”金文字形与甲骨文相同，只是在字的顶部加上一“丿”。秦篆字形沿袭金文，字形就变得符号化了。汉隶字形与金文更接近，金文的一“丿”被汉隶加长，突出，使之成为现在的“乃”字。从甲骨文字形来看，“乃”最初之义学术界还无法确定。笔者倾向于“绳索说”。

一、“乃”：代词

（1）表人称。①相当于“你”、“你的”。《广雅·释言》：“乃，汝也。”《尚书·康诰》：“朕心朕德，惟乃知。”孔传：“我心我德，惟汝所知。”宋朝陆游《示儿》：“王师北定中原日，家祭无忘告乃翁。”②由“你的”引伸为指“他的”。清朝王引之《经传释词》卷六：“乃，犹其也。”《周礼·天官·小宰》：“各修乃职，考乃法，待乃事，以听王命。”《红楼梦》第四回：“令其读书，较之乃兄，竟高十倍。”

（2）表指示。相当于“此”、“这样”。《诗·小雅·大田》：“既种既戒，既备乃事。”高亨注：“乃事，这些事。”《晏子春秋·外篇重而异者七》：“吾闻之，五子不满隅，一子可满朝，非乃子耶？”

二、“乃”：副词

（1）由指示代词“这”引伸为表示“然后”（副词）。清朝王引之《经传释词》卷六：“乃，犹然后也。”《史记·项羽本纪》：“度我至军中，公乃入。”唐朝白居易《村居寒苦》：“乃知大寒岁，农者尤辛苦。”

（2）由“然后”引伸为“刚刚”、“才”。《谷梁传·庄公十年》：“乃深其怨于齐，又退侵宋，以众其敌。”《大戴礼记·保傅》：“古之王者，太子乃生，固举之礼。”

（3）由“然后”引伸为表示转折，相当“却”。《汉书·吴王刘濞传》：“不改过自新，乃益骄恣。”宋朝王安石《和平甫舟中望九华山》：“盘根虽巨壮，其末乃修纤。”

(4) 由转折引伸为表示意料不到的语气。相当于“竟然”、“居然”。《列子·汤问》：“穆王始悦而叹曰：‘人之巧乃可与造化者同功乎？’”晋朝陶渊明《桃花源记》：“问今是何世，乃不知有汉。”

(5) 由竟然、居然引伸为反问、反诘。相当于“岂”、“难道”。《尚书·西伯戡黎》：“乃（你）罪多参在上，乃能责命于天。”《南史·宋宗室传上》：“行路之人，尚不应是，今日乃可一门同尽？”

(6) 由反问引伸为表示范围，相当于“只”、“仅仅”。《吕氏春秋·义赏》：“天下胜者众矣，而霸者乃五。”《史记·项羽本纪》：“项王……至东城，乃有二十八骑。”

(7) 由表示范围只、仅仅引伸为表示并列关系。相当于“及”、“而”。《仪礼·燕礼》：“大夫不拜乃饮。”《大戴礼记·诰志》：“物乃岁俱生于东，以顺四时，卒于冬分。”孔广森补注：“言万物与岁俱起于春，尽于冬也。”

(8) 由并列引伸为表示选择。相当于“还是”、“抑或”。《汉书·文帝纪》：“意者朕之政有所失而行有过与？乃天道有不顺，地利或不得，人事多失和，鬼神废不享与？”

(9) 由选择引伸为表示递进。相当于“而且”。《战国策·韩策二》：“非独（聂）政之能，乃其姊者，亦列女也。”《说苑·至公》：“不惟晋国适享之，乃唐叔是赖之。”

(10) 由选择引伸为表示假设。相当于“如果”。《孟子·公孙丑上》：“皆古圣人也，吾未能有行焉。乃所愿，则学孔子也。”《荀子·成相》：“思乃精，志之荣。”

(11) 由假设引伸为表示承接。相当于“而”。《荀子·正论》：“然则斗与不斗邪，亡于辱之与不辱也，乃在于恶之与不恶也。”

三、“乃”：助词

“乃”用作助词。无义。《说文解字·乃部》：“乃，曳词之难也，象气之出难。”徐灏《说文解字注笺》：“古或用转语，或为发语。”《尚书·大禹谟》：“乃圣乃神，乃武乃文。”唐朝韩愈《斗鸡联句》：“一喷一醒然，再接再砺乃。”

且

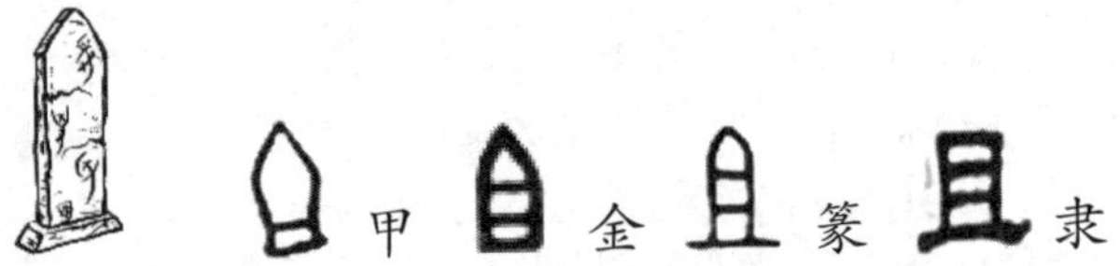

且（qiě）是一个象形字。远古时期，先民对部落繁殖后代这一现象不明白，但部落人口繁衍、增多是部落生存、强大的基础，这种意识他们是很强烈的。他们直觉地意识到男人的生殖器官是繁衍、增多部落后代的关键，因此对男人的生殖器官产生崇拜。就做一个与男人生殖器官形状相似物体，来对它进行祭拜。这就是“且”字最初出现的原因。甲骨文字形就是生殖器官的形状。生殖器官是部落延续的纽带，上追朔祖先，下延及后代。祭拜“且（生殖器官）”就是祈祷祖先，绵延后代。金文字形与甲骨文相似，这表明远古部落先民延续下来的观念在先秦时期还得以传承。后来人们的观念发生变化，就由祭祀生殖器官转为祭祀灵牌，因此秦篆字形就更像灵牌的形状。汉隶字形由于方块化，就看不出生殖器官的形状。从甲骨文字形来看，“且”最初之义是指男性的生殖器。祭男性的生殖器以达到祈祷部落子孙的繁衍。后来为了突出这层意思，就出现了“祖”字。“祖”就是“礻”加“且”，“礻”是“示”的偏旁，“示”就是祭拜（看“祭”字）。从“祖”的字形结构来看，就是祭拜“且”。邹晓丽在《基础汉字形义释源》中说：“卜辞中‘且’、‘祖’同，‘且’为‘祖’之古体。祖先崇拜是人类对血亲先辈的敬仰，目的是求祖先保佑增进家庭团结、发展。母系社会时祭女，父系是生殖器崇拜。”《汉语大字典》：“（且）甲、金文用为祖先的祖，后加示旁。”正是因为有“祖”字代替“且”字的意思，所以“且”就移作它用。

一、“且”：动词

“且”作动词。表示取。《老子》第六十七章：“今舍慈且勇，舍俭且广，舍后且先，死矣。”王弼注：“且，犹取也。”

二、“且”：代词

“且”作代词。表示此，这。《诗·周颂·载芟》：“匪且有且，匪今斯今。”毛传：“且，此也。”

三、“且”：副词

（1）将近，几乎。《列子》：“北山愚公者，年且九十。”《史记·项羽本纪》：“不者，若属皆且为所虏。”《论衡·刺孟》：“禹至汤且千岁，汤至周亦然。”

（2）由将近引伸为将要。《战国策·齐策一》：“魏有破韩之志，韩见且亡，必东愬于齐。”《淮南子·泰族》：“故天之且风，草木未动而鸟已翔矣。”宋朝王安石《游褒禅山记》：“不出，火且尽。”

（3）由将要引伸为姑且、暂且。《史记·伍子胥列传》：“将军孙武曰：‘民劳，未可，且待之。’”唐朝《石壕吏》：“存者且偷生，死者长已矣。”

（4）由姑且、暂且引伸为但、只。唐朝杜甫《送高三十五书记》：“崆峒小麦孰，且愿休王师。”宋朝苏轼《虞美人》：“持杯复更劝花枝，且愿花枝长在，莫披离。”

（5）由但、只引伸为倒、却。唐朝白居易《元微之除浙东观察使喜得杭越邻州》：“官职比君虽校小，封疆与我且为邻。”《警世通言·崔待诏生死冤家》：“寻不见，却空走了这遭。两个老的且自来到这里了。”

四、“且”：连词

（1）表示并列。相当于“又”、“和”。《诗·魏风·伐檀》：“河水清且涟猗。”《史记·淮阴侯列传》：“居一二日，（萧）何来谒上，上且怒且喜。”南朝梁沈约《夜夜曲》：“汉河纵且横，北斗横且直。”如：～战～退。

（2）由表示并列引伸为选择。相当于“或者”、“抑或”。《战国策·齐策四》：“王以天下为尊秦乎？且尊齐乎？”《史记·魏世家》：“富贵者骄人乎？且贫贱者骄人乎？”

（3）由选择引伸为假设。相当于“若”、“假如”。《史记·齐太公世家》：“君且欲霸，非管夷吾不可。”《吕氏春秋·知士》：“且静郭君听辨而为之也，必无今日之患也。”

（4）由假设引伸为退步。相当于“尚且”。《史记·项羽本纪》：“臣死且不避，卮酒安足辞？”

（5）由退步引伸为递进。相当于“而且”、“况且”。《史记·陈涉世家》：“且壮士不死即已，死即举大名耳。”《三国志·蜀志·诸葛亮传》：“曹操之众，远来疲弊……且北方之人，不习水战。”

五、“且”：助词

(1) 用于句首。发语词，相当于“夫”。《左传·昭公二十六年》：“且天之有彗也，以除秽也。”《史记·淮阳侯列传》：“且为智者固若此乎！”

(2) 用于句中。《庄子·齐物论》：“谁独且无师乎？”《乐府诗集·相和歌辞·孤儿行》：“愿还我蒂，兄与嫂严，独且急归。”

既（jì）是一个会意字。甲骨文字形，左边是一个高脚的盘子，上面装着食物；右边是一个坐着（古人的坐像今人的跪）的人，他的头却朝后，并张着大嘴巴。表示他已经吃饱了，不愿再吃了。金文字形与甲骨文大体相同，只是左边的装食物的盘子下面没有了脚，右边的人形与甲骨文相同。突出人的头朝后，张着大嘴巴。秦篆字形与金文相同。汉隶字形则有很大的变化。左边变成“皀（bī）”字，右边的人形变成“旡（jì）”字。就成为今天的“既”字。从甲骨文字形来看，“既”最初之义就是指人吃完饭了。李孝定《甲骨文字集释》：“契文象人食已，顾左右而将去之也，引申之义为尽。

一、“既”：食尽

(1) 由吃完饭引伸为食尽。古人用吃饭来比喻日全食或月全食等天象。《春秋·桓公三年》：“秋，七月，壬辰，朔，日有食之，既。”杜预注：“既，尽也。”《史记·周本纪》：“周既不祀。”司马贞《史记索隐》：“日食尽曰既。”

(2) 由食尽引伸为完、尽。《广雅·释诂一》：“既，尽也。”《庄子·应帝王》：“吾与汝既其文，未既其实，而固得道与？”《新唐书·张玄素传》：“从善若流，恐尚不逮，饰非拒谏，祸可既乎？”

(3) 由完、尽引伸为失、失掉。《方言》卷六：“既，失也。”《史记·太史公自序》：“不既信，不倍言，义者有取焉。”王念孙《史记杂志》：“不既信，不失信也。”

(4) 由失、失掉引伸为指事物（由失掉的对象引申而来）。相当于“其”、“他”。代词。裴学海《古书虚词集释》卷五：“既，犹其也。一为指事之词。”《诗·小雅·大东》：“佻佻公子，行彼周行，既往既来，使我心疚。”

二、“既”：副词

(1) 由实词延伸为副词。由吃完饭引伸为“已经”、“已然”。《广雅·释诂四》：“既，已也。”《尚书·尧典》：“克明俊德，以亲九族，九族既睦，平章百姓。”《红楼梦》第十七回：“话说秦钟既死，宝玉痛哭不止。”

(2) 由已经引伸为表示前后两件事情紧紧衔接。相当于“即”、“便”。《史记·刺客列传》：“秦王谓轲曰：‘取舞阳所持地图。’轲既取图奏之，秦王发图，图穷匕首见。”《逸周书·克殷》：“武王使尚父与伯夫致师，王既以虎贲戎车驰商师，商师大败。”

(3) 由即、便引伸为表事情和动作发生的时间。相当于“不久”、“后来”。《左传·隐公元年》：“遂寘（zhì）姜氏于城颍，而誓之曰：‘不及黄泉，无相见也。’既而悔之。”《国语·周语上》：“既，荣公为卿士，诸侯不享，王流于彘。”

三、“既”：连词

（1）由实词延伸为连词。用“既”表示先提出前提，后面用“就”、“则”、“那么”等副词表示推论，即：既然。《论语·季氏》：“既来之，则安之。”宋朝沈括《梦溪笔谈·艺文一》：“既云孟子不见诸侯，因何见梁惠王？”

（2）由推论引伸为表示两种情况兼有之。与“且”、“又”相呼应。《诗·大雅·烝民》：“既明且哲，以保其身。”《镜花缘》第十二回：“小吃上完，方及正肴，菜既奇丰，碗亦奇大。”

并

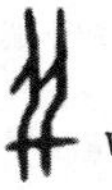
甲

金

篆

隶

并（幷、倂）（bīng）是一个会意字。甲骨文字形是两个侧面的人，下面有一横将两人连在一起。金文字形与甲骨文大体相同，只是在腰部增加了一横。秦篆字形有一定的变化，则将两人身上连接的两横中断，就是“幷”的初文。汉隶字形则将这两横连接起来。并演变成为现在的“并”字。从甲骨文字形来看，“并”最初之义就是将两人连在一起站立。徐中舒《甲骨文字典》：“像连结二人相并立之形。”

一、“并”：吞并

(1) 由连结二人引伸为合并、吞并。《银雀山汉墓竹简·孙膑兵法·威王问》：“营而离之，我并卒而击之，毋令敌知之。”《韩非子·有度》：“荆庄王并国二十六，开地三千里。”

(2) 由合并、并吞引伸为一起、一齐。《战国策·燕策二》：“（蚌、鹬）两者不肯相舍，渔者得而并禽之。”《汉书·贾谊传》：“高皇帝与诸公并起。”

（3）由一起、一齐引伸为同。《广雅·释诂四》：“并，同也。”晋朝嵇康《卜疑集》：“行与世异，心与俗并。”

（4）由同引伸为专一。《玉篇·从部》：“并，专也。”《荀子·儒效》：“并一而不二，所以成绩也。”

二、“并”：并列

（1）由连结二人引伸为并列、并行。《礼记·祭义》：“行肩而不并。”《资治通鉴·汉献帝建安二十四年》：“孙权与于禁乘马并行。”

(2) 由并列引伸为平列或以及，相当于“和”、“与”、“同”。《荀子·解蔽》：“故德与周公齐，名与三王并。”宋朝苏轼《渔家傲·金陵赏心亭送王胜之龙图》：“千古龙蟠并虎踞，从公一吊兴亡处。”

(3) 由“和”、“同”引申表递进，相当于“并且”。《徐霞客游记·滇游日记》：“若由陆路行，不复知此中有湖，并湖中有此景也。”

此外“并（bīng）”表示地名。相传禹治洪水，分天下九州。并州为九州之一，其地在今河北、山西一带。后来成为历代王朝的行政区域名。

並 

並（竝）（bìng）是一个会意字。甲骨文字形是两个人並列地站着，表明两人是站在同一条线上，即“竝”字。金文字形与甲骨文相同，更形象。秦篆与甲骨文相同，只是字形符号化而已。汉隶字形将两个站立之人合并在一起，变得看不出人的站立形态了。“竝”与“並”是古今字。现在将“並、竝”简化成“并”字，但在古代“並、竝”与“并”是不能混用的。从甲骨文字形来看，“並”最初之义是指两人站在同一线上。林义光《文源》：“象二人並立形。”

(1) ①由两人站在同一线上引申指并排、挨着。《诗·齐风·还》：“並驱从两狼兮。”《人物志·释今》：“是故並辔争先，而不能相夺。”清朝孔尚任《桃花扇·闹榭》：“龙舟並，画桨分。”如：～蒂莲、～肩作战、～驾齐驱。②由并排引伸为相等、匹敌。唐朝李商隐《荷花》：“都无色可並，不奈此香何。”《徐霞客游记·粤西游日记一》：“西一石峰，高与此峰並。”③由并排引伸为合并。《楚辞·东方朔〈七谏·自悲〉》：“冰炭不可以相並兮。”王逸注：“並，并也。”④由合并引伸为一起、同时。《尚书·费誓》：“徂兹淮夷、徐戎並兴。”《墨子·辞过》：“是以其民饥寒並至。”如：两说～存、齐头～进、相提～论。⑤由一起引伸为皆、都。《孟子·滕文公上》：“贤者並耕而食。”汉朝贾谊《过秦论》：“山东豪俊遂並起而亡秦族也。”《世说新语·德行》：“遂班军而还，一郡並获全。”

(2) 由两人站在同一线引伸为两对象相连。介词。相当于“连”、“同”。《汉书·文三王传》：“徙代王于清河，是为刚王。並前在代凡四十年薨。”《醒世恒言·卢太学诗酒傲公侯》：“並家人齐发下狱中监禁。”

(3) 由两对象相连引伸为两个谓词。连词。相当于“并且”、“而且”。如：同意～拥护，完成～超额完成。

兼 

兼（jiān）是一个象形字。金文字形是一只手握住两株结穗的禾。中间是一只手，手的上面是谷穗，手的下面是禾的根。秦篆字形与金文相同，只是字形符号化而已。汉隶字形则将两株禾并联成一个整体，就成为现在的“兼”字。从金文字形来看，“兼”最初之义就是一只手握两株禾。此义从“秉”的字形可以看出，“秉”是一只手握住一株禾。再看“兼”，一手握两禾之义就自明了。《说文解字》：“兼，并也。从又持秝（lì）。兼，持二禾。秉持一禾。”

一、“兼”：兼并

(1) 由一手握两禾之义引申为指同时涉及具有两件或两件以上的事物或行为。《易·

系辞下》：“《周易》之为书也，广大悉备，有天道焉，有人道焉，有地道焉，兼三材而两之，故六。”《潜夫论·明闇》：“君之所以明者，兼听也。”如：~职、~顾、~收并蓄。

(2) 由同时具有两者引伸为吞并、合并。《史记·秦始皇本纪》“维秦王兼有天下，立名为皇帝。”曹操《置屯田令》：“秦人以急农兼天下，孝武以屯田定西域。”

(3) 由吞并、合并引伸为尽、遍。《荀子·王制》：“五疾，上收而养之，材而事之，官施而衣食之，兼覆无遗。”《韩非子·难四》：“夫日兼照天下，一物不能当也，人君兼照一国，一人不能壅也。”

(4) 由吞并、合并引伸为连、同。《广雅·释诂四》：“兼，同也。”《韩非子·显学》：“夫冰炭不同器而久，寒暑不兼时而至，杂反之学不两立而治。”杜甫《秋兴》八首之一：“江间波浪兼天湧，塞上风云接地阴。”

(5) 由吞并、合并引申倍、加倍。《马王堆汉墓帛书·称》：“利不兼，赏不倍。”韩愈《韩滂墓志铭》：“读书倍文，功力兼人。”郭沫若《秦始皇将死》：“他仍然是叫人兼程前进，连夜间都不准休息。”

(6) 由加倍引伸为重复、累积。《荀子·正名》：“单足以喻则单，单不足以喻则兼。”《后汉书·宦官列传·吕强》：“（家人）重金兼紫，相继为藩辅。”李贽等注：“重、兼，言累积也。”

二、“兼”：连词

“兼”作连词，表示联合关系。相当于“并且”、“加之”。陶潜《饮酒·序》：“余闲居寡欢，兼比夜已长，偶有名酒，无夕不饮。”《南史·周朗传附弘正》：“且王气已尽，兼与北只隔一江，若有不虞，悔无所及。”

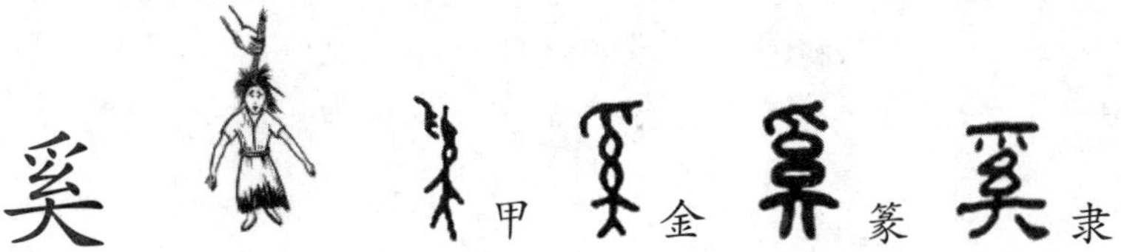

奚（xī）是一个会意字。甲骨文字形，左上角是一只手（“爪”字），右边的上部分是一根绳索（“幺”字），下面是一个人形。字形图画是一只手抓着一根绳索，绳索套着一个人。金文字形与甲骨文相同。秦篆字形由于符号化了，导致下面的人变成“大”字。汉隶字形沿袭秦篆进一步字形方块化，而成为今天的“奚”字。从甲骨文字形来看，“奚”最初之义应该是持索拘罪犯和奴隶。罗振玉《增订殷墟书契考释》：“予意罪隶为奚之本谊（义），故从手持索以拘罪人。其从女者与从大同，《周官》有女奚，犹奴之从女矣。”

一、“奚”：奴隶

(1) 由持索拘罪犯、奴隶引伸为指奴隶。《周礼·天官·冢宰》：“酒人奄十人，女酒三十人，奚三百人。”郑玄注：“古者从坐男女，没入县官为奴或……或曰：奚，宦女。”南朝宋乔道远《与天公笺》：“小婢从成，南方之奚。”

(2) 由奴隶引伸为指北方民族。古时期，中原人与北方少数民族打仗，战胜后，就把俘虏用绳索拴住，牵回作奴隶，因而指北方少数民族为奚人。唐朝王建《塞上》：“夜来山下哭，应是送降奚。”

(3) 由指北方民族引伸为姓氏。《急就篇》卷一：“奚骄叔。”颜师古注：“奚仲既迁于邳，其后遂称奚氏。汉有奚涓。”

二、“奚”：代词

(1) 表示疑问，相当于“何”、“什么”。《小尔雅·释言》：“奚，何也。”《国语·吴语》：“唯是车马、兵甲、卒伍既具，无以行之。请问战奚以而可。”唐朝韩昭《和题剑门》：“三山奚所赖，双剑最堪矜。”

(2) 表示反诘，相当于“哪儿”、“哪个”。《列子·仲尼》：“此奚疾哉？奚方能已之乎？”唐朝刘禹锡《天论上》：“福兮可以善取，祸兮可以恶召，奚预乎天邪？”

三、“奚”：副词

“奚”被挪作副词。表示疑问，相当与“怎么”、“为什么”。《论语·为政》：“或谓孔子曰：‘子奚不为政？’”《史记·文帝本纪》：“死者天地之理，物之自然者也，奚可甚哀？”清朝李骥元《卖女行》：“骨肉奚无情，岁俭衣食寡。”

及（jí）是一个会意字。甲骨文字形，左边是一个侧身的人，右下边是一只手，整个字形表示一个人用手抓住另一个人。金文字形与甲骨文相同，更形象。秦篆字形与甲骨文、金文字形相同，只是字形符号化了。汉隶字形在秦篆基础上进一步变化，就成为今天的“及”字。从甲骨文字形来看，“及”最初之义是抓住逃跑的人。《说文解字》：“及，逮也。从又，从人。”郭沫若《文史论集》：“及同逮，即逮捕之意。此为本义，后假为暨与之及。而本义遂失。”

一、“及”：追上

(1) 由抓逃跑之人引伸为追上。《论语·季氏》：“见善如不及，见不善如探汤。”《国语·晋语二》：“往言不可及也。”韦昭注：“及，追也。”

(2) 由追上引伸为至、到达。《广雅·释诂一》：“及，至也。”《诗·小雅·皇皇者华》：“駪駪征夫，每怀靡及。”唐朝李白《下终南山过斛斯山宿置酒》：“相携及田家，童稚开荆扉。”如：波～、由此～彼、力所能～。

(3) 由追上引伸为继续。《管子·轻重（戊）》：“鲁、梁之民，饿馁相及。”尹知章注：“及，犹继也。”《礼记·礼运》：“大人世及以为礼。”孔颖达疏：“世及，诸侯传位与自家也，父子曰世，兄弟曰及。谓父传与子，无子，则兄传与弟也。”

(4) 由继续引伸为比得上。《战国策·齐策一》：“君美甚，徐公何能及君也。”唐朝李白《古风五十九首》之二十八：“不及广成子，乘云驾轻鸿。”清朝洪昇《长生殿·制谱》：“芙蓉不及美人妆。”

(5) 由比得上引伸为关连、连累。《广雅·释诂四》：“及，连也。”《增韵·缉韵》：“及，连累也。”《左传·隐公六年》：“长恶不悛，从自及也。”如：城门失火，殃～池鱼。

(6) 由关连引伸为兼顾。《墨子·公孟》：“国士战且扶人，犹不可及也。”孙诒让《墨子间诂》引毕沅云：“及，犹兼。”《孙子兵法·九地》：“所谓古之善用兵者，能使敌人前后不相及也。”

(7) 由连累引伸为干预。《管子·君臣》：“是以上及下之事谓之矫。”尹知章注：“及，犹预也。”

二、“及”：介词

(1) 由追上引伸为趁着。《左传·僖公二十二年》：“及其未既济也，请击之。”明朝张居正《答山东巡抚何来山》：“清文事，实百年旷举，宜及仆在位，务为一了百当。”如：~早、~时。

(2) 由追上引伸为直到、等到。《韩非子·难三》：“及文公反国，披求见。”汉朝司马迁《报任安书》：“猛虎在深山，百兽震恐，及在槛阱之中，摇尾而求食，积威约之渐也。”

三、“及”：连词。

(1) 由追上引申表并列。相当于“与”、“和”。《诗·豳风·七月》：“七月亨葵及菽。”宋朝王安石《与孙莘老书》：“所示及讯狱事，深思如此难处。”

(2) 由并列引伸为连接并列的两部分。相当于“至于”。《礼记·乐记》：“乐极则忧，礼粗则偏矣。及夫敦乐而无忧，礼备而不偏者，其唯大圣乎！”

亦

亦（yì）是一个指事字。甲骨文字形是一个正面站立的人，两臂之下的两点就是指事符号，表示这里是腋窝。金文、秦篆字形与甲骨文字形一脉相承。只是隶书字形变得不像了。从甲骨文、金文字形来看，“亦”最初之义是指人的腋（腋窝）。高鸿缙《中国字例》：“（亦）即古腋字。从大（大即人），而以八指明其部位，正指其处，故为指事字。名词，后世假借为副词，有重复之意，久而为借意所专，乃另造腋字。”根据高鸿缙的解释，这就是说“亦”是“腋”的古字（上古没有“腋”字），当“亦”字造出之后，就被假借作虚词用，“亦”的本义“腋窝”就只好用新造字“腋”来表达。《说文解字》：“亦，人之臂亦（腋）也，从大，象两亦（腋）之形。”“亦”的最初之义，就目前来看还未在文献中找到语言例子。只有《说文解字》的解释。

一、“亦”：副词

(1) 相当“也”、“也是”。《尚书·康诰》：“怨不在大，亦不在小。”《史记·陈涉世家》：“今亡亦死，举大计亦死，等死，死国可乎？”《庄子·田子方》：“夫子步亦步，夫子趋亦趋。”《孟子·告子上》：“鱼，我所欲也；熊掌，亦我所欲也。”如：~步~趋、不~乐乎、~无不可、反之~然、人云~云。

(2) 相当“又”。《集韵·昔韵》：“亦，又也。”《左传·文公七年》：“先君何罪？其嗣亦何罪？”宋朝范成大《吴船录》：“一茶碗顷，光没，而其傍复现一光如前，有顷~没。”如：~工~农、~庄~谐。

(3) 相当“只是”、“不过”。《论语·先进》：“亦各言其志也已矣！”《孟子·滕文公上》：“尧舜之治天下，岂无所用其心哉？亦不用于耕耳。”

二、亦”：连词

“亦”作连词。相当“假如”。《诗·小雅·雨无正》：“云不可使，得罪于天子；亦云可使，怨及朋友。”

从

从(從)(cóng)是一个会意字。甲骨文字形，是两个一前一后，朝同一个方向的侧面人。金文、秦篆字形与甲骨文相同。甲骨文还有一个“從”字。左边是“彳”，表示道路；右边是两个人，即“从”字，表示两个人一前一后在路上。金文字形则在“从”字下面增加一个表示脚步的“止”字，就成了“從”字，整个字形表示两个人一前一后在道路上行走。秦篆、汉隶字形与金文相同。甲骨文字形来看，“从”最初之义是二人前后相随。“從”最初之义是二人前后相随，在道路上（行走）。从字形的产生来看，甲骨文同时存在“从”和“從”两种字形。对这两种字形，《说文解字》解释也不同：“从”，解释为“从，相听也”。“從”解释为“從，随行也”。但从字形演变来看，应该是先有“从”字，后才有“從”字。“从”是古字，“從”是今字。徐灏《说文解字注笺》：“谓从、從古今字。从，二人相随，即从行之义。后加上义符辵（chuò），随行义遂为從字所专。”段玉裁《说文解字注》：“从者，今之從字，從行而从废矣。”徐灏、段玉裁的解释说明，“从”的含义是跟随，自从出现了“從”字，“从”的跟随之义就消失了，跟随之义就用“從”表达。由于字的简化，“從”简化成“从”，“從”的字义就转移到“从”字上了。

一、“从”：跟随

(1) 由二人前后相随(而行)引伸为跟随。《说文解字》：“從，随行也。”《论语·微子》：“子路从而后。”《史记·项羽本纪》：“张良是时从沛公。”

(2) ①由跟随引伸为顺从、听从。《墨子·号令》：“不从令者斩。”《史记·廉颇蔺相如列传》：“臣从其计。”②由顺从、听从引伸为采取某种方针或态度。如：抗拒～严、坦白～宽、一切～简。

(3) 由跟随引伸为参与、从事。《管子·正世》：“知得失之所在，然后从事。”尹知章注：“从，为。”隋朝王通《文中子中说·事君》：“古之从仕者养人，今之从仕者养己。”

(4) ①由跟随引伸为跟随的人。《广雅·释诂一》：“从，使也。”《尚书·冏命》：“其侍御仆从，罔匪正人。”《世说新语·方正》：“在御道逢匡术，宾从甚盛。”②由跟随人引伸为从属关系和从属关系的人。如：～犯、主～不分。③由从属关系引伸为指堂房亲属。《仪礼·丧服》：“从父姊妹。”郑玄注：“父之昆弟之女。”《晋书·谢安传》：“谢安，字安石，尚从弟也。”如：～父、～女、～兄、～弟。

(5) 由跟随引伸为随着、接着。《左传·隐公六年》：“长恶不悛，从自及也。”杜预注：“从，随也。”

(6) 由随着引伸为追逐。《尚书·汤誓》：“夏师败绩，汤遂从之。”《诗·齐风·还》：“并驱从两肩兮。”毛传：“从，逐也。兽三岁曰肩。”

（7）由追逐引伸为率领、带领。《韩非子·难三》：“夫六晋之时，知氏最强，灭范、中行而从韩、魏之兵以伐赵。”三国魏曹植《苦思行》：“中有耆年一隐士，须发皆皓然；策杖从我游，教我要忘言。”

二、“从”：从起点开始

（1）①由“彳”（道路）、“止”（脚印）、“从（两人行）”构成。“止”的脚印表明两人是从这里的道路（“彳”）开始走。因此，从就有起点（时间、地点、范围的起点）的含义。相当于“自”、“由”。《广雅·释诂上》：“从，自也。”《史记·项羽本纪》：“从此道至吾军，不过二十里耳。”杜甫《月夜忆舍弟》：“露从今夜白，月是故乡明。”如：～无到有、～猿到人、～北京到上海。②由起点之义引伸为从来、向来（用于否定词前）。如：～没有听说过、～不隐瞒观点。

（2）由道路引伸为表示对象，相当于“向”。汤显祖《紫钗记》：“春从绣户排，月向梅花白。”如：～小路走、～实际出发、～工作考虑。

即（卽）（jī）是一个会意字。甲骨文字形，左边是一个高脚盘，里面装满食物；右边是一个跪着的人，看着食物，准备进食。金文字形，左边还是像装满食物的容器，只是容器的底座不见了；右边的人也看不出跪着的样子。秦篆字形，左边看不出容器形状，成为“皀（bī）”字的原型，右边的人形也变成“卩（jié）”字的原型。汉隶字形在秦篆基础上变成今天的“即”字。从甲骨文字形来看，“即”最初之义就是准备吃饭，就食。《说文解字》：“即，即食也。”徐锴《说文解字系传》：“即，犹就也，就食也。”《周易·鼎》：“鼎有实，我仇有疾，不我能即。”

一“即”：就、靠近

（1）由就食引伸为就、靠近、接近。《诗·卫风·氓》：“匪来贸絲，来即我谋。”郑玄笺：“即，就也。”《论语·子张》：“君子有三变；望之严然，即之也温，听其言也厉。”邢昺疏：“就近之则颜色温和。”董必武《中秋望月》：“仰望莫能即，徘徊有所萦。”

（2）①由就引伸为今，指当天、当时。《玉篇·皀部》：“即，今也。”《左传·僖公二十四年》：“蒲城之役，君命一宿，女即至。”②由当天、当时引伸为以后不久的时间。清朝翟灏《通俗编·时序》：“日之相近，或亦以‘即’言之。”宋朝陆游《遣舟迎子遹》：“知汝即日归，明当遣舟迎。”

（3）由靠近、接近引伸为追逐、寻求。《周易·屯》：“即鹿无虞，惟入于林中，君子几不如舍。”孔颖达疏：“如人之田猎，欲从就于鹿……若无虞官，即虚入林木之中，必不得虞。”清朝徐增《而菴诗话》二：“杜陵严于师承，尚有尺寸可循，摩诘纯乎妙语，绝无迹象可即。”

（4）①寻求引伸为到、达到。南朝梁庾肩吾《乱后行径吴御亭》：“青袍异春草，白马即吾门。”清朝李渔《窥词管见》第十五则：“此等结法最难，非负雄才具大力者不能即。”

②由达到引伸为迎合、符合。《韩非子·孤愤》：“若夫即主心同乎好恶，固其所自进也。”

二、“即”：副词

(1) 表示时间，相当“就”、“即刻”。《尚书·西伯戡黎》：“殷之即丧，指乃功。”孔传：“言殷之就亡。”《左传·隐公四年》：“此二人者，实弑寡君，敢即图之。”杜预注：“因其往，就图之。”

(2) 表示范围，相当于“只”、“仅仅”。《孟子·梁惠王上》：“齐国虽偏小，吾何爱一牛？即不忍其觳觫，若无罪而就死地，故以羊易之也。”刘淇《助字辨略》卷五：“此即字犹云但也，特也。言非爱一牛，特是不忍其觳觫耳。”

(3) 与“非”连用，表示选择关系，相当“不是……就是……”。《左传·襄公八年》：“民死亡者，非其父兄，即其子弟。”

(4) 表示强调，相当于“就是”。《史记·项羽本纪》：“梁父即楚将项燕。”唐朝陆贽《奉天延访朝臣表》：“舟即君道，水即人情。”

三、“即”：介词

(1) 表示方式，依据，相当于“就”、“按照”。唐朝元稹《乐府古题序》：“近代唯诗人杜甫《悲陈陶》、《哀江头》、《兵车》、《丽人》等，凡所歌行，率皆即事名篇，无复倚旁。”

(2) 犹“就地”之“就”。《史记·项羽本纪》：“项羽晨朝上将军宋义，即其帐中斩宋义头。”

四、“即”：连词：

(1) 表示相承，相当于“则”、“乃”。《史记·陈涉世家》：“且壮士不死即已，死即举大名耳。”

(2) 表示假设关系，相当于“如果”、“假使”。《左传·昭公十二年》：“（南蒯）示子服伯曰：‘即欲有事，何如？’”王引之释词：“言若欲有事也。”《吕氏春秋·疑似》：“即戎寇至，传鼓相告。”

(3) 表示让步，相当于“即使”、“尽管”。金朝董解元《西厢记》卷三：“瘦即瘦，比旧时越模样儿好否？”叶圣陶《一生》：“把伊娶了，即不能省一个帮佣，也得抵半条耕牛。”

(4) 表示转折关系，相当于“但是”、“只是”。白居易《履道西门二首》之一：“豪华肥壮虽无分，饱暖安闲即有余。”元朝杨景贤《西游记·江流认亲》：“白发萧萧两鬓边，青山绿水即依然。”

第七章 天干地支

甲、丙、丁、戊

甲（jiǎ）是一个象形字。甲骨文字形是一个“十”的形状。学术界对“甲”有多种解释，有“鱼鳞说”、“皮裂说”、“铠甲说”等。“铠甲说”认为“十”像铠甲片连缀的条文状。金文字形在“十”外面增加一个“口”形，表示铠甲片。秦篆字形则将金文的“口”变成不封口的圆形，罩在“十”的外面，以表示护卫之义。汉隶字形则在秦篆的基础上，将圆形口封起来，加之汉隶字形方块化，就成为今天的“甲”字。从甲古文、金文等字形演化来看，“甲”最初之义应该是指古代战士的护身衣。清朝朱骏声《说文通训定声》：“甲，铠也。”

一、“甲”：铠甲

(1) 是指古代士兵的护身衣，用皮革或金属制成。也称铠甲。《广雅·释器》：“甲，铠也。”王念孙《广雅疏证》：“《周官·司甲》：‘甲，今时铠也。’疏云：‘今古用物不同，其名亦异，古用皮谓之甲，今用金谓之铠。’”《尚书·说命中》：“惟甲胄起戎。”孔传：“甲，铠。”唐朝黄巢《不第后赋菊》：“冲天香阵透长安，满城尽带黄金甲。”

(2) 由铠甲引伸为指士兵、甲士。《左传·宣公二年》：“秋九月，晋侯饮赵盾酒，伏甲将攻之。”唐朝杜牧《燕将录》：“王师入魏，君厚犒之，于是悉甲压境，号曰伐赵。”

(3) 由铠甲引伸为指穿上甲衣，即披甲。唐朝韩愈《与少室李拾遗书》：“四海之所环，无一夫甲而兵者。”明朝唐顺之《叙广右战功》：“自是诸军民必甲，而后敢出城。”

(4) 由铠甲引伸为指现代人用金属做成的有保护功能的装备。如：～板、装～车。

(5) 由铠甲引申指动物护身的硬壳。《山海经·中山经》：“有兽焉，其状如犬，虎爪，有甲，其名曰獜。”郭璞注：“言体有鳞甲。”晋朝左思《吴都赋》：“葺鳞镂甲，诡类舛（chuǎn）错。”李善注引刘达曰：“甲，谓龟甲也。”

(6) 由动物护身的硬壳引伸为指人的手指和脚趾前端的角质层。《管子·四时》：“西方曰辰，其时曰秋，其气曰阴，阴生金与甲。”尹知章注：“阴气凝结坚实，故生金为爪甲也。”《聊斋志异·尸变》：“审谛之则左右四指，并卷如钩，入木没甲。”

(7) 由动物护身的硬壳引伸为指草木萌芽时的外皮。《释名·释天》：“甲，孚甲也。万物解孚甲而生也。”《周易·解》：“雷雨作而百果草木皆甲坼。”孔颖达疏：“雷雨既作，百果草木皆孚甲开坼，莫不解散也。”唐朝孟郊《子庆诗》：“小小豫章甲，纤纤玉树姿。”

二、“甲”：天干

(1) 在远古就借来表示天干的第一位，用以纪年、月、日。《尔雅·释天》：“太岁在甲曰阏逢……月在甲曰毕。”《周易·蛊》：“蛊，元亨。利涉大川，先甲三日，后甲三日。”高亨注：“每旬之第一日为甲日。”

(2) 由表示天干的第一位引伸为对六十甲子的省称。唐朝韩偓《春阴独酌寄同年虞部李郎中》：“间嗤入甲奔竞态，醉唱落调渔樵歌。”如：年过花～。

(3) ①由表示天干的第一位引伸为表示五行。古代以干支与五行相配，甲乙配木，属东方，故以甲称代木。《淮南子·天文》：“其日甲乙。”高诱注：“甲乙皆木也。”宋朝王钦若《南怀州修汤王庙记》：“昭告于上帝，甲未及燃，而密云四合，甘泽大澍（shù）。”②由五行中木主仁，故以甲名仁。汉朝扬雄《太玄·断》：“次七，庚断甲，我心孔硕，乃后有铄。”范望注：“庚，义也；甲，仁也。”

(4) 由表示天干的第一位引伸为表序数第一的代称。《文选·张衡〈西京赋〉》：“北阙甲第，当道直启。”李善注引薛综曰：“甲，言第一也。”毛泽东《反对党八股》：“党八股的第五条罪状是：甲乙丙丁，开中药铺。”

(5) 由序数第一引伸为居第一、冠于。《史记·魏其武安侯列传》：“武安由此滋骄，治宅甲诸第。”裴骃《史记集解》引徐广曰：“为诸第之上也。”宋朝于石《西湖》：“西湖胜概甲东南，满眼繁华今几年。”如：桂林山水～天下。

(6) 由居第一、冠于引伸为对古代科举制度中对甲科（进士科）的简称。元朝郑德辉《倩女离魂》第二折：“那其间，占鳌头，占鳌头，登上甲。”清朝钱邦芑《甲申三月忠逆诸臣纪事》：“尤可惜者，杨元锡一人，十三而登科，十四而登甲。”

(7) 由科举甲科进士的简称引伸为表示等级、级别。《宋史·选举志一》：“进士始分三甲。”《续资治通鉴·宋太宗太平兴国八年》：“（进士）始分甲，赐宴瓊林苑。”

(8) 由等级、级别引伸为指旧时户口编制单位。《正字通·田部》：“甲，保甲，编籍民户彼此诘察，防容隐奸宄（guǐ）也。”《农政全书·备荒考中》：“每保统十甲，设保正副各一人，每甲统十户，设甲长一人。”

(9) 由户口引伸为指失名的人或文学作品中虚构的人名。《史记·万石张叔列传》：“奋长子建，次子甲，次子乙，次子庆。”张守杰《史记正义》引颜师古云：“史失其名，故云甲、乙耳，非其名也。”唐朝杜牧《与友人论谏书》：“甲谓乙曰：‘汝好食某物，慎勿食，果更食之必死。’”

丙 

丙（bǐng）是一个象形字。甲骨文字形像鱼尾之形。《尔雅·释鱼》：“鱼肠谓之乙，鱼尾谓之丙。”郭沫若《甲骨文字研究·释干支》：“乙象鱼肠，丙象鱼尾，可无庸说。”从甲骨文、金文等字形来看，“丙”确像鱼尾之形。秦篆字形则在鱼尾之形的上面加上一横。汉隶字形成为现在的“丙”字。从甲骨文字形来看，“丙”最初之义应该是指鱼尾之形的物体。

一、“丙”：末尾

“丙”由鱼尾之义引申末尾。由于丙的字形像鱼尾，鱼尾在鱼身体的末尾，因此就引伸为表末尾。李渔《窥词管见》：“诗词之丙（结尾），好句原难。”

二、“丙”：天干

(1) 大约在商朝，就被借作表天干的符号。即甲、乙、丙、丁、戊、己、庚、辛、壬、癸。与地支相配，以记日期。《尔雅 · 释天》：“大岁在丙曰柔兆……月在丙曰修。”

(2) 由于丙在天干的第三位，因此就引申表达次序的序数词，即第三。《史记 · 张丞相传》：“（匡衡）才下，数射策不中，至九，乃中丙科（第三等科目）。”《西京杂记》卷六：“但以甲乙丙丁纪其卷数。”如：～等、～级。

(3) 由于丙在五行中排列第五，五行中的第五指火，因此丙就为火的代称。《淮南子 · 天文》：“其日丙丁。”高诱注：“丙丁，皆火也。”如：物受火灾叫付～。

(4) 由火引伸为光明。后写作“炳”。《玉篇 · 丙部》：“丙，光明也。”《白虎通 · 五行》：“丙者，其物丙明。”

丁（dīng）是一个象形字。甲骨文字形，一种只画一个钉字头的形状。另一种画得有点像侧面的形状。金文字形画的是钉的侧面形状。玺文的钉是一个侧视形状，其尖细形状表明古代制造钉子的技术已成熟了。秦篆字形则变了样，成为像“个”的形状。汉隶字形则将秦篆的顶部的“人”形变成“一”，就成为今天的“丁”字。从甲骨文字形来看，“丁”最初之义就是钉。可以说“丁”是“钉”的初文。王筠《文字求蒙》：“丁，似即今之钉字，亦象形字。”在古代“钉”的含义是指炼成的金饼。后来用“钉”表示钉子含义，“钉”的金饼之义就废弃了。《晋书 · 陶侃》：“及桓温伐蜀，又以侃所贮竹头作丁装船。”“丁”被借用为干支计算的天干第四。如：甲乙丙丁。这种现象出现很早，甲骨文中就已存在。

一、“丁”：强壮

(1) 由于钉有坚硬性质。由此丁就引申表达强壮之义。《说文解字》：“丁，夏时万物皆丁实。”《玉篇》：“丁，强也，壮也。”《史记 · 律书》：“丁者，言万物之丁壮也，故曰丁。”《文选 · 李陵〈答苏武书〉》：“丁年奉使，皓首而归。”李善注：“丁年，谓丁壮之年也。”

(2) 由强壮引伸为成年男子。《史记 · 项羽本纪》：“丁壮苦军旅。”唐朝白居易《新丰折臂翁》：“无何天宝大征兵，户有三丁点一丁。”如：抽～、白～、～男、壮～。

(3) 由成年男子引申指人、人口。《南史 · 何承天传》：“计丁课仗，无使有阙。”唐朝韩愈《寄卢仝》：“去岁生儿名添丁。”如：～口、添～、～税、人～兴旺。

(4) 由成年男子引伸为指从事专门职业的人。《庄子 · 养生主》：“庖丁为文惠君解牛。”宋朝韩彦直《橘录》卷中：“园丁种之，以鬻于市。”如：园～、门～、家～。

(5) 由从事专门职业的人引伸为担任劳役的人。《史记 · 平津侯主父列传》：“丁男被甲，丁女转轮，苦不聊生。”如：～奴。

二、“丁”：小块

(1) 由于钉子的头细小，因此丁就引伸为表达小块球状物。如：补～、鸡～、肉～、炒三～。

(2) 由于表达细小球状物，就引伸为指人身上的肉长疮，即医学所说的“疔疮”。《素问·生气通天论》：“足生大丁。”如：肉上长～。

(3) 由指人身上的肉长丁引伸为指被蚊虫、蜂等小动物咬。此义后世写成“叮”。如：被蚊子～了一下。

(4) 由被蚊虫、蜂等小动物咬引伸为遭遇、遭逢。《尔雅·释诂》：“丁，当也。”《后汉书·岑彭传》：“我喜我生，独丁斯时。”

(5) 由遭遇、遭逢引伸为专指遭逢父母丧事。《南史·江革传》：“九岁丁父艰。”《隋书·苏夔传》：“复（古代丧礼称招魂为复）丁母忧，不胜哀而卒。”如：～忧。

三、“丁（zhēng）”

“丁（zhēng）”作为象声词。《诗·小雅·伐木》：“伐木丁丁。”毛传：“丁丁，伐木声也。”唐朝元稹《景丙申秋八首》：“丁丁窗雨繁。”

戍

戍（shù）是一个会意字。甲骨文字形，左边是个人，右边是一个戈（兵器）。人与戈组成表示守卫的意思。金文字形与甲骨文相同，虽然“戈”不太像兵器，但“人”更形象。秦篆字形与金文相同，只是完全符号化了。汉隶字形在秦篆基础上变成了现在的“戍”字。从甲骨文字形来看，“戍”最初之义是指士兵拿着兵器而守卫。《诗·王风·扬之水》：“不与我戍申。”毛传：“戍，守也。”如：卫～、～边。

一、“戍”：守卫边疆

(1) 由守卫引伸为守卫边疆。《说文解字》：“戍，守边也。”《史记·陈涉世家》：“发闾左适戍渔阳。”司马贞《史记索隐》：“戍者，屯兵而守也。”宋朝陆游《十一月四日风雨大作》：“僵卧孤村不自哀，尚思为国戍轮台。”如：屯～、遣～、谪～。”

(2) 由守卫边疆引申到守卫边疆的事情。《诗·小雅·采薇》：“我戍未定，靡使归聘。”朱熹注：“然戍事未已，则无人可使归，而问其室家之安否也。”《史记·张耳陈余列传》：“北有长城之役，南有五岭之戍。”

(3) 由守卫边疆引申到守卫边疆的士兵。《左传·定公元年》：“城三旬而毕，乃归诸候之戍。”《晋书·谢安传》：“于是罢彭城、下邳二戍。”宋朝陆游《悲秋》：“可使江淮间，岁岁常列戍。”

(4) 由守边士兵引申到军队驻扎的营垒、防地。唐朝元结《欸乃曲》之二：“唱桡欲过平阳戍，守吏相呼问姓名。”明朝刘基《古戍》：“古戍连山火，新城殷地笳。”

(5) 由于营垒有屋舍，因此营垒引伸为指房屋。《广韵·遇韵》：“戍，舍也。”

二、“戍”：阻挡

“戍”的本义是守卫，守卫就有阻挡的含义。因此就引伸为遏止。《广雅·释言》：“戍，遏也。”邢昺疏：“遏，止也。”

第八章 地域名称 

区、秦、齐、周、商、蜀、鲁、吴、卫、羌、京、邑

区

区(ōu)是一个会意字。甲骨文字形,左边是一个90度的转角笔画,像是柜台之类的东西,用以藏匿物品。右边是三个口，就是“品”字，表示多个容器。金文字形有一定变化，像用一个“匚（fāng）”形的篾圈将一些物品串拢起来，表示将众多物品藏匿在一起。秦篆字形沿袭金文进一步变化，将众多物品藏匿在“匸（xì）”的柜子里。汉隶字形沿袭秦篆，进一步字形方块化而成为“區”字。简化字将“區”简化成“区”。从甲骨文字形来看，“区”最初之义是指用柜台之类的容器来藏匿众多的物品。朱芳圃《殷周文字释丛》：“區，当为瓯之初文。品象其形，匚所以藏之。”

一、“区（ōu）”：藏匿

(1) 由藏匿物品引伸为藏匿。《左传·昭公七年》：“吾先君文王，作《仆区》之法。”唐朝陆德明《经典释文》引服（虔）云：“仆，隐也；区，匿也。为隐匿亡人之法。”

(2) 由隐匿物品引伸为指古代容器。又用为容量单位。《集韵·侯韵》：“区，量名。四豆为区。”《左传·昭公三年》：“齐旧四量，豆、区、釜、钟。”杜预注：“四豆为区。区，斗六升。”《韩非子·外储说右上》：“田成氏甚得齐民，其于民也，上之请爵禄行诸大臣，下之私大斗斛区釜以出货，小斗斛区釜以收之。”

(3) 由隐匿物品引伸为掌管隐匿物品的人以这个职业为姓氏。《广韵·侯韵》：“区，姓也。”《万姓统谱·侯韵》：“区，欧冶氏之后，转为区氏。”

二、“区（qū）”：小屋、居处

(1) 由藏匿物品引伸为藏匿之意（专指“踦区”）。《说文解字》：“區，踦區，藏匿也。从品在匸中。品，众也。”

(2) 由藏匿引伸为小屋。《汉书·胡建传》：“时监军御史为奸，穿北军垒垣以为贾区。”颜师古注：“区者，小室之名，若今小庵屋之类耳。”

(3) ①由小屋引伸为居处。《论衡·辨崇》：“鸟有巢栖，兽有窟穴，虫有介鳞，各有区处，犹人之有室宅楼台也。”《世说新语·俭啬》：“司徒王戎，既贵且富，区宅、僮牧、膏田、

水碓之属，洛下无比。”

(4) 由小屋引伸为指建筑物的单位。相当于“栋”、“间”、“所”、“座”、“个”。《汉书·扬雄传上》：“有田一廛（chán），有宅一区，世世以农桑为业。”唐朝刘禹锡《奏记丞相府论学事》：“贞观中增筑学舍千二百区。”

(5) 以小屋引伸为小。《广雅·释训》：“区区，小也。”王念孙《广雅疏证》：“区，小也，重言之则曰区区。”《左传·襄公十七年》：“宋国区区，而有诅有祝，祸之本也。”陆德明《经典释文》：“区，小貌。”汉朝贾谊《过秦论》：“然而秦以区区之地，致万乘之权。”

(6) 由小引伸为大，指区域。一定地域的范围。《玉篇·匚部》：“区，域也。”《尚书·康诰》：“用肇造我区夏。”《天工开物·五金·黄金》：“凡中国产金之区，大约百余处。”

(7) 由一定地域的范围引伸为姓氏。《广韵·虞韵》：“区，姓，后汉末有长沙区星。”

(8) 由区域引伸为指行政区划分的单位。如：自治～、市辖～、县辖～。

(9) 由政区划分引伸为划分、分别。《论语·子张》：“君子之道，孰先传焉？孰后倦焉？比诸草木，区以别也。”刘宝楠《论语正义》：“凡地域谓之区，区以分别，故区即训别。”《后汉书·党锢列传赞》：“物性既区，嗜恶从形。”李贤注：“区，犹别也。”

秦

甲

金

篆
秦 隶

秦（qín）是一个会意字。甲骨文字形，上面是双手握住一根木槌，下面是两株成熟的谷禾，表示用棒槌来捶打谷穗。金文字形与甲骨文一样，只是在棒槌上面增加了握棒的横木，以表示手更好地握住棒槌，往下用力。秦篆字形，上面将金文的棒槌变成伞的形状，下面将金文的两株谷禾则变成一株，即“禾”字。整个字形还能大致看出它的最初义。汉隶字形沿袭秦篆进一步变化，把双手握棒槌的形状变成“舂”字的省文（省去“舂”字下面的“臼”），以达到表声的目的。下面还是“禾”字，整个字形就成为“秦”字。从甲骨文字形来看，“秦”最初之义是举杵舂禾粒，但是这一最初义在后来的文献之中消失了。

(1) 由举杵舂禾粒引伸为指适宜种“秦”这种禾的地域。《说文解字》：“秦，伯益之后所封国，地宜禾。从禾，舂省。”《说文解字·禾部》：“秦，禾名。”许慎解释为：秦是伯益后代的封国名称，这个封国的土地适宜种禾谷。还说，“秦”的另一个含义是“禾”的名称。从以上对“秦”的释义来看：“秦”是对陇西这个地域的称呼（此地最初地方无名）。由于伯益辅佐大禹治水有功，就把这个地方封给他的后代。伯益的后代就在此地上种五谷，此地很适宜生长“秦”这种谷物，于是取名此地为“秦”。

(2) 由地域之名称（“秦”）引申出相关的事物。如：～腔。

(3) 由地域之名引伸为指国家之名。随着伯益后代发展强大，将地域之名变成国名，这就是春秋及战国时期的秦国。据文献的记载，“秦”最早作为国名之称是在西周（因为秦的祖先伯益曾协助禹治水，于是舜赐给伯益后代“嬴”这个姓）。《史记·秦本纪》：“邑之秦，使复续嬴氏祀，号曰秦嬴。”

（4）由国家之名称引申出与国家相关的典故。如：～晋之好、～欢晋爱、朝～暮楚、～楼楚馆、～庭之哭。

（5）由国家之名引伸为指朝代之名。由于秦始皇统一中国，“秦”成为中国第一个朝代的名称。

（6）由朝代之名称引申出与朝代相关的事物。如：～篆、～失其鹿、～镜高悬。

齐

齐(齊)（qí）是一个象形字。甲骨文字形像三棵谷禾在一齐吐穗(从字图上看远高近低，实为齐平）。金文字形与甲骨文相同。秦篆字形则在下面增加了两横，以表示土地。徐锴《说文解字系传》：“二，地也。”段玉裁《说文解字注》：“从二者，象地有高下也。禾麦随地之高下为高下，似不齐而实齐。参差其上者，盖明其不齐而齐也。”汉隶字形则在秦篆的基础上进一步变化而成为“齊”字。后来简化成“齐”字。从甲骨文、金文字形来看，“齐”最初之义就是指谷禾整齐吐穗。《说文解字》：“齐，禾麦吐穗上平也。象形。”

一、“齐”：整齐

（1）由最初之义禾麦齐整吐穗。引伸为整齐。《广雅 释言》：“齐，整也。”《庄子马蹄》：“饥之渴之，驰之骤之，整之齐之。”如：整～、看～、～步走、举案～眉。

（2）由整齐引伸为使整齐。《论语·为政》：“道之以政，齐之以刑。”马融注：“整齐之刑法。”唐朝杜甫《西郊》：“傍架齐书帙，看题检药囊。”如：～头并进。

（3）由整齐引伸为列，排列。《周易·系辞上》：“是故列贵贱者存乎位，齐小大存乎卦。”清朝俞樾《群经评议·周易二》：“……齐，犹言列也。”

（4）由列、排列引伸为聚集、集合。《二刻拍案惊奇》卷十三：“里正就齐了一班地方人，张家孝子扶从了扛尸的。”清朝蒲松龄《聊斋俚曲集·富贵神仙》：“张春吩咐停当，又从墙跳过去，齐人去了。”

（5）由聚集、集合引伸为中、中央。《尔雅·释言》：“齐，中也。”《管子·正世》：“治莫贵于得齐。”《列子·周穆王》：“四海之齐，谓中央之国。”

（6）由中央之称引伸为国名称呼。如：～国、～东野语。

（7）国名之称引伸为朝代之称。如：北～、南～。

二、“齐”：平等

（1）由整齐引伸为平等。《谷梁传·襄公二十九年》：“閽，门者也，寺人也，不称名姓。閽不得齐于人。”《史记·平准书》：“齐民无藏盖。”裴骃《史记集解》引如淳曰：“齐等无有贵贱，故谓之齐民若今言平民矣。”

（2）由平等引伸为相等、同等。《广韵·齐韵》：“齐，等也。”《论语·里仁》：“见贤思齐焉。”唐朝杜牧《阿房宫赋》：“一日之内，一宫之间，而气候不齐。”如：见贤思～。

（3）由相等引伸为达到同样的高度。如：水涨～腰深。

(4) 由同等引伸为同时。如：百花～放、并驾～驱、～声高呼。

(5) 由相等、同等引伸为一致。《孙子兵法·九地》：“兵合而不齐。”张预注：“其兵虽合而不能一。”《古诗十九首》之四：“齐心同所愿，含意俱未申。”如：～名、等量～观、～心协力、良莠不～。

(6) 由一致引伸为全、齐备。唐朝韩翃《送客之潞府》：“佳期别在春山里，应是人参五叶齐。”《红楼梦》第八十三回：“各屋子里丫头们将灯火俱已点齐。”如：～全、～备、汇～、人到～。

(7) 由全、齐备引伸为好。《广韵·齐韵》：“齐，好也。”《诗·召南·采蘋》：“谁其尸之，有齐季女。”唐朝王勃《滕王阁序》：“时运不齐，命途多舛。”《西厢记》第四本第三折：“你休忧‘文齐福不齐’，我只怕你‘停妻再娶妻’。”

三、“齐(jì)”：剂

由整齐引伸为调配、调解。后来指调味品。后来就写成“剂”。

周

周(zhōu)是一个象形字。甲骨文字形，像一块四四方方的井字形的农田，格子中的小点表示井字田中长着密密的禾苗。金文字形则在井田下面加上一个“口”。表示统治者发出政令，要求把井田里的庄稼种好。秦篆字形则讹变了，看不出井田的形状，下面的“口”还在，字形向现在的“周”字转变。汉隶字形沿袭秦篆而成为“周”字。从甲骨文字形来看，“周”最初之义表示井田的地里种着庄稼。金文字形增加了“口”，表明周朝统治阶级对农业实施更强制的管理。徐中玉在《甲骨文字典》表示“与君商二字从口义，示国家政令所从出，是为姬周之周”。

一、“周”：稠密

(1) 由地里长着密密的庄稼，而引伸为稠密。《左传·昭公二十年》：“清浊、小大、短长、疾徐、哀乐、刚柔、迟速、高下、出入、周疏，以相济也。”

(2) 由稠密引伸为紧密、牢固。《左传·哀公十二年》：“盟，所以周信也。”杜预注：“周，固。”唐朝柳宗元《送元秀才下第东归序》：“周乎志者，穷踬不能变其操。”

(3) 由紧密、牢固引伸为亲密。《论语·为政》：“君子周而不比，小人比而不周。”孔安国注曰：“忠信为周，阿党为比。”《左传 文公十八年》：“丑类恶物，顽嚚不友，是与比周。”孔颖达注曰：“比是相近也，周是亲密也。”

(4) 由亲密引伸为帮助、接济。后作“赒”。《诗·大雅·云汉》：“靡人不周。”毛传：“周，救也。”如：～济、～恤。

(5) 由紧密、牢固引伸为和调、适合。《广雅·释诂四》：“周，调也。”《楚辞·离骚》：“虽不周于今人兮，愿依彭咸之遗则。”王逸注：“周，合也。”《淮南子·原道》：“贵其周于数而合于时也。”高诱注：“周，调也。”

二、“周”：四周

(1) 由井田之形引伸为四周、圆周。《周髀算经》卷上：“其周七十一万四千里。”《汉书·刘向传》：“（秦始皇）坟，其高五十余丈，周回五里有余。”如：～边、～围、绕场一～。

(2) 由四周引申到环绕。《小尔雅·广言》：“周，帀（匝）也。”《国语·晋语五》：“齐师大败，逐之，三周华不注之山。”韦昭注：“周，匝也。”《楚辞·九歌·湘君》：“鸟次兮屋上，水周兮堂下。”王逸注：“周，旋也。”如：～旋、～转、～而复始。

(3) 由环绕引伸为遍。《广雅·释诂二》：“周，遍也。”《周易·系辞上》：“知周乎万物，而道济天下。”光未然《黄河大合唱》：“这是中国的大动脉，在它的周身，奔流着民族的热血。”如：～遍、众所～知。

(4) ①由遍引伸为完备。《广韵·尤韵》：“周，备也。”唐朝韩愈《原毁》：“古之君子，其责己也重以周。”清朝严复《原强》：“务使所察者人数至简，以期必周。”如：～全、～到、～至。② 由完备引伸为周密、严谨。《管子·九守·主周》：“人主不可不周。”尹知章注：“周，谓谨密也。”《孙子·谋攻》：“夫将者国之辅也。辅周则国必强，辅隙则国必弱。”宋朝陈亮《问答上》：“天下既定，周防曲虑，如一家私物。”如：～详。

(5) 由遍引伸为指时间名词。①古代称一年为一周。《南史·谢灵运传》：“在郡一周，称疾去职。”唐朝刘禹锡《请朝觐表》：“祗（zhī）奉朝谒，时才二周。”② 今指七天，即一个星期。如：一～、～末、～刊、～记。

(6) 由时间名词引伸为终、到底。《左传·昭公二十年》：“子行事乎，吾将死之，以周事子。”孔颖达疏：“终不泄子言，是终事子。”清朝古吴墨浪子《西湖佳话》：“奈此生有限，大数已周。”

(7) 由终、到底引伸为至、极端的。《广雅·释诂一》：“周，至也。”《诗·小雅·鹿鸣》：“人之好我，示我周行。”孔颖达疏：“示我以先王至美之道也。”《资治通鉴·唐文宗太和九年》：“郑覃曰：‘罪人周亲前已皆死，其余殆不足问。’”

三、“周”：地名

(1) 从甲骨文的字形看是四四方方的田。古人可能以这个四四方方表现田的地形来作为地名的称呼吧，再由地名称呼引伸为居住在土地上的部落的名称。《汉语大字典》：“古部落名，始祖后稷，原居邰，传到公刘，迁于豳；古公亶父时，始定于周。”《诗·大雅·大明》：“挚仲氏任，自彼殷周，来嫁于周，曰嫔于京。”

(2) 由部落名称引伸为指朝代之名。如：西～、东～、武则天的～朝。

商

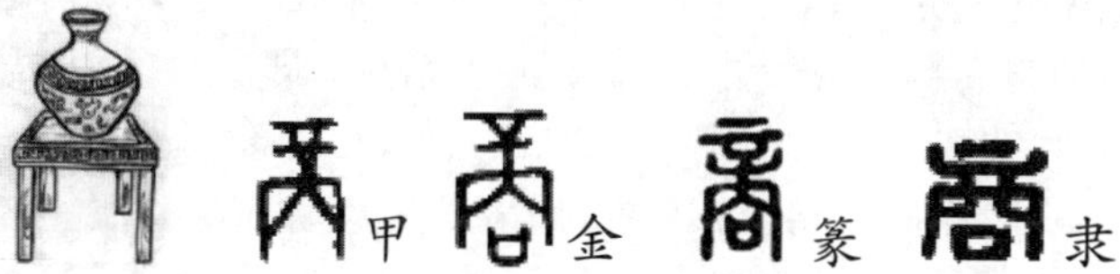

商（shāng）是一个象形字。甲骨文字形，学术界有不同的解释。一种认为，甲骨文上半部分是一把刀的符号，是刺人的刑具。下面是“丙”字的初文。一种认为，“甲骨文‘商’字像一个盛酒的器皿放置在底座上面，表示这是用来赏赐的东西。甲骨卜辞和金文铭文常以

‘商’为‘赏’。”（李乐毅《汉字演变五百例》）商承祚：“商赏本一字，故卜辞及金文赏皆作商。”（《佚考》）金文字形与甲骨文相同，只是增加了一个口，大概表示给有功之人酒喝。秦篆字形在金文基础上进一步复杂化，上面成为“辛”字，下面成为“冏”字。汉隶字形沿袭秦篆变化成今天的“商”字。从甲骨文字形来看，“商”最初之义为赏赐。商在卜辞中用为“赏”，这就是说商有赏赐之义。《尚书·费誓》：“我商賚尔。”于省吾新证：“金文赏每作商。”《省卣（yǒu）铭》：“甲寅，子商小子省贝五朋。”杨树达《小学述林》：“商，同赏。”

一、“商”：做买卖

(1) 由赏赐引伸为指商业、做买卖。《白虎通·商贾》：“行曰商，止曰贾。”宋朝范仲淹《岳阳楼记》：“商旅不行，樯倾楫摧。”如：经～、通～。

(2) 由商业引伸为指商人。《周礼·地官·司市》：“凡市，伪饰之禁，在民者十有二，在商者十有二，在贾者十有二，在工者十有二。”《论衡·偶会》：“富家之商，必夺贫室之财。”如：布～、客～。

(3) 由做买卖引伸为对物的估量。《说文解字》：“商，由外知内也。”王筠句读：“谓由外以测其内也。”《广雅·释诂一》：“商，度也。”《战国策·中山策》：“商敌为资，未可豫陈也。”鲍彪补注：“商，较之。”《汉书·赵充国传》：“虏必商军进退，稍引去。”

(4) 由估量引伸为商量、交换意见。唐朝韩愈《贞曜先生墓志》：“兴元人以币如孟氏赙，且来商家事。”《镜花缘》第六十回：“国舅又再再苦劝，无奈若花心如铁石，竟无一字可商。”

二、商：地名

(1) 在远古时期指地名。传说是商始祖契的封地。《史记·殷本纪》：“契长而佐禹治水有功……封于商。”今河南商丘境。

(2) 由商的封地之名引伸为指国家。成汤灭夏桀后建立的商王朝。后称为殷。再后称为殷商。

(3) 由商的封地之名引申指天上的星宿，叫商星。又叫“辰”和“大火”。《左传·昭公元年》：“迁阏伯于商丘，主辰。商人是因，故辰为商星。”三国魏曹植《浮萍篇》：“何意今摧颓，旷若商与参。”

(4) 由指天上的星宿引伸为指音乐的音节，古代指五声中的第二声。《白虎通·礼乐·论五声八音》：“五声者，何谓也？宫、商、角、徵、羽。”《玉篇·口部》：“商，五音金音也。”

(5) 由于商是五音中的金音，因此表凄厉哀婉之声。《淮南子·道应》：“甯越饭牛车下，望见桓公而悲，击牛角而疾商歌。”唐朝顾况《弹琴谷诗》：“因君扣商调，草虫惊暗壁。”

(6) 因声音凄厉哀婉而想到秋天萧杀万物的情景。即商声属秋，故称秋为商。《礼记·月令》：“孟秋之月，其音商。”郑玄注：“秋气和则商声调。”《楚辞·东方朔〈七谏·沈江〉》：“商风肃而害生兮，百草育而不长。”唐朝孟郊《秋怀》：“商虫哭衰运，繁响不可寻。”

蜀

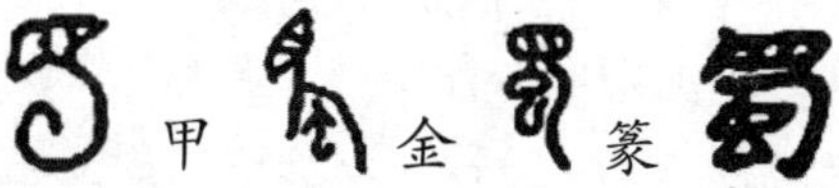

蜀（shǔ）是一个象形字。甲骨文字形像蛾蝶之类的幼虫。上面是幼虫的头，画出它的大眼睛，下面弯曲的线条是幼虫的身子。金文字形与甲骨文相比，不太像幼虫的外形，于是就在弯曲的身子内增加一个小虫的形状以明其字义。秦篆字形与金文相同，只是字形符号化而已。汉隶字形沿袭秦篆，因字形方块化就成为今天的“蜀”字。从甲骨文字形来看，“蜀”最初之义是指蛾蝶之类的幼虫。《说文解字》：“蜀，葵中蚕也。从虫。上目象蜀头形，中象其身蜎蜎（yuān）。《诗》：‘蜎蜎者蜀。’”“蜀”的此意，后写作“蠋（zhú）”，这是因为“蜀”成了地域（四川）的简称。

一、“蜀”：地名

（1）引伸为指远古时期在四川西边一带的民族的名称。可能是该民族把“蜀”这种虫作为信奉的图腾，并以此作为部落的称号。《尚书·牧誓》：“嗟！我友邦冢君，御事：司徒、司马、司空、亚旅、师氏、千夫长、百夫长微、及庸、蜀、羌、髳、卢、彭、濮人。”《华阳国志·蜀志》：“蜀之为国，肇于人皇，与巴同囿。”

（2）由民族之称引伸为郡县名之称。秦朝设置郡县，汉朝亦设郡县，称之为蜀。《盐铁论·本议》：“陇、蜀之丹漆旄羽，荆、扬之皮革骨象。”《三国志·蜀志·先主传》：“蜀中殷盛丰乐，先主置酒大飨士卒，取蜀城中金银分赐将士。”

（3）由郡县名之称引伸为朝代名之称。三国时期蜀汉的简称。《三国志·蜀志·后主传》：“（七年春）孙权称帝，与蜀约盟，共交分天下。”《三国志·魏志·明帝纪》：“蜀大将诸葛亮寇边，天水、南安、安定三郡吏民叛应亮。”

（4）由朝代名引伸为地域名。三国之后，人们称四川一带为蜀。章炳麟《邹容〈革命军〉序》：“蜀邹容为《国民军》方二万言。”

二、“蜀”：独

“蜀”这种幼虫，其身子伸直就是一个“一”字。因此“蜀”又引伸为指一、独（獨）。后专写成“獨”字。《方言》卷十二：“一，蜀也。南楚谓之獨。”郭璞注：“蜀，犹獨耳。”

鲁

鲁（魯）（lǔ）是一个会意字。甲骨文字形，上面是一条鱼，下面一个口，是嘴。金文字形与甲骨文相同，只是鱼尾增加了两点。秦篆字形由象形变成抽象的符号，上面还是鱼，但鱼尾则变成四点；下面则将“口”变成“白”。汉隶字形沿袭秦篆，但将“白”变成“曰”，从而成了上“魚”下“曰”的“魯”字。后简化成“鲁”。从甲骨文字形来看，“鲁”最初之义就是表示美味。远古先民网鱼而吃，鱼肉细腻鲜美，先民们认为吃鱼是吃美味的食物。

林义光《文源》：“阮氏元曰：‘鲁本义盖为嘉，从鱼入口，嘉美也。’”

一、“鲁”：美

(1) 由鱼肉入口，其味佳美引申指美、嘉美。《史记 · 周本纪》：“周公受禾东土，鲁天子之命。”《汉语大字典》：“按：《史记 · 鲁周公世家》又作‘嘉天子命。’”鲁的“嘉美”之义后来就消失了。

(2) 由鱼肉入口，其味佳美引伸为指山东沿海一带以鱼为生的地域。山东地域濒临东海，内有黄河，古人多以鱼为生。故称为鲁。如：春秋时期的鲁国。以及后世仍称此地域（山东）为鲁。唐朝杜甫《望岳》：“岱宗夫如何，齐鲁青未了。”

(3) 由地域引伸为指国家名，鲁国，周朝时的诸侯国名。《史记 · 周本纪》：“（武王）封弟周公旦于曲阜，曰鲁。”

(4) 由国名引伸为指姓氏。《广韵 · 姥韵》：“鲁，国名。伯禽之后，以国为姓。”《通志 · 氏族略二》：“鲁氏，武王克商，封其弟周公旦于曲阜……其地本名鲁，因以命国。……子孙以国为氏。”

二、“鲁”：迟钝

(1) 表示迟钝，笨拙之义。《说文解字》：“鲁，钝词也。”《论语 · 先进》：“参也鲁。”何晏《论语集解》：“孔（安国）曰：‘鲁，钝也。’”《左传 · 文公十五年》：“鲁人以为敏。”孔颖达疏：“鲁人，鲁钝之人。”清朝全祖望《吕语集粹序》：“言先生少时甚鲁，读书不能成诵。”

(2) 由迟钝、笨拙之义引伸为粗鲁、粗俗。《史通 · 言语》：“世人皆以为上之二言（役夫、竖儒）不失清雅，而下之两句（老奴、宁馨儿）殊为鲁朴者，何哉？”唐朝苏鹗《杜阳杂编》卷中：“玄解鲁朴，未尝闲人臣礼。”

吴（吳）（wú）是一个会意字。甲骨文字形，下面是个人，手舞足蹈；上面是个“口”，表示大嘴，整个字形表示此人说大话的狂妄形态。金文字形，左边是个正面站立的人，右边是个嘴的形状，表示在说大话。金文另一种字形，左边是一个歪着头的人形，右边是一个嘴形，整个字形表示此人摇头晃脑地说大话。秦篆字形沿袭金文，把歪着的头夸张变形，把嘴移到头部位置，更突出说大话的含义。汉隶字形在秦篆基础上进一步字形方块化，成为现在的“吴”字。从甲骨文字形来看，“吴”最初之义是说大话。熊国英《图释古汉字》：“（吴）多是在站立的大人旁加一大口，而立人又多作摇头晃脑状（此形是‘夭’，为乱动之人形），生动地表现出大话狂傲者的神态。”李圃主编《古文字诂林》引高田忠周：“（吴）此字当大言为本义，大言者，所谓荒唐不稽之言。”《说文解字》：“吴，姓也，亦郡也。一曰吴，大言也。”段玉裁《说文解字注》：“大言非正理也。”学术界还有另一种解释：吴，大声说话。《说文解字 · 夨部》：“吴，大言也。”段玉裁《说文解字注》：“大言即谓哗也。”

《诗·周颂·丝衣》：“不吴不敖（敖，哗之义）。”毛传：“吴，哗也。”

一、“吴”：大

“吴”由说大话或大声说话引伸为大。《方言》卷十三：“吴，大也。”段玉裁《说文解字注》：“大言者，吴字之本义也。引申之为凡大之称。”屈原《九章》：“齐吴榜以击汰。”王逸注：“士卒齐举大棹而击水波。”

二、“吴”：地名

(1) 借用为指古国名。如：春秋时期的夫差之～国，三国时期的孙权之～国等。

(2) 由指古国名引伸为指地名，泛指我国东南一带地方。如：～语、～歌、～钩、～牛喘月。

(3) 吴由古封地引伸为姓氏。《汉语大字典》引《姓解·口部》：“吴，周太伯始封于吴，因以命氏姓。”如：～广。

卫

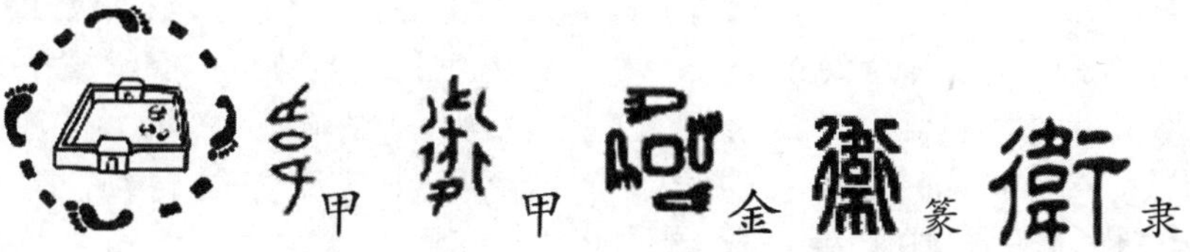

卫（衛、衞）（wèi）是一个会意字。甲骨文字形，中间是个口字，表示城墙；上下是“止”，即脚趾，表示人围着城墙走，整个字形意思是士兵守卫着城。甲骨文另一种字形是：左是“彳”，右是“亍”，表示大道路口。上下为“止”表示人围着城走。中间像刀的形状，表示士兵拿着兵器。整个字形表示士兵守卫在大道上。金文字形，中间是“口”表示城，上下四方是脚印，表示士兵守护城的四周。秦篆字形沿袭甲骨文的字形变化，将“方”换成“口”字，下面的“止”换成“帀”字，成为“衞”字（“衞”是“衛”的异体字）。汉隶字形又将“帀”换成“止”，成为“衛”字。后简化成“卫”。从甲骨文字形来看，“卫”最初之义就是守护城。

(1) 由守护城引申守卫。《玉篇·行部》：“卫，护也。”《国语·齐语》：“以卫诸夏之地。”三国魏阮瑀《为曹公作书与孙权》：“江河虽广，其长难卫也。”

(2) 由守卫引伸为指守御防护的人。《说文解字》：“卫，宿卫也。”《左传·文公七年》：“文公之入也无卫。”《聊斋志异·向杲》：“闻汾州有焦桐者，勇而善射，以多金聘为卫。”如：门～、侍～。

(3) 由守护者引伸为指屯田驻防编制名。《明史·兵制》：“明以武功定天下，革元旧制，自京师达郡县，皆立卫、所。外统之都司，内统于五军都督府。”

(4) ①由屯田驻防引伸为边陲、边远地区。《尔雅·释诂下》：“卫，陲也。”《周礼·春官·巾车》：“以封四卫。”郑玄注：“四卫，四方诸侯守卫者。”②由边陲引伸为指古代九服之一，也指五服之一。《国语·周语上》：“邦外侯服，侯、卫宾服。”

(5) 由屯田驻防引伸为以守卫来称地名。《儒林外史》第三十九回：“这一日离松潘卫还有一站多路。”

羌

羌（羗）（qiāng）是一个象形字。甲骨文字形是一个羌人的形象，下面是一个侧面站立的人形，上面的两个尖角是羊角的形状，羌人把羊角作装饰品戴在自己头上，是因为羌族把羊作为自己民族的图腾。金文字形则在甲骨文的人头部位加上两横，表示加在脖子上的枷锁。这反映了后来中原人与羌人作战，虏获羌人，并将其锁枷，使之成为奴隶的现象。《汉语大字典》：“羌为殷国之敌国，殷与羌人战，常将俘虏的羌人捆绑回国，故甲骨文又作身加缧绁之形，金文因之。”秦篆字形与金文相同，只是字形符号化了。汉隶字形与秦篆相同，只是字形因方块化而成为现在的“羌”字。从甲骨文字形来看，“羌”最初之义是指羌族，羌人。《说文解字》：“羌，西戎牧羊人也。从人，从羊，羊亦声。南方蛮闽从虫，北方狄从犬，东方貉（mò）从豸（zhì），西方羌从羊。”唐朝王之涣《凉州词》：“羌笛何须怨杨柳，春风不度玉门关。”

一、“羌”：羌族

“羌”由羌人引申指西戎。即我国古代西部的民族，分布在甘肃、青海、四川一带，以游牧为生。《诗·商颂·殷武》：“自彼氐、羌，莫敢不来享，莫敢不来王。”《后汉书·西羌传》：“西羌之本，出自三苗，姜姓之别也。”

二、“羌”：连词、助词

（1）借用为作连词，表示假设、转折、并列等关系。相当于“乃”、“反而”。《广雅·释言》：“羌，乃也。”《玉篇·羊部》：“羌，反也。”《楚辞·离骚》：“余以兰为可恃兮，羌无实而容长。”《楚辞·九章·惜诵》：“吾谊先君而后身兮，羌众人之所仇。”王逸注：“羌，然词也。”

（2）由作连词引伸为作助词。多用于句首。《广韵·阳韵》：“羌，发语端也。”《楚辞·离骚》：“羌内恕己以量人兮，各兴心而嫉妒。”王逸注：“羌，楚人语词也。”《后汉书·冯衍传》：“行劲直以离尤兮，羌前人之所有。”李贤注：“羌，语发声也。”

京

京（jīng）是一个象形字。甲骨文字形下面是人工累土筑成的高丘，上面是在高丘上建立起房舍。金文字形与甲骨文相同。秦篆字形则有很大的变化，屋顶变成“亠”字，中间的房屋与屋顶脱节变成了“口”字，下面的高丘变成了“巾”字。整个字形有点像“京”字形体。汉隶字形则在秦篆的基础上，将“巾”字改为“小”字，成为今天的“京”字。从甲骨文字形来看，“京”最初之义是指高丘上的房屋。远古时期人们最初的房子是一半在地下，一半在地上。后来建在地上。像“京”这样建在高丘上的房子，其工程是很大的。这种高大气派的房子，应该是部落首领的房子。郭沫若《两周金文辞大系考释》：“王者所居高大，故京有大义，有高义。”

一、“京”：高大

（1）由于建立在高丘之上，因此有高大之义。《尔雅·释诂上》：“京，大也。”《方言》卷一：“京，大也。”《左传·庄公二十二年》：“八世之后，莫之与京。”杜预注：“京，大也。”

（2）由于这种高大的房屋只有君王住，所以引伸为国都。《诗·大雅·文王》：“裸将于京。”孔颖达疏：“此京亦谓京师。”如：东～、西～、南～、～都、～城、～官、～华、～畿、～阙。

（3）由国都引伸为专指现在的首都北京。如：～胡、～剧、～腔、～派、～调、～津地区、～广铁路。

二、“京”：高丘

（1）由于建立在高丘之上，因此京也指人工筑起的高丘。《说文解字》：“京，人所为绝高丘也。”《尔雅·释丘》：“绝高为之京。”郭璞注：“人力所作。”

（2）谷物要放在干燥的地方才不会霉烂，所以古人将房屋筑在高丘上来储存谷物，所以“京”引伸为指方形的大谷仓。《广雅·释官》：“京，仓也。”王念孙引《说文解字》疏：“圆谓之囷，方谓之京。”

（3）由于谷物是颗粒为数，古人借“京”作数词。十兆为一京。汉朝徐岳《数述记遗》：“十兆曰京也。”

邑

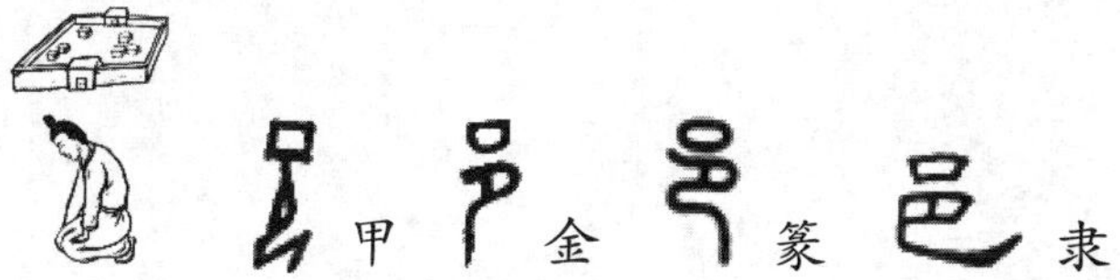

邑（yì）是一个会意字。甲骨文字形，上面是一个口表示古人居住的城，下面是一个人跪着（古人跪坐一样），整个字形表示人在城里居住。金文字形与甲骨文大体相同，只是人由跪变成站立，人形也不像了。秦篆字形沿袭金文形体。汉隶字形在秦篆基础上方块化，而成为今天的“邑”字。从甲骨文字形来看，“邑”最初之义就是指古人居住的城。“邑”作部首时写成右边的“阝”。古代分封制，小国众多；小国边境止于城墙，出城门即出国，所以城就是国，即邑就是国。《说文解字》：“邑，国也。”段玉裁注：“《左传》凡称人曰国，凡自称曰敝邑。古国邑通称。”

一、“邑”：京城

（1）春秋以后各国相互兼并，有些国家成为大国，国境不局限于城了，邑就引伸为指国都、京城。《尔雅·释地》：“邑外谓之郊。”郭璞注：“邑，国都也。”《诗·商颂·殷武》：“商邑翼翼，四方之极。”毛传：“商邑，京师也。”

（2）由国都引伸为指古代没有先君宗庙的都城。《左传·庄公二十八年》：“凡邑，有宗庙先君之主曰都，无曰邑。”孔颖达疏：“小邑有宗庙，则虽小曰都，无乃为邑。”汉朝邹阳《狱中上梁王书》：“邑号朝歌、墨子回车。”

(3) 由没有先君宗庙的都城引申指皇后、皇孙及士大夫的封地。《周礼·地官·载师》：“以家邑之田任稍地。”郑玄注：“家邑，大夫之采地。”《汉书·百官公卿表上》：“列侯所食县曰国，皇太后、皇后、公主所食曰邑。”

(4) 由封地引申为指分封城邑居住，建筑城邑。《左传·隐公十一年》：“吾先君新邑于此。”孔颖达疏：“谓（郑）武公始居于此。”《竹书纪年》卷下：“晋桓公邑哀侯于郑。”

二、“邑”：人聚居的地方

(1) 古代人们居住在城里，称城为邑。后来扩而引伸为指人聚居的地方为邑。《释名·释州国》：“邑，犹俋也。邑人聚会之称也。”《周礼·地官·里宰》：“掌比其邑之众寡。”郑玄注：“邑，犹里也。”《管子·乘马》：“五聚命之曰某乡，四乡命之曰方，官制也，官成而立邑。”

(2) 由人聚居处引伸为指古代行政区划名。《国语·齐语》：“三十家为邑，邑有司。”《晋书·地理志上》：“制八家为邻，三邻为朋，三朋为里，五里为邑。”

(3) 由古代行政区划名引伸为指旧时县的别称。唐朝柳宗元《封建论》：“秦有天下，裂都会而为之郡邑。”宋朝王安石《上杜学士言开河书》：“故今之邑民，最独畏旱而旱辄连年。”

(4) 由县的别称引伸为泛指一般城镇，大曰都，小曰邑。《史记·商君列传》：“卫鞅既破魏还，秦封之於、商十五邑，号为商君。”如：广东江门五～地区。

(5) 由城镇引伸为指古代的土地面积单位。四井为邑。《周礼·地官·小司徒》：“九夫为井，四井为邑。”郑玄注：“四井为邑，方二里。”

第九章 身体器官

身、心、首、目、自、耳、口、齿、牙、舌、面、眉、手、又、足、止、须

身

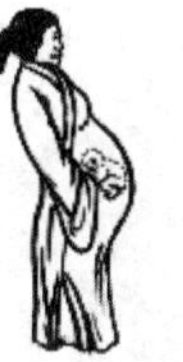

甲 金 篆 隶

身（shēn）是一个象形字。甲骨文字形是一个侧身向右的孕妇形象，并且在孕妇身中画出婴儿形象。金文字形则是一个侧身向左的孕妇形象。由于字形开始符号化，孕妇身中的婴儿则变成一点。秦篆字形在金文字形基础上进一步符号化，但孕妇的形象还是可以看出。汉隶字形沿袭秦篆而变成今天的“身”字。从甲骨文、金文的字形来看，“身”最初之义是指妇女怀有身孕。

（1）身孕之义。《正字通·身部》：“身，女怀妊曰身。”《诗·大雅·大明》：“大任有身，生此文王。”李劼人《死水微澜》：“我怀身大肚地走不动。”

（2）由身孕引伸为指人的躯体。《字汇·身部》：“身，躯也。耳目鼻喉口百体共为一身。”《诗·小雅·何人斯》：“我闻其声，不见其身。”如：～体、～材、～板、～影、～高、～长、～姿、腰～、周～、热～、健～、强～、纹～、转～、翻～、贴～、随～、缠～、束～、藏～、隐～、搜～、伤～、赤～裸体、～强力壮、言传～教、～体力行、～外之物、人～攻击、～陷囹圄、转过～去、摇～一变、浑～是胆、挺～而出、～心健康、黄袍加～。

（3）由人的躯体引伸为指物体的部分、主干。《尔雅·释木》：“枞，松叶柏身；桧，柏叶松身。”如：树～、车～、机～、船～、桥～、河～。

（4）由人的躯体引申指头以下的部分。《楚辞·九歌·国殇》：“首身离兮心不惩。”如：～段、～材不错、半～不遂、～首异处。

（5）由人的躯体引伸为作量词。如：换了一～新衣服。

（6）①由人的躯体引伸为指人。如：人～、孤～、单～、卖～、赎～、投～、委～、替～、献～、孑然一～、设～处地。②由人引伸为指人的身份。《论语·微子》：“子曰：‘不降其志，不辱其身。’”如：出～、～世、～价、降志辱～、明哲保～、～败名裂、翻～求解放。③由身份引伸为人的品格、修养。《诗·大雅·烝民》：“既明且哲，以保其身。”如：修～养性、立～处世、洁～自好、独善其～。

(7) 由人的躯体引伸为指自己、亲自。《谷梁传·昭公十九年》："就师学问无方，心志不通，身之罪也。"韩愈《师说》："于其身也，则耻师焉，惑矣。"如：自~、亲~、本~、~先士卒、以~作则、以~试法、~体力行、~临其境、引火烧~。

(8) 由自己引伸为自己的性命。《论语·学而》："事君能致其身。"如：丧~、舍~、奋不顾~、舍~取义、杀~成仁、以~殉职。

(9) 由性命引伸为生活、生存。如：寄~、栖~之地。

(10) 由生活、生存引伸为毕生、一辈子。《史记·李将军列传》："终广之身，为二千石四十余年。"明朝陈本立《尚书夏荣传后》："敝之菲食，以终其身。"

(11) 由生活引伸为体验。清朝彭绍升《亭林先生余集序》："而后之人读其文，往往感愤流涕，不能自已，若生当其时而身其忧患者。"

(12) 由生存引伸为担当、担任。《新唐书·房琯传》："李光进将北军，自奉天入，琯身中军先锋。"明朝李贽《战国论》："比如父母卧病不能事事，群小构争，莫可禁阻，中有贤子自为家督，遂起而身父母之任焉。"

心（xīn）是一个象形字。甲骨文字形，外形像心的器官形状，里面的"八"表示心脏的实体。金文字形，其外形与甲骨文大体相同，表心脏实体的笔画略有差异，形状更复杂。秦篆字形在金文基础上符号化了。汉隶字形在秦篆的基础上进一步变化，则变成今天的"心"字。从甲骨文字形来看，"心"最初之义是指心脏。《说文解字》："心，人心。"《列子·汤问》："内则肝、胆、心、肺、脾、肾、肠、胃。"《素论·痿论》："心主身之血脉。"

一、"心"：胸

(1) 古人对心认识不清楚，因此把胸部笼而统之称心。《庄子·天运》："故西施病心而颦其里，其里之丑人，见而美之，归亦捧心而颦其里。"南朝宋鲍照《拟行路难》："零泪沾衣抚心叹。"如：~痛。

(2) 古人在把胸当成心的基础上，进一步把心脏、情感笼统说成心。《诗·小雅·杕（dì）杜》："日月阳止，女心伤止。"三国魏阮籍《咏怀诗八十二首》之三十二："终身履薄冰，谁知我心焦？"《儒林外史》第一回："看见母亲康健如常，心中欢喜。"如：~中不安、~里烦闷。

(3) 由把心脏、情感说成心引伸为专指情绪、性情。《韩非子·观行》："西门豹之性急，故佩韦以自缓；董安于之心缓，故佩弦以自急。"

(4) 由心情、性情引伸为指人品。如：好~人。

二、"心"：脑

(1) 古人认为心是思维的器官，故把心当作脑。《孟子·告子上》："心之官则思。"《荀子·解蔽》："心者，形之君也，而神明之主也。"《素问·灵兰秘典论》："心者，君主之官也，神明出焉。"如：用~，~得。

(2) 由把心当作脑引伸为指心思、思想。《诗·小雅·巧言》：“他人有心，予忖度之。”三国魏曹丕《与吴质书》：“东望于邑，裁书叙心。”

(3) 由心思、思想引伸为思虑、谋画。《尔雅·释言》：“谋，心也。”王引之《经义述闻》：“心者，思也。”《吕氏春秋·精谕》：“纣虽多心，弗能知矣。”

(4) 由心思、思想引伸为指人的主观意识。即古代思想家把心看着世界的本体。宋朝程颐《遗书二上》：“一人之心即天地之心。”宋朝陆九渊《杂说》：“宇宙便是吾心，吾心即是宇宙。”

(5) 由主观意识引伸为佛教所指的与“色”相对的一切精神现象。《俱舍论》卷四：“心，意、识体一。”《仁王般若经》上：“一色一心，生不可说无量色心。”

三、“心”：中心

(1) 古人认为心在人的中心部位，就把物体的中央称心，即中心。《南史·孝义传上·江泌》：“菜不食心，以其有生意，唯食老叶而已。”唐朝刘禹锡《洞庭秋月行》：“洞庭秋月生湖心。”如：掌～、圆～、空～、实～。

(2) 由称物体中央为心引伸为指植物的花蕊、苗尖为心。《齐民要术·黍穄（jì）》：“黍心未生，雨灌其心，心伤，无实。”南朝梁简文帝《上巳侍宴林光殿曲水》：“林花初堕蒂，池荷欲吐心。”

(3) 由物体中央为心引伸为古人指天上的星宿为心。即二十八宿之一，东方苍龙宿七的第五宿，有星三颗。《诗·唐风·绸缪》：“三星在天。”郑玄笺：“三星，谓心星也。”

首

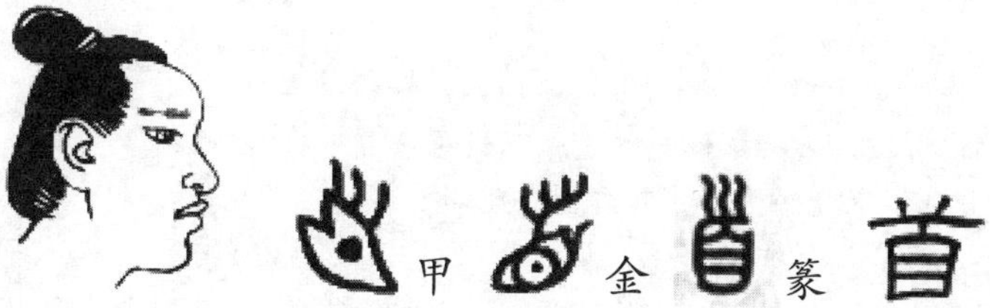

首（shǒu）是一个象形字。甲骨文字形是一个人的侧面头象，头上有眼，有头发。金文则有一些变化，突出了眼睛和头发。秦篆字体沿袭金文，只是眼睛不像眼睛形状，而变成“目”字，头发还形象。汉隶字形在秦篆基础上进一步方块化，就变得现在的“首”字。从甲骨文字形来看，“首”最初之义是指人的头。《广韵·有韵》：“首，头也。”《汉语大字典》：“甲、金文首字象人头有发形。”

一、“首”：人头

(1) “首”有人头之义。《诗·邶风·静女》：“爱而不见，搔首踟蹰。”鲁迅《集外集·自嘲》：“横眉冷对千夫指，俯首甘为孺子牛。”如：翘～、昂～、俯～、斩～、～级、白～、黔～、皓～、垂～、回～、叩～、顿～、～肯、～饰、畏～畏尾、俯～贴耳、搔～弄姿、疾～蹙额、痛心疾～、不堪回～、囚～垢面。

(2) 由头之义引伸为领导人、带头人。《周易·乾》：“见群龙无首，吉。”《战国策·齐策六》：“一匡天下，九合诸侯，为五伯首。”如：～领、元～、～相、～长、～犯、魁～、罪魁祸～。

(3) 由带头人引伸为第一。《汉书·匡衡传》:“孔子著之《孝经》首章，盖至德之本也。”《明史·戚继光传》:“纶（论）上公，继光首，显、大猷次之。”如：~届、~轮、~位、~要、~都、~户、榜~、~日封、~善之区、~席代表、~战告捷。

(4) ①由第一引伸为计数的单位。《汉官仪》:“凡先合单纺为一丝，四丝为一扶，五扶为一首（一首为四十缕），五首为一文。”②由计数的单位引伸为量词。用于诗文、歌曲。如：唐诗三百~、一~歌曲等。

(5) 由第一引伸为最先、最早。《洪武正韵·有韵》:“首，先也。”《新唐书·萧至忠传》:“求治之道，首于用贤。”如：~先、~创、~倡、~义、~当其冲。

(6) 由最早、最先引伸为开始、初始。《尔雅·释诂上》:“首，始也。”《老子》第二十八章：“夫礼者，忠信之薄而乱之首。”如：~岁、~篇、~起、开~、~尾、畏~畏尾。

(7) 由开始、初始引伸为表示方位。《水浒全传》第三回：“提辖坐了主位，李忠对席，史进下首坐了。”如：上~、下~、左~、右~。

(8) ① 由方位引伸为指剑柄上的环。环在剑柄的上方。《礼记·曲礼上》:“进剑者左首。”孔颖达疏：“首，剑拊环也。”② 由剑柄的环引申指剑柄。如：匕~。

(9) 由方位引伸为朝着、向。《楚辞·哀郢》:“鸟飞返故乡兮，狐死必首丘。”《晋书·刘琨传》:“旌旗首于晋路，金鼓振于河曲。”

(10) 由朝着引伸为道路。“首”通“道”。《左传·成公十六年》:“塞井夷灶，陈于军中，而疏行首。”王引之述闻：“引之谨案：‘首’当读‘道’。疏，通也，谓通陈列队伍之道也。”

二、“首”：人

(1) 由人头引申指人，即有姿色的男人。如：面~。

(2) 由人引伸为人有罪而自陈，出面告发。《广韵·宥韵》:“首，自首前罪。”《水浒全传》第一百一十九回：“知而首者，随即给赏。”如：自~、~告。

(3) 由有罪自陈引伸为屈服、服罪。《后汉书·西域传》:“虽有降首，曾莫惩革，自此浸以疏慢矣。”《南史·范泰附范晔》:“诏收综等，并皆款服，唯晔不首。”如：~罪。

目（mù）是一个象形字。甲骨文字形像人的眼睛。金文字形更形象，后期金文把眼睛竖起来了。秦篆字体在金文将眼睛竖起来的基础上，把眼睛形状符号化，成为“目”字。汉隶字形沿袭秦篆，并字形方块化。从甲骨文字形来看，“目”最初之义就是指眼睛。《说文解字·目部》:“目，人眼，象形。”

(1) 眼睛之义。《诗·卫风·硕人》:“美目盼兮。”《周易·鼎》:“巽而耳目聪明。”如：~睹、~见、~击、~光、~力、~眩、耳~、眉~、悦~、举~、张~、游~、慈~善眉、琳琅满~、~不交睫、~不转睛、~不窥园、~瞪口呆、~光如豆、~光如炬、~迷五色、一叶蔽~、獐头鼠~、闭~塞听、拭~以待、怒~横眉、众~睽睽、触~惊心、有~共睹。

(2) 由眼睛引伸为用眼睛看。《广雅 · 释形体》：“目，视也。”《正字通 · 目部》：“目，凡注视曰目之。”《史记 · 陈涉世家》：“旦日，卒中往往语，皆指目陈涉。”如：侧～、注～、驰～、极～、～送、～测、一～十行、～不识丁、过～成诵、～无全牛。

(3) 由看引伸为以目示意。《正字通 · 目部》：“目，意有所使而顾之曰目。”《汉书 · 高帝本纪》：“范增数目羽，羽不应。”如：～语、～送手挥。

(4) 由看引伸为以目表示愤怒。《正字通 · 目部》：“目，凡恚怒侧视亦曰目。”《国语 · 周语上》：“国人莫敢言，道路以目。”

(5) 由看引伸为表示看待、看法。唐白居易《不出门》：“不知天壤内，目我为何人？”明朝方孝孺《答王秀才叔》：“俾世俗易心改目，以勉其远且大者。”

(6) 由看引伸为看重。《新唐书 · 宗室传 · 李丛晦》：“（李丛晦）奖目后进，名知人。”清朝袁枚《随园诗话》卷一：“光武贫时，与李通讼逋租于严尤，尤奇而目之。”

(7) 由看引伸为指看见的东西。如：～标、醒～、历历在～、疮痍满～。

(8) 由看见的东西引伸为指当前。如：～前。

(9) 由看见的东西引伸为想要达到的境地、目标。如：～的、盲～。

(10) 看见的东西引伸为所指的事物、东西。如：题～、节～、巧立名～。

(11) 由所指的东西引伸为事物的排列和分类。如：项～、条～、纲～、科～、课～、子～、总～、编～、～次、～录。

(12) 由事物的排列引伸为（比喻）指网眼。如：纲举～张。

(13) 由网眼引伸为指围棋的计算胜负的单位。如：以二～半取胜。

“眼”与“目”是同义词。“目”字产生得很早，甲骨文就有。“眼”字出现比较晚，篆体有“眼”字。先秦古籍中用“目”的多一些，两汉以后的作品，用“眼”的就逐渐多起来。

自

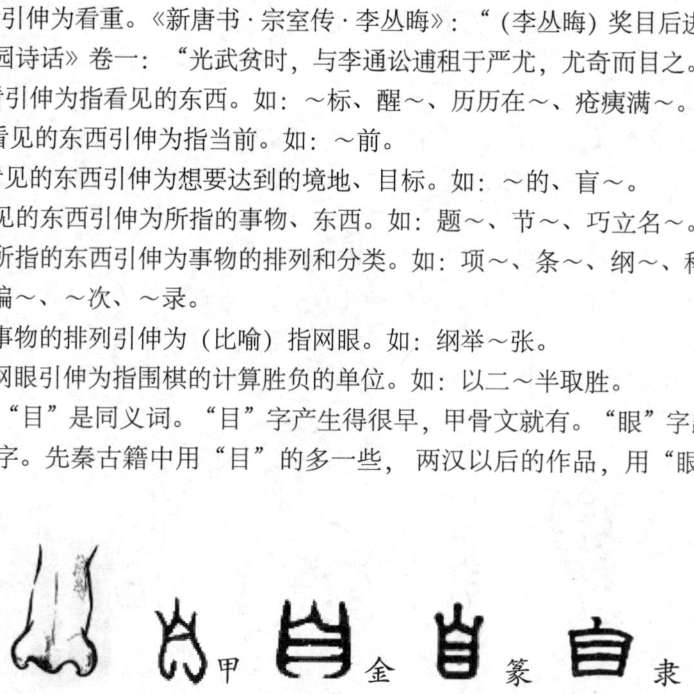

自（zì）是一个象形字。甲骨文像人的鼻子。下面是鼻孔，上面是鼻梁与眼睛结合处的样子。金文字形还像鼻子，但中间加了两条横线，就不太像了。秦篆字形在金文基础上进一步向现在的“自”变化，汉隶字形沿袭秦篆变成今天的“自”。从甲骨文字形来看，“自”最初之义是指鼻子。《说文解字 · 目部》：“自，鼻也。像鼻形。”在远古时期，姓氏极少，人们用声音来呼喊别人，往往指代模糊，被呼喊的人为了确定是否喊自己，就用手指着自己的鼻子来表示自己（现在生活中仍然存在这种指着鼻子表示自己的动作）。因此“自”既有表示鼻子这层含义，同时又有表示自己这层含义。随着人们的语言交流，“自”的鼻子含义被弱化，“自己”之义被强化，以至后来“自”就专用于表达自己。为此人们就在“自”的下方加上一个偏旁“畀（bì）”，组成“鼻”字来表达“鼻子”的含义。“自”的鼻子之义在后来的语言交流中就消亡了。

一、“自”：自己

由鼻子引伸为自己。《集韵 · 至韵》：“自，己也。”《老子》：“知人者知（智），自知者明。”《周易·乾》：“天行健，君子以自强不息。”唐朝白居易《琵琶行》：“自言本是京城女，家在虾蟆陵下住。”如：～己、～我、～尊、～谦、～爱、～惭、～负、～残、～给、～序、～暴～弃、～高～大、～作～受、～觉～愿。

二、“自”：从始

“自”由自己之义引伸为表示（时间或方位）开始、开头。远古之人是以自己为基点来衡量自然界万事万物。朱俊声《说文通训定声·履部》：“自之通训当为始。”《韩非子·心度》：“故法者，王之本也，刑者，爱之自也。”陈奇猷《韩非子集释》引刘文典曰：“‘王之本’与‘爱之自’相对为文。”《聊斋志异·促织》：“抚军不忘所自。”

(1) 由开始引伸为从、在。虚词。《玉篇》：“自，由也。”《广韵·至韵》：“自，从也。”《论语》：“有朋自远方来，不亦乐乎？”《吕氏春秋·察今》：“其剑自舟中坠入水。”如：～来、～尔、～古以来、～始至终、～上而下、～远而近。

三、“自”：万事万物

(1) 远古之人以自己的生存来看待自然界万事万物的生存。自就由指自己引伸为指万事万物的生存。《老子》：“人法地，地法天，天法道，道法自然（自，万事万物；然，这样生存）。”如：～相、～化、～流、～发、～然规律。

(2) 由事物的存在引伸为指事物自身的变化规律。《老子》第五十七章：“我无为而民自化，我好静而民自正。”如：～转、～由、～如、～来水、～由～在、～生～灭、～然而然。

(3) 由事物的变化引伸为应该这样。《商君书·错法》：“举事而材自练者，功分明。”如：～当努力、吉人～有天相、公道～在人心。

耳

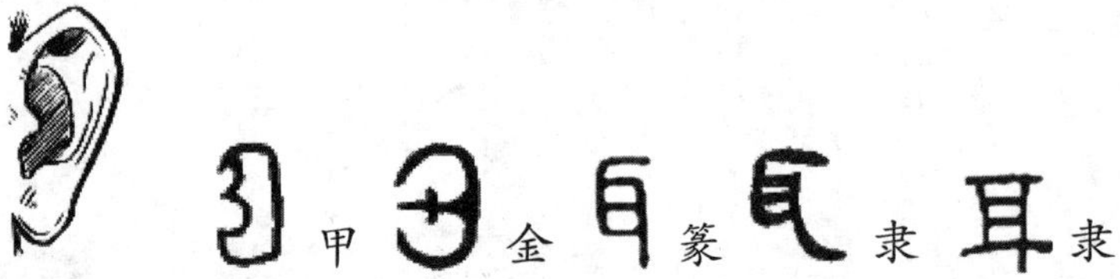

耳（ěr）是一个象形字。甲骨文字形象一个人的耳朵。金文开始符号化了，但字形还是像人的耳朵。秦篆字形则完全符号化了，并且字形向“耳”的字体方向变化。早期汉隶字形沿袭秦篆变化，后期汉隶进一步演变成今天的“耳”字。从甲骨文字形来看，“耳”最初之义就是指人的听觉器官，耳朵。《说文解字》：“耳，主听者也。象形。”

一、“耳”：耳朵

(1) 耳朵之义。《老子》第十二章：“五音令人耳聋。”《诗·大雅·抑》：“匪面命之，言提其耳。”《荀子·劝学》：“耳不能两听而聪。”如：～目、内～、～环、～鸣、～屎、～坠、～针、抓～挠腮、～提面命、掩～盗铃、肥头大～、充～不闻、～闻目睹、～鬓厮磨。

(2) 由耳朵引伸为听。《韩非子·外储说左上》：“君其耳而未之目邪？”宋朝欧阳修《赠潘景温叟》：“通宵耳高论，饮恨知何涯。”如：～背、刺～、逆～、悦～、～目一新、～熟能详、～聪目明、～濡目染、忠言逆～。

(3) 由耳朵形状引申指像耳朵形状的物体。如：木～、银～、卷～、牛～。

（4）由于耳朵形状与谷物所生的芽相似，就引申指谷物之芽。唐朝杜甫《秋雨叹三首》之二：“禾头生耳黍穗黑，农夫田父无消息。”宋朝杨万里《明发石山》：“便恐禾生耳，宁论客断魂。”

（5）由于耳朵在头的两旁，古人就把依附在物体两旁的提举之环称之耳。《周易·鼎》：“鼎，黄耳金铉。”《周礼·考工记》：“其耳三寸，其实一升。”

（6）由物体两旁的提举之环引申指两旁之物。《红楼梦》第六十一回：“太太耳房里的柜子开了，少了好些零碎东西。”如：～门、～房、～郭。

二、“耳”：虚词

（1）表限止。清朝段玉裁《说文解字注》：“耳，凡语云‘而已’者，急言之曰耳。”《论语·阳货》：“子曰：‘二三子！偃之言是也。前言戏之耳。’”《史记·高祖本纪》：“与父老约法三章耳。”如：想当然～、技止此～。

（2）表肯定。《庄子·大宗师》：“今一犯人之形，而曰‘人耳人耳’。”如：聊复尔～。

三、“耳”：连词

“耳”作为连词。相当于“而”。贾谊《治安策》：“故化成俗定，则为人臣者，主耳忘身，国耳忘家，公耳忘私。”

口

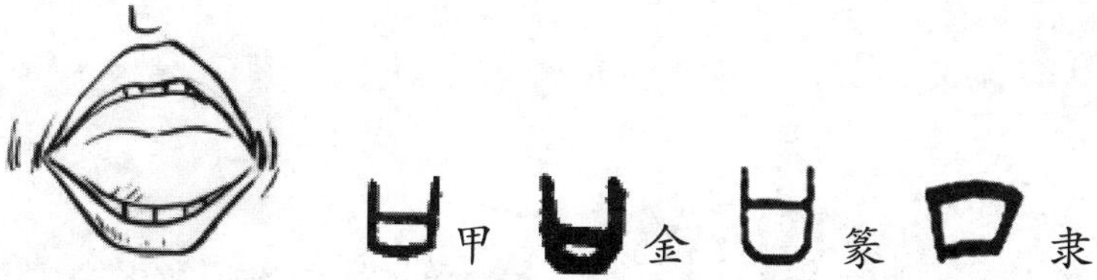

口（kǒu）是一个象形字。甲骨文、金文、秦篆、汉隶的字体都像人嘴巴的形状。从甲骨文字形来看，“口”最初之义是指嘴。《说文解字》：“口，人所以言食也。象形。”许慎说，口是人用来说话和进食的器官。段玉裁《说文解字注》说：“言语、饮食者，口之两大端也。”

一、“口”：嘴巴

（1）嘴巴之义。《诗·小雅·正月》：“好言自口，莠（坏）言自口。”《国语·周语下》：“口内味而耳内声。”如：～型、～舌、～齿、～感、～味、～臭、病从～入、有～难言、血盆大～、脍炙人～。

（2）由嘴引伸为言语。《尚书·大禹谟》：“惟口出好兴戎，朕言不再。”《国语·周语上》：“防民之口，甚于防川。”如：～吃、～气、～角、～试、～谕、～授、～令、～碑载道、～诛笔伐、出～成章、～蜜腹剑、佛～蛇心。

（3）由言语引伸为指口才。《论语·公冶长》：“御人以口给，屡憎于人。”孔颖达疏：“佞人御当于人，以口才捷给，屡致憎恶于人。”《史记·郦生陆贾列传》：“平原君为人辩有口。”

二、“口”：饮食

（1）由饮食引伸为对食物的感觉。《老子》：“五味令人口爽。”如：～味、可～、～轻、～重、众～难调。

(2) 由嘴的饮食动作引申相关动作的量词。如：吃两～饭，喝两～水，吸两～气。

(3) 由嘴的牙齿作用引申指类似事物。《水浒》第十二回：“杨志道：‘砍铜剁铁，刀口不捲。’”如：剪刀～。

三、“口”：人

(1) 由人之嘴引申指人（一人叫一口）。《孟子·梁惠王上》：“百亩之田，勿夺其时，数口之家，可以无饥矣。”如：人～、丁～、户～、活～、灭～、食～、拖家带～、众～一词、异～同声。

(2) 由人之嘴引申指动物之嘴。如：牲～、马～、虎～。

(3) 由嘴引伸为量词。如：三～猪、五口之家。

四、“口”：口形物体

(1) 由其形状引申像口之形状的物体。《礼记·投壶》：“壶颈修七寸，腹修五寸，口径两寸半。”如：洞～、瓶～、缸～、窗～、裂～、伤～、疮～、～袋、枪～。

(2) 由像口之形状引伸为指破裂的地方。《三国演义》第五十五回：“（周瑜）疮口迸裂，昏绝于地。”如：裂～、创～、河堤决～、衣服撕了一个～。

(3) 由像口之形状引申指类似进出的通道。《说苑·谈丛》：“口者，关也。”晋朝陶渊明《桃花源记》：“山有小口，仿佛若有光，便舍船，从口入。”如：路～、山～、关～、隘～、出～、门～、渡～、河～、港～、三岔路～。

由像口之形状引伸为表物体的量词。如：一～井、一～缸、一～箱子。

齿

 甲  金  篆  隶

齿（齒）（chǐ）是一个象形字。甲骨文字形是一个正面嘴巴张开，露出牙齿的形状。外面的方形是张着的嘴，口中的四个方块表示嘴里的牙齿。四个方块对应着，表示嘴里的牙齿是上下对应。金文字形则简化了，外面的半圆形表示嘴的形状，里面的四条斜线表示口中的牙齿。秦篆字形则变成了“齒”字，下面嘴的三角形表示口中牙齿；上面增加了“止”，表示读音。成为下形上声的形声字。汉隶字形则沿袭秦篆进一步方块化，成为繁体字“齒”，后来简化成“齿”字。从甲骨文字形来看，“齿“最初之义是指嘴唇前的牙。

一、“齿”：门牙

(1) 指嘴唇前的牙。《左传·僖公五年》：“唇亡齿寒者，其虞虢之谓也。”《墨子·非攻中》：“古者有语，唇亡则齿寒。”如：门～、～唇音、唇～相依、唇红～白。

(2) 由唇前之牙引伸为泛指口中的牙齿。《说文解字》：“齿，口断（yín）骨（口断骨指长在齿龈上的牙）也。象口齿之形，止声。”唐朝杜甫《哀江南》：“明眸皓齿今何在？血污游魂归不得。””如：口～、乳～、恒～、没～、臼～、龋～、蛀～、龈～、～危发秀、～豁头童、没～不忘。

(3) 由牙齿引伸为说。如：启～、～及、～教、不足挂～、～牙余论。

(4) 由牙齿引伸为指人的年龄。《广雅·释诂一》：“齿，年也。”王安石《酬中卿见别》：“同官同齿復同科，朋友婚姻分最多。”如：～年、～数、～德俱尊。

(5) 由人的年龄引申指牛马的年龄。《谷梁传 · 僖公二年》：“荀息牵马操璧而前曰：‘璧则犹是也，而马齿加长矣。’”如：马～徒增。

(6) 由年龄引伸为指同辈、类别。《管子 · 弟子职》：“同嗛以齿。”尹知章注：“齿，类也。”唐朝柳宗元《上大理崔大卿应制举不敏啓》：“徒尔拖逢掖，曳大带，游于朋齿，且有愧色岂有能乎哉？”

(7) 由同辈、类别引伸为序列、次列。《左传 · 隐公十一年》：“寡人若朝于薛，不敢与诸任齿。”孔颖达疏：“齿是年之别名，人以年齿相次列，以爵位相次列亦名为齿。”如：列～、序～、齐～、君子不～。

(8) 由序列、次列引伸为录用、收纳。《礼记 · 王制》：“屏之远方，终身不齿。”郑玄注：“齿犹录也。”《新五代史 · 南唐世家 · 李昇》：“士有羁旅于吴者，皆齿用之。”

二、“齿”：象牙

(1) 由人之齿引申指象的牙。《尚书 · 禹贡》：“齿革羽毛。”孔传：“齿，象牙。”《国语 · 晋语四》：“羽旄齿革，则君地生焉。”

(2) 由齿的形状引申指带齿形状的物品。宋朝林逋《春夕闲咏》：“屐齿遍庭深，若为拥鼻吟。”如：梳～、锯～、～轮、耙～。

古人就牙与齿进行区分。《说文解字》：“齿，口龂骨也。”《说文解字》：“牙，牡齿也。象上下相错之形。”金文、秦篆字体像牙齿上下对合的样子。古人认为嘴门前（门牙）为齿，嘴内两旁（臼齿）为牙。今人已经不太区分这两个字的差异，虽然有伶牙俐齿、咬牙切齿等词语在运用，但多是同一指代。

牙（yá）是一个象形字。金文字形就像上下槽牙互相交错的样子。秦篆字形则在金文基础上符号化，已看不出上下槽牙互相交错的样子。汉隶字形则沿袭秦篆进一步字形方块化，就成为今天的“牙”字。从金文字形来看，“牙”最初之义就是指臼牙。古人认为嘴唇前面的为齿，嘴内两旁的为牙。牙比齿要粗壮。《说文解字》：“牙，牡（壮）齿也。象上下相错之形。”段玉裁《说文解字注》：“士部曰：‘壮，大也。壮齿者，齿之大者也。统言之皆称齿、称牙。析言之，则前当唇者称齿，后在辅车（辅，颊骨；车，牙床。辅车，就是指颊骨与牙床。）者称牙，牙较大于齿。”《六书故 · 人四》：“口有齿有牙，齿当唇，牙当车。齿相直也，牙相入也。”

一、“牙”：臼齿

(1) 指臼牙。《左传 · 隐公五年》：“皮革、齿牙、骨角、毛羽、不登于器。”韩愈《与崔群书》：“左车第二牙，无故动摇脱去。”如：槽～。

(2) 由专指牙引伸为泛指牙和齿。《广韵 · 麻韵》：“牙，牙齿。”唐朝李白《蜀道难》：“朝避猛虎，夕避长蛇，磨牙吮血，杀人如麻。”如：换～、虫～、磨～、咬～、～痛、～签、～刷、～膏、～垢、～根、～龈、～质、奶～、乳～、恒～、～医、～科、镶～、～周炎、伶～俐齿、红口白～、咬～切齿。

(3) ①由人的牙齿引伸为指动物的牙齿。《周易·大畜》：“豶豕之牙。”如：虎～、象～、爪～、张～舞爪、犬～交错、虎口拔～、狗嘴里吐不出象～。②由指动物之牙引伸为专指象牙。如：～雕、～箸、～笔、～管、～符、～塔、～简、～奁、～签、～尺。

(4) 由牙引伸为咬。《战国策·秦策三》：“王见大王之狗……投之一骨，轻起相牙者，何则？有争意也。”扬雄《太玄经·争》：“两虎相牙，知掔者全。”

(5) 由牙引伸为言语。如：闲磕～、拾人～慧、～～学语、佶屈聱～。

(6) 由言语引伸为做生意牵线（介绍买卖双方）。如：～人、～郎、～保、～侩、～税。

(7) 由做生意的引伸为给男女牵线。如：～嫂。

二、“牙”：牙形东西

(1) 引申指形状像牙（锯齿形）的东西。如：～机、～轮、～璋、～刀。

(2) 由齿形之状引伸为指旗帜（旗帜边有齿状）。《集韵·麻韵》：“牙，旗名。”《字汇·牙部》：“牙，将军之旗曰牙。立于帐前谓之牙帐。”《三国志·吴志·胡综传》：“又作黄龙大牙，常在中军，诸军进退，视其所向。”如：～旗、～纛。

(3) 由将军之旗引申主将所在地。如：～门、～城、～中军。

(4) 由主将所在地引伸为指官府所在地。唐朝封演《封氏闻见记·公牙》：“近代通谓府廷为公衙，公衙即古之公朝也。字本作牙。……军中听号令，必至牙旗之下，称与府朝无异。”唐朝时期，“衙”替换“牙”，“牙门”写成“衙门”。如：～府、～吏。

三、“牙”：芽

(1) 由长牙引伸为草木发芽。后作“芽”。《字汇·牙部》：“牙，与芽同。”《说文解字》：“芽，萌芽也。”段注：“古多以牙为芽。”宋朝梅尧臣《初闻蛙》：“何时科斗（蝌蚪）生，草根已吐牙。”

(2) 由草木发芽引伸为事物的发生、开始。《管子·版发》：“骤令而不行，民心乃外，外之有徒，祸乃始牙。”闻一多校：“牙读为芽，萌芽也。”《后汉书·蔡邕传》：“人毁其满，神疾其邪，利端始萌，害渐亦牙。”

(3) 由草木发芽引伸为指幼小。后来写成“伢”，称小孩为伢子。《后汉书·崔骃传》：“甘罗童牙而报赵。”李贤注：“童牙，谓幼小也。”如：童～、～子。

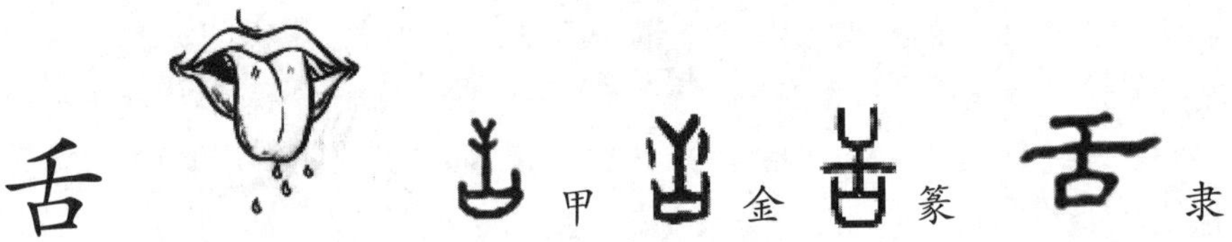

舌（shé）本是一个象形字。甲骨文字体，下面是口，上面是舌，“丫”表示舌头向前伸出左右上下移动的形状，“丫”两旁的短斜线是舌的唾液。金文与甲骨文相同，只是表示唾液的线条变直。秦篆、汉隶的字体则把舌头变成“干”字。由“干”和“口”组成“舌”字。从甲骨文字形来看，“舌”最初之义就是指人口中的舌头。《说文解字》：“舌，在口所以言也，别味也。从干，从口，干亦声。”段玉裁《说文解字注》：“干，犯也。言犯口而出之，食犯口而入之。”

(1) 舌头之义。《诗·大雅·抑》：“莫扪朕舌，言不可逝矣。”《诗·小雅·雨无正》：“哀哉不能言，匪舌是出。”《史记·张仪列传》：“张仪谓其妻曰：‘视吾舌尚在不？’其妻笑曰：‘舌在也。’”如：口～、～苔、～头、～面、长～、喉～、～尖音、～根音、瞠目结～、唇干～燥。

(2) 由舌头引伸为言语。《论语·颜渊》：“惜乎，夫子之说君子也。驷不及舌。”何晏《论语集解》引郑玄曰：“过言一出，驷马追之不及。”明朝袁宏道《赠心湛一小师》：“削发嫌根在，忘言恨舌多。”如：饶～、弄～、鼓～、嚼～根、～战群儒、唇焦～敝、搬嘴弄～、笨口拙～、贫嘴薄～、调嘴学～、摇唇鼓～、鹦鹉学～、七嘴八～。

(3) 由舌头引伸为指像舌头形状的物体。《诗·小雅·大东》：“维南有箕，载翕其舌。”《抱朴子·外篇·博喻》：“故锯齿不能咀嚼，箕舌不能别味。”如：火～、鸭～帽、鞋～、～状。

面

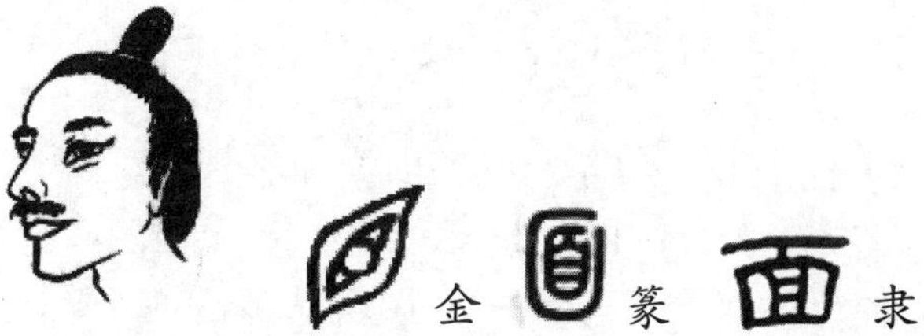

面（miàn）是一个象形字。金文字形，外面的一个不规则的圈是人的脸部轮廓，中间是眼睛，合起来表示人的脸面。秦篆字形将金文的不规则的圈变成方形，里面的眼睛变成“目”，字形符号化，就不那么形象了。汉隶字形在秦篆基础上变现在的“面”字。从金文字形来看，“面”最初之义是指人的脸面。《说文解字》：“面，颜前也，象人面形。”段玉裁《说文解字注》：“颜者，两眉之中间也。颜前者，谓自此而前则为目、为鼻、为目下、为颊之间，乃正向人者。”段玉裁解释的话就是我们说的脸，只是古人不称脸，而称面。李孝定《甲骨文字集释》：“栔（qǐ）文从目，外象面部匡廓之形，盖面部五官中最足引人注意者莫过于目，故面字从之也。”

一、“面”：脸

(1) 脸面之义。《周易·革》：“上六，君子豹变，小人革面。”孔颖达疏：“小人革面者，小人处之但能变其颜面容色顺上而已。”《战国策·赵策》：“太后明谓左右：‘有复言令长安君为质者，老妇必唾弃面。’”《礼记·内则》：“女子出门，必拥蔽其面。”如：颜～、～色、～容、～孔、～貌、～相、～首、～善、相～、劈～、～对～、人～兽心、～黄饥瘦、春风满～、蓬头垢～、囚首垢～、油头粉～、笑容满～、～目可憎。

(2) 由脸面之义引伸为面向、面对。《广雅·释诂四》：“面，向也。”《列子·汤问》：“北山愚公者，年且九十，面山而居。”《庄子·秋水》：“东面而视，不见水端。”如：南～、～临、～谈、～试、～议、～叙、～谕、～壁、背山～水、～南坐北、～～相觑。

(3) 由面向、面对引伸为当面。《尚书·益稷》：“汝无面从，退有后言。”《庄子·盗跖》：“好面誉人者，亦好背而毁之。”

(4) 由面向、面对引伸为见、相见。《晋书·张华传》：“陆机兄弟见华一面如旧，钦华德范。”宋朝苏轼《与任德翁》：“半月不面，思企深剧。”

(5) 由面向、面对引伸为对面、前面。《广韵·线韵》：“面，前也。”《礼记·少仪》：“仆者右带剑，负良绥申之面。”《文选·潘岳〈闲居赋〉》：“陪京泝伊，面郊后市。”李善注：“《周礼》曰：‘面朝后市。’郑玄《仪礼》注曰：‘面，前也。’”如：正～。

(6) 由前面引伸为反面、背面。《古今韵会举要·霰韵》：“面，相背曰面。”《正字通·面部》：“面，背也。”《史记·项羽本纪》：“顾见汉骑司马吕马童曰：‘若非吾故人乎？’马童面之，指王翳曰：‘此项王也。’”裴骃《史记集解》曰：“面，不敢视也。”《汉书·项籍传》：“马童面之。”颜师古注：“面谓背之，不敢向也。”如：～缚。

二、“面”：表面

(1) 由脸引伸为指事物的表面。扬雄《法言·学行》：“朋而不心，面朋也；友而不心，面友也。”如：地～、水～、江～、被～、鞋～、斜～、桌～、路～、场～、摆门～、别开生～。

(2) 由指事物的表面引申指事物的部分、方面（现在为词缀）。《墨子·旗帜》：“四面四门将，门四十尺。”如：外～、里～、前～、后～、上～、下～、两～、片～。

(3) 由指事物的部分、方面引伸为表示量词。如：一～之词、独当一～、四～八方、两～三刀、～～俱到。

“面”和“脸”的区别。“面”是古字，“脸”是后起字。“脸”流行于魏晋南北朝，宋朝《集韵》收录并解释这字。“面”指整个脸。“脸”只指两颊，指妇女目下颊上搽胭脂的地方，南唐李煜《紫骝马》：“红脸桃花色。”如：桃脸。后来脸的含义也由指搽胭脂的地方扩大到指整个面部。在口语中就逐渐用脸替代面。

附：麵（麪）

“面”有一个字义是指麦面。表示麦面的字应该是“麵”。由于字的简化，就把“麵”简化成“面”。因此，“面”的字义中也就包含“麵”的字义。

“麵”是一个形声字，也是一个后起字。在此之前流行的字是“麪”。《说文解字》：“麪，麦末也。从麦，丏声。”《集韵·霰韵》：“麪，或从面。”麵的最初之义就是麵粉。就是现在说的麦面粉（以下解说就用“面”代替“麵”）。如：麦～。

(1) 由麦面粉引伸为指麦面粉做成的食品（面条）。如：吃～、煮～。

(2) 由麦面粉引伸为指粮食磨成的粉。如：白～、～团、～食、～坊、小米～、高粱～、玉米～。

(3) 由粮食磨成的粉引伸为指粉末。如：药～、胡椒～、辣椒～。

(4) 由粉末引伸为指纤维少而柔软的食物。如：南瓜很～、红薯很～。

眉

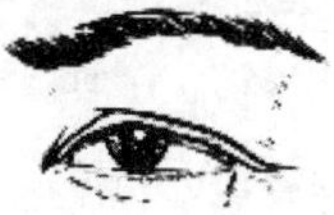

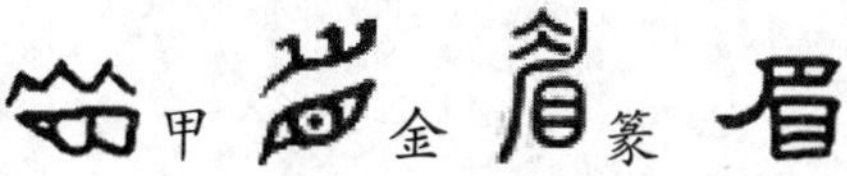
甲 金 篆 隶

眉（méi）是一个像形字。甲骨文字形，下部是眼睛，眼睛上面的波浪线表示眉毛。甲骨文字形如果没有眼睛，只存在波浪线就无法识别为眉毛。古人这种造字法叫“存托性的象形”。金文字形眉毛更突出、更形象。秦篆字形由于符号化，眉毛变成“仌”，眉毛的形状变成一条弯曲线，借以表示眉毛弯曲的形状，眼睛也变成“目”字。汉隶字形在秦篆基础上进一步变化，就成为今天的“眉”字。从甲骨文字形来看，“眉”最初之义就是指眉毛。《说文解字》：“眉，目上毛也。从目，像眉之形。”

一、“眉”：眉毛

(1) 眉毛之义。《左传·昭公二十六年》：“有君子白皙，鬒须眉。”《庄子·渔父》：“有渔父，下船而来，须眉交白。”如：~毛、蛾~、浓~、~心、~眼、~宇、~头、~睫、剑~、~月、~黛、柳叶~、~清目秀、~目如画、举案齐~。

(2) 由指眉毛引申指脸部表情、脸型。如：~语、~来眼去、~开眼笑、扬~吐气、~飞色舞、愁~苦脸、贼~鼠眼、慈~善目、横~怒目。

(3) 由脸部表情引申指头。唐朝白居易《琵琶行》：“低眉信手续续弹，说尽心中无限事。”

(4) 由头引申指人。① 指老人。《方言志》卷一：“眉，老也。东齐曰眉。”《诗·豳风·七月》：“为此春酒，以介眉寿。”如：~寿。② 指男人。如：堂堂须~。③ 指女人。宋朝王十朋注程縯云：“唐明皇幸蜀令画工作十眉。”如：美~、蛾~。

二、“眉”：旁侧

(1) 由于眉毛在眼睛旁，由此引申指旁侧。《汉书·陈遵传》：“观瓶之居，居井之眉。”颜师古注：“眉，井边地。若人目上之有眉。”康有为《大同书·入世界观众苦·人有不忍之心》：“或病妪无被，夕卧于灶眉。”

(2) 由旁侧引申指很近、很紧迫。如：~睫、迫在~睫、失之~睫、火烧~毛、燃~之急。

三、“眉”：题额

“眉”由于在眼睛上面引伸为指题额。古人就把写在正文上方空白处的文字称着眉批。《穆天子传》卷三：“天子遂驱升于弇山，乃纪名迹于弇山之石，而树之槐，眉曰：‘西王母之山’。”如：书~、~批。

手

金 篆 隶

手（shǒu）是一个象形字。金文字形很像一只五指伸开的手形，中间是中指，左边是食指与大拇指，右面是无名指与小拇指；下面是手臂。秦篆字形开始符号化，仍能看出手的形状。汉隶字形方块化了，就不像手形。从金文字形来看，“手”最初之义是指人的手掌。用现在的语言来说，就是指手腕以下的指掌部分。《说文解字》：“手，拳也。象形。”徐灏《说文解字注笺》："象指、掌之形。小篆中画微曲，书势取茂美也。"段玉裁《说文解字注》："今人舒之为手，卷之为拳，其实一也。故以手与拳二篆互训。"《说文解字》解说"拳"曰："拳，手也。"这就是说，汉朝至汉朝以前人们认为"手"与"拳"同义。"拳"只是手表现出的特殊形态。

一、"手"：手掌

(1) 指人的手。《诗·邶风·击鼓》："执子之手，与子偕老。"唐朝白居易《琵琶行》："低眉信手续续弹，说尽心中无限事。"如：~指、~掌、~背、~心、左~、右~、~势、~巧、徒~、~不释卷、~无寸铁、握~言欢。

(2) 由手引伸为用手拿着。《逸周书·克殷》："武王乃手大白（白，指白色旗子）以麾诸侯。"清朝潘耒《碧云寺》："谁能手斧柯，千春扫氛翳。"如：人~一册。

(3) 由手拿着引伸为专指手持。如：~把、~册、~杖、~帕、~巾、~枪、~雷。

(4) 由拿着引伸为手做、亲自。《晋书·纪瞻传》："好读书，或手自抄写。"宋朝王安石《邵平》："东陵岂是无能者，独傍青门手种瓜。"如：~写、~抄、~记、~书、~笔、~植、~谕、信~、~札、~动。

(5) 由手做引伸为手迹、笔迹。《汉书·郊祀志上》："天子识其手，问之，果为书。"颜师古注："手谓所书手迹。"

(6) 由手做引伸为泛指做。如：动~、着~、住~、罢~、插~、接~、亲~、联~、得心应~、~忙脚乱、笨~笨脚、措~不及。

(7) 由做引伸为本领、技能、手段。如：~艺、拿~、对~、有两~、留一~、行家里~、妙~回春、棋逢对~、大显身~、眼高~低。

(8) 由本领引伸为有本领、有技能的人。唐朝杜甫《遭田父泥饮美严中丞》："回头指大男，渠是万弩手。"如：名~、国~、圣~、高~、老~、能~、好~、强~、熟~、猎~、斫轮老~。

(9) 由有本领的人引伸为指领导者。如：舵~、旗~。

(10) 由有技能的人引伸为职业、行业的人。如：歌~、骑~、棋~、枪~、射~、杀~、扒~、炮~、拳~、打~、水~、舵~、旗~、吹鼓~、刽子~。

(11) 由职业、行业之人引伸为泛指人。如：选~、新~、生~、助~、帮~、易~、转~、左右~。

二、"手"：上肢

(1) 由手掌扩大指手臂。如：挥~、劈~、~舞足蹈、~足无措。

(2) 由手臂引申用手搏击。《汉书·司马相如传》："手熊罴。"颜师古注："手，言手击杀之。"如：交~、还~。

(3) 由搏击引伸为将手束缚、桎梏。《法言·问神》："龙以不制为龙，圣人以不手为圣人。"李轨注："手者，桎梏之属。"

(4) 由手臂引伸为表方位的名词，相当于"边"。郭沫若《孔雀胆》第一幕："右侧现桥头一座，前手有一碑题'通济桥'。"

又

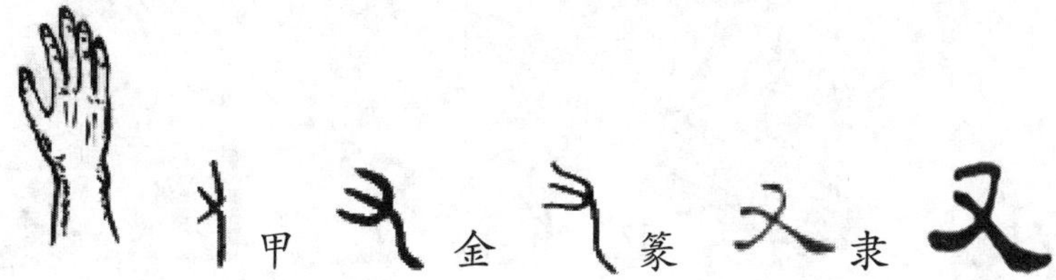

又（yòu）是一个象形字。甲骨文字形，像人的一只右手。上方表示手指、手掌；下方表示手臂（甲骨文的字是刻写的，所以不太像）。金文、秦篆字形就更像一只右手，向左上方伸展的三笔表示手指。汉隶字形变成文字符号“又”，看不出右手的形状。从甲骨文字形来看，“又”最初之义是指人的手，即右手。《说文解字》：“又，手也。象形。三指者，手之列多略不过三也。”古人以三为多，所以就用三指表示五指。高鸿晋《中国字例》：“字原象右手形，手本五指，只作三者，古人皆以三表多。”

一、“又”：右手

“又”在远古时期表示右手，后来右手之义就消失了。就用“右”来表示右手。古代的经传中很少用“又”来表示右手。王筠《文字蒙求》：“又，右手也。古之ナ又，今用左右；古之左右，今作佐佑。”段玉裁《说文解字注》：“此（又）即今之右字。”为什么古人要把表示右手的“又”改写成“右”字？高鸿缙《中国字例》：“（又）后借为又再之又，乃通假右助之右以代之。久而成习，乃加人旁作佑，以还右助之原。”高先生的意思是：“又”被借用表示又一次，再一次的意思后。就把“右”（右的本义是相助。《说文解字》：“右，手口相助也。”）字借用来表示右手。再新造一字，在“右”的左边加“亻”形成“佑”字，以表示相助之义。

二、“又”：重复

（1）由于手的动作姿势重复的频率高，“又”从手之义引伸为重复、继续。相当于“再”。唐朝白居易《赋得古原草送别》：“野火烧不尽，春风吹又生。”宋朝王安石《泊船瓜洲》：“春风又绿江南岸，明月何时照我还。”如：毛病～犯了，一年～一年，一步～一步的深入下去。

（2）由重复、继续引伸为意思的递进。相当于“而且”。《史记·滑稽列传》：“以故城中益无人，又困贫，所从来久远矣。”如：天黑，～下雨。

（3）由递进引伸为在整数之外再加零数。宋朝辛弃疾《美芹十论》：“盖历二十又三年，而勾践未尝以为迟而夺其权。”

（4）由重复引伸为几种情况并存。《诗·豳风·破斧》：“既破我斧，又缺我斨。”南朝齐陆厥《与沈约书》：“辞既美亦，理又善焉。”如：～脏～累、～红～专。

（5）由几种情况并存引伸为表示矛盾的两件事情。如：～惊～喜、～想去，～不想去。

（6）由表示矛盾的两件事情引伸为表转折。《墨子·节葬下》：“欲以干上帝鬼神之福，又得祸焉。”如：想告诉他，～怕他受不了。

（7）由表转折引伸为表否定。唐朝柳宗元《种树橐驼传》：“虽曰爱之，其实害之。虽曰忧之，其实雠之。故不我若也，吾又何能为哉！”如：你～不是外人，何必这样？

足

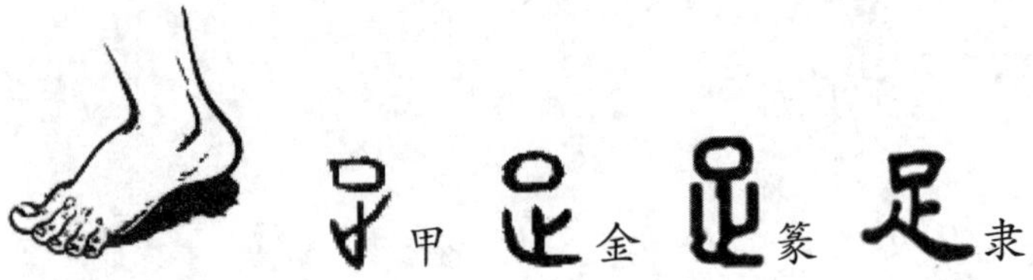

足（zú）是一个象形字。甲骨文字形，下部分是一只脚趾向上，脚跟向下的左脚。上部分像口的形状，古代一些学者认为这个“口”是腿部的膝盖形状。金文字形与甲骨文基本相同。只是“口”变成圆圈，脚趾变成“止”字。秦篆字形与金文相同。汉隶字形沿袭秦篆，字形方块化就成为今天的“足”字。从甲骨文字形来看，“足”最初之义是指人身体的脚和腿部位。《说文解字》：“足，人之足也，在体下，从口，止。”杨树达《积微居小学述林》：“股、胫、蹠、跟全部为足，足从口者，像股胫周围之形。”

一、“足”：下肢

(1) 指人身体的脚和腿部位。《六书故·人九》：“足，自股胫而下通谓之足。”《史记·孙子列传》：“（孙）膑至，庞涓恐其贤于已，疾之，乃以法刑断其两足而黥之。”如：赤～、～球、跌～、一手一～。

(2) 由指脚和腿部的位置引伸为专指踝骨以下的部分（今叫“脚”）。清朝方苞《狱中杂记》：“苟入狱，不问罪之有无，必械手足，置老监。”如：～迹、缠～、踏～、立～点、～不出户、手～无措、手舞～蹈、捶胸顿～、企～而立、削～适履、胼手胝～、捷～先登、千里之行始于～下。

(3) 由人之脚引伸为指动物之脚。《尔雅·释鸟》：“二足而羽谓之禽，四足而毛谓之兽。”《庄子·秋水》：“东海之鳖，左足未入，而右膝已絷矣。”晋朝曹冏《六代论》：“故语曰：‘百足之虫，至死不僵。’扶之者众也。”如：画蛇添～。

(4) 由动物之脚引伸为指植物的根。《左传·成公十七年》：“鲍庄子之知不如葵，葵犹能卫其足。”杜预注：“葵倾叶向日，以蔽其根。”《吕氏春秋·审时》：“得时之菽，长茎而短足。”

(5) 由动物之脚引伸为指器物像腿的支撑部部分。《周易·鼎》：“鼎折足，覆公悚。”《仪礼·士虞礼》：“主妇洗足爵于房中。”郑玄注：“爵有足。”如：鼎～、三～鼎立。

(6) 由器物的支撑部分引伸为指事物的基部。《史记·李斯列传》：“不忠者无名以立于世，臣请从死，愿葬骊山之足。”晋朝陆机《招隐二首》之二：“朝采南涧藻，夕息西山足。”

二、“足”：踩

(1) 由人之足（腿）引伸为蹋、踏。《史记·司马相如列传》：“手熊罴，足野羊。”裴骃《史记集解》引郭璞曰：“手足，谓拍蹋杀之。”清朝俞樾《古书疑义举例·实字活用例》：“手所拍即谓之手，足所蹋谓之足。”

(2) 由人之足引伸为行、走。《三国志·蜀志·庞统传》：“陆子可谓驽马有逸足之力。”清朝魏源《默觚·学篇二》：“披五岳之图，以为知山，不如樵夫之一足；谈沧溟之广，以为知海，不如估客之一瞥。”

(3) 由行、走引伸为止、停止。章炳麟《文始》六：“足又有止足义，即于也。”《老子》第二十八章：“为天下谷，常德乃足，复归于朴。”河上公注：“足，止也。”《管子·戒》：“甯戚之为人，能事而不能以足息。”

(4) 由停止引伸为完成。《左传·襄公二十五年》：“言以足志，文以足言。”杜预注：“足，犹成也。”晋朝陆机《文赋》：“故踸踔于短韵，放庸音以足曲。”

(5) 由完成引伸为指够数或达到某种程度。如：～月、～岁、～以、补～、～色、～赤、美中不～、～能完成、～有十斤、先天不～。

(6) 由够数或达到某种程度引伸为可以、能够。《左传·僖公二十五年》：“吾观晋公子之从者，皆足以相国。”老舍《四世同堂·惶惑》十四：“北平的菊种之多，式样之奇，足以甲天下。”

(7) 由够数或达到某种程度引伸为值得、足以。《三国志·魏志·钟会传》：“钟会所统，五六倍于邓艾，但可勑会取艾，不足自往。”清朝李调元《劓说》：“此不足犹云不直（值）得也。”如：无～轻重、不～为凭、不～为奇、微不～道、何～挂齿、何～道哉、闻者～戒。

(8) 由值得引伸为满足。《老子》四十六章：“祸莫大于不知足。”明朝徐渭《晴二首》之二：“人心苦无足，天道亦诚难。”如、十～、自～、丰衣～食、酒～饭饱、家给人～、自给自～。

(9) 由满足引伸为充实、完备。《诗·小雅·天保》：“降尔遐福，维日不足。”郑玄注：“汲汲然如日且不足也。”三国蜀诸葛亮《出师表》：“今南方已定，兵甲已足。”

(10) 由充实引伸为富裕。《庄子·天地》：“古之蓄天下者，无欲而天下足。”《宋诗记事》卷一引郑虎臣《吴都文粹》：“苏湖熟，天下足。”如：富～。

(11) 由富裕引伸为多。北周庾信《周大将军司马裔神道碑铭》：“谷寒无日，山空足云。”唐朝李白《荆州歌》：“白帝城边足风波，瞿塘五月谁敢过。”如：～智多谋。

三、“足”：人

(1) ①由人之足（腿）引伸为指人。如：品头论～。② 由人引伸为兄弟。如：情同手～。③由人引伸为指学生。如：高～。

(2) ① 由人之足（腿）引伸为参与活动。如：插～。②由参与活动引伸为发展。如：长～进步。

止

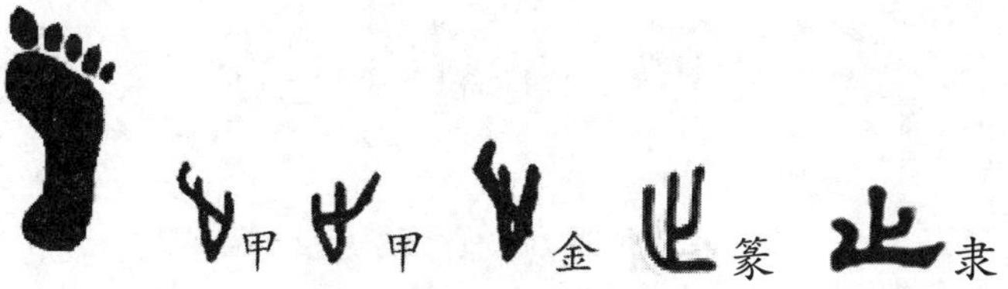

止（zhǐ）是一个象形字。甲骨文字较为形象地表现了人的右趾和左趾。脚趾在前，脚跟在后。金文字形与甲骨文相同。秦篆字形由于文字符号化，难以看出脚与脚趾的形状。汉隶字形沿袭秦篆进一步变化，成为今天的“止”字。从甲骨文字形来看，“止”最初之义就是指脚及脚掌。此义的“止”后来写成“趾”。《广韵·止韵》：“止，足也。”

(1) 脚趾的含义。《仪礼·士昏礼》：“御衽于奥，媵衽良席在东，皆有枕北止。”郑玄注：

"止，足也。"胡培翚《仪礼正义》："北止，趾向北。"《汉书·刑法志》："当斩左止者，笞五百。"颜师古注："止，足也。"

(2) 由脚引伸为至（到）、临。《字汇·止部》："止，至也。"《诗·鲁颂·泮水》："鲁侯戾止。"郑玄注："戾，来；止，至。"

(3) ① 由至（到）引伸为截止。如：为～、报名日期从 3 月 1 日起至 3 月 5 日～。②由截止引伸为结束。如：起～。③由结束引伸为除灭。《广雅·释诂四》："止，灭也。"《吕氏春秋·制药》："无几何，疾乃止。"《淮南子·说山》："止念虑，则有为其所止矣。"高诱注："止，犹去也。"④由结束引伸为控制。如：抑～、限～。

(4) 由至、到来引伸为指停止。《广韵·止韵》："止，停也。"《周易·艮》："时止则止，时行则行。"唐朝韩愈《原道》："不塞不流，不止不行。"如：息～、辍～、中～、终～、不～、学无～境、到此为～、大笑不～、戛然而～、适可而～、浅尝而～、叹为观～、树欲静风不～。

(5) 由停止引伸为静止。《字汇·止部》："止，静也。"《庄子·德充符》："人莫鉴于流水，而鉴于止水。"《礼记·间传》："大功貌若止。"孔颖达疏："止，止停不动也。"

(6) 由停止引伸为阻拦、使停止。《韩非子·有度》："止诈伪，莫如刑。"如：～步、劝～、制～、防～、阻～、遏～、废～、～咳、～泻、～痛、～不住、流血不～、～住眼泪、令行禁～、望梅～渴、饮鸩～渴、扬汤～沸。

(7) 由停止引伸为停留。《广韵·止韵》："止，留也。"《搜神记》卷十八："南阳西郊有一亭，人不可止，止则有祸。"《徐霞客游记·游黄山日记后》："复从峡度栈以上，止文殊院。"

(8) ①由停留引伸为留住。《论语·微子》："（丈人）止子路宿。"如：望门投～。②由留住引伸为居住。《玉篇·止部》："止，住也。"《广韵·止韵》："止，息也。《诗·商颂·玄鸟》："邦几千里，维民所止。"郑玄笺："止，犹居也。"宋朝辛弃疾《六州歌头·晨来问疾》："晨来问疾，有鹤止庭隅。"如：息～、栖～。

(9) ①由停留引伸为踪迹。如：行～不定。②由行踪引伸为姿态。如：举～、容～。

须

须（須、鬚）（xū）是一个象形字。甲骨文字形，上面是大嘴的形状，下面有好几根长短不齐的胡须。金文字形有很大的变化，右面是一个人，头大身子小，头部向上的几根短线表示头发；脸特别大，脸上向左边伸出三根略微弯曲的线条，表示脸上长出飘逸的胡须。秦篆字形在金文基础上又一变化，将胡须与人头分离，胡须变成独立的三撇，即"彡（shān）"字，人头变成"頁"（"頁"就是"头"的意思）。这就是"须"的初形。汉隶字形与秦篆相同，只是字形方块化了。从甲骨文字形来看，"须"最初之义就是指胡须。《说文解字》："須，面毛也。"朱骏声《说文通训定声》："《礼记·礼运》疏引《说文解字》：'須，谓颐下之毛。’象形。”“须”最初是指胡须，后来此字用来表示其他意思，人们又造一字“鬚”来专门表示胡须。新中国施行简化字，仍用“须”来表示胡须。“鬚”字被废掉。

一、“须”：胡须

(1)“须”的胡须之义在古代文献中出现。《汉书·高帝纪上》：“高祖为人，隆准而龙颜，美髯须。”颜师古注：“在颐曰须，在颊曰髯。”《世说新语·规箴》：“丞相翘须，厉色上坐。”唐朝杜甫《洗兵马行》：“张公一生江海客，身长九尺须眉苍。”

(2)由指人的胡须引伸为指像胡须的东西。《周礼·秋官·冥氏》：“若得其兽，则献其皮、革、齿、须、备。”郑玄注引郑司农曰：“备谓搔（‘搔’通‘爪’）也。”叶圣陶《祖母的心》：“你看中心有小小的莲蓬，有许多须。”如：触～、～根、花～。

二、“须”：等待

(1) 由于胡须在一定时候才长出来，因此引伸为等候、等待。《篇海类编·身体类·须部》：“须，待也。”《诗·邶风·匏（páo）有苦叶》：“卬（ áng，我）须我友。”《左传·成公十二年》：“日云暮矣，寡人须矣，吾子其入也。”

(2) 由等候，等待引伸为迟缓。《正字通·页部》：“须，迟缓也。”《左传·成公二年》：“师败矣，子不少须，众惧尽。”

(3) 迟缓可能是因为寻求、要求，因此引伸为寻求、要求。《广韵·虞韵》：“须，意所欲也。”《通典·兵十二·死地勿攻》：“（孙）武曰：‘决命争强，死而须斗。’”《宋史·李刚传上》：“金人须金币以千万计，求割太原、中山、河间地。”

(4) 因物有所用才寻求，因此引伸为用。《正字通·页部》：“须，用也。”《论衡·自纪》：“且礼有所不待，事有所不须。”宋朝苏轼《与范子丰六首》之六：“昏嫁所须，不可奈何。”

三、“须”：虚词

(1) 在古文多用于虚词。副词。表示事实或情理上的必要。相当于“应”“必须”。清朝刘琪《助字辩略》卷一：“须，应也。”《论衡·明雩》：“政治之灾，须耐求之。”唐朝杜甫《闻官军收河南河北》：“白日放歌须纵酒，青春作伴好还乡。”

(2) ①由必须引伸为终于、到底。唐朝王建《岁晚自感》：“一向破出愁不尽，百方回避老须来。”《乐府雅词·调笑集句·桃源》：“万里苍苍烟水暮，留君不住君须去。”②由到底引申（反向）为表示短暂、片刻。即须臾。《礼记·乐记》：“《礼》、《乐》不可斯须去身。”《商君书·慎法》：“不可以须臾忘于法。”《荀子·王制》：“罢不能，不待须而废。”杨倞注：“须，须臾也。”

(3) 由必须引伸为本来。元朝郑德辉《倩女离魂》一折：“俺本是乘鸾艳质，他须有中雀丰标。”元朝睢景臣《高祖还乡》套曲：“你须身姓刘，你妻须姓吕。”

(4) 由本来引申（反向）为却。宋朝朱敦儒《水调歌头·对月有感》：“中秋一轮月，只和旧青冥。都缘人意，须道今夕别般明。”《三国志通俗演义》第五十二回：“今公子在江夏，须不在这里。”

第十章 朝夕四季

时、旦、暮、夕、初、年、岁、寒、春、夏、冬

时 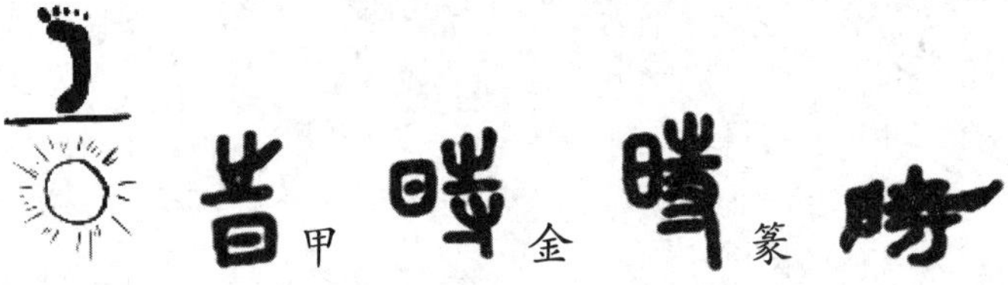

时（時、旹）（shí）是一个会意字。甲骨文字形，上面是个“止”字，代表脚，表示行走；下面是个“日”字，代表太阳。整个字形表示太阳在行走（运动）。金文字形在甲骨文字形基础上再增加一个“寸”字，“寸”在这里表示计量。金文的整个字形表示太阳的运行是可以计量的。秦篆字形与金文一样，只是字形符号化而已。汉隶字形与秦篆相同，只是字形方块化罢了。后来简化成“时”字。从甲骨文字形来看，“时”最初之义就是表示太阳在运动。从时的异体字“旹（上‘止’下‘日’）”字可以看出。后来古人认识到太阳的运行是有规律的，是可以计量的。所以就增加了“寸”字，以表示计量太阳的运行。远古祖先认识太阳的运行规律，不是从一天24小时开始的，而是从与自己生活密切相关的季节开始，最先一年只有两季，即春与秋。春天播种五谷，秋天收割五谷。这从中国最古老的史书《春秋》可以看出，鲁国的史官就是把春秋两季作整个一年的代称。后来才有春夏秋冬这四季。

一、“时”：季节

(1) 作为季节、季度的代称。《说文解字》：“时，四时也。”《玉篇·日部》：“时，春夏秋冬四时也。”清朝顾炎武《日知录》卷一：“是故天有四时，春夏秋冬，风雨霜露，无非教也。”

(2) 由四季引伸为岁月、光阴。《吕氏春秋·首时》：“天不再与，时不久留。”三国魏曹操《精列》：“君子以弗忧年之暮奈何，时过时来微。”

(3) 由四季引伸为具体的计时单位。①古代把一昼夜分为十二个时辰。每个时辰又分为初、正，合为二十四小时。《广韵·之韵》：“时，辰也。”《正字通·日部》：“时，十二时。”《周礼·天官·阍（hūn）人》：“以时启闭。”《儒林外史》第十回：“天生一对好夫妻，年月日时无不相合。”②现代人所指的时间，小时。一昼夜的二十四分之一。如：上午八～，下午四～。

(4) 由具体的计时单位引伸为指现在、过去、未来的某一个时候。犹言“今时”、“当时”、“那时”。《资治通鉴·唐宪宗元和十二年》：“时大风雪，旌旗裂，人马冻死者相望。”

宋朝王安石《泊船瓜洲》:“春风又绿江南岸,明月何时照我还。”毛泽东《卜算子·咏梅》:“待到山花烂漫时,她在丛中笑。”

(5) 由指现在、过去、未来的某一个时候引伸为指规定的或一定的时间。《庄子·秋水》:“秋水时至,百川灌河。”宋朝朱熹《答杨宋卿》:“吏事匆匆,报谢不时,足下勿过。”

(6) 由指规定的或一定的时间引伸为适时,合于时宜。《孟子·万章下》:“孔子,圣之时者也。”赵岐注:“孔子时行则行,时止则止。”《商君书·一言》:“制度时,则国俗可化,而民从制。”

(7) 由适时、合于时宜引伸为时机、时运。《论语·阳货》:“好从事而亟失时,可谓智乎?”《三国演义》第七回:“今不乘时报恨,更待何年!”

(8) 由时机、时运引伸为时势、时局。《孟子·公孙丑下》:“以其时考之,则可亦。”宋朝王安石《次韵舍弟常州官舍应客》:“霜雪纷纷上鬓毛,忧时自悔目空蒿。”

(9) 由时势、时局引伸为时代、时世。《楚辞·离骚》:“固时世俗之流从兮,又孰能无变化?”三国魏曹植《送应氏二首》:“清时难屡得,嘉会不可常。”唐朝柳宗元《封建论》:“圣贤生于其时,亦无以立于天下,封建者为之也。”

(10) 由时代、时世引伸为时尚、时髦。《隋书·南蛮传·赤土》:“赐骏等帛各百匹,时服一袭而遣。”唐朝朱庆馀《近试上张籍水部》:“妆罢低声问夫婿,画眉深浅入时无?”

(11) 由时尚引伸为鲜美、善。《广雅·释诂一》:“时,善也。”《诗·小雅·頍(kuǐ)弁》:“尔酒既旨,尔殽既时。”毛传:“时,善也。”

二、“时”:副词

(1) 相当于“经常”、“常常”。唐朝岑参《函谷关歌送刘评事使关西》:“请君时忆关外客,行到关西多致书。”清朝查继佐《罪推录·外志总论》:“须时警饬之,不使有过。”

(2) 相当于“有时”、“偶尔”。《韩非子·解老》:“胥靡有免,死罪时活。”宋朝欧阳修《蝶恋花》:“花里黄莺时一弄,日斜惊起相思梦。”

(3) 两个“时”字叠用,表示时而这样,时而那样;一会儿这样,一会儿那样。《汉书·晁错传》:“往来转徙,时至时去。”如:~左~右、~好~坏。

旦

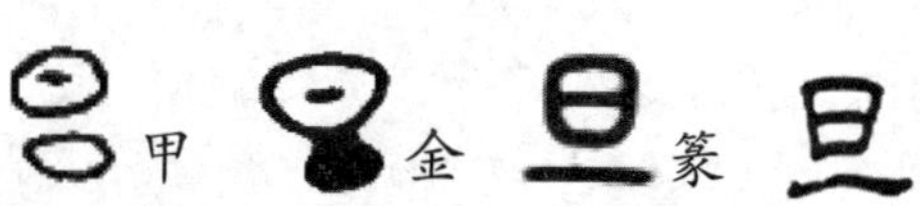

旦(dàn)是一个会意字。甲骨文字形上面是日,下面是日的倒影,像日刚出于海上之景。由于甲骨文是刀刻字形,因而字形不太形象。金文字形将太阳刚露出时下面的阴影涂黑,就更加形象。秦篆字形在金文基础上进一步文字化,将下面的日影变成一横,以此代表地平线,表示太阳刚露出地平线。汉隶字形与秦篆相同。从甲骨文字形来看,“旦”最初之义就是指天刚亮。《说文解字》:“旦,明也。从日见一上,一,地也。”

一、“旦”:明亮

(1) 由太阳刚露出地平线引伸为明,明亮。《诗·大雅·板》:“昊天曰明,及尔出王,昊天曰旦,及尔游衍。”朱熹注:“旦,明也。”

(2) 由指太阳刚露出地平线引伸为早晨，与“暮”相对。“旦日”，指第二天早晨。《玉篇·旦部》：“旦，早也，朝也，晓也。”《尚书·太甲上》：“先王昧爽丕显，坐以待旦。”《商君书·农战》：“旦暮从事于农。”《木兰诗》：“旦辞爷娘去，暮宿黄河边。”

(3) 由早晨引伸为日、天。“旦旦”有天天的意思。《战国策·燕策二》：“人有卖骏马者，比三旦立市，人莫之知。”《史记·项羽本纪》：“旦日不可不蚤自来谢项王。”唐朝柳宗元《捕蛇者说》：“岂若吾乡邻之旦旦有是哉。”

(4) 由指日、天引伸为专指农历的每月初一。三国魏曹操《求言令》：“自今以后，诸掾属治中、别驾，常以月旦各言其失，吾将览焉。”《南齐书·礼志上》：“秦人以十月旦为岁首。”

(5) 由指每月初一引伸为专指生日。明朝陆华甫《双凤齐鸣记》：“今日贱旦，想有官员庆贺。”明朝李開先《林冲宝剑记》第二齣：“今日朝回，喜遇母亲寿旦。”

二、“旦”：旦角

“旦”借用为指传统戏剧中扮演女子的角色。如：正～、副～、花～、老～、小～。

暮

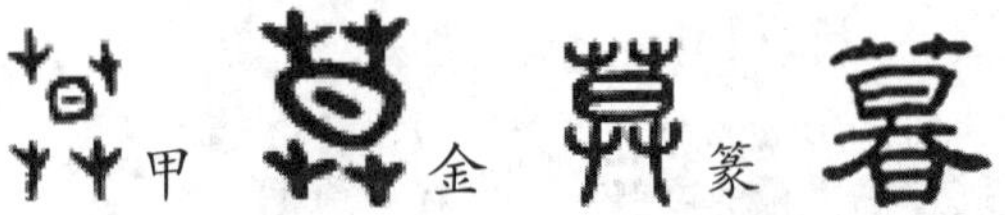

暮（mù）是一个会意字。甲骨文字形，中间是太阳，四周是草，表示太阳落在草丛中。金文字形与甲骨文相同，只是笔画圆润一些。秦篆字形由于字形符号化，将太阳变成“日”字，四周的草变成“茻（mǎng）”字，就成为“莫”字（看“莫”字的解释）。汉隶字形则在“莫”字的下面再加上一个“日”，就形成今天的“暮”字。从甲骨文、金文、秦篆来看，“暮”的初字就是“莫”。由于“莫”被用来作否定词，于是就在“莫”字的下面再加上“日”，成为“暮”字。以此表达“莫”的字义。从甲骨文字形来看，“暮”最初之义是指太阳落在草丛中这段时间，即日落时，傍晚。《说文解字》：“莫，日且冥也。从日在茻中。”徐锴《说文解字系传》：“平野中，望日且莫将落，如在茻中也。今俗作暮。”

(1) 其义为傍晚。《广韵·暮韵》：“暮，日晚也。”《木兰诗》：“旦辞爷娘去，暮宿黄河边。”唐朝杜甫《石壕吏》：“暮投石壕村，有吏夜捉人。”

(2) 由傍晚引伸为夜晚。《广雅·释诂四》：“莫，夜也。”王念孙《广雅疏证》：“凡日入以后，日出以前通谓之夜。故夕时亦谓之夜……夕、夜、莫三字同义。”朱德《感事八首用杜甫（秋兴）诗韵·冀中战况》：“沧州战罢归来晚，闲眺滹沱听暮砧。”

(3) 由夜晚引伸为指时间靠后，接近终末。《论语·先进》：“暮春者，春服既成，冠者五六人，童子六七人，浴乎沂，风乎舞雩，咏而归。”宋朝洪迈《容斋四笔》卷十四：“是时冬暮，梅花已开。”

(4) 由时间靠后引伸为指迟、晚。《吕氏春秋·谨听》：“夫自念斯，学德未暮。”三国魏曹操《步出厦门行·龟虽寿》：“烈士暮年，壮心不已。”

(5) 由迟、晚引伸为指年老、衰弱。《楚辞·离骚》：“惟草木之凋零兮，恐美人之迟暮。”《南史·王昙首传附王筠》：“自谢朓诸贤零落，平生意好殆尽，不谓疲暮复逢于君。”

夕

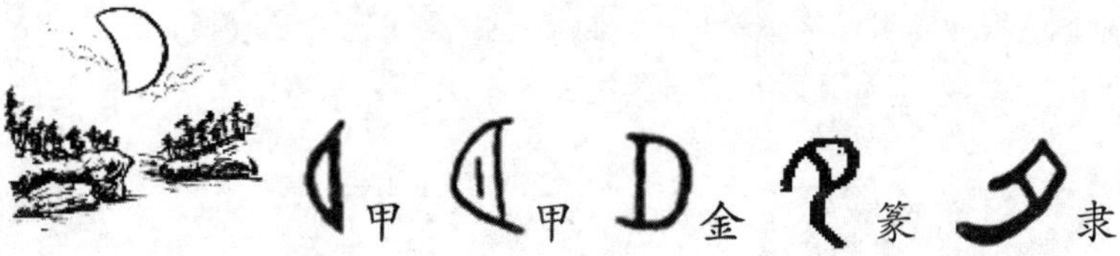

夕(xī)是一个象形字。从甲骨文字形来看,像一轮弯月的形状。甲骨文字形有两种字形,一种月中无一点,一种月中有一点。金文字形则沿袭甲骨文月中无点的字形。秦篆字形在金文基础上进一步符号化。汉隶字形则沿袭秦篆演化成现在的“夕”字字形。甲骨文字形时期,“夕”与“月”是不分的。后来才分开,无一点的为夕,有一点的为月。康殷《文字源流浅说》:“(夕)古文从月形,以表示夜晚,然而与月形相混,不易分别,后遂以有光的(即半月形中间有点的)为月,无光的(即半月形中间无点的)为夕。”从甲骨文字形来看,“夕”最初之义是指太阳已落山,月亮刚出现这一段时间,即傍晚。只是远古时期古人还未明确地将“夕”与“月”区分开。在秦篆字形出现后,古人才真正将“夕”与“月”区分开来。《说文解字》:“夕,莫(暮)也。”《诗·小雅·北山》:“偕偕君子,朝夕从事。”《左传·昭公元年》:“君子有四时,朝以听政,昼以访问,夕以修令,夜以安身。”李白《蜀道难》:“朝避猛虎,夕避长蛇。”如:朝令~改、朝发~至。

一、“夕”:晚上

(1)由傍晚引伸为指夜、晚上。《诗·唐风·绸缪》:“今夕何夕,见此良人。”《后汉书·第五伦传》:“尽夕不眠。”如:前~、七~、除~、危在旦~。

(2)由夜、晚上引伸为指在傍晚、夜间进行的活动。《礼记·聘礼》:“及期夕币。”郑玄注:“夕币:先行之日,夕陈币而视之,重聘也。”《国语·晋语九》:“智襄子为室美,士茁夕焉。”韦昭注:“夕,夕往也。”

(3)由傍晚、夜间进行的活动引伸为指古代傍晚觐见君王的一种礼制。《左传·成公十二年》:“百官承事,朝而不夕。”孔颖达疏:“旦见君谓之朝,暮见君谓之夕。”

(4)由古代傍晚觐见君王的一种礼制引伸为祭月之祀。《国语·周语上》:“古者,先王既有天下,又崇立于上帝,明鬼神而敬事之,于是乎有朝日、夕月以教民事君。”韦昭注:“礼,天子……以春分朝日,秋分夕月,朝日于东门之外,然则夕月在西门之外也。”

二、“夕”:汐

(1)由傍晚的海水涨潮,因此称潮为夕。后人为了区别傍晚与晚潮,就在“夕”字的左边加上三点“氵”造出新字“汐”。《管子·轻重乙》:“天下之朝夕可定乎?”郭沫若案:“‘朝夕’犹‘潮汐’,喻言起伏。”

(2)由于夕在一天之末,就引伸为指每年的最后一季,每季最后一月,每月的最后一旬,以此作别名。《管子·立政》:“季冬之夕,君自听朝。”张佩纶《管子学》:“季冬之夕,即季冬之暮。”

三、“夕”:向西

(1)由于指的是太阳西下后的时间段,因此就引伸为西向。《周礼·秋官·司仪》:“凡行人之仪,不朝不夕,不正其主面,亦不背客。”贾公彦疏:“朝谓日出时,为正向东;夕谓日入时,为正向西。”

(2) 由指西向引伸为倾斜。《广雅·释诂二》：“夕，邪（斜）也。”《吕氏春秋·明理》：“是正坐于夕室。”高诱注：“言其室邪夕不正。”

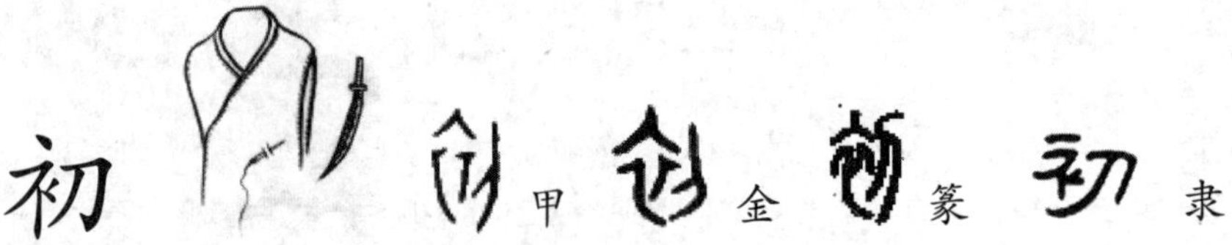

初（chū）是一个会意字。甲骨文字形，左边是衣，上面的三角形是衣领，下面的两竖表示衣服的下襟，衣领与下襟的空白处表示衣袖处，远古之人衣无袖；右边是刀，整个字形表示用刀裁剪衣服。金文字形与甲骨文相同，只是笔法圆润一些。秦篆字形与甲骨文、金文相同，但字形符号化了。汉隶字形则将形象的衣变成了偏旁字“衤”，再加上“刀”字就成为今天的“初”字。从甲骨文字形来看，“初”最初之义就是裁剪衣服。吴其昌《金文铭象疏证》：“初民无衣，大氐皆兽皮以刀割裁而成，衣之新出于刀，是初义也，故初确系从刀。”

一、“初”：开始

(1) 由剪裁衣服引伸为开始。《说文解字》：“初，始也。从刀，从衣，裁衣之始也。”《尔雅·释诂上》：“初，始也。”《周易·既济》：“初吉终乱。”《离骚》：“皇览揆余初度兮，肇锡余以嘉名。”柳宗元《封建论》：“天地果无初乎？吾不得而知之也。”

(2) 由开始引伸为第一个。《周易·乾》：“初九，潜龙勿用。”孔颖达疏：“居第一之位，故称初。”《古诗为焦仲卿妻作》：“初七及下九，嬉戏莫相忘。”如：～伏、～旬。

(3) 由第一个引伸为第一次。《公羊传·隐公五年》：“初献六羽。初者何？始也……始僭诸公也。”杜甫《更题》：“只应踏初雪，骑马发荆州。”如：～稿。

(4) 由第一个引伸为最低的（等级）。如：～级。

二、“初”：本来

(1) 由开始引伸为当初、本来。《左传·隐公元年》：“遂为母子如初。”《礼记·檀弓下》：“夫鲁有初。”郑玄注：“初，谓故事。”严复《救亡决论》：“夫中国以学为明善复初，而西人以学为修身事帝，意本同也。”

(2) 由当初、本来引伸为追述往事之词，犹言“原先”、“早先”。《左传·隐公元年》：“初，郑武公娶于申。”孔颖达疏：“杜以为凡倒本其事皆言初。”唐朝韩愈《虢州司户韩府君墓志铭》：“初，君乐虢之土田山水，求掾其州。”

三、“初”：副词

(1) 表示时间、频率，相当于“才”、“刚刚”。白居易《长恨歌》：“迟迟钟鼓初长夜，耿耿星河欲曙天。”毛泽东《七绝·为女民兵题照》：“曙光初照演兵场。”

(2) 与否定词“无”、“不”等连用，表示“本来不……”、“从来不……”的意思。《后汉书·独行传》：“受教三日，初不奉行，岂非过邪？”明朝李贽《藏书·世纪列传总目前论》：“人之是非，初无定质。”

年

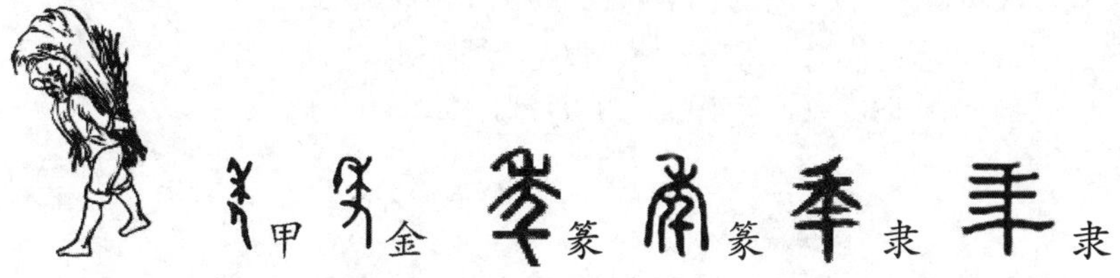

年（niǎn）是一个会意字。甲骨文字形，上面是“禾”字；下面是一个面朝左，手臂向下斜伸的人，表示人扛着一捆成熟的黍。金文字形突出了下垂的黍穗，人的背部弯曲，表示背上黍穗沉甸甸。秦篆早期字形开始符号化了，但还能看出上面是“禾”，只是下面的“人”则讹变成“千”字。后期秦篆将黍的根罩住人。汉隶早期字形沿袭秦篆成为上“禾”下“千”的字形结构。汉隶后期字形在此基础上进一步变化，更接近楷书的写法而成为今天的“年”字。从甲骨文字形来看，“年”最初之义应该是指五谷成熟，及收藏成熟的五谷。《说文解字》：“秊（年），谷熟也。从禾，千声。《春秋传》曰：‘大有年。’”段玉裁《说文解字注》：“《谷梁传》曰：‘五谷皆孰为有年，五谷皆大孰，为大有年。’”容庚《金文编》：“年，从禾，从人，人亦声。《说文解字》非。”《汉语大字典》：“甲骨文‘年’字意为稔熟，金文始用作年岁字。”

一、“年”：五谷成熟

（1）最初之义应该是五谷成熟。《谷梁传·桓公三年》：“有年，五谷皆熟为有年也。”《史记·天官书》：“有年。”张守节《史记正义》：“有年，谓丰熟也。”如：熟～。

（2）由谷熟引伸为谷物的收成。如：～成、丰～、～景、荒～、灾～、人寿～丰。

二、“年”：时间单位

（1）谷熟之义引伸为代指时间单位的年。上古时庄稼是一年一熟。《尔雅·释天》：“夏曰岁，商曰祀，周曰年，唐虞曰载。”《诗·豳风·东山》：“自我不见，于今三年。”如：今～、明～、后～、五～计划、三～五载、一～四季。

（2）①由时间单位的年引伸为指每年。如：～会、～鉴、～产量。②由每年引伸为同届（科举时代指同届考中的考生）。如：～兄、同～、～谊会。

（3）由时间单位引申特指一年结尾的时间。如：～关、～底、～尾。

（4）由特指一年结尾的时间引伸为年节（元旦、春节）。《儒林外史》第十一回：“新年正月，公子回家拜祖父、母亲的年回来。”如：新～、过～、～假、拜～。

（5）由过年的节日引申到有关过年的用品。如：～货、～画、～糕、～饭、～菜。

三、“年”：某一时期

（1）由时间单位的一年引伸为指某一时期。唐朝白居易《赠友五首》之二：“复彼租庸法，令如贞观年。”明朝高旭《甘肃大旱感赋》：“歌舞太平年，粉饰相沿久。”如：早～、近～、陈～、当～、明朝末～、乾隆～间。

（2）由某一时期引伸为指帝王的年号。改年叫改元。《三国志·吴志·吴主传》：“改年为延康。”

四、“年”：年龄

（1）由时间单位的一年引伸为指人的岁数、年纪。《左传·襄公九年》：“晋侯以公宴于河上，问公年。”宋朝王安石《李白》：“君看赤松子，犹自不长年。”如：～龄、天～、

～满十八、忘～之交、～富力强、益寿延～、～高德劭。

(2) 由人的岁数、年纪引伸为指人的年龄阶段。如：童～、青～、中～、老～、晚～。

(3) 由人的岁数、年纪引伸为指时光。如：流～似水。

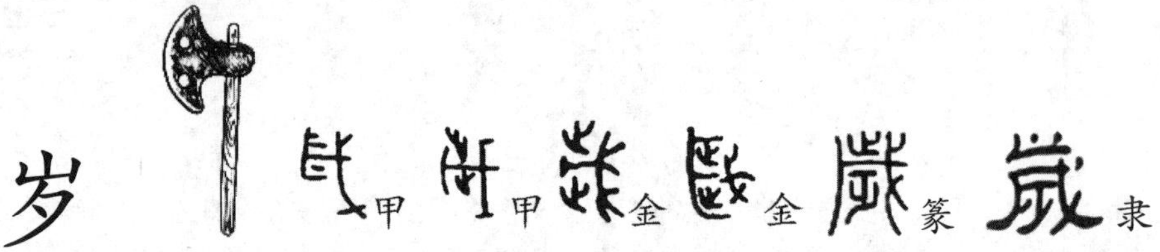

岁（歲）(suì) 是一个象形字。早期的甲骨文字形象一把长柄的斧钺之形。斧刃朝着左，中间的两点表示斧刃中的两个洞，右边是长柄，上面一横表示斧与柄相连，下面一横是柄的支架，柄顶部的一撇是柄的装饰物，柄像“戈”这种兵器的形状。后期甲骨文字形，则将斧刃的两个点变成上下两个“止”字，表示用来砍人的脚。上古文献的记载，“歲”多于用来表示“割牲以祭”。远古时期，统治者每年都要举行大型的祭祀活动，活动中都要杀人宰畜。用歲来砍断人的脚这种现象是常事。早期金文字形沿袭甲骨文略有变化，后期金文字形则将表示兵刃的一竖，拉长包住两个“止”。秦篆字形继承金文，只是将字形符号化。汉隶字形则将上面的“止”变成“山”，就成了繁体字“歲”，后来将繁体字变成简化字，就成了“岁”字。从字形来看，岁先是一种兵器，而后成为一种砍脚的刑具。从甲骨文字形来看，“岁”最初之义应该是兵器或刑具。但是这个含义很早就消失了。

(1) 古人很早就借为指天上的木星。《说文解字》“岁，木星也。越历二十八宿，宣遍阴阳，十二月一次”。《左传·襄公二十八年》“岁在星纪，而淫于玄枵”。古人认为木星在天上走一圈是十二个月。这样岁就由指木星，引伸为指一年。

(2) 由指木星引伸为表年（周代以前称年为岁）。《诗·魏风·硕鼠》：“三岁贯女，莫我肯顾。”《吕氏春秋·长见》：“故圣人上知千岁，下知千岁也。”如：～朝、～贡、～课、～暮、～夕、～夜。

(3) 由年引伸为庄稼的收成、年成。《孟子·梁惠王上》：“人死则曰：‘非我也，岁也。’”如：～丰、～饥、歉～。

(4) 由年引伸为指岁月、时光。《论语·阳货》：“日月逝矣，岁不我与。”《楚辞·九辩》：“岁忽忽而遒尽兮，老冉冉而愈弛。”如：～华、～月如歌。

(5) 由年引伸为年龄。《孟子·告子上》：“乡人长于伯兄一岁。”《史记·孔子世家》：“优哉游哉，维以卒岁。”如：几～。

寒  金 金 篆 隶

寒（hán）是一个会意字。金文字形外围是一个房屋形状，屋里有一个人，人的四周是草的形状，即“屮”（cǎo）字，整个字形表示天气冷，在屋子里的人用干草覆住身体以保暖。金文另一种字形，在人的下面增加脚趾，脚趾下面两横是冰（“仌”）字字形，表示屋里的气温到了冰点，人虽然在屋子里，并且有干草护身，仍然冻得蹦蹦跳。秦篆字形与金文一样，只是进一步符号化而已。汉隶字形在金文、秦篆基础上发生很大的变化，成为现在的“寒”字。从金文字形上来看，“寒”最早之义应该是冷的意思。由于寒冷是人的一种自我感觉，其义较为抽象，不易用单个具体事物来表达，古人就用多个事物组合来表达。金文出现“寒”这样的字形，这表明古人在语言思维，文字表达上有很大的进步。《说文解字》：“寒，冻也。”段玉裁《说文解字注》：“冻当作冷。”《史记 · 刺客列传》：“风萧萧兮易水寒。”如“～气、～秋、～潮、严～、～冬、天～地冻。

一、“寒”：冷

（1）由冷引伸为使之冷。《孟子 · 告子》：“虽有天下易生之物业，一日曝之，十日寒之，未有能生者也。”

（2）由使之冷引伸为指感到冷。《左传 · 宣公十二年》：“师人多寒。”《齐民要术 · 养牛马驴骡》：“夏即不汗，冬即不寒。”

（3）由感到冷引伸为人受冷而生病，从而产生为中医的医术术语。《素问 · 疟论》：“夫寒者，阴气也。”《论衡 · 寒温》：“人中于寒，饮药行解。”

（4）由因冷而生病引伸为感到恐惧、颤栗。《战国策 · 秦策四》：“若是王以十成郑，粱氏寒心。”高诱注：“寒心，惧也。”《新唐书 · 席豫传》：“乃上疏请立皇太子，语深切，人为寒惧。”

（5）由恐惧、颤栗引伸为指声音凄凉。唐朝高适《燕歌行》：“寒声一夜传刁斗，相看白刃血纷纷。”如：阵阵～声。

二、“寒”：季节

（1）由冷引伸为指寒冷的季节。《玉篇 · 宀部》：“寒，冬时也。”《周易 · 系辞下》：“寒往则暑来，暑往则寒来。”《列子 · 汤问》：“寒暑易节，始一反也。”

（2）由冷引伸为（草木）凋零、枯萎。汉朝崔实《农家谚》：“黄梅寒，井底干。”唐朝薛能《折杨柳》：“众木犹寒独早青，御沟桥畔曲江亭。”

（3）由于冷不长五谷，就引伸为指贫困。《史记 · 范雎蔡泽列传》：“范叔一寒如此哉！”唐朝杜甫《自京赴奉先县咏怀五百字》：“彤庭所分帛，本自寒女出。”如：贫～人家。

（4）由贫困引伸为指卑微、卑贱。《晋书 · 刘毅传》：“是以上品无寒门，下品无势族。”

（5）由卑微、卑贱引伸为表谦辞。《镜花缘》第十一回：“如蒙赏光，寒舍就在咫尺，敢劳玉趾一行。”如：～舍、～家。

三、“寒”：冷冻食品

“寒”由感到冷引伸为指古人将肉类用酱渍做成冷冻食品。《正字通 · 宀部》：“寒，冻肉之类亦曰寒。”《盐铁论 · 散不足》：“煎鱼切肝，羊淹鸡寒。”

春

春（chūn）是一个会意兼形声的字。甲骨文字形：左边上下是草，中间是太阳；右边是个“屯”字，表声。左安民《细说汉字》：“说它是会意：其左边的上、下两部分都是草，中间是‘日’，真可谓旭日东升，绿草萌发，大地回春了。说它是形声：其左是形，‘日’在春‘草’中，表意；其右是声符‘屯’。”金文字形有了很大的变化，变成上面是“艸”，中间是“屯”，右下面是“日”，“屯”放到中间，突出了字的读音。秦篆与金文相同，只是把“屯”曲笔变成向右拐，由金文的左边移到右边，其意相同。早期的汉隶字形又有变化，把“屯”移到顶部，将“艸”分开放到中间的两边，下面还是“日”字。汉隶后期字形再一变成为现在的“春”字。从甲骨文、金文、秦篆的字形来看，都有“日”、“屮（cǎo，初生之草）”、“屯”。因此，“春”最初之义是指春天，即春季。《说文解字》：“萅（春）推也。从艸，从日。艸，春时生也。屯声。”段玉裁《说文解字注》：“日、艸、屯者，得时艸生也。”

(1) 最初之义是春季。即我们说的春天。《公羊传·隐公元年》：“春者何？岁之始也。”《荀子 王制》：“春耕、夏耘、秋收、冬藏，四者不失时，故五谷不绝。”杜甫《春夜喜雨》：“好雨知时节，当春乃发生。”如：～耕、～播、～风、～雷、～分、残～、开～、季～、～游、～华秋实。

(2) 由春季引申指一年。三国魏曹植《杂诗六首》：“自期三年归，今已历九春。”唐朝李白《古风五十九首》之一：“我志在删述，垂辉映千春。”如：～秋。

(3) 由春天引申指春色。南朝宋陆凯《赠范晔》：“江南无所有，聊赠一枝春。”如：～色、～意、踏～、游～。

(4) 由春色引伸为喜色，即愉悦的心情。唐朝孟郊《古意》：“人颜不再春，桃色有再浓。”宋朝王安石《宋潮州吕使君》：“吕使揭阳去，笑谈面生春。”如：～风得意、～风满面。

(5) 由愉悦的心情引伸为形容男女的情欲。《诗·召南·野有死麇》：“有女怀春，吉士诱之。”三国魏曹植《闺情二首》：“春思安可忘，忧戚与君并。”如：～梦、怀～、～情、～药、～心荡漾。

(6) 由愉悦的心情引伸为以酒为春。《正字通·日部》：“春，唐人名酒为春。”唐朝司空图《诗品·典雅》：“玉壶买春，赏雨茆屋。”唐朝杜甫《拨闷》：“闻道云安曲米春，才倾一盏即醺人。”

夏

夏（xià）是一个会意字。甲骨文字形，中间是一个人形，即“頁”字。头很突出，左右两边是手的形状，下面突出腿、脚趾的形状。金文字形与甲骨文相同，只是脚的形状变成向下的脚趾，即“夂（suī）”字。秦篆字形与金文大体相同，只是字形符号化了。汉隶字形在秦篆基础上，将双手去掉，由“頁（頁，去掉下面的两点）”和“夂”构成今天的“夏”字。甲骨文的“夏”字像一个赤身裸体、手脚伸开的人形。这可能描绘的是远古时期中原古老部落的人的样子。远古时期，中原地热潮湿，人们就赤身裸体的生活。从甲骨文字形来看，“夏”最初之义是指远古时期中原部落人的生活样子。某部落人就以描绘自己生活形态的字，作为自己部落的称号。后来部落发展，壮大成为中原的大部落。夏就成为中原部落的名称，以区别四方的民族。《说文解字》：“夏，中国（中国，即中原）之人也。”后世人就沿用为中国人的称呼，也泛指中国。

一、“夏”：朝代

（1）由指中原部落引伸为指中国历史上第一个王朝，即夏朝。

（2）由第一个王朝引伸为指中国历史上所建立的同一称呼的政权。如：①东晋时期匈奴所建的夏国。②隋末农民起义领袖窦建德所建的夏国。③北宋时期党项族建立的夏国。④元末时期红巾军建立的夏国。

二、“夏”：大

（1）由指中原部落引伸为大，大概是因为部落的强大。《尔雅·释诂上》：“夏，大也。”《方言》卷一：“夏，大也。自关而西，秦晋之间，凡物之壮大者而爱伟之谓之夏。”《诗·秦风·权舆》：“于我乎，夏屋渠渠；今也每食无余。”毛传：“夏，大也。”

（2）由大的物体引伸为指大屋。后作“厦”。《楚辞·九章·哀郢》：“曾不知夏之为丘兮，孰两东门之可芜？”王逸注：“夏，大殿也。”《文选·张衡〈西京赋〉》：“大夏耽耽，九户开辟。”薛综注：“屋之四下者为夏。”

（3）由大屋引伸为华彩。《周礼·天官·染人》：“秋染夏。”郑玄注：“染夏者，染五色。”宋朝叶适《送周明叔王成叟》：“琢琱而佩环，染夏为裳衣。”

三、“夏”：夏天

“夏”由中原部落因热而赤身裸体引伸为指夏天的夏。《尔雅·释天》：“夏为朱明。”郭璞注：“气赤而光明。”《尚书·尧典》：“日永星火，以正仲夏。”孔传：“永，长也，谓夏至之日。”唐朝韩愈《送孟东野序》：“以鸟鸣春，以雷鸣夏。”

冬

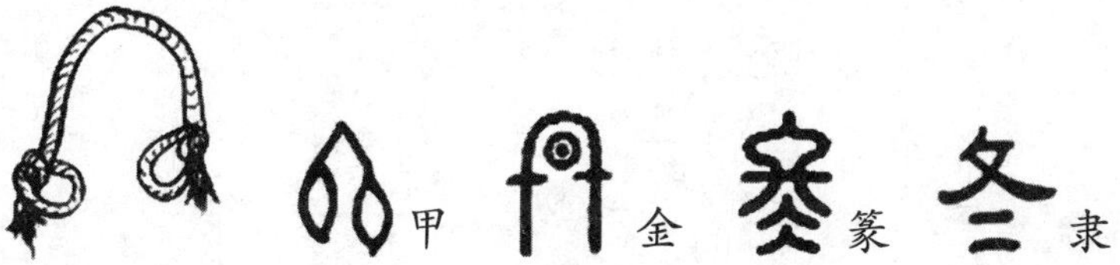

冬（dōng）是一个会意字。甲骨文字形像一根呈角形状的绳子，绳索两边椭圆形的圈表示绳索的两边的终端。甲骨文的“冬”字形状就是表达终端、终结之义。应该说“冬”是“终”字的初文。金文字形在甲骨文基础上有一些变化，两端的圈变成了一横。还在绳索的里面加一个太阳符号，即“日”字，以表示一年的终结。“冬”属于季节的词汇，比较抽象，金文就借“终”来表示“冬”。秦篆字形在金文基础上有很大变化，表示（绳索）终端的符号变成一长横，将两端连起来；并在下面加上“仌（仌，冰）”字，以表示“冬”是寒冷的日子，并且这个“冬”是联系年终与年头的时间点。汉隶字形则在秦篆基础上将表“终”的绳索字形变成“夂”（zhōng，通“冬”），成为现在的“冬”字。从甲骨文字形来看，“冬”最初之义应该是终端、终结。郭沫若《金文丛考》：“（金文中）冬字多见，但均用为终。”《释名·释天》：“冬，终也。物终成也。”

(1) 很早就引伸为指一年四季的最后一季。《说文解字》：“冬，四时尽也。从仌，从夂。夂，古文终字。”《尚书·尧典》：“日短星昴，以正仲冬。”孔传：“日短，冬至之日。”韩愈《送孟东野序》：“以虫鸣秋，以风鸣冬。”如：～天、～季、～装、～泳、过～、残～、隆～、严～、孟～、季～、春夏秋～、～去春来。

(2) 由一年的最后一季引伸为专指阴历的十一月（俗称）。明朝杨慎《南诏野史·滇南月节词·调寄渔家傲》：“冬月滇南云护野，曹溪寺里梅开也，绿萼黄须香趁马。”

(3) 由一年的最后一季引伸为最后，终了。后作“终”。《释名·释天》：“冬，终也。物终成也。”《马王堆汉墓帛书·老子乙本卷前古佚书·称》：“诰诰作事，毋从我冬始。”

“冬”可作象声词，即敲鼓、敲门的声音。也写作“鼕”。白居易《初与元九别后忽梦见之》：“觉来未及说，叩门声冬冬。”

第十一章 林木植被

木、林、森、本、末、草、竹、荆、束

木   甲  金  篆  隶

木（mù）是一个象形字。甲骨文字形，上面的叉形是树干和树丫枝，下面的叉形是树根，中间的一竖表示树干。金文字形与甲骨文相同。秦篆由于字形符号化，而变得不那么形象了。汉隶字形则因字形方块化而成为今天的“木”字。从甲骨文字形来看，“木”最初之义是指树。古人对树不说树只说木。

（1）是对木本植物的通称。《左传 · 僖公三十二年》：“中寿，尔墓之木拱矣。”《孟子 · 梁惠王上》：“犹缘木而求鱼也。”唐朝刘禹锡《酬乐天扬州初逢席上有赠》：“沉舟侧畔千帆过，病树前头万木春。”如：一草一～、独～不成林、无本之～。

（2）由木本植物引伸为指树叶。《文选 · 左思〈蜀都赋〉》：“木落南翔，冰泮北徂。”李善注引刘逵曰：“木落者，叶落也。”唐朝杜甫《登高》：“无边落木萧萧下，不尽长江滚滚来。”如：～落归本。

（3）由木本植物引申指木材、木料。《论语 · 公冶长》：“朽木不可雕也。”《荀子 · 劝学》：“木受绳则直。”

（4）① 由木材、木料引伸为指木制的。《后汉书 · 五行志一》：“延熹中，京都长者皆著木屐。”如：～桌、～碗、～偶、～鱼、～箱，～牛流马。②由木制的引申指某些木制的器物。《左传 · 僖公二十三年》：“我二十五年矣，又如是而嫁，则就木焉。”《庄子 · 列御寇》：“为外刑者，金与木也。”郭象注：“木为捶楚桎梏。”如：行将就～。

（5）① 由于木材、木料是死的，没有感觉，就引申指麻木这种现象。《红楼梦》第十一回：“贾瑞听了，身上已木了半边。”柳青《创业史》第一部第四章：“高增福在回转的路上，心是凉的，腿是软的，脑袋是木的。”如：手脚冻～了。② 由麻木引伸为指呆、楞。《聊斋志异 · 促织》：“夫妻心稍慰，但儿神气痴木，奄奄思睡。”老舍《骆驼祥子》六：“一见这灯亮，祥子猛的木在那里。”如：～讷、～头～脑。

（6）① 由木材、木料引伸为指古代八音之一，特指用木做的乐器，如柷、敔（又名楬）。

《周礼·春官·大师》：“皆播之以八音：金、石、革、丝、木、匏、竹。”郑玄注：“木，柷敔也。”唐朝韩愈《送孟东野序》：“金石丝竹匏土革木八者，物之善鸣者也。”② 由古代八音引申表示五行之一。《尚书·洪范》：“五行：一曰水，二曰火，三曰木，四曰金，五曰土。”③ 由五行之一引申为指中医学的肝。《灵枢经·热病》：“索肉于脾，不得索木。木者，肝也。”

林

林（lín）是一个象形兼会意字。甲骨文字形是两根并列的树形（看“木”字）。金文字形与甲骨文相同，秦篆字形与金文相同，只是字形符号化了。汉隶字形由于字形方块化而成为今天的“林”字。从甲骨文字形来看，“林”最初之义是指大片的树。《说文解字》：“林，平土有丛木曰林。”王筠《说文释例》：“林从二木，非云止有二木也，取木与木连属不绝之意也。”

一、“林”：树林

(1) 由大片的树木引伸为指自然生态的树林。指包括竹、木及杂草的丛林。《诗·邶风·击鼓》：“于以求之，于林之下。”毛传：“山木曰林。”段玉裁《说文解字注》：“《周礼·林衡》注曰：竹木生于平地曰林。”元朝李治《敬斋古今黈（tǒu）》卷九：“草亦称林。”如：森～、竹～、防风～、独木不成～。

(2) 由自然生态树林引伸为指野外。古代城镇周围的野外都是树林。《尔雅·释地》：“邑外谓之牧，牧外谓之野，野外谓之林，林外谓之坰（jiōng）。”《诗·鲁颂·駉》：“在坰之野。”毛传曰“邑外曰郊，郊外曰野，野外曰林，林外曰坰。”

(3) 由野外之林引伸为指姓氏。古人以居住的环境为姓。《通志·氏族略三》：“林氏，姬姓。周平王庶子林开之后，因以为氏……而谱家谓王子比干为纣所戮，其子坚逃长林之山遂为氏。”

二、“林”：汇集之处

(1) 由树木丛生而引伸为指人物或事物的会聚、汇集之处。清朝徐灏《说文解字注笺·林部》：“林，丛木为林，引申之，凡物材所聚皆曰林也。”南朝梁任昉《王文宪集序》：“贺生达礼之宗，蔡公儒林之亚。”巴金《电椅》：“那个短小的圆脸人，他被列在成功者之林。”如：碑～、石～、武～、艺～、高楼～立、～～总总、酒池肉～。

(2) 由事物的会聚、汇集引伸为指众盛貌。《广雅·释诂三》：“林，众也。”《国语·周语下》：“四间林钟（汇聚），和展百事，俾莫不任肃纯恪也。”

森   甲  金  篆  隶

森 (sēn) 是一个会意字。甲骨文、金文、秦篆、汉隶字形都是三棵树。三在古人心中是多的意思，用三棵树表示树之多。《说文解字》：“森，木多貌。从林，从木。”从甲骨文字形来看，“森”最初之义是指树多。

(1) 由树多引伸为指树木高大繁密。《玉篇》：“森，长木貌。”晋朝陶潜《归鸟》：“游不旷林，宿则森标（高枝）。”宋朝王安石《酬王浚贤良松泉二诗经·松》：“不知篝火定何人，且看森垂覆荒草。”如：：～林、古木～～。

(2) 由树木高大繁密引伸为指众多、众盛。《后汉书·张衡传》：“百神森其备从兮，屯骑罗而星布。”李贤注：“森，众貌也。”《醒世恒言·李玉英狱中讼冤》：“男娶女兮女嫁夫，频见森孙会行走。”如：～罗万象。

(3) 由树木高大繁密引伸为指阴森幽暗貌。唐朝杜甫《蜀相》：“蜀相祠堂何处寻，锦官城外柏森森。”宋朝王安石《华藏院此君亭》：“一径森然四座凉，残阴余韵兴何长？”如：阴～～、～冷。

(4) 由阴森幽暗貌引伸为森严。唐朝李白《出自蓟北门行》：“虎竹救边急，戎车森已行。”唐朝杜甫《李潮八分小篆歌》：“况潮小篆逼秦相，快剑长戟森相向。”如：～罗殿、剑戟～～。

(5) 由森严引伸为高耸、峙立。唐朝李白《经乱后将避地剡中留赠崔宣城》：“赤霞动金光，日足森海峤。”宋朝范成大《青青涧生松》：“松森上曾（层）云，拍踢抱幽石。”

本   籀  金  篆  隶

本 (běn) 是一个指事字。古籀文字形，上面的叉形表示树的干枝，下面的叉形表示树根，并且每一根树根都有一个三角形，以此表示树根是树存活的关键处。金文字形与古籀文大体相同，只是将根的三角形变成实心的圆点，标记在主根上。这表明古人意识到主根才是该树存活的关键处。秦篆字形与金文相同，由于字形符号化的原因，将金文的圆点变成一横。汉隶字形与秦篆相同，只是因字形方块化才成为今天的“本”字。从籀文的字形来看，“本”最初之义是表示树根是树存活的关键。

一、“本”：草木的根

(1) 指草木之根，与“末”相对应。《说文解字·木部》：“本，木下曰本。”《国语·晋语一》：“伐木不自其本，必复生。”唐朝白居易《东坡种花》：“划土壅其本，引泉溉其枯。”如：无～之木、～固枝荣、～末倒置、木有～，水有源。

(2) 由根引伸为指树干。《广雅·释木》：“本，干也。”《后汉书·李固传》：“夫表曲者景必邪，源清者流必洁，犹叩树本，百枝皆动也。”《徐霞客游记·滇游日记九》：“树甚异，本高二丈，大十围。”

二、“本”：根源

(1) 由草木之根引伸为指事物的起始、根源。《广雅·释诂一》：“本，始也。”《礼

记·乐记》："乐者音之所由生也，其本在人心之感于物也。"《吕氏春秋·无义》："故义者百事之始也，万利之本也。"高诱注："本，原也。"如：根～、正～清源、探～穷源。

(2) 由事物的起始，根源引伸为指有血缘关系的嫡系子孙。《诗·大雅·文王》："文王孙子，本支百世。"毛传："本，本宗也。"如：～宗、～族、～支、～家。

(3) 由事物的起始、根源引伸为原来的、固有的。《周礼·地官·大司徒》："以本俗六，安万民。"孙诒让《周礼正义》："本俗者，谓各安其旧俗也。"三国蜀诸葛亮《出师表》："臣本布衣，躬耕于南阳。"如：～质、～性、～能、～意、干～行。

(4) ①由原来的、固有的引伸为推原、探究。三国魏徐干《中论·贵言》："先必度其心志，本其器量，视其锐气，察其堕衰。"《新五代史·伶官传序》："岂得之难而失之易欤？抑本其成败之迹而皆自于人欤？"②由推原、探究引伸为掌握、主持。《汉书·爰盎传》："是时绛侯为太尉，本兵柄，弗能正。"宋朝苏轼《安焘乞外郡不许批答》："卿以应务之才，居本兵之地，绥靖中外，人无间言。"③ 由掌握引伸为依照、按照。《周易·乾》："本乎天者亲上，本乎地者亲下。"《后汉书·西域新传》："汉本其故号，言大月氏云。"唐朝柳宗元《非国语》："本诸理作《非国语》。"

(5) ① 由原来的、固有的引伸为底本、版本。宋朝沈括《活版》："五代时始印五经，已后典籍皆为版本。"《南史刘虬传附刘之璘》："时鄱阳嗣王范得班固所撰《汉书》真本献东宫。"宋朝朱熹《大学章句》："旧本颇有错简。"如：刻～、抄～、古～、孤～、善～。②由底本引伸为指封建时代臣子奏事的文书。清朝刘献廷《广阳杂记》卷一："俗以章疏为本，不知始于何时，古未有此。今时章疏，有题本，有奏本。"《镜花缘》第六回："适闻有位尊神上了弹章，把仙姑参了一本。"③由版本引申指演出的底本。如：唱～、剧～、话～。④由版本引申指书册。《文选·左思〈魏都赋〉》："雠校篆籀。"唐朝李善注引《风俗通》："刘向《别录》：'……一人持本，一人读书，若怨家相对。'"如：书～、画～、课～、户口～、笔记～。⑤由书册引伸为书册的计量。如：一～经、两～账，三～书。⑥由书册的计量引伸为草木的计量。相当于"株"、"棵"、"丛"等。《论衡·验符》："土中忽生灵草五本。"唐朝欧阳修《伐树记》："为蔬圃十数畦，又植花果桐竹凡百本。"

三、"本"：基础

(1) 由草木之根引伸为指事物的基础或主体。《老子》三十九章："贵以贱为本，高以下为基。"何晏注："本，基也。"《论语·学而》："君子务本，本立而道生。"《孟子·离娄下》："天下之本在国，国之本在家，家之本在身。"如：立国之～、国以民为～。

(2) 由主体引伸为指自己或自己方面。《吕氏春秋·处方》："本不审，虽尧舜不能治。"高诱注："本，身；审，正。"《淮南子·泛论》："立之于本朝之上，倚之于三公之位。"如：～国、～省、～人、～身、～单位。

(3) 由基础引伸为指农业。古人知道农业是人生存的基础，所以引伸为指农业。《管子·国蓄》："则君子虽强本趣耕，而自为铸币而无已，乃今使民下相役耳，恶能以为治乎？"尹知章注："本，谓务农。"《汉书·文帝纪》："道民之路，在于务本。"

(4) 由基础引伸为指本钱、母金。唐朝韩愈《柳子厚墓志铭》："其俗以男女质钱，约不时赎，子本相侔，则没为奴婢。"《儒林外史》第十六回："我做这小生意，只望不折了本，每日寻得几个钱养活父母。"如：亏～、一～万利、还～付息。

末

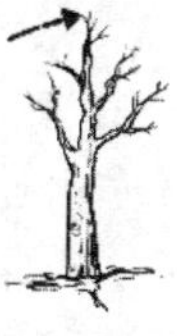

金

篆

隶

末（mò）是一个指事字。金文字形，下面部分表示树的主根与分支根；上面的叉形表示树干与树枝；叉的中心处还有一点，这一点是指事，表示这是树干的末梢。秦篆字形与金文大体相似，只是金文表示末梢的那一点在秦篆中变成一横，以突出其末梢之意。汉隶字形在秦篆基础上进一步变化，将树杈变成一短横，表树梢的一横反而变长，成为上长下短的字形结构，这就是今天的“末”字。从金文字形来看，“末”最初之义是指树主干的末梢。即树梢。《说文解字》：“末，木上曰末。从木，一在其上。”段玉裁《说文解字注》：“末，木之穷也。”

一、“末”：树梢

（1）有树梢之义。《左传·昭公十一年》：“末大必折，尾大不掉。”唐朝牛峤《杨柳枝五首》之一：“解冻风来末上青，解垂罗袖拜卿卿。”如：～梢、细枝～节。

（2）由树梢引伸为物体的尖端、顶端。《玉篇·木部》：“末，端也。”《孟子·梁惠王上》：“明足以察秋毫之末，而不见舆薪。”清朝刘献廷《广阳杂记》卷一引阎尔梅《栈道诗》：“峰末有峰青汉插，地根无地黑江流。”

（3）由顶端、尖端引伸为细微之状。《老子》六十四章：“合抱之木，生于毫末。”唐朝李白《酬张司马赠墨》：“上党碧松烟，夷陵丹砂末。”如：碎～、粉～、毫～、肉～、锯～、茶叶～、秋毫之～。

（4）由尖端、顶端引伸为指事物次要的、非根本的一面。《论语·子张》：“子夏之门人小子，当洒扫应对进退，则可亦，抑末也。”三国魏曹丕《典论·论文》：“夫文本同而末异，盖奏议宜雅，书论宜理，铭诔尚实，诗赋欲丽。”如：本～倒置、舍本逐～。

（5）由次要的、非根本的一面引伸为指工商业。古代以农业为本，商业为末。《商君书·靳令》：“物多末众，农驰奸胜，则国必削。”宋朝苏轼《乞免五谷力胜税钱劄子》：“而近岁法令，始有五谷力胜税钱，使商贾不行，农末皆病。”

（6）由次要的、非根本的一面引伸为指卑微、浅薄。《广韵·末韵》：“末，弱也。”《周易·咸》：“咸其脢（méi），志末也。”孔颖达疏：“末，犹浅也。”《吕氏春秋·精谕》：“浅智者之所争则末矣。”高诱注：“末，小也。”

（7）由卑微引伸为作自谦之词。南朝梁江淹《从建平王游纪南城》：“恭承此嘉惠，末官至南荆。”《陈书·儒林传·沈不害》：“臣末学小生，词无足算。”

（8）由自谦之词引申指“传统戏曲角色名，主要扮演中年男子。宋杂剧有末泥，副末；元杂剧末泥也称正末。是同正旦并重的两个角色，另有小末、冲末等。明、清戏曲末的表演基本与生、外相同。现代京剧归入老生一类。”（《汉语大字典》）

二、“末”：末尾

（1）由树梢引伸为末尾、最后。《小尔雅·广言》：“末，终也。”《史记·韩长儒列传》：“强弩之极，矢不能穿鲁缟；冲风之末，力不能漂鸿毛，非初不劲，末力衰也。”明朝魏学洢《刻舟记》：“鲁直左手执卷末，右手指卷，如有所悟。”如：～尾、～座、秋～、穷途

～路、强弩之～、二十世纪～。

(2) 由末尾、最后引伸为遗余、留传。《广雅·释言》：“末，垂也。”《后汉书·崔骃传》：“庶明哲之末风兮，惧《大雅》之所讥。”唐朝李白《古风五十九首》：“却秦振英声，后世仰末照。”

(3) 由遗余引伸为老、晚年。《礼记·中庸》：“武王末受命。”郑玄注：“末，犹老也。”南朝宋颜延之《拜陵庙作诗》：“幼壮困孤介，末暮谢幽贞。”

(4) 由老、晚年引伸为衰、衰败。《广雅·释言》：“末，衰也。”王念孙《广雅疏证》：“《系词》传云：‘殷之末世。’”《礼记·士官礼》：“公侯之有官礼也，夏之末造也。”

(5) 由衰、衰败引伸为减轻、抹灭。《篇海类编·花木类·木部》：“末，减也。”《左传·昭公十四年》：“三数叔鱼之恶，不为末减。”杜预注：“末，薄也；减，轻也。”《汉书·谷永传》：“欲末杀灾异，满谰诬天。”颜师古注：“末杀，扫灭也。”

(6) 由抹灭引伸为追逐。《方言》卷十二：“末，随也。”《广雅·释诂三》：“末，逐也。”《商君书·农战》：“下卖权，非忠臣也，而为之者，以末货也。”朱师辙《商君书解诂定本》：“谓争逐货利。”

(7) 由抹灭引伸为表否定。副词，相当于“无”、“没有”。《小尔雅·广诂》：“末，无也。”《汉书·外戚传序》：“人能弘道，末如命何？”颜师古注：“末，无也。”《红楼梦》第一百零三回：“自念风尘俗吏，末由再睹仙颜，今何幸于此处相遇。”

草

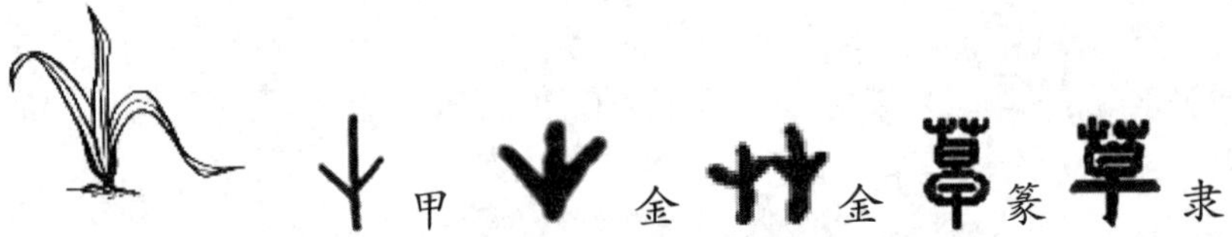

草（cǎo）甲骨文、金文早期字形。像一棵初出地面的小草之状。古人将一棵小草用“屮（chè）”字来表示。《说文解字》：“屮，草木初生也，像丨出形，有枝茎也。”“屮”字是古“艸”（草）字的一半。所以在古籍中，“屮”字也常当“草”字用。金文后期字形增加一棵小草，变成两棵小草。就成了“艸”字。就是平常说的草字头“艹”。商承祚《〈说文〉中之古文考》：“艸之古文作屮，案：屮、艸本一字。初生为屮，蔓延为艸。”秦篆沿袭金文字形。秦篆字形把“早”放在“艸”的下面，就成为上形下声的形声字。汉隶字形沿袭秦篆，后来将上面的“艸”变成“艹”，就成为今天的“草”字。从甲骨文字形来看，“草”最初之义是指初生之草。后来变成对草本植物的总称。《广韵·晧韵》：“草，《说文解字》作艸，百卉也。经典相承作草。”

一、“草”：草本植物

(1) 草本植物的总称。《玉篇·艸部》：“草，同艸。”《周礼·秋官·庶氏》：“嘉草攻之。”《论语·阳货》：“多识于鸟兽草木之名。”如：青～、野～、～场、～地、～原、～滩、风吹～动、～木皆兵、寸～不留、打～惊蛇、～菅人命。

(2) 由草本植物的总称引伸为指稻、麦之类的茎叶。如：稻～、～料、～绳、～鞋、～帽、～屋。

(3) 由草本植物的总称引伸为指某一些草类。如：～鱼、～药、～食、芳～、粮～。

（4）由草本植物的总称引伸为割草。《礼记·祭统》：“草艾则墨，未发秋政，则民弗敢草也。”孙希旦《礼记集解》：“行墨刑则发秋政矣，故其时可以艾草。未发秋政，则民弗敢艾草也。”

二、“草”：荒野

（1）由草本植物的总称引伸为荒野。《商君书·垦令》：“农不败而有余日，则草必垦矣。”《韩非子·外储说左下》：“垦草仞邑，辟地生粟。”如：～贼、落～为寇。

（2）由荒野引伸为乡野、民间。唐朝李白《梁甫吟》：“君不见高阳酒徒起草中，长揖山东隆准公。”如：～泽医生。

（3）由乡野、民间引伸为微贱。《敦煌变文集·燕子赋》：“赖值凤凰恩泽，放你一生草命。”如：～民。

三、“草”：起草

（1）初生之状，由此引伸为创始、起稿。《广雅·释言》：“草，造也。”《论语·宪问》：“为命，裨谌草创之。”《南史·蔡景历传》：“召令草檄，景历援笔立成。”如：：～创、～拟、～律、～檄。

（2）由创始、起稿引伸为底稿、稿子。《汉书·淮南厉王刘长传附刘安》：“每为报书及赐，常召司马相如等视草乃遣。”唐朝杜甫《晚出左掖》：“避人焚谏草，骑马欲鸡栖。”如：～稿、～案、～本。

（3）由底稿、稿子引伸为粗劣、草率。《战国策·齐策四》：“左右以君贱之也，食以草具。”鲍彪注：“草，不精也。”清朝孔尚任《桃花扇·眠香》：“草办妆奁，粗陈筵席。”如：～签、～图、～样、～～收兵。

（4）由粗劣引伸为无能。如：～包。

竹

竹（zhú）是一个象形字。甲骨文字形，就像竹节上长着的两枝向下垂着的竹叶。金文字形与甲骨文相同。秦篆由于字形符号化，变得不太像竹叶了。汉隶字形沿袭金文，还能看出竹叶的形状。从甲骨文字形来看，“竹”最初之义是指竹子。《说文解字》：“竹，冬生艸也。”段玉裁《说文解字注》：“云‘冬生’者，谓竹胎生于冬。且枝叶不凋也。”

（1）有竹子的含义。《诗·卫风·淇澳》：“瞻彼淇澳，绿竹青青。”东晋王羲之《兰亭集序》：“此地有崇山峻岭，茂林修竹。”如：～笋、枯～、炮～。

（2）由竹子引伸为指箫笛之类的竹制乐器。《周礼·春官·大师》：“皆播之以八音：金、石、土、革、丝、木、匏、竹。”晋朝左思《招隐二首》之一：“非必丝与竹，山水有清音。”

（3）由竹子引伸为指竹简。《墨子·明鬼》：“书之竹帛，传遗后世子孙。”《盐铁论·利议》：“（诸生）明（抱）枯竹，守空言，不知趋舍之宜，时世之变。”

（4）由竹子引伸为竹符（汉代人用竹做成信符）。《文选·谢灵运〈过始宁墅〉》：“剖竹守沧海，枉帆过旧山。”南朝宋鲍照《拟古八首》之三：“留我一白羽，将以分符竹。”

(5) 由竹子引申指用竹子做成的物品。如：～篮、～席、～笼、～布、～雕。

荆  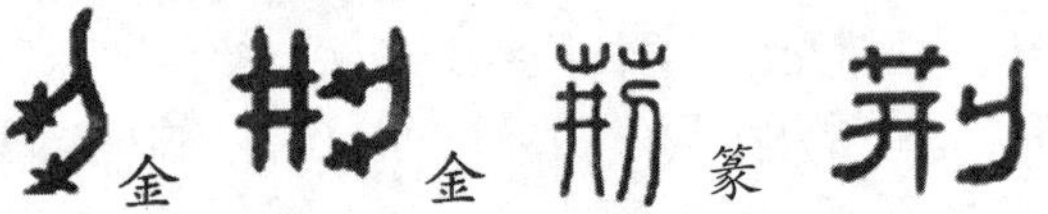 金 金 篆 隶

荆（jīn）是一个会意字。金文早期字形，右边是一个人形，左下边两个“×”，表示一种刺，整个字形画面表示荆这种刺刺进了人的手与脚中。金文后期字形，增加了一个“井”字，以表示这种刺长在田中，农夫在田间耕作时易被刺伤。秦篆字形在金文基础上又一变，增加“艸”字，表示这种刺在田间长得跟草木一样，要小心。汉隶字形又一变，将人变成“刀”形，就成为现在的“荆”字。从金文字形来看，“荆”最初之义就是指一种带刺的灌木。这种长着刺的灌木种类很多，如：牡荆、黄荆、紫荆等，南方多有。春秋战国时代楚国的田野中多有生长这种带刺的灌木，因此以这种带刺的灌木称楚，叫“荆”。《说文解字》：“荆，楚。木也。”清朝王筠《说文句读》：“‘荆，楚。谓荆一名楚也。木也。’以字从艸，故云木，盖此物不大，故从艸，好丛生，故楚从林。”

一、“荆”：地名

(1) 大量生长在南方，因此古人就将长有荆的地方称为荆。如：今湖北省的中、南部，湖南省的中、北部，四川省和贵州省的一部分，这就是古代九州之一的荆州称呼的起源。

(2) 在这里生存的人也被称为荆族。后来当地的人在荆山一带建立自己的国家，就以荆的别称“楚”来称呼自己的国家，这就是楚国。后来楚国建立自己的都城，把都城称之为荆州，这就是当今湖北省的荆州市。

二、“荆”：自己妻子的谦称

(1) 在古时作为对人称自己妻子的谦词。此意来自“荆钗布裙”典故。是说东汉梁鸿的妻子孟衣着朴实，用荆枝代钗，用粗布为裙。这种朴实的衣着也包含贫寒之义，因此称自己之妻为拙荆、荆室。宋朝刘克庄《盖竹庙》：“寄书报与荆妻说，十袭荷花莫要焚。”蒲松龄《聊斋志异·青凤》：“叟指妇云：‘此为老荆。’”

三、“荆”：刑具

“荆”由于带刺可用它打人，因此引伸为指打人的刑具。《吕氏春秋·直谏》：“王伏，葆申束细荆五十，跪而加之于背。”《史记·廉颇蔺相如列传》：“肉袒负荆，因宾客至蔺相如门谢罪。”司马贞《史记索隐》：“荆，楚也，可以为鞭。”如：负～请罪。

朿

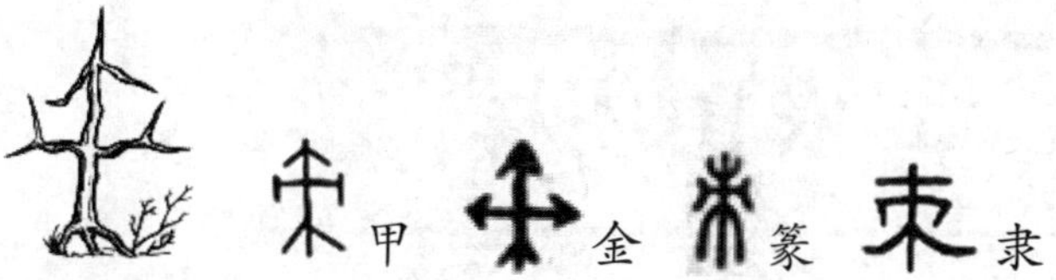

朿（cì）是一个象形字。甲骨文字形，像树上长着左右横生的尖刺之形。金文字形与甲骨文相同，只是树的刺更突出。秦篆字形与甲骨文、金文字形结构基本相似，只是字形符号化了。汉隶字形在秦篆基础上方块化而成为今天的“朿”字。从甲骨文字形来看，“朿”最初义应该是指树的刺形。《说文解字》：“朿，木芒也。象形。读若刺。”后人在“朿”的形体上加上“刂”而写作“刺”，变成形声字。后来流行“刺”字，而“朿”就废弃了。段玉裁《说文解字注》：“朿，今字做刺，刺行而朿废矣。方言曰：凡草木刺人，北燕、朝鲜之间谓之茦，或谓之壮；自关而东或谓之梗，或谓之刿；自关而西谓之刺；江湘之间谓之棘。”

“朿”的最初义是指树上的木刺。当引伸为尖利像针的东西，或引伸为用尖利的东西扎人，这个“朿”字就写成“刺”字。“刺”字出现在秦篆。可以推想：朿的本义消失，朿的引申之义的出现（即“刺”的本义的），大致是在秦朝时期。

第十二章 农田庄稼

农、田、食、稻、粟、禾、米、粟、黍、桑、野、麦、谷、仓

农  甲  金  篆  隶

农（農）（nóng）是一个会意字。甲骨文字形的上半部分是两个“木”字，表示有草木的荒野土地；下半部分是个“辰”字，“辰”的甲骨文字形是，用大蚌壳做镰刀形状（蚌壳是圆弧状，但甲骨刻成三角形），并将缚在手上。整的字形表示手持农具在开垦荒地。金文字形的上半部分在两个“木”中增加“田”字，下面还有一横表示土地。下半部分与甲骨文一样，其农具更像耕田之犁。整个字形表示在荒野中开垦出了一片种庄稼的土地。秦篆字形将金文的两个“木”变成两只手，表示在用手用犁在土地上种植庄稼。由于字形符号化，下面的农具形状就变成“辰”字了。汉隶字形则在秦篆的基础上去掉双手，将“田”讹变成“曲”，就成为今天的上“曲”下“辰”的“農”字。后来简化成“农”字。从甲骨文字形来看，“农”最初之义应该是指开荒耕作之事。《说文解字》：“农，耕也。”段玉裁《说文解字注》：“辟土植谷曰农（辟：开垦）。”

一、“农”：耕种

(1) 耕种之义。《左传·襄公九年》：“其庶人力于农穑。”杜预注：“种曰农，收曰穑。”汉朝仲长统《昌言》下：“天为之时，而我不农，谷亦不可得而取之。”如：～活、务～、～忙、～业、～事、～时、～具、～民、～田。

(2) 由耕种引伸为农田。如：～垦、～作物、～产品。

(3) 由农田引伸为指农民。《尚书·盘庚》：“若农服田力穑乃亦有秋。”孔传：“农勤穑则有秋。”《庄子·让王》：“舜以天下让其友石户之农。”成玄英疏：“农，农人也。”如：老～、茶～、菜～、～舍、贫～、～家、～村、～家乐、工～联盟。

(4) 由农田引申指农产品，如：～贸市场。

(5) 由农田引伸为耕种，收获之事。即农事，农业。《商君书·垦令》：“民不贱农，则勉农而不偷。”唐太宗《久旱简刑诏》：“农为政本，食乃人天。”

(6) 由农事引伸为指管农事的人。即田官。《礼记·郊特牲》：“飨农及邮表畷（zhuì）

禽兽，仁之至，义之尽也。”郑玄注：“农，田畯（畯，农事官）也。”如：～父、～正。

（7）由农事引申出指研究农事的学术思想。即九流中的“农家”的简称。《后汉书·班彪传附班固》：“九流百家之言，无不穷究。”唐朝李贤注：“九流，谓道、儒、墨、名、法、阴阳、农、杂、纵横。”

二、“农”：神农氏

（1）耕种之义引伸为指最早教人们种田技术的人。即神农氏。传说中的农业、医药发明者。《礼记·祭法》：“是故厉山氏之有天下也，其子曰农，能殖百谷。”郑玄注：“厉山氏，炎帝也。”

（2）由神农氏引伸为勤勉。即神农氏叫人们农事，并鼓励人们勤勉务农。《广雅·释诂三》：“农，勉也。”《尚书·吕刑》：“稷降播种，农殖嘉谷。”《管子·大匡》：“耕者出入不应于父兄，用力不农，不事贤，行此三者有罪无赦。”三国魏嵇康《答难养生论》：“五谷易殖，农而可久。”

（3）由神农氏引伸为厚、浓厚。古人认为神农氏教人们农事，使人们能吃上饭，其德浓厚如神。《集韵·冬韵》：“农，厚也。”《风俗通·皇霸》：“神农，神者，信也。农者，浓也；始作耒耜，教民耕种，美其衣食，德浓厚若神，故为神农也。”

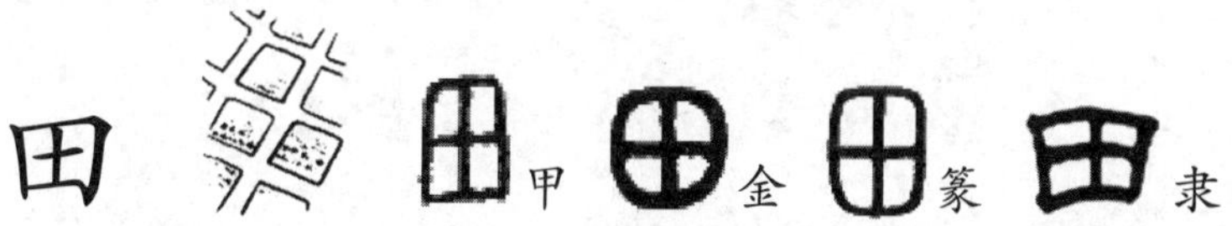

田（tiān）是一个象形字。甲骨文、金文字形是一块长方形的大田，中间分成四块小田，里面的纵横直线是小块田之间的埂或田间小路。秦篆、汉隶字形与甲骨文相同。从甲骨文字形来看，“田”最初之义就是指耕种的农田。郭沫若《奴隶制时代》：“卜辞中常见的田字就是一个方块田的图画。”《说文解字》：“田，陈也，树谷曰田。象四口，十，阡陌之制也。”许慎的解释是说，耕种的田地，是整齐地排列着的（与井田制有关）。它的上面长着庄稼，就叫田。《玉篇·田部》：“田，土也，地也。”《释名·释地》：“以耕者曰田。”《诗·大雅·瞻卬》：“人有土田，女反有之。”《孟子·梁惠王上》：“百亩之田，无夺其时。”

一、“田”：耕种

（1）由耕种的田引申指耕种田地。动词。《字汇·田部》：“田，耕治也。”后来此义的“田”写作“佃”。《字汇补·田部》：“田，义与佃同。”《汉书·高帝纪》：“故秦苑囿园池，皆令人得田之。”颜师古注：“田，谓耕作也。”王安石《省兵》：“骄惰习已久，去归岂能田？”

（2）由耕种的田地引伸为指古代的一种生产活动单位和土地面积单位。《管子·乘马》：“五制为一田，二田为一夫，三夫为一家。”《公羊传·哀公十二年》：“讥始用田赋也。”何休注：“田，谓一井之田。”

（3）由生产活动单位引申指古代管理农事的官，即田畯。《管子·法法》：“后稷为田。”《礼记·月令》：“王命布农事，命田舍东郊。”郑玄注：“田谓田畯，主农之官也。”

二、“田”：打猎

（1）由耕的田引申指在耕地上打猎，后来扩张到山林中打猎。《字汇·田部》：“田，猎也。”《诗·郑风·叔于田》：“叔于田，巷无居人。”毛传：“田，取禽也。”《淮南子·本经》：“焚林而田，竭泽而渔。”后来此义的“田”就写作“畋”。

(2) 由打猎引申指习兵之礼。《周礼·春官·甸祝》：“甸祝掌四时之田。”郑玄注：“田者，习兵之礼。”《谷梁传·桓公四年》：“四时之田皆为宗庙之事也。春曰田，夏曰苗，秋曰搜，冬曰狩。”

(3) 由习兵之礼（练兵要击鼓）引伸为指大鼓。《诗·周颂·有瞽》：“应田县鼓（大鼓小鼓都悬着）。”毛传：“田，大鼓也。”

三、“田”：佛教语

(1) 由田里长庄稼引申佛教的用语，田为生长之义，凡能够长养修行人的德性或善报者，皆为田。如：福～。

(2) 由修善德引申为心（心能识善恶），即为心田。

(3) 由心引申指人的身体部位，俗称丹田。

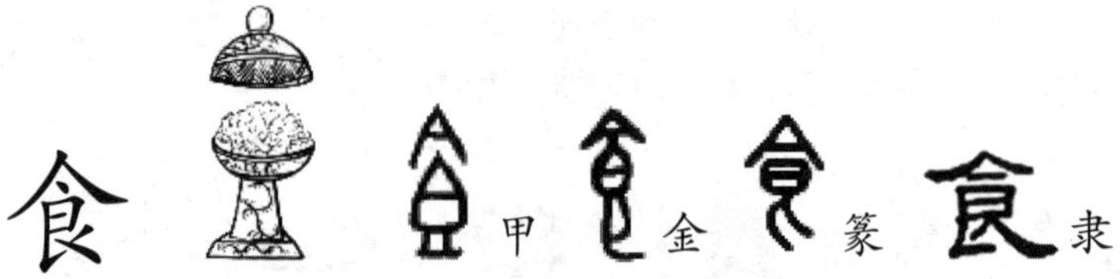

食（shí）是一个象形字。甲骨文字形，上面是一个“亼（jí）”，像盖的形状，下面是高脚盘，里面装满食物。金文字形与甲骨文大体相同，只是表示下面盘座的一横变成一捺。秦篆字形的上面仍是一个“亼”字形，下面则变成“皀”（皀（bì），谷之香也）。汉隶字形与秦篆相同，只是字形方块化了。从甲骨文字形来看，“食”最初之义是指器皿盛着香味的食物。林义光《文源》：“从亼，倒口；在皀上。皀，荐熟食器也。象食之形。”

一、“食”：饭

(1) 最初之义是指香味的饭。《说文解字》：“食，一米也。”段玉裁《说文解字注》改“一米”作“亼米”：“亼，集也，集众米而成食也。皀者，谷之馨香也，故其义曰亼米。”《玉篇·食部》：“食，饭食。”《汉书·司马迁传》：“粝粱之食，粝藿之羹。”

(2) 由饭引伸为对食物的通称。《尚书·益稷》：“暨稷播，奏庶艰食鲜食（前个“食”为吃，后个“食”为食物）。”杜甫《义鹘》：“雄飞远求食，雌者鸣心酸。”如：素～、甜～、零～。

(3) 由饭引伸为指粮食。《诗·卫风·氓》：“自我徂尔，三岁食贫。”郑玄注：“女家乏谷食已三岁，贫矣。”《汉书·食货志上》：“食谓农殖嘉谷可食之物。”

(4) ①由粮食引伸为俸禄。《周礼·天官·医师》：“岁终则稽其医事，以制其食。”郑玄注：“食，禄也。”《论语·卫灵公》：“君子谋道不谋食。”②由俸禄引伸为受、享受。《墨子·天志下》：“何以知兼爱天下之人，以兼而食之也？”孙诒让《墨子间诂》：“食谓享食其赋税物产。”如：自～其果。③由受引伸为接受、采纳。《盐铁论·相刺》：“贤圣不能正不食谏诤之君。”王利器校注：“食就是受纳的意思。”《汉书·谷永传》：“不食肤受之愬。”颜师古注：“食犹受纳也。”

(5) ① 由粮食引伸为祭献、享祀，把粮食作为其祭品。《篇海类编·食货类·食部》：

“食，飨也，故祭名血食。”唐朝杜甫《别张十三建封》：“宗臣则庙食，后祀何踈芜。”②由祭祀活动引伸为指龟卜的一个术语，即食墨。古代龟卜兆与墨画重合叫“食墨”，为吉兆。③由祭祀的一种活动行为引伸为指古代一种博戏的术语。《广韵·职韵》：“食，戏名，博属。”《战国策·魏策三》：“王独不见夫博者之用枭邪？欲食则食，欲握则握。”鲍彪注：“食者行棋。”

（6）①由粮食引伸为垦耕、生殖。《礼记·檀弓上》：“我死则择不食之地而葬我焉。”郑玄注：“不食谓不垦耕。”《墨子·非攻下》：“皆以十倍其国之众，而未能食其地也。”孙诒让《墨子间诂》：“食谓治田以耕者。”②由垦耕引伸为用、使用。《广韵·职韵》：“食，用也。”《周易·井》：“初六，井泥不食。”李鼎祚《周易集解》引虞翻曰：“食，用也。”

二、“食”：吃

（1）由饭引伸为吃。《诗·魏风·硕鼠》：“硕鼠硕鼠，无食我黍。”《论语·述而》：“发愤忘食。”《战国策·齐策四》：“长铗归来乎，食无鱼。”

（2）由吃引伸为饮、吸。《古今韵会举要·职韵》：“饮尽曰食。”《正字通·食部》：“饮酒亦曰食。”《庄子·德充符》：“时见豚子食于其死母猪者。”郭象注“食，乳也。”苏轼《遗爱亭记》：“撷亭下之茶，烹而食之。”

（3）由吃引伸为亏损，此意后作“蚀”。《周易·丰》：“彖曰：月盈则食。”《释名·释天》：“日月亏曰食。”《诗·小雅·十月之交》：“日有食之，亦孔之丑。”

（4）由亏损引伸为消灭、背弃（诺言）。《古今韵会举要·职韵》：“食，吐而复吞曰食。又消也。”《尚书·汤誓》：“尔无不信，朕不食言。”王引之述闻：“食言者，言而不行，则为自食其言，食者消灭之义。”

三、“食（sì）”：供养

（1）给人吃（使动用法），供养。后此意作“饲”。《洪武正韵·寘韵》：“饲，以食食（sì）人，亦作食、饲。”《诗·小雅·绵蛮》：“饮之食之，教之诲之。”《左传·文公十八年》：“功以食民。”杜预注：“食，养也。”《汉书·韩信传》：“解衣衣我，推食食（sì）我。”

（2）由供人吃引申喂养（动物）。后作“饲”。《新序·刺奢》：“邹穆公有令，食（sì）凫雁必以秕，无得以粟。”韩愈《马说》：“食（sì）马者，不知其能千里而食也。”

四、“食（yì）”：人名

人名。汉朝有人叫郦食其。

稻

稻（dào）是一个会意字。甲骨文字形，上面中间的两点是稻的颗粒，中间和下面的字形像坛罐的形状，表明用坛罐装稻谷。甲骨文用储存稻谷的方式来表明稻的字义。由于甲骨文字形不能表现稻与其他谷物的不同，金文字形就从另一个角度来表现稻的字义。金文字形，上面是一面旗帜，中间是一只手，下面是一个石臼或地臼，最下面是六小点。这幅图表明：旗帜表示在部落的场地上，场地上安放石臼或地臼，石臼或地臼里放着稻谷，石臼或地臼上面的手，表示在搓揉臼中的稻谷，最下面的六点表明稻谷颗粒经过搓揉去壳变成大米。后期的金文字形，在左边增加了“禾”字，右边则去掉旗帜和米粒，成为上面是“爪”，下面是“臼”，中间一横表示手握着的谷粒。秦篆字形则变成左边是“禾”，表意；右边是“舀”字（上面是“爪”，下面是“臼”），表声。即“稻”字。汉隶字形都沿袭这一字形结构，以至于成为今天的“稻”字。从甲骨文字形来看，“稻”最初之义就是指我们所吃的大米的稻谷。

“稻”是一年生草本植物，分水稻和旱稻，通常指水稻。它的籽叫谷子，去壳后成大米。一般有糯稻、粳稻、籼稻之分，古代以粘者为稻，不粘者为粳。《说文解字》：“稻，稌也。”《诗·豳风·七月》：“八月剥枣，十月获稻。为此春酒，以介眉寿。”毛泽东《七律·到韶山》：“喜看稻黍千重浪，遍地英雄下夕烟。”

栗   甲  金  篆 栗 隶

栗（lì）是一个象形字。甲骨文字形：下面是树，上面树杈结着果子，果子上有刺，这很像板栗的样子。金文字形则去掉果子壳上的刺，只是还保留果实蒂上面的刺，主要是突出硕大的果实。秦篆字形则将金文的三个果实变成一个果实，而且果实的形状变成“卣（tiáo）”的字形符号，主要强调果实的硕大。“李孝定《甲骨文字集释》按语：‘契文象木实有芒之形，以其形与卣近，故篆误从卣。’”（《汉语大字典》）汉隶字形则在秦篆基础上将像“卣”的符号变成“西”字，成为上声下形的形声字。从甲骨文字形来看，“栗”最初之义是指板栗树。《说文解字》：“栗，木也。”《诗·鄘风·定之方中》：“树之榛栗，椅桐梓漆，爰伐琴瑟。”《论衡·量知》：“如地种葵韭，山树枣栗。”

一、“栗”：板栗

(1) 由树引伸为指栗树的果实。叫“板栗”。《后汉书·献帝伏皇后纪》：“御服穿敝，唯以枣栗为粮。”《太平广记》卷二十引沈汾《续神仙传》：“俄一人于筵上取二栗，付侍者与可交，令便吃。”如：火中取～。

(2) 由于板栗果实丰硕，就引伸为成熟、饱满。《字汇·木部》：“栗，百谷既成，其实不秕，谓之栗。”《诗·大雅·民生》：“实坚实好，实颖实栗。”孔颖达疏：“实穗重而垂颖。”

(3) 由成熟、饱满引伸为坚实、结实。《礼记·聘义》：“缜密以栗，知也。”郑玄注：“栗，坚貌。”《荀子·法行》：“（玉）栗而理（有文理）。”

二、“栗”：恐惧发抖

(1) 由于板栗的外壳有刺扎人，使人害怕。就引申恐惧并发抖。此义后世写为“慄”。《论语·八佾》：“曰使民战栗。”《韩非子·初见秦》：“战战栗栗，日慎一日，苟慎其道，天下可有。”如：颤～、惴～、震～、不寒而～。

(2) 由恐惧引伸为威严、庄严。《正字通·木部》：“栗，威严也。”《尚书·舜典》：

“直而温，宽而栗。”孔颖达疏：“谓矜庄严栗。栗者，谨敬也。”《司马法 · 严位》：“凡战之道，位欲严，政欲栗。”

禾

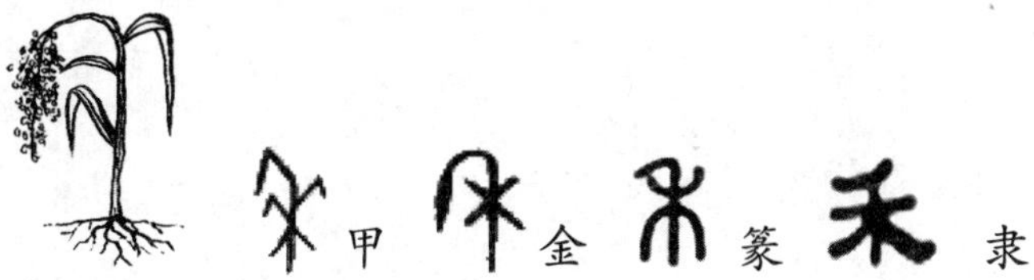

禾（hé）是一个象形字。甲古文字形，上半部是秸杆、叶子，以及下垂的穗；下半部是秸秆和根。字形突出穗结了饱满的颗粒而往下垂着样子。金文字形与甲骨文相同，更为形象。秦篆由于字形符号化而不那么形象了。汉隶字形在秦篆基础上而成为今天的“禾”字。从甲骨文字形来看，“禾”最初之义是指禾上结着成熟的粟。

(1) 有小米之义。《说文解字》：“禾，嘉穀（谷）也。二月始生，八月而孰，得之中和，谓之禾。”段玉裁《说文解字注》：“嘉穀亦谓禾，民食莫重于禾，故谓之嘉穀。嘉穀之连稿者曰禾。实曰粟，粟之人曰米，米曰粱，今俗云小米，是也。”《诗 · 豳风 · 七月》：“黍稷重穋，禾麻菽麦。”陈奂传疏：“禾者，今之小米。”《尚书 · 微子之命》：“唐叔得禾，异亩同颖，献诸天子。”孙星衍疏：“禾，即今之小米也。”

(2) 由指小米引伸为泛指谷物。《诗 · 豳风 · 七月》：“十月纳禾稼。”《诗 · 魏风 · 伐檀》：“不稼不穑，胡取禾三百囷兮？”

(3) 由谷物引申指禾苗。《尚书 · 金縢》：“天大雷电以风，禾尽偃。”唐朝李绅《悯农》：“锄禾日当午，汗滴禾下土。”

(4) 由禾苗引伸为专指水稻之苗。宋朝张舜民《打麦》：“麦秋正急又秧禾，丰岁自少凶岁多。”

(5) 由禾苗引伸为指庄稼的茎秆。《说文解字 · 禾部》：“稼，禾之秀实为稼，茎节为禾。”《仪礼 · 聘礼》：“积唯刍禾，介皆有饩。”郑玄注：“禾以秣马。”

米

米（mǐ）是一个象形字。甲骨文字形是一横，上下各三点。上下的各三点像米粒的形状，中间的一横表示筛米粒的筛子，通过筛选将米粒、沙粒分离。金文字形与甲骨文相同。秦篆字形沿袭金文，进行符号化形成“米”的字形，汉隶字形与秦篆相同，只是字形方块化而已。从甲骨文字形来看，“米”最初之义是指粟之类的谷物去壳后的籽粒。

(1) 指粟之类的谷物去壳后的籽粒。《说文解字》：“米，粟食也。象禾实之形。”

(2) 由粟去壳后的籽粒引伸为指粮食作物的籽实，后来多指稻米。《周礼 · 地官 · 舍人》：“掌米粟之出入，辨其物。”贾公彦疏：“九谷六米者，九谷之中，黍、稷、稻、粱、瓜、豆六者皆有米，麻与小豆、小麦三者无米，故云九谷六米。”《史记 · 货殖列传》：“楚、汉相距荥阳也，民不得耕种，米石至万。”唐朝杜甫《岁晏行》：“去年米贵阙军食，今年米贱太伤农。”如：~粮川，无~之炊。

(3) 由脱去皮壳后的籽粒专指稻谷去壳的籽粒，就是今天说的大米。如：吹糠见~。

(4) 由稻谷去壳的籽实引伸为泛指脱去皮壳后的籽粒。《正字通·米部》：“凡外脱肤壳者，如菰、菱、莲、芡之类皆曰米。”唐朝杜甫《秋兴八首》之七：“波漂菰米沉云黑，露冷莲房坠粉红。”如：薏~、花生~、菱角~。

(5) 由籽粒引伸为颗粒细小像米形状的食物。如：虾~、海~、姜~。

粟

 甲  金  篆 粟 隶

粟（sù）是一个象形字。甲骨文字形，象一株成熟了的谷子，禾杆上下左右的小圆圈表示谷粒将要脱落的样子。金文字形则将要脱落的谷粒变成三个“卤（tiáo）”字，以表示谷粒的饱满、硕大。禾杆则变成“米”字。秦篆字形则将金文的三个“卤”字简化成一个，下面仍然是“米”字。秦篆字形的“卤”字已经弱化了表意的作用，反而“米”起到表意作用。汉隶字形则将“卤”变成“西”字，以起到表声的作用；“米”起到表意的作用，这就成为今天的“粟”字。从甲骨文字形来看，“粟”最初之义是指成熟的小谷。华夏文明发源于黄河中游地区，远古的祖先吃的主要食物是粟。

一、“粟”：小米

(1) 称小米。叫粟谷。今北方通称“谷子”，去皮后叫小米。宋朝罗願《尔雅翼·释草一·粱》：“古不以粟为谷之名，但米之有孚壳者皆称粟，今人以谷之最细而圆者为粟，则粱是其类。”《本草纲目·谷部·粟》：“粟，即粱也。穗大而毛长粒粗者为粱，穗小而毛短粒细者为粟。”汉朝晁错《论贵粟疏》：“粟米布帛生于地，长于时，聚于力，非可一时成也。”唐朝李贺《长歌续短歌》：“渴饮壶中酒，饥拔陇头粟。”

(2) 由指粟谷引伸为泛指谷物。《说文解字》：“粟，嘉谷实也。”段玉裁《说文解字注》：“古者民食莫重于禾黍，故谓之嘉谷。谷者，百谷之总称……嘉谷之实曰粟，粟之皮曰糠，中曰米。”《尚书·武成》：“散鹿台之财，发钜桥之粟。”《韩非子·显学》：“征赋钱粟，以实仓库。”唐朝李绅《悯农》：“春种一粒粟，秋收万颗籽。四海无闲田，农夫犹饿死。”

(3) 由谷物引伸为俸禄，古代官员的俸禄是谷物，不是货币。《广雅·释诂四》：“粟，禄也。”《史记·伯夷列传》：“武王已平殷乱，天下宗周，而伯夷、叔齐耻之，义不食周粟，隐于首阳山，采薇而食之。”唐朝韩愈《进学解》：“月费俸钱，岁靡廪粟。”

二、“粟”：细小的东西

(1) 粟以其颗粒状引申指细小的东西。《山海经·南山经》：“（英水）西南流注于赤水，其中多白玉，多丹粟。”郭璞注：“细丹沙如粟也。”苏轼《赤壁赋》：“渺沧海之一~。”沧海一~、太仓一~。

(2) 由颗粒细小引申指皮肤受冷或恐惧而起的小疙瘩。俗称鸡皮疙瘩。《赵飞燕外传》：“（飞燕）体温舒，亡疹粟。”鲁迅《呐喊·阿Q正传》：“阿Q坐了一会儿，皮肤有些起粟，他觉得冷了。”

（3）由其细小引伸为作长度单位。《淮南子·天文》：“律之数十二，故十二蔈（bi ā o）而当一粟，十二粟而当一寸。”如：寸丝半～。

黍

黍（sh ǔ）是一个象形字。甲骨文字形有两种：一种上面是成熟的黍穗下垂，中间是茎秆，下面是黍的根。形象地表现黍成熟的样子。另一种是在成熟的黍旁加上“水”字。有学者认为不是水，是颗粒脱落。有学者认为右边的水就是水，水表示殷人以黍和水酿酒，黍是会意字。金文字形沿袭甲骨文有“水”的字形，变成左“水”右“禾”的结构。秦篆字形则将金文的左“水”右“禾”变成上“禾”下“氽（t ǔ n）”的结构，而成为“黍”字的初形。汉隶字形沿袭秦篆而方块化，成为今天的“黍”字。从甲骨文字形来看，“黍”最初之义就是专指一种叫黍的籽粒，去皮后叫黄米。其籽粒性黏，可供食物和酿酒。《说文解字》：“黍，禾属而黏者也。以大暑而种，故谓之黍，从禾，雨省声。孔子曰：黍可为酒，禾入水也。”张舜徽《约注》引米育仁说：“禾者，黍稻之大名。析言禾属之不黏者谓之稻，禾属之黏者谓之黍。”《本草纲目·谷部·黍》：“稷之黏者为黍，粟之黏者为秫，粳之黏者为糯。”

（1）由指禾类有黏性的，可以酿酒的籽粒。引伸为指禾黍的苗，《诗·王风·黍离》：“彼黍离离，彼稷之穗。”唐朝杜甫《羌村三首》之三：“苦辞酒味薄，黍地无人耕。”

（2）由专指黍的籽粒引申泛指黍类的籽实。《论语·微子》：“止子路宿，杀鸡为黍而食之。”唐朝王维《积雨辋川庄作》：“积雨空林烟火迟，蒸藜炊黍饷东菑。”

（3）由黍类的籽实（颗粒细小）引申细小之义。如：不差累～。

（4）由于细小引伸为作度量衡的依据。《汉书·律历志》：“度者，分、寸、尺、丈，引也，所以度长短也。……以子谷秬黍中者一黍为一分，十分为一寸，十寸为一尺，十尺为一丈，十丈为引……。量者，龠、合、升、斗、斛也，所以量多少也。……以子谷秬黍中者千有二百实为一龠，十龠为合，十合为升，十升为斗，十斗为斛……。衡权者，铢、两、斤、钧、石也，所以称物轻重也。……一龠容二百黍，重十二铢，二十四铢为两，十六两为一斤，三十斤为钧，四钧为石……”《汉书·律历志上》：“权轻重者，不失黍絫。”《孙子算经》卷上：“称之所起，起于黍，十黍为一絫，十絫为一铢。”

桑

桑（s ā ng）是一个象形字。甲骨文字形像一棵桑树，树的上半部分突出树冠和树枝的叶子，下半部分像树根。金文字形与甲骨文相同。秦篆字形将上面的树冠与叶子变成三个“山”形状，下半部分的树根变成“木”字。已经看不出桑树的形状。汉隶字形又将三个“山”变成三个“又”字。就成为今天的“桑”字。从甲骨文字形来看，“桑”最初之义是指桑树。

一、“桑”：桑树

(1) 其本义是桑树。由于桑树的叶子是蚕的食物，古人很早种植桑树。“桑”字出现很早。《诗 · 郑风 · 将仲子》：“无逾我墙，无折我树桑。” ～林、指～骂槐。

(2) 由桑树引伸为指桑叶。《说文解字》：“桑，蚕所食叶木。”《诗 · 卫风 · 氓》：“桑之落矣，其黄而陨。”《乐府诗集 · 古辞 · 〈陌上桑〉》：“罗敷喜蚕桑，採桑城南隅。”

(3) 由桑叶引伸为採桑。《诗 · 魏风 · 十亩之间》：“十亩之间兮，桑者闲闲兮。”《汉书 · 外戚传 · 元后》：“率皇后列侯夫人桑。”颜师古注：“桑，採桑也。”

(4) 由采桑引伸为种桑养蚕。《汉书 · 食货志上》：“故务民于农桑，薄赋敛，广畜积，以实仓廪。”宋朝王安石《省兵》：“不田亦不桑，衣食犹兵然。”

(5) 由种桑养蚕引伸为指农事。如：～稼、话～麻。

(6) 由田里种桑树引伸为指种农作物的田。如：～田。

(7) 古人在住宅的周围种植桑树，“桑”由树引伸为指住宅。

(8) 由于住宅住着父母兄弟，男人长期在外，“桑”就引申指故乡或指家乡的父母和父老们。张衡《南都赋》：“永世克孝，怀桑梓焉。”柳宗元《闻黄鹂》：“乡禽何事亦来此，令我生心忆桑梓。”如：～间之音。

二、“桑”：扶桑

(1) “桑”的本义是桑树，古人想象海外有一棵大桑树，太阳就是从那升起，称这树为榑桑，后来写作“扶桑”。

(2) 又因日落的余晖照在桑树与榆树的树梢上，就用“桑榆”代指日暮。唐朝王勃《滕王阁序》：“北海虽赊，扶摇可接；东隅已逝，桑榆非晚。”

(3) 由日暮比喻人的暮年，就用桑榆指代人的暮年。如：～榆末景、～榆晚景。

(4) 由桑树的变化引申指自然环境的变化和世事的变迁：沧海～田、～落瓦解。

三、“桑”：桑木制品

“桑”的本义是桑树，引伸为用树木之料做物品：～弓、～户、～孤蓬矢、～户蓬枢、～枢瓮牖。

野

野（壄）（yě）是一个会意字。甲骨文字形，左右两侧是树，中间是“丄”字的“丨”中间加上一点，表明是土，其实就是“土”的原始字。这表明野外之土有树林。金文字形变成上面是“林”字，下面是“土”，表明土上长的是树。其“野”的含义更明确。秦篆早期字形在金文基础上进一步变化，在“林”字中间加上“予”字，以表示读音，成为“壄”字。秦篆后期字形则将“林”去掉，把“土”变成“里”字（里，指乡村），加上表声的“予”字，就成了“野”字。在古代“野”与“予”的声母相同，读音相近。汉隶字形就成为今天的“野”字。从甲骨文字形来看，“野”最初之义就是指郊外原野。《说文解字·里部》：“野，郊外也。从里予声。壄，古文野。”段玉裁《说文解字注》：“邑部曰：距国百里曰郊。冂（jiōng）部曰：邑外谓之郊，郊外谓之野，野外谓之林，林外谓之冂。”

一、“野”：原野

“野”最初之义是郊外之原野。《尚书·武成》：“归马于华山之阳，放牛于桃林之野。”唐朝柳宗元《捕蛇者说》：“永州之野产异蛇，黑质而百章。”如：荒郊～外。

（1）由郊外原野引伸为田野。《广韵·马韵》：“野，田野。”《三国志·蜀志·诸葛亮传》：“益州险塞，沃野千里。”唐朝韩愈《祭竹林神文》：“有苗盈野，而天不雨。”如：村～、坚壁清～。

（2）由郊外原野引申偏僻、荒凉。元朝无名氏《冯玉兰》第一折：“这船泊在河下，人又生，路又野。”《警世通言·苏知县罗衫再合》：“那黄天荡是极野去处，船到荡中，四望无际。”如：～地。

（3）由郊外原野引伸为旷野、荒野。汉朝班固《封燕然山铭》：“萧条万里，野无遗寇。”《乐府诗集·敕勒歌》：“天苍苍野茫茫，风吹草低见牛羊。”唐朝韦应物《滁州西涧》：“春潮带雨晚来急，野渡无人舟自横。”如：～外、原～、四～、满山遍～、哀鸿遍～。

（4）由旷野、荒野引伸为指在荒山野岭中生存的动植物。《史记·酷吏列传》：“野彘卒入厕。”如：～生、～花、～菜、～鸭、～兽、～鸡、～马、～牛、～猫、～兔、～猪、～禽。

二、“野”：特定地区

（1）由郊外引申指周朝王畿内的特定地区。《汉语大字典》：“周制，王城外百里曰‘郊’，郊外至五百里疆又分‘甸、稍、县、都’，各百里。野指‘郊’外，即‘甸’、‘稍’、‘县’、‘都’。”《尔雅·释地》：“邑外谓之郊，郊外谓之牧，牧外谓之野。”《周礼·地官·遂人》：“遂掌邦之野。”

（2）由周朝王畿内的特定地区引申指区域、范围。《淮南子·原道》：“上游于霄雿之野，下出于无垠之门。”唐朝唐玄宗《过晋阳宫》：“俯察伊晋野，仰观乃参虚。”

（3）由周朝王畿内的特定地区引申指边鄙、边境。《战国策·齐策三》：“秦今又劫赵、魏，疏中国，封卫之东野。”

（4）由边境引伸为以……为边境。《战国策·楚策一》：“越乱，故楚南察濑湖而野江东。”鲍彪注：“以江之东为野。”

（5）由边鄙引申指边鄙的人的粗鄙、不文明。《礼记·仲尼燕居》：“敬而不中礼谓之野。”孔颖达疏：“野，谓鄙野。虽有恭敬而不合礼，是谓鄙野之人。”

（6）由粗鄙引伸为质朴。《论语·子路》：“质胜文则野，文胜质则史。”《庄子·寓言》：“自吾闻子之言，一年而野，二年而从。”成玄英疏：“野，质朴也。”唐朝柳宗元《柳宗直西汉文类序》：“首纪殷周之前，其文简而野。”

（7）由粗鄙引伸为放荡不羁、不受约束。宋朝文同《书绿帷亭壁》：“闲居数月兴便野，浑忘簿书相聒时。”《二刻拍案惊奇》卷三八：“大凡女人心一野，自然七颠八倒，如痴如呆。”如：～性、玩～了。

（8）由不受约束引伸为指非正规的、非正统的。如：～广告、～调无腔。

（9）由非正规的、非正统的引申指不应该、不实际的愿望。如：～心勃勃、狼子～心。

三、“野”：民间

“野”的本义是郊外，这个郊外是相对都邑（城市）而言，因此野就引伸为指与朝廷相对应的民间。《尚书·大禹谟》：“君子在野，小人在位。”《孟子·万章》：“在国曰市井之臣，在野曰草莽之臣。”如：下～、在～、稗官～史。

麦

麦（麥）（mài）是一个会意字。甲骨文字形，上部分是一株已经结了麦穗的麦子。字形中间直笔的顶部转弯向下一划，表示下垂的麦穗。直笔两边向上的斜笔，表示麦秆上的叶子。竖笔两边向下的斜笔表示麦子的根须。下部分是一只朝下的人的脚趾形状（倒着的“止”）。表示走的意思。从整个字形来看，甲骨文的“麦”表示人扛着或背着麦子（连麦穗及麦秆）回来，即收获麦子。金文字形与甲骨文相比略有变化，将甲骨文表麦穗的弯折之笔变成一横，左右麦叶变得对称，并且很突出。秦篆字形在金文基础上将对称的麦叶变成两个“人”字，就成了上“來”，下“夂（suī）”的“麥”字。汉隶字形在秦篆基础上进行简化，成为今天的“麦”字。从甲骨文字形来看，“麦”最初之义应该是收获麦穗带回家。

在古代出现两个混用的字，及“麥”与“來”。这两个字，甲骨文都存在。从这两个字形的结构来看，应该先有“來”，后才有“麥”。从这两个字的甲骨文的字形来看，“來”像麦株的整体形状，因此“來”是“麥”的本字，也就是说，“來”是指成熟的麦子。而“麥”是在“來”的字形上，加上“夂”字而产生的。加上这个“夂”字，就是为了突出表示“去来”之义。由于“麥”上面有“來”字，加之甲骨文、金文、秦篆字中倒着的“止”被认作是根须，因此这两个字在早期的文献中常混用。《诗·周颂·思文》：“贻我来（小麦）牟（大麦）。”《诗·王风·丘中有麻》：“丘中有麦，彼留子国。”混用之中，就俗成了“來”表示去来的来，“麥”就表示麦子。

“麦”有麦子之义，《说文解字》：“麦，芒谷。”《玉篇·麦部》：“麦，有芒之谷。秋种夏熟。”《天工开物·乃粒·麦》：“凡麦有数种。小麦曰來，麦之长也；大麦曰牟，曰穬；杂麦曰雀，曰荞。”

谷

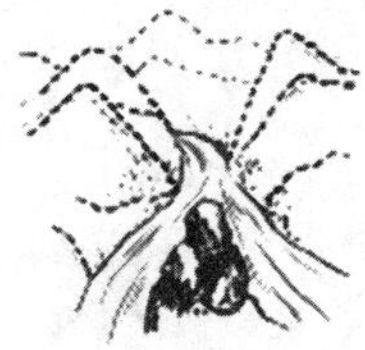

谷（gǔ）是一个会意字。甲骨文字形，上面是两个八字重叠，下面是一个口。两个重叠的八表示溪流两边的重山，口表示谷口。金文字形与甲骨文相同。秦篆字形沿袭甲骨文、金文，只是更加符号化。汉隶字形沿袭秦篆，字形方块化。从甲骨文字形来看，“谷”最初义为两山之间狭长而有出口的地带。《诗·小雅·十月之交》：“高岸为谷，深谷为陵。”《淮南子·齐俗》：“水处者渔，山处者木，谷处者牧，陆处者农。”如：河～、幽～、山～、峡～、～底、万丈深～、虚怀如～。

一、“谷”：山谷

(1) 由两山之间狭长而有出口的地带引伸为困境。如：万丈深～、进退维～。

(2) 由两山之间狭长而有出口的地带引申指水流。《说文解字》：“谷，泉出通川为谷。”《墨子·节用中》：“为大川广谷之不可济，于是利为舟楫。”《韩非子·五蠹》：“夫山居而谷汲者，膢腊而相遗以水。”《淮南子·说山》：“江河所以长百谷者，能下之也。”如：溪～。

(3) 由山涧流水引伸为两山之间的水道。《古今韵会举要·屋韵》引《尚书》注：“谷是两山间流水之道。”《水经注·漾水》：“水出西北天水郡黄庐山腹，历谷南流。”唐朝刘长卿《赴江西湖上赠皇甫曾之宣州》：“流水通春谷，青山过板桥。”

二、“谷（穀）”

(1) 是一个形声字。是由“殼（qiào 坚硬的外皮）”与“禾”组成“穀”字。“穀”字出现得比较晚，只有金文、篆体字形，大体与现在字形相同。后来施行简化字，就将“穀”简化成“谷”字。其实“穀”与“谷”没有任何联系。现在人们就用“谷”代“穀”。从金文字形来看，“谷（穀）”最初之义就是指谷物的总称。《管子·权修》：“一年之计，莫如树谷。”《孟子·梁惠王上》：“不违农时，谷不可胜食也。”如：五～不分。

(2) 谷由谷物引伸为指粟（小米），是黄土高原的主要谷物。如：小～、～穗、～草、～雨。

(3) 由小米引伸为指稻（大米）。是长江流域的主要谷物。如：稻～、糯～、粳～。

(4) 由谷物引伸为生长。《诗·邶风·谷风》：“习习谷风，以阴以雨。”孔颖达疏：“孙炎曰：‘谷之言穀，穀生也；谷风，生长之风。’”

(5) 由生长引伸为养育。《诗·齐风·甫田》：“以祈甘雨，以介我稷黍，以谷我士女。”

(6) 由养育引伸为俸禄。《诗·小雅·天保》：“天保定尔，俾尔戬（戬：福）谷。”《论语·宪问》：“邦有道，谷；邦无道，谷，耻也。”

(7) 由养育引伸为生存、活着。《诗·王风·大车》：“岂不尔思，谷则异室，死则同穴。”

(8) 由于生存、活着是一件好的事，所以就引伸为善、美。《诗·陈风·东门之枌》：“谷旦（谷旦，吉日）于差，南方之原。”毛传：“谷，善也。”《诗·小雅·小弁》：“民莫不谷，我独于罹。”如：～言。

仓   甲  金  篆  隶

仓(cāng)(倉)是一个象形字。甲骨文字形像古代的粮仓形状。上面的三角形表示屋顶，下面表示粮仓的基石，中间是粮仓的一扇大门（用一扇大门代表仓库），以进出粮食。金文字形与甲骨文相似，只是中间的门变得不像门了，但还是能看出仓库之形。秦篆字形沿袭甲骨文形体进一步变化，中间的门变得与甲骨文的门相反，门枢由右边移到了左边，甲骨文表基石的字形变成了“口”字形，就成为繁体字“倉”字。后来简化成“仓”字。从甲骨文字形来看，“仓”最初之义就是指粮仓。《说文解字》：“仓，谷藏也。”《国语·越语下》：“除民之害，以避天殃，田野开辟，府仓实，民众殷。”韦昭注：“货财曰府，米粟曰仓。”

一、“仓”：官员

(1) 由粮仓引申指管粮仓的官员。《广韵·唐韵》：“仓，官名。”《周礼·地官·仓人》：“仓人掌粟入之藏，辨九谷之物，以待邦用。”

(2) 由官员引伸为指姓氏，古代以官职为姓。《通志·氏族略四》：“仓氏，黄帝史官仓颉之后，或言古有世掌仓庾者，各以为氏。”

二、“仓”：仓库

(1) ①由粮仓之形状及功用而引申指其他的仓库。如：货～、盐～。②由仓库引申指船的仓。后写成“舱”。宋朝杨万里《初二苦熟》：“船仓周围各五尺，且道此中底宽窄。”

(2) 由于粮仓经常关闭着，因此就引伸为比喻监禁罪犯的场所。《未信编》：“罪有轻重之分，则禁有监仓之别。”

第十三章 鲜蔬瓜果

鲜、果、瓜、韭、姜、豆

鲜   金 金 篆 隶

鲜（鮮、鱻）（xiān）是形声字。金文字形，一种上面是羊，下面是鱼。还有一种是三条鱼。秦篆字形则是左边鱼形的下面是“火”，右边是羊。汉隶字形与秦篆相同，只是将鱼下面的“火”变成四点的“灬”，成为繁体字的“鮮”字。后来字形简化，就成为“鲜”字。根据《说文解字》的解释：“鮮，鱼名。出貉国。从鱼，羴（shān）省声。”段玉裁《说文解字注》：“按此乃鱼名，经传乃假借为新鱻（鲜）字。”《说文解字》：“鱻，新鱼精（新鲜鱼的内脏）也。从三鱼，不变鱼（鱼，鱼味）也。”段玉裁《说文解字注》：“凡鲜明、鲜新字，当作鱻，自汉人始以鲜代鱻。”从许慎、段玉裁的释义来看，“鲜”是鱼的名称，后来借为新鲜的“鲜”。“鱻”指未变味的鱼的内脏，后来鲜明、鲜新都称作“鱻”，这一意思在汉朝就将“鱻”改写成“鲜”。也有学者根据金文的字形，认为“羊”与“鱼”组合成的“鲜”字，表达了远古之人对羊与鱼的鲜美口味评价，即羊鱼肉为鲜。从金文字形来看，“鲜”最初之义是指一种鱼。

一、“鲜（xiān）”：鱼类

(1) 由指一种鱼的名称引申指鱼类。《老子》六十章：“治大国若烹小鲜。”宋朝张元幹《水调歌头》：“调鼎他年事，妙手看烹鲜。”

(2) 鲜由鱼类引伸为活鱼。《礼记·内则》：“冬宜鲜羽。”郑玄注：“鲜，生鱼也。”《礼记·曲礼下》：“鲜鱼曰脡祭。”

(3) 由活鱼引伸为指活着的禽兽。《左传·宣公十二年》：“兽人无乃不给于鲜。”如：～活。

(4) 由活着的禽兽引伸为新宰杀的禽兽。《尚书·益稷》：“奏庶鲜食。”孔传：“鸟兽新杀曰鲜。”《文选·张华〈女史箴〉》：“樊姬感莊，不食鲜禽。”如：～肉。

(5) 由新宰杀的禽兽引申指味道鲜美。唐朝权德舆《拜昭陵过咸阳墅》：“村盘既罗列，鸡黍皆珍鲜。”明朝宋廉《送东阳马生序》：“无鲜肥滋味之享。”如：～味、～脆、～甜、味道～、鱼汤～。

(6) 由新宰杀的禽兽引伸为新鲜的（食品）。唐朝李隆基《幸凤泉汤》：“荐鲜知路近，省敛觉年丰。”《红楼梦》第七回：“趁着他家有年下送鲜的船，交给他带去了。”如：～蛋、

～奶、尝～、河～、海～、时～、～果、～货、～黄瓜。

(7) 由新鲜引伸为指其他事物的鲜明、亮丽。唐朝李白《古风五十九》之二十六："碧荷生幽泉，朝日艳且鲜。"唐朝李白《折荷有赠》："涉江玩秋水，爱此红蕖鲜。"如：～花、～嫩、～丽、～艳、～红、～血。

(8) 由鲜明、亮丽引伸为新而华美。《汉书·广川惠王越传》："衣服常鲜于我。"《后汉书·第五伦传》："皆鲜车怒（怒，高大）马，以财货自达。"如：衣着光～、色彩太～。

(9) 由鲜明、亮丽引伸为洁净。汉朝班固《西都赋》："鲜颢气之精英。"李善注："鲜，洁也。"南朝谢灵运《登江心孤屿》："云日相辉映，空水共澄鲜。"

(10) 由鲜明、亮丽引伸为好、善。《方言》卷十："鲜，好也。南楚之外通语也。"《诗·小雅·北山》："嘉我未老，鲜我方将。"郑玄注："嘉、鲜，皆善也。"

二、"鲜（xiǎn）"：少

(1) 由于鱼死后不变味的少，因此"鲜"就有少、寡的含义。《尔雅·释诂》："鲜，寡也。"郭璞注："谓少。"《诗·大雅·荡》："靡不有初，鲜克有终。"郑玄笺："鲜，寡。"《管子·大匡》："天下之国，带甲十万者不鲜矣。"如：～有、屡见不～、数见不～、～见寡闻、寡廉～耻。

(2) 由少、寡义引伸为尽。《周易·系辞上》："百姓日用而不知，故君子之道鲜矣。"陆德明《释文》："鲜，尽也。"

果

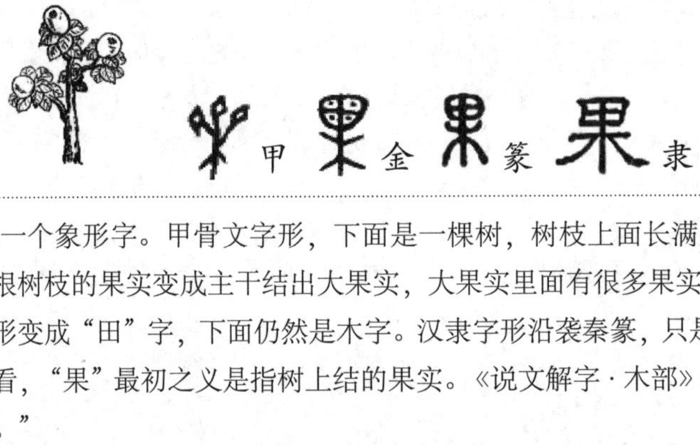

果(guǒ)是一个象形字。甲骨文字形，下面是一棵树，树枝上面长满果实。金文则把甲骨文上面的三根树枝的果实变成主干结出大果实，大果实里面有很多果实的子粒。秦篆则将金文的大果实形变成"田"字，下面仍然是木字。汉隶字形沿袭秦篆，只是字形方块化了。从甲骨文字形来看，"果"最初之义是指树上结的果实。《说文解字·木部》："果，木实也。象果形在木之上。"

一、"果"：吃饱

"果"由果实引伸为吃饱、饱足。《庄子·逍遥游》："适莽苍者三餐而反，腹犹果然。"《徐霞客游记·滇游日记六》："小食后腹果甚。"

(1) 由吃饱、饱足引伸为美。《字汇补·木部》："果，美也。"《国语·郑语》："味一无果。"韦昭注："五味合，然后可食，果，美。"

(2) 由美引伸为与美味相关的食物。如：～酱、～汁、～糖、～品。

二、"果"：结局

(1) 由树上结的果实引伸为事情的结果、结局。与"因"相对。《南史·范云传附范缜》："贵贱虽复殊途，因果竟在何处？"《大唐西域记》卷十一："灵鉴潜被，愿求多果。"如：

前因后～、自食其～。

(2) 由结果、结局引伸为实现、完成。凡事与预期相合为果，不合为不果。清朝刘淇《助字辨略》卷三：“凡言与事应曰果。”《论语 · 子路》：“言必信，行必果。”晋朝陶潜《桃花源记》：“南阳刘子骥，高尚士也。闻之，欣然规往，未果，寻病终。”如：成～、效～、修得正～。

(3) 由实现、完成引伸为决断。《玉篇 · 木部》：“果，果敢也。”清朝徐灏《说文解字注笺 · 木部》：“果，木实谓之果，故谓事之实然者曰果然。因之果敢、果断之义生焉。”《论语 · 雍也》：“由也果，于从政乎何有？”《三国志 · 魏志 · 荀彧传》：“審配专而无谋，逢纪果而自用。”如：～断、～敢。

(4) 由实现、完成引伸为胜利。《尔雅 · 释诂》：“果，胜也。”郭璞注：“果得胜也。《左传》曰：‘杀敌为果。’”《广韵 · 果韵》：“果，克也。”

三、“果”：副词

(1) 表示结果，相当于“终于”。《左传 · 僖公二十八年》：“晋侯在外十九年矣，而果得晋国。”《国语 · 晋语三》：“佞之见佞，果丧其田。”韦昭注：“果，犹竟也。”如：～然。

(2) 表示判断、果真。《战国策 · 楚策一》：“齐之反赵、魏之后，而楚果弗与地，则五国之事困也。”《礼记 · 中庸》：“人一能之，己百之；人十能之，己千之；果能此道亦，虽愚必明，虽柔必强。”

瓜（guā）是一个象形字。金文字形，外面的线条像瓜的藤蔓，中间的椭圆形状像瓜果，椭圆形里面的两横表示瓜果皮的花纹，很形象。秦篆字形在金文基础上开始符号化，瓜果之形还存在。汉隶字形在秦篆基础上，将藤上所结瓜果变成了“厶”字的形状，就成为现在的“瓜”字。《说文解字》：“瓜，蓏（luǒ）也。象形。”段玉裁《说文解字注》：“艸部曰：‘在木曰果，在地曰蓏。’瓜者，藤生布于地者也。”从金文的字形来看，“瓜”是藤上结着的硕大果实”。因此，“瓜”最初之义是瓜，即蔓生植物结的可吃的果实。

(1) ①是指瓜果。《诗 · 豳风 · 七月》：“七月食瓜，八月断壶。”《乐府诗集 · 君子行》：“瓜田不纳履，李下不整冠。”就产生后来的成语：瓜田李下。如：西～、南～、冬～、黄～、滚～溜圆、～熟蒂落、滚～烂熟、顺藤摸～、种～得～。② 由泛指蔓生植物结的可吃的果实（瓜），引伸为专指成熟的瓜果。唐朝李白《送外甥郑灌从军三首》之三：“月蚀西方破敌时，及瓜归日未应迟。”宋朝陆游《上陈安抚启》：“易地南昌，瓜未期而先代。”

(2) 由瓜果的形状引伸为指像瓜一样的形状。《三国演义》第一百一十九回：“叱武士将张节乱瓜打死殿下。”如：～锤、～子脸、脑袋～、～皮帽。

(3) 由像瓜引申指与瓜相关的事和人。如：～葛、～分、～代、顺藤摸～、～剖豆分。

(4) 由地形像瓜，而引申指地名。如：～州。

(5) 由地名引伸为行政单位名。如：～州城。

韭

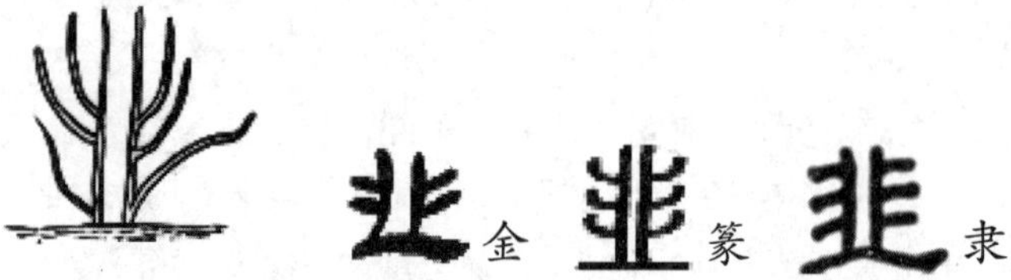

韭（jiǔ）是一个象形字。金文字形很像韭菜之形状。中间两竖为韭菜之茎，两边为韭菜之叶，下面一横为地面。秦篆字形虽然符号化，但仍能看出韭菜之形状。汉隶字形沿袭秦篆而成为今天的“韭”字。从金文字形来看，“韭”最初之义就是指韭菜。《说文解字》：“韭，菜名。一种而久者，故谓之韭。象形，在一之上；一地也。”《诗·豳风·七月》：“四之日其蚤，献羔祭韭。”《齐民要术·种葵》：“谚曰：‘触露不掐葵，日中不剪韭。”

“韭”最初之义就是指韭菜，其义至今未变。如：～菜、～黄。

姜

姜（jiāng）是一个会意兼形声字。甲骨文字形，一种是左边一个羊头（羊头代表羊），右边是一个跪着的女人。另一种字形是一个女人头上戴着像羊头一样的装饰品。金文字形则沿袭甲骨文，也是女人戴羊头一样的装饰品。秦篆字形在金文基础上变成上面是“羊”，下面是“女”的形声字，即“姜”字。汉隶字形与秦篆相同，只是字形方块化。从甲骨文左边是羊头，右边是女人的字形来看，该部落已把羊作为自己最喜爱的动物。从甲骨文上面是羊头的装饰物，下面是女人的字形来看，女人用羊角装饰自己，展示自己的美丽，表明该部落对羊的喜爱，以至于把羊头作为部落的崇拜对象。甲骨文字形表明在远古的母系社会中，女人的这种作法就是部落崇拜羊的形象、具体的体现。据古文献记载，“姜”是母系社会保留下来的11个带“女”旁的姓氏中的一个部落姓氏。从甲骨文字形来看，”姜”最初之义表达出一个远古的以“羊”作图腾的母系社会部落。“姜”后来成为部落对外的称呼，即部落姓氏。《说文解字》：“姜，神农居姜水。以为姓。”《诗·大雅·生民》：“厥初生民，时维姜嫄。”毛传：“姜，姓也。”

“姜”通“疆”（疆，强也）。《广雅·释诂四》：“姜，强也。”清朝朱骏声《说文通训定声》：“姜，假借为疆。”

“姜”通“薑”。“薑”是指生薑。《说文解字》：“薑，御湿之菜也。”简化字后，就用“姜”代替了“薑”。“生薑”就写成“生姜”。如：～水。

豆

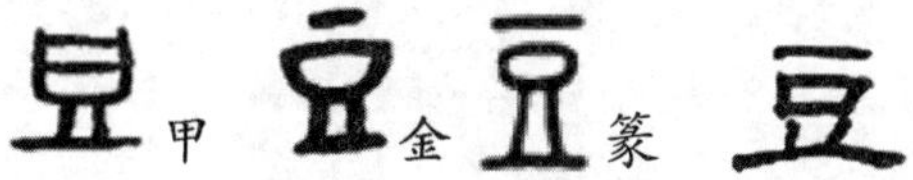

豆（dòu）是一个象形字。甲骨文字形，上部分U形表示盘子，U中间的两横，表示盘中实物与盘口，下部分两竖表示盘的支架，支架下的一横表示盘的底座。“豆”的形状与后世的高脚盘子相似。金文字形与甲骨文大致相同，只是盘口上面一横表示盘盖。秦篆字形与金文相似，字形符号化了。汉隶字形在秦篆的基础上方块化而成为“豆”字。从甲骨文字形来看，“豆”最初之义是盛食物的器皿。在古代的祭祀活动中多用来装肉食。据说盛行于商朝，当时多为陶制品，后来有了青铜制品和木制品。《说文解字》：“豆，古食肉器也。”《尔雅·释器》：“木豆谓之豆，竹豆谓之笾，瓦豆谓之登。”《诗·大雅·生民》：“卬盛于豆，于豆于登。”毛传：“木曰豆，瓦曰登，豆，荐俎醢（醢，肉酱）也。”郑玄笺：“祀天用瓦豆，陶器质也。”《国语·吴语》：“觞酒豆肉箪食。”（觞，古代酒器。箪，古代盛饭的圆形竹器。）《韩非子·外储说右上》：“杀一牛，取一豆肉，余以食士。”

一、“豆”：一种容器

（1）在古代是用来装食物，由此引伸为指容器，即容量单位。《小尔雅·广量》：“一手盛谓之溢，两手谓之掬，掬四谓之豆，豆四谓之区。”《左传·昭公三年》：“齐旧四量：豆、区、釜、鍾。四升为豆。”

（2）由容器单位引伸为指酒器，通“斗”。《周礼·考工记·梓人》：“一献而三酬，则一豆矣。”郑玄注：“豆当为斗。”

（3）由容器单位引伸为指重量单位。《说苑·辨物》：“十六黍为一豆，六豆为一铢，二十四铢重一两。”

二、“豆”：一种农作物

（1）借来指豆类作物的总称。古代的豆类叫“菽”，后来就用“豆”来称代。《广雅·释草》：“大豆，尗（菽的初字）也；小豆，荅（dā）也。”《战国策·韩策一》：“韩地险恶，山居，五谷所生，非麦而豆。”陶潜《归田园居》：“种豆南山下，草盛豆苗稀。”

（2）由于豆类作物的颗粒是圆形或椭圆形，因此就用豆来比喻天花这种病的特征，后来专造一字为“痘”。《徐霞客游记·滇游日记七》：“是方极畏出豆，每十二年逢寅，出豆一番。互相牵染，死者相继。”

第十四章 飞禽走兽

禽、鸡、隹、鸟、乌、燕、凤、雀、雉、兽、畜、虎、兔、龙、牛、鼠、羊、羔、犬、马、豕、鹿、象、熊、虫

禽

甲

金

篆

隶

禽（qín）是一个象形字。甲骨文字形是一个捕鸟的工具。上面是叉，叉上织着网，下面是网杆，一横为执网的手把。金文字形在捕鸟工具的上面，加一个“A”（“A”是“今”的初字），整个字形变成了上声，下形的形声字。秦篆字形在金文字形上又一变，将中间的网叉成为“凶”字，下面的网把手成为“内（róu）”字。即成为今天的“禽”字形状。汉隶字形沿袭秦篆，只是字形方块化了。从甲骨文字形来看，“禽”最初之义就是指捕鸟的网。后来，“禽”字引申指鸟，人们就在“禽”的左边加上一个“扌”成为“擒”字。用以专门表示用网捕鸟。

一、“禽”：鸟类的总名

(1) 引伸为指鸟类的总名。《尔雅 · 释鸟》：“二足而羽谓之禽，四足而毛谓之兽。”唐朝李白《古风五十九首》之六：“代马不思越，越禽不恋燕。”如：飞～走兽。

(2) 由鸟类总名引伸为走兽总名。《说文解字》：“禽，走兽总名。”三国曹植《名都篇》：“驰骋未能半，双兔过我前……左挽因右发，一纵两禽连。”

(3) 由鸟类走兽引伸为猎物，即泛指鸟兽鱼等动物。《白虎通 · 田猎》：“禽者何？鸟兽之总名。”《易经 · 恒》：“田无禽。”《三国志 · 魏志 · 华佗传》：“吾有一术，名曰五禽之戏，一曰虎，二曰鹿，三曰熊，四曰猿，五曰鸟。”

(4) 由鸟兽引伸为未孕的鸟兽。《周礼 · 天官 · 庖人》：“庖人掌共六畜六兽六禽。”郑玄注：“凡鸟兽未孕曰禽。”

(5) 古代把鸟兽作为礼物送人，所以鸟兽引伸为礼物。《荀子 · 劝学》：“君子之学也以美其身，小人之学也以为禽犊。”杨倞注：“禽犊，馈献之物也。”《聊斋志异 · 续黄粱》：“又且贫民膏腴，任意吞食，良家女子，强委禽妆。”

二、“禽”：擒

(1) 引伸为捕获鸟兽。后作“擒”字。马叙伦《六书疏证》：“禽，实‘擒’之初文。”《逸周书 · 世俘》：“武王狩，禽虎二十有二。”

(2) 由捕获鸟兽引伸为捉拿。《正字通 · 内部》：“禽，战胜执获曰禽，俗作擒。”《左传·僖公二十二年》：“君子不重伤，不禽二毛。”《战国策·秦策一》：“黄帝伐涿鹿而禽蚩尤。”

(3) 由捉拿引伸为战胜、克服。三国曹操《让县自明本志令》：“推弱以克强，处小而禽大。”

鸡

鸡(雞、鷄)(jī)是一个象形字。甲骨文字形：一种是象形字，像鸡在仰头鸣叫的形状。一种是形声字，右边是头向上，尾朝下的鸡的形状（“鳥”），左边是“奚”字（“奚”与“鸡”声相近），是右形左声的“鷄”字。秦篆字形有两种。一种是“雞”：左边是“奚”，右边是“隹(隹，短尾巴鸟)”。另一种是“鷄”：左边是“奚”，右边是“鳥”。两种字形都是形声字。汉隶字形是“雞”。楷书（繁体字）出现“雞”与“鷄”两种字形。简体字则将“鷄”、“雞”都简化成“鸡”。从甲骨文字形来看，“鸡”最初之义就是指现在人们饲养的鸡。《说文解字》：“雞，知时畜也。从隹，奚声。鷄，籀文雞，从鸟。”《玉篇·鸟部》：“鷄，知时鸟。又作雞。”《诗·郑风·风雨》：“风雨凄凄，鸡鸣喈喈。”李白《梦游天姥吟留别》：“半壁见海日，空中闻天鸡。”如：公～、母～、～蛋、～肋、～冠、～胸、落汤～、～毛蒜皮、～虫得失、～零狗碎、～飞蛋打、偷～摸狗、～飞狗走、～犬不留、～犬升天、～犬不宁、斗～走狗、～犬桑麻、～鹜相争、牝～司晨、闻～起舞、～鸣而起、～鸣狗盗、杀～吓猴、杀～取卵、呆若木～、～不及凤、～栖凤巢、鹤立～群、鼠肚～肠、～皮鹤发、牛鼎烹～、杀～焉用牛刀、拿～毛当令箭、偷～不着蚀把米。

(1) ①由家禽的鸡引伸为指与鸡相似的飞禽。如：火～、野～。②由鸡相似的飞禽引伸为其他一些动物。如：田～、石～、灶～、醯～。

(2) 由家禽的鸡引伸为指与鸡相似的泥塑。如：陶犬瓦～。

(3) ①由家禽的鸡引伸为指人。如：草～、嫁～随～。②引伸为指十二生肖的名称。如：申为猴，酉为～。

(4) ①由家禽的鸡的形状引伸为指人的一些动作。如：斗～眼。②由人的一些动作引伸为指人的身体的部位。如：～巴。③由人的身体的部位引伸为指街上拉客的妓女。如：野～、雏～。

隹

隹(zhuī)是一个象形字。甲骨文字形，像一只鸟的形状。上部分是鸟头，嘴朝着右边。下部分左边两竖笔表示鸟的翅膀，右边弯曲的一竖笔，表示鸟的背脊和尾巴。金文字形更形象，右边的两横表示翅膀，下面像鸟的爪子，整个字形像鸟要飞的样子。秦篆字形在金文基础上符号化，但还能看出鸟的样子。汉隶字形沿袭秦篆进一步字形方块化，就成为现在的“隹”字。从甲骨文字形来看，“隹”最初之义就是指短尾巴的鸟。《说文解字》：“隹，鸟之短尾总名也。”

段玉裁《说文解字注》：“短尾名隹，别于长尾名鸟。”远古时人们把短尾巴的鸟叫着“隹”，把长尾巴的鸟叫着“鸟”。

一、“隹”：桑果

“隹”由称短尾巴的鸟引伸为指一种桑果、柘实。因为短尾鸟中的部分鸟吃这种果实，因此就以鸟名命名树果。晋朝崔豹《古今注》：“柘实曰隹。”《广群芳谱·桑麻谱一》：“柘，《古今注》：‘柘实曰隹。’言隹鸟所食也。”

二、“隹（wéi）”：惟

“隹”假借为“惟”，作文言文句子的发语词。古人在所说话的开端发出的词语（用于语首，表示发端），为所说之话须经过思考而延缓时间的托词。但文字上还未出现相应的字，就借用“隹”来表示发语之词。后来就在“隹”的左边加上“忄”明确地表示经过思考才说。“惟”字的字形结构表明：“忄”表意，“隹”只是表声，远古时期，“隹”与“惟”读音是相近的。

鸟

鸟（niǎo）是一个象形字。甲骨文字形象一只鸟。鸟头向左而立，有着丰厚的羽毛及长长羽尾，下面还看得出鸟的脚。金文字形的鸟向上昂着，胸脯圆鼓，羽毛也是很丰厚的。字形很形象。秦篆字形已经符号化了，但还是能看出鸟的形体，即：眼睛、翅膀、脚爪。汉隶字形则看不出鸟的形体，鸟的脚爪变成四点。从甲骨文字形来看，“鸟”最初之义是指长长尾巴的飞禽。《说文解字》：“鸟，长尾禽总名也。”段玉裁《说文解字注》：“短尾名隹，长尾名鸟，析言则然。”

一、“鸟”：飞禽

(1) 由长尾飞禽引申指所有的飞禽。如：《玉篇·鸟部》：“鸟，飞禽总名也。”《论语·微子》：“鸟兽不可与同群。”南朝齐谢朓《游东田》：“鱼戏新荷动，鸟散余花落。”陈毅《宿欧西》：“花香时伴鸟语来，草地如茵沁心腹。”如：候～、害～、益～、笼中～、～语花香、惊弓之～、～尽弓藏。

(2) 由飞禽总称引伸为指有翼能飞的昆虫。《大戴礼记·夏小正》：“白鸟者，谓蚊蚋也，……有翼者为鸟。”

(3) 由飞禽引伸为指天上的星宿。《书·尧典》：“日中，星鸟，以殷仲春。”孔传：“鸟，南方朱鸟七宿。”（朱鸟七宿：井、鬼、柳三宿像鸟嘴、头、颈，星、张二宿像鸟胸，翼、轸二宿像鸟尾）。

(4) 由飞禽（飞翔）引伸为在空中看。如：～瞰。

(5) 由飞禽比喻人。如：笼中～、比翼～、笨～先飞、小～依人、惊弓之～、一石击二～。

(6) 由比喻人引伸为指差的事物。如：～枪换炮。

二、“鸟（diǎo）”

“鸟（diǎo）”假借为指人畜雄性的生殖器。现在写成“吊”。“鸟”的古读音应该是（diǎo），（niǎo）是后起之音，所以是同音假借。《敦煌变文·燕子赋》：“不曾触犯豹尾，缘没横罗（罹）乌灾？”蒋礼鸿通释：“乌，骂人的话，和《水浒》里的‘乌人’、‘乌男女’的‘乌’相同。”鲁迅《故事新编·起死》：“就是你真有这本领，又值什么乌？”

乌   金  篆  隶

乌（烏）（wū）是一个象形字。金文字形像一只头向上的乌鸦，乌鸦的嘴很大，翅膀展开，想飞的样子，没有眼睛只有眼眶。秦篆字形符号化了，但乌鸦的翅膀和脚还能看出。汉隶字形则在秦篆基础上进一步变化，其脚爪变成四点，成为繁体字“烏”。后简化成“乌”。从金文字形来看，“乌”最初之义是指乌鸦这种鸟。“乌”与“鸟”的区分就在于有没有眼睛。《说文解字》：“乌，孝鸟也，象形。”对“孝鸟”的解释，段玉裁《说文解字注》说：“谓其反哺也（反哺：乌雏长大，衔食哺其母）。”对“象形”的解释，段玉裁《说文解字注》说：“鸟字点睛，乌则不，以纯黑故，不见其睛也。”段玉裁把“乌”与“鸟”作比较，认为“乌”由于全身纯黑，连眼睛都看不见了，所以就没有点睛之点。

一、“乌”：乌鸦

（1）最初义就是乌鸦。《诗·邶风·北风》：“莫赤匪狐，莫黑匪乌。”《吴越春秋·勾践入臣外传》：“仰飞鸟兮乌鸢，凌玄虚号翩翩。”如：爱屋及～、月落～啼。

（2）乌鸦全身黑色就引申指黑色。《史记·匈奴列传》：“北方尽乌骊马，南方尽骍马。”如：～黑、～亮、～云、～金、～油油、～溜溜、黑～～、脸色发～、～漆麻黑。

（3）由黑色引伸为不好、差。如：～合之众、～七八糟、～烟瘴气。

二、“乌”：三足乌

（1）指传说太阳中的三足乌。如：～飞兔走。

（2）由指太阳中的三足乌引申称太阳为乌。《山海经·大荒东经》：“一日方至，一日方出，皆载于乌。”如：金～。

三、“乌”：虚词

（1）作为叹词，表感叹。《说文解字》：“孔子曰‘乌，盱呼（盱呼，舒气自呼的意思。）也。’”乌有表语气的意思。段玉裁《说文解字注》：“古者短言於，长言乌呼（呜呼）。”

（2）由表语气引伸为表反问的语气的副词。相当于“何”。《正字通 火部》：“乌，与恶通。”《吕氏春秋·明理》：“故乱世之主，乌闻至乐？”高诱注：“乌，安也。”如：～足道哉、～有先生、子虚～有。

燕   甲  篆  隶

燕（yàn）是一个象形字。甲骨文字形就像一个身子向上，张大嘴巴，展开翅膀的燕子形状，下部“人”字形很像燕子的尾巴形状。秦篆字形，燕字的头部变成了草字头，两边的翅膀变成了两个背着的“人”字（北），身子变成口字，燕子的尾巴变成“火”字。大体

上还有点像燕子的形状。汉隶字形在秦篆基础上，进一步字形方块化，就成为现在的“燕”字。从甲骨文字形来看，“燕”最初之义就是指燕子这种鸟。《说文解字》：“燕，玄鸟也（燕子是一种黑色的鸟）。”

一、“燕”：燕子

“燕”最初之义是指燕子这种鸟。《诗 · 邶风 · 燕燕》：“燕燕于飞，差池其羽。”宋朝晏殊《浣溪沙》：“无可奈何花落去，似曾相识燕归来。”如：莺歌～舞、劳～分飞。

(1) 由燕子这种鸟引申指与燕子相似的鸟。如：～雀、～鸻。

(2) 由于燕子比较小，就引申指小的事物。如：～麦、～鱼。

(3) 由燕子在天上飞而引申指天上飞的飞机。如：银～。

(4) 由燕子的尾巴像剪刀形而引申指相似的事物。如：～尾服。

(5) ①由于燕子常常在人家的屋梁做窝，这种窝比较危险，就引申指处危险而不自知。如：～雀处堂。②燕子有时还做窝在帷幕上，这就更危险，就引申指很危险的处境。如：～巢幕上。

二、“燕”：安闲

(1) 这种鸟生活比较自由、安闲、舒适、因此就引伸为安闲、休息。在这个意义上，“燕”通“宴”（宴有安闲之义）。《集韵 · 铣韵》：“宴，《尔雅》：‘宴，宴居，息也。’或作燕。”《字汇 · 火部》：“燕，安也。”《汉书 · 蔡义传》：“愿赐清闲之燕，得尽精思于前。”颜师古注：“燕，安息也。”如：～居。

(2) 由安闲、舒适引伸为欢乐、喜悦。《字汇 · 火部》：“燕，喜也。”《诗 · 鲁颂 · 閟宫》：“鲁侯燕喜，令妻寿母。”《史记 · 乐书》：“宋音燕女溺志。”裴骃《史记集解》引王肃曰：“燕，欢悦。”如：～好、～见。

(3) 由于欢悦就易出现轻慢，亵渎的行为，由此引伸为轻慢、亵渎。《礼记 · 学记》：“燕朋逆其师。”郑玄注：“燕犹亵也，亵其朋友。”

三、“燕（yān）”

“燕（yān）”是指古代周朝时分封的姬姓地域称燕国。这个地域（在河北）开始时称“郾”。后来该称燕国。河北就称“燕”。

凤

凤（鳳）（fèng）是一个象形字。甲骨文字形是一只凤鸟的形状。头上有漂亮的冠。下部有长长的尾巴，还有凤的爪子。实质上是孔雀的形状。甲骨文另一种字形，除了凤鸟的形状之外，还有一个表读音的字符“凡”。成为左形右声的形声字。秦篆字形符号化，就把凤鸟的形状变成“鸟”字，并将“凡”字扩大，再把“鸟”字放在“凡”字里面，成为外声（“凡”）内形（“鸟”）的形声字。汉隶字形在秦篆基础上进一步字形方块化，而形成繁体字“鳳”字。后来进行字形简化就成为今天的“凤”字。古人将“凤”看作神鸟。《说文解字》：“凤，神鸟也。”据《说文解字》对“凤”的描述：“鸿前麐后，蛇颈鱼尾，鹳颡鸳思，龙文虎背，燕领鸡喙，五彩备举。出于东方君子之国，翱翔四海之外，过昆仑，饮砥柱，濯羽弱水，莫宿风穴，见则天下大安宁。”从以上文字来看，“凤”这种神鸟是由许多动物的特征综合而成的，在自然世界中是不存在的，是古人据自己美好的愿望杜撰出来的。《说文解字》还说“凤飞群鸟从以万数”。从甲骨文字形来看，“凤”最初之义就是指像孔雀样子的鸟。只是后来成为古代传说中的神鸟，百鸟之王。

(1) 是神鸟。古人把它看着吉祥之物。《诗·大雅·卷阿》：“凤凰于飞，翙翙（hu ì）其羽。”毛传：“凤凰，灵鸟，仁瑞也。雄曰凤，雌曰凰。”《礼记·礼运》：“麟、凤、龟、龙，谓之四灵。”唐朝李白《古风五十九首》之四：“凤飞九千仞，五章备彩珍。”如：丹～朝阳、龙～呈祥、鸾～和鸣。

(2) 由神鸟的形状引申指相似的事物。如：～冠、～举、丹～眼、～尾鱼、～尾竹、龙飞～舞、～凰来仪。

(3) 由吉祥之物引伸为指圣德之人。《论语·微子》：“凤兮凤兮，何德之衰！”何晏注引孔安国曰：“比孔子于凤鸟。”

(4) ①由圣德之人引伸为有才华之人。如～穴、～毛麟角。②由有才华之引伸为指美好的事物。如：～箫、～侣、～凰弓。

(5) 由圣德之人引伸为指帝王（古人认为帝王是有德的）。唐朝李商隐《梦令狐学士》：“右银台路雪三尺，凤诏裁成当直归。”如：～车、～邸、～诏、～苑、～城、～池、～盖、～辇、～楼、～舆。

(6) 由帝王引申指贵人，有权势的人。如：攀龙附～。

(7) 由贵人引伸为指一般男女。如：鸾～、颠鸾倒～。

(8) 由一般男女引申专指男方。汉朝司马相如《琴歌》：“凤兮凤兮归故乡，遨游四海求其凰。”宋朝文天祥《六歌》之一：“乱离中道逢虎狼，凤飞翩翩失其凰。”

雀（qu è）是一个会意字。甲骨文字形，上面是“小”，下面是一只鸟，此鸟叫“隹（zhu ī）”（隹，短尾鸟也）。金文字形与甲骨文相同。秦篆字形与甲骨文、金文相同，只是字形符号化了。汉隶字形在秦篆基础上进一步字形方块化，成为今天的“雀”字。从甲骨文字形来看，“雀”最初之义是指一种小鸟，俗称麻雀。《说文解字》：“雀，依人小鸟也。从小、隹。”段玉裁《说文解字注》：“今俗云麻雀者是也。”《诗·召南·行露》：“谁谓雀无角，何以穿我屋。”如：门可罗～、见～张罗、为渊驱鱼，为丛驱～、麻～虽小，五脏俱全。

(1) 体形小，由此引申指像麻雀一样小的鸟。《史记·陈涉世家》：“燕雀安知鸿鹄之志哉。”唐朝杜甫《东屯月夜》：“数惊闻雀噪，暂睡想猿蹲。”如：山～、云～、朱～、～鹰、金丝～、燕～处堂、鸦～无声、明珠弹～、罗～掘鼠、螳螂捕蝉，黄～在后。

(2) 由小鸟引伸为指大鸟。如：孔～。

(3) 由麻雀的跳跃引申指人的跳跃。如：～跃。

(4) ①由于麻雀是黑色，引伸为指赤黑色。《尚书·顾命》：“二人雀弁执惠，立于毕门之内。”孔颖达疏：“赤黑曰雀，言如雀头色也。”② 由赤黑色引伸为黑色。如：～斑。

雉（zhì）是一个会意字。甲骨文字形，左边是一只箭的形状，右边是一只鸟，整个字形表示用箭射鸟。金文字形与甲骨文相同。秦篆字形符号化了，右边将鸟变成“隹”字（隹，短尾巴鸟），左边的箭变“矢”字（矢，箭也）。就成为由“矢”和“隹”组成的“雉”字。汉隶字形在秦篆基础上进一步字形方块化。成为现在的“雉”字。从甲骨文来看，“雉”最初之义是射鸟。远古时，古人射杀禽类主要是野鸡之类的鸟。

一、“雉”：飞禽的一类

(1) 由射杀野鸡引伸为指野鸡、山鸡等飞禽。《玉篇·隹部》：“雉，野鸡也。”《庄子·养生主》：“泽雉十步一啄，百步一饮。”《论衡·异虚》：“雉伏于野草之中，草覆野鸟之形。”如：～鸠、～窜、～求牡匹。

(2) 由射杀野鸡引伸为射杀其它动物。《孟子·梁惠王下》：“雉兔者往焉。”

二、“雉”：城墙面积单位

(1) ①由于雉在田野中飞的不高、不远（大约丈多高、几丈远），人们就以雉飞高、飞远的距离，来计算城墙的面积。《左传·隐公元年》：“都城过百雉，国之害也。”杜预注：“一雉之墙为长三丈、高一丈。”汉朝张衡《东京赋》：“经途九轨，城隅九雉。”②由指城墙面积引伸为指城墙。白居易《游溢水》：“城雉映水见，隐隐如蜃楼。”清朝何玉成《辛丑首夏书事》：“炮震都城雉，涛翻巨海鳅。”如：～堞、～门、楼～。

(2) 由于雉的尾很特别，就引申指相似形状的东西为雉尾。如：～尾扇、～尾炬、～尾纯。

兽（獸）（shòu）是一个会意字。甲骨文字形，右边是一条头向上，身子朝左的狗；左边是捕猎的工具，一杆木叉，叉部的圆盘为编织的网，用以捕小野兽；叉头成圆锤形，上面捆着石头（用以砸猎物）。在远古时期，古人狩猎是：先用狗驱赶动物，再用树杈戳动物，或用圆锤击打动物。金文字形与甲骨文相似，只是狗的形体线条化了。秦篆字形则有了很大的变化，猎叉成了符号“嘼”，狗变成了“犬”。汉隶字形与秦篆相同，由于字形方块化，就成为繁体字“獸”。简体字则将“獸”简化成“兽”。从甲骨文字形来看，“兽”最初之义是打猎。《说文解字》：“兽（獸），狩备者。从嘼，从犬。”徐灏《说文解字注笺》：“獸之言狩也。”杨树达《积微居小学述林》：“从犬者，猎必以犬，此狩猎之所用也。”《诗·小雅·车功》：“建旐（zhào）设旄，搏獸于敖。”郑玄笺：“獸，田猎搏兽也。”

（1）由捕猎动物引伸为指动物。《尔雅·释鸟》：“二足而羽谓之禽，四足而毛谓之兽。”《尚书·益稷》：“夔曰：‘於！予击石拊石，百兽率舞。”如：鸟～、禽～、走～、野～、～王、～医、如鸟～散、困～犹斗。

（2）由动物引申动物之状的物。唐朝陆龟蒙《连昌宫词·门》：“金铺零落兽镮空，斜掩双扉细草中。”五代李煜《浣溪沙》：“红日已高三丈透，金炉次第添香兽。”如：～环。

（3）由动物之状的物引伸为动物图案。如：～锦、～侯。

（4）以动物（行为）引申指人的恶劣品德。如：～欲、～性、～行、人面～心、衣冠禽～。

附：

兽（嘼）金 金 篆

“兽（shòu）”与“獸”是两个不同的字。从字形的产生时间来看，甲骨文字形是“獸”，后来金文字形才有“兽”；从字形的演化来看，“嘼”的甲骨文字形是捕获动物的工具，在金文中变成“嘼”的字形。从字义的联系来看，先要捕获动物（“獸”），后才能饲养动物（“兽”）。从《说文解字》的解释来看，“獸，狩备者也。”其义为狩猎。“兽，獸牲也。”其义为养动物。

畜  甲 金 篆 隶

畜（xù）是一个会意字。甲骨文字：下面是田，田中方格里有点，点表示田中之庄稼；田上面是一串丝，表示成熟的谷穗像丝状下垂。甲骨文整个字形，表示田里庄稼结出成熟的谷穗。金文字形与甲骨文大体相同，只是没有田中之点。秦篆字形下面与金文相同，上面的丝卷变符号化的“糸”。汉隶字形则将“糸”变成“玄”字，而成为“畜”字。《说文解字》：“畜，田畜也。《淮南子》曰：‘玄田为畜。’《鲁郊礼》：‘畜，从田，从兹；兹，益也。’”段玉裁《说文解字注》：“田畜谓力田之蓄积也。”陈初生在《金文常用字典》中引用周谷城的话：“一串一串悬在田中的东西就是畜。”从甲骨文字形来看，“畜”最初之义是指田经过人的种植而生产出粮食。畜的这个字义就被人们读着“xù”。

一、“畜（xù）”

（1）由生产粮食而引伸为指家中积储粮食。《周易·序卦》：“比必有所畜，故受之以《小畜》。”汉朝贾谊《论积贮疏》：“则畜足而人乐其所矣。”

（2）由积储粮食引伸为广泛的积储。汉朝晁错《论贵粟疏》：“薄赋敛，广畜积，以实仓廪。”畜的这个含义，后来被写成“蓄”。

（3）由积储粮食引伸为饲养禽兽。《周易·离》：“亨，畜牝牛吉。”《孟子·梁惠王上》：

“鸡豚狗彘之畜，无失其时，七十者可以食肉矣。”

(4) 由养禽兽引伸为养育。《诗 · 邶风 · 日月》：“父兮母兮，畜我不卒。”朱熹注：“畜，养。”《孟子》：“仰不足以事父母，俯不足以畜妻子。”

(5) 由养育引伸为培养、培植。《周易 · 大畜》：“君子以多识前言往行，以畜其德。”明朝张岱《陶庵梦忆 · 范与兰》：“所畜小景有豆板黄杨，枝干苍古奇妙，盆石称之。”

(6) 由培养、培植引伸为收容、容纳。《玉篇 · 田部》：“畜，容也。”《左传 · 襄公二十六年》：“获罪于两君，天下谁畜之？”杜预注：“畜，犹容也。”《礼记 · 儒行》：“易禄而难畜也。”郑玄注：“难畜，难以非义久留也。”

(7) 由收容、容纳引伸为顺从、孝顺。《广雅 · 释言》：“孝，畜也。”王念孙《广雅疏证》：“孝，畜，古同声，故孝训为畜，畜亦训为孝。”《尚书 · 盘庚中》：“汝共作我畜民。”曾运乾注：“畜，谓顺于德教也。”唐朝柳宗元《封建论》：“其情私也，私其一己之威也，私其尽臣畜于我也。”

(8) 由顺从引伸为喜欢、喜爱。《孟子 · 梁惠王下》：“其诗曰：‘畜君何尤？’畜君者，好君也。”《吕氏春秋 · 适威》：“民善之则畜也，不善则雠也。”高诱注：“畜，好。”

二、“畜（chù）”

(1) 由饲养禽兽引伸为指所饲养的禽兽。为了区别畜的这个字义，畜就读成“chù”。《周礼 · 地官 · 牧人》：“掌牧六牲而阜蕃其物。”郑玄注：“始养之曰畜，将用之曰牲。”《左传 · 僖公十九年》：“古者六畜不相为用。”孔颖达疏：“《尔雅 · 释畜》：‘马牛羊豕犬鸡谓之六畜。’《周礼》谓之六畜。养之曰畜，用之曰牲。其实一物也。”

(2) 由禽兽引申指像禽兽那样的人。如：～生。

虎

甲 金 篆 隶

虎(hǔ)是一个象形字。甲骨文字形，是头朝上，嘴张得大大地，露出利齿；身上有花纹，四腿朝左，尾巴向下的一只虎。金文字形还是像虎形，只是简化了笔画。秦篆字形已不像虎形了，变成文字的符号。汉隶字形在秦篆基本上进一步规范字形，就成为现在的“虎”字。从甲骨文字形来看，“虎”最初之义就是指现在还存在的兽王——虎。《说文解字》：“虎，山兽之君。”应劭《风俗通 · 祀典》：“虎者，阳物；百兽之长也。”《周易 · 乾》：“云从龙，风从虎。”《后汉书 · 班超传》：“不入虎穴，不得虎子。”如：～穴、～牙、东北～、华南～、狐假～威、降龙伏～、～口余生、～视眈眈、～头蛇尾、前怕狼，后怕～。

一、“虎”：威武

(1) “虎”是威猛的动物，因此引伸为勇猛威武。《诗 · 鲁颂 · 泮水》：“矫矫虎臣。”《三国志 · 蜀志 · 关羽传》：“关羽、张飞皆称万人之敌，为世虎臣。”如：～将、～劲、将门～子。

(2) 由勇猛威武引伸为指不平凡的人物。如：藏龙卧～。

（3）由不平凡的人物引伸为指十二生肖的名称。如：丑为牛，寅为～。

二、“虎”：伤害物类之虫

（1）由于虎是吃生的动物，凡伤害物类之虫，也以虎名之。《本草纲目·鳞部·龙类》：“守宫善捕蝎蝇，故得虎名。”如：绳～、蝎～。

（2）由于虎吃生，由此引伸为祸害、凶残。《礼记·檀弓下》：“夫子曰：‘小子识之，苛政猛于虎也。’”唐朝欧阳修《野人献日赋》：“上或逼于狼政，下或临于虎吏。”如：笑面～、～狼之心。

（3）由祸害、凶残引伸为指敌人。如：拦路～、为～作伥、调～离山。

三、“虎”：虎形物品

由虎的形状引申指形状像虎的东西。如：～符、～头牌、老～钳。

兔

兔（tù）是一个象形字。甲骨文字形是一个兔子的形体。整个身子左侧向上，头昂着，嘴张开，大耳朵，尾巴微翘，前后腿张开着。金文字形突出兔子的头部，特别是大大的耳朵。秦篆字形则将图画的字形变成文字符号，已看不出兔子的形状了。汉隶字形在秦篆的基础上进一步字形方块化，成为现在的“兔”字。从甲骨文字形来看，“兔”最初之义就是指自然中存在的兔子。《说文解字》：“兔，兽名。”《韩非子·五蠹》：“兔走触树，折颈而死。”《史记·越王勾践世家》：“狡兔死，走狗烹。”如：～子、家～、野～、小白～、守株待～、狡～三窟、～起鹘落、～起凫举、见～顾犬、～死狐悲、～死狗烹、狮子搏～。

一、“兔”：月亮

（1）由自然中存在的兔子引申指月亮里有玉兔，因此“兔”被引伸为月亮的别称。宋朝陆佃《埤雅·兔》：“旧说：兔者，明月之精。”唐朝卢照邻《江中望月》：“沉钩摇兔影，浮桂动丹芳。”如：玉～、月～、～走乌飞。

（2）由兔的特别特征引申到指动物和人身的特征。如：～脱、～唇。

二、“兔（chān）”：辰星的别名

（1）由作为月亮的代称引伸为指星的名称。《史记·天官书》：“兔过太白。”司马贞《史记索隐》：“《广雅》：‘辰星谓之兔星。’则辰星之别名兔。”

（2）由星的别名引伸为十二生肖的名称。如：寅为虎，卯为～。

龙

龙（龍）（lóng）是一个象形字。甲骨文字形，右边是头，张着大嘴，然后是细长、弯曲的身子，一直延长到左上边的尾巴，身上有花纹，整个身子呈环形。从画的形状上看，像蛇一样的动物。甲骨文的另一种字形（可能是后出现的字），上面是角，角下面是张着的嘴，嘴下的两条带钩的线条是须，身体变成一条弯曲的线条，这种字形不是再现某一种动物的形体，而是将几种动物形体特征融合在一起的抽象符号，这大概就是远古之人想象中的“龙”。金文的一种字形与甲骨文相似，而且嘴大张着，露出锋利的牙齿。金文另一种是身首分离的字形，左边是龙角、龙嘴；右上边是一个张口的侧身人，中间带三尖角的一长笔是龙身、龙尾之状。秦篆字形沿袭金文的后一种字形进一步变化，并定型化。汉隶字形在秦篆基础上将字形方块化，成为“龍”字。从甲骨文字形来看，“龙”最初之义是指蛇或莽蛇之类的动物。然而另一种字形的“龙”，则是几种动物特征综合的形象符号。这说明远古时期（商朝及以前的时期），“龙”已经作为传说中的神灵动物的符号。从字义产生的规律来看，“龙”的字义是由“蛇”引伸为指神灵动物。此后，神灵动物之义就变成“龙”的基本之义。《礼记·礼运》：“麟、凤、龙、龟，谓之四灵。”于是龙就赋予了蛇的身长、神灵、能兴云降雨等特征。《广韵·钟韵》：“龙，灵虫（虫，是蛇）之长也。”《左传·昭公二十九年》：“虫莫知（智）于龙。”《荀子·劝学》：“积水成渊，蛟龙生焉。《周易》：‘云从龙。’”古代有很多关于龙的词语。如：～凤、蛟～、虬～、～鳞、～渊、～洞、～宫、叶公好～、～吟虎啸、～生九子、麟凤龟～、鱼～混杂、～头蛇尾、～肝豹胎、～潭虎穴、～潭虎窟、攀～附凤、降～伏虎、生～活虎、～多不治水。

一、“龙”：君王

(1) 引伸为指古代的君王和皇帝。《广雅·释诂一》：“龙，君也。”《论衡·纪妖》：“祖龙死，谓始皇也。祖，人之本；龙，人君之象也。”如：～庭、～床、～座、～衮、～袍、～种、～颜大怒、～子～孙。

(2) 由君王、帝王引伸为指英雄才俊。《三国志·蜀志·诸葛亮传》：“诸葛孔明者，卧龙也。”如：～虎榜、～图阁、～头大哥、～争虎斗、～驹凤雏、望子成～。

(3) 由英雄才俊引伸为指才华、气势。如：～飞凤舞、～蛇飞动、～跃凤鸣、～章凤姿、～行虎步、～骧虎步、～骧虎视、～眉凤目。

(4) 由英雄才俊引伸为一般人。如：群～无首。

(5) 由一般人引申指某些特征的人。如：独眼～。

二、“龙”：龙形、龙纹

(1) 由龙的特征引伸为指像龙的形状及花纹。如：～币、～盾、～杓、～马、～舟、～旗、～套、～凤帖、～凤饼、画～点睛。

(2) 由龙的特征引申指这一特征的事物。如：火～、～湫、～灯、～虾、～卷风、～骨车、水～头、车水马～。

(3) 由龙的特征引申指草本植物。如：～眼、～牙草、～爪槐、～血树、～舌草、～胆紫、～脑树、～须草。

(4) 由龙的特征形态引申指人的形态。如：～钟老态。

(5) ①由龙的形状引伸为指相似的动物。如：变色～。②由相似动物引申指古生物学上的巨大爬行动物。如：恐～、～骨、翼手～。

(6) ①由龙行走，身形起伏引伸为指起伏的山形。《埤雅·释鱼》：“葬书以龙言山，以虎言水。六龙九虎是也。”如：～脉、～蟠虎踞、～蛇走势、来～去脉。②由山形引伸为指山岗。通“垄”字。

（7）由龙的腾跃引伸为骏马。《周礼·夏官·廋人》：“马八尺以上为龙。”《仪礼·觐礼》：“天子乘龙，载大旆。”如：～驹。

（8）由龙的腾跃引伸为指经济腾飞的国家。如：亚洲四小～。

（9）①龙潜于水中，以此引伸为指水。如：～图（河图）。②由水引伸为指水涝。如：～口夺粮。③由于龙从水，古代炼丹术士称水或汞为龙。苏轼《龙虎铅汞论》：“龙，水者也，精也，血也。”

三、“龙”：星名

（1）在天上就引伸为指天上星（东方七宿称苍龙）。《左传·桓公五年》：“龙见而雩。”如：苍～、青～。

（2）由星名引申指岁星（太岁星）。《左传·哀公二十八年》：“蛇乘龙。”杜预注：“龙，岁星。”

（3）由星名引伸为指十二生肖之名。如：卯为兔，辰为～，她属～。

牛

牛（niú）是一个象形字。甲骨文字形是一个正面的牛头形象。上半部分向上弯的两笔是牛角，下半部分向两旁的斜笔是牛的耳朵，中间一竖是牛的头。金文字形与甲骨文一样，只是将表示耳朵的斜线变成一横，但字形更像牛的头形。秦篆字形由于符号化，看不出牛的形状。汉隶字形在秦篆基础上，进一步变化成为今天的“牛”字。从甲骨文字形来看，“牛”最初之义就是指牛这种动物。《说文解字》：“牛，大牲也。”许慎的意思是，牛是大的家畜。所以人们称牛为六畜之一。《诗·玉凤·君子于役》：“日之夕矣，羊牛下来。”《庄子·养生主》：“庖丁为文惠君解牛。”《乐府诗集·刺勒歌》：“天苍苍，野茫茫，风吹草低见牛羊。”如：黄～、水～、～皮、归马放～、目无全～、庖丁解～。

一、“牛”：固执

（1）由牛引伸为指像牛的性格。固执、倔犟。《北史·邢峦传附邢昕》：“昕好忤物，人谓之牛。”《红楼梦》第十七回：“众人见宝玉牛心，都怕他讨了没趣。”如：～气、～脾气、～劲、刚一做官就～起来了。

（2）从倔犟脾气引伸为指死心眼，难以开导。如：对～弹琴。

二、“牛”：勤劳

（1）由牛引伸为像牛一样的勤劳。如：～郎。

（2）由人间勤劳之人引伸为指天上的星星。如：～郎织女、气冲～斗。

（3）由勤劳引伸为有本事。如：此人真～，什么都可以搞成。

三、其他引申义

“牛”的动物特征之一，走路慢。因此引伸为指牛市。

“牛”的动物特征引伸为指生肖。十二生肖之一。

鼠

鼠（shǔ）是一个象形字。甲骨文字形是一个身子向上的老鼠。张着大口，口中是锋利的牙齿，周围三个点是老鼠咬碎的物体。金文字形的上部分，突出老鼠张着大口，口中的斜线是锋利的牙齿；下部分的左侧是一前一后的腿和爪，右侧是腹背及长长的尾巴。秦篆字形与金文相似，只是字形符号化了。汉隶字形把腹背及尾巴变成一捺，成为现在的“鼠”字。从甲骨文字形来看，“鼠”最初之义就是指老鼠。《诗·召南·行露》：“谁谓鼠无牙，何以穿我墉（墙）。”《诗·魏风·硕鼠》：“硕鼠硕鼠，无食我黍。”如：胆小如～。

(1) 由老鼠引伸为指老鼠之类的动物。《说文解字·鼠部》：“鼠，穴虫之总名也。”王筠《说文解字句读》：“此谓凡穴居者皆通名鼠。”如：松～、田～。

(2) 由老鼠引伸为十二生肖之一的名称。如：子为～，丑为牛。

(3) 由老鼠的形状引伸为相似的物。如：～标。

(4) 由老鼠的动作、形态形容人。如：～窜、过街老～、～目寸光、无名～辈、贼眉～眼。

羊

羊（yáng）是一个象形字。甲骨文字形是一个羊头的正面形状。顶部曲折笔画表示羊的两只角，下半部分的两斜笔表示羊的耳朵，中间一竖表示羊头。金文字形比甲骨文更形象化，突出了弯曲的羊角和尖尖的下巴，只是表示耳朵的斜笔变成一横。秦篆字形符号化了，下面的尖下巴变成一横，已经看不出羊头的形状。汉隶字形在秦篆基础上将弯曲的羊角变成两点一横，就成为现在的“羊”字。从甲骨文字形来看，“羊”最初之义是指羊这种动物。《诗·召南·羔羊》：“羔羊之皮，素丝五紽。”毛传：“小曰羔，大曰羊。”《诗·王风·君子于役》：“日之夕矣，羊牛下来。”如：～羔、～毛、～水、～角、～倌、亡～补牢、挂～头，卖狗肉。

一、“羊”：吉祥

(1) 由指羊这种动物引申（象征）为吉祥，后来写作“祥”。《说文解字》：“羊，祥也。”段玉裁《说文解字注》：“《考工记》曰：‘羊，善也。’”这是因为“羊”本身的特点：温顺、群居。再加上它很早就被人类驯化，在远古时期对人类的生存起到很大的作用，因此人类就把它当作吉祥之物来看待。《汉元嘉刀铭》：“宜候之，大吉羊。”

(2) 由吉祥之物引伸为作十二生肖之一标志物。如：属～。

二、“羊”：纯洁

(1) 小羊有纯洁、天真、驯服的特点，人们以此来比喻人的纯洁、天真。如：～羔。

(2) 羊有驯服、纯洁特点，正是这特点往往被人拿来替人受过。古代祭祀时，有用羊来代替人承担罪过的作法。由此比喻替人受过的人。这个替人受过的人就叫“替罪羊”。

三、“羊”：弯曲之状

(1) 角为弯曲之状，人们用羊角之形状来比喻旋风的旋转形状，而成为旋风的代名词。《庄子 · 逍遥游》：“抟扶摇羊角而上者九万里。”

(2) 羊的角为弯曲之状使人们想到羊的肠细而长，弯弯曲曲。人们用它来比喻弯曲的山间小道。如：～肠小道。

(3) 由羊肠引伸为指母羊胎中用水浸泡小羊，这水称之为“羊水”，后来扩而言之称（比喻）母亲怀小孩时，子宫中的水也称作“羊水”。

羔 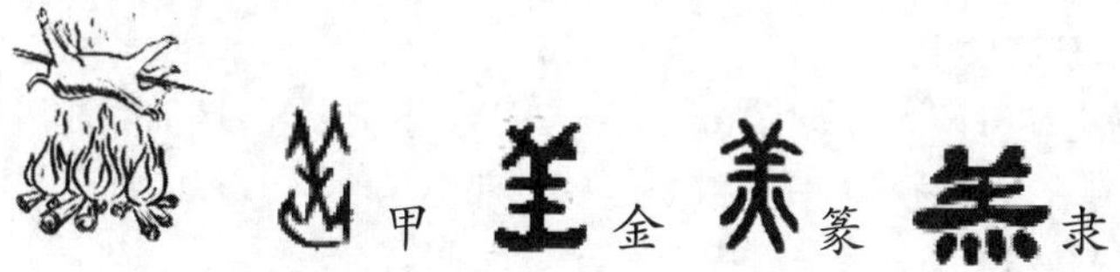

羔 (gāo) 是一个会意字。甲骨文字形，上面是一个羊，突出了羊的头形，下面是火焰的形状。甲骨文字形表达的字义是用火烤羊。为什么说羔是小羊的意思，大概是用火烤炙小羊，羊肉味才鲜美，因此在火上烤的一般都是小羊，所以以羔代指小羊。徐中舒《甲骨文字典》：“以小羊会意为羔。”金文字形则将甲骨文的火的形状变成了一条较粗的横线，还是表示火。上面的羊头变成“羊”字了。秦篆字形将金文下面的一横变成了“火”字，形成上“羊”下“火”。烤羊肉之义就更明确。汉隶字形在秦篆基础上将“火”变成了四点的“灬”字，就成为今天的“羔”字。从甲骨文字形来看，“羔”最初之义是用火烤羊。“羔”的小羊之义应该是引申义。《说文解字》：“羔，羊子也。”徐灏《说文解字注笺》：“疑羔之本义为羊炙，故从火。小羊味美，为炙尤宜，因之羊子谓之羔。”

(1) 小羊之义在文献中出现。《诗 · 召南 · 羔羊》：“羔羊之皮，素丝五紽。”毛传：“小曰羔，大曰羊。”《楚辞 · 招魂》：“胹（ér，煮熟）鳖炮羔。”王逸注：“羔，羊子也。”

(2) 由小羊引申指黑羊。《论语 · 向党》：“缁衣羔裘。”皇侃疏：“羔者，乌羊也。”邢昺疏：“羔裘，黑羊裘也。”

(3) 由小羊引伸为指幼小的生物。宋朝苏轼《和丙辰岁八月中于下濮田舍获》：“黄菘养土羔，老楮生树鸡。”元朝元好问《种松》：“百钱买松羔，植之我东墙。”

犬 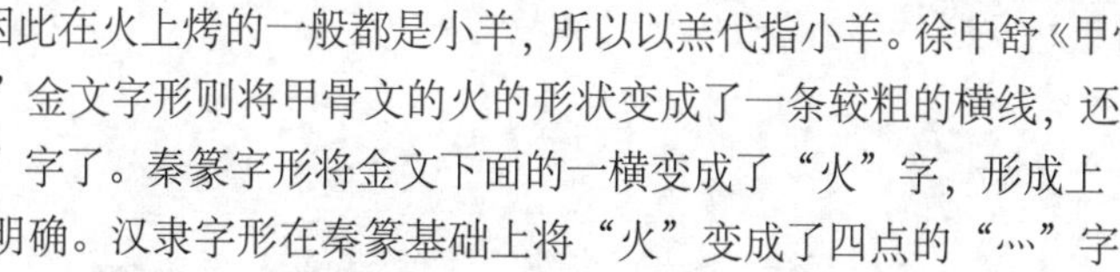

犬 (quǎn) 是一个象形字。甲骨文字形像一只头朝上、尾朝下卷、脚朝左、有肚子的狗。金文字形更像一只狗，而且头上的两只耳朵（两撇）更突出，只是肚子没有了。秦篆字形由于符号化就变得不像狗的形状。汉隶字形沿袭秦篆而变成现在的“犬”字。从甲骨文字形来看，

“犬”最初之义就是指狗这种动物。“犬”与“狗”这两个字在古代是有区别的。《礼记·曲礼上》：“效犬者，左牵之。”孔颖达《礼记正义》：“然通而言之，狗犬通名；若分而言之，则大者为犬，小者为狗。”从孔颖达的解释来看，犬与狗是同一种动物的不同的称呼，两者之间的差异只在于大小之分。从古籍的记载来看，“犬”“狗”并用，但是远古的甲骨文、金文中却有“犬”无“狗”。从“犬”与“狗”这两个字产生时间来看，是先有“犬”而后才有“狗”。由于“犬”的语言运用的历史悠久一些，“犬”作为书面语表达就多一些。用“犬”组成的合成词就多一些。警～、军～、～马、～子、～牙、～齿、牧羊～、鸡～相闻、鸡鸣～吠等。“狗”多用于口头语。

(1) 犬是人类的忠实的伙伴。因此“犬”字就被引伸为自谦之辞。古代大臣对皇帝的谦称，《汉书·赵充国传》：“臣位至上卿，爵为列侯，犬马之齿七十六，为明诏填沟壑，死骨不朽。”如：～马之劳。

(2) 由自谦之词引伸为对自己儿子的称呼。《红楼梦》第一百十四回：“（贾政）又指着宝玉道：‘这是第二小犬，名叫宝玉。’”

(3) 由自谦之词引伸为对人的蔑称。由于人对狗的使唤，因而养成居高临下的心态，把这种心态迁移到人与人之间的关系中。“犬”就含有对人蔑视的含义。《三国演义》第七十三回：“云长勃然大怒曰：‘吾虎女安肯嫁犬子。’”

犬被人类很早驯化，成为人类的忠实的伙伴，与人们的生活联系紧密，因此出现许多关于“犬”的成语。如：～马之劳、鹰～爪牙、鸡～不宁、鸡～升天、淮南鸡～、声色～马、～牙交错、丧家之～、见兔顾～。

马

甲 金 篆 馬 隶

马（馬）（mǎ）是一个象形字。甲骨文字形就像一匹竖立着的马。金文字形则突出了马的头部的眼睛特征，而马的身子被抽象了，但马的脚和尾还能看出。秦篆字形更突出了馬脖子上的鬃毛，整个字形虽然抽象了，但还能看出马的形象。汉隶字形沿袭秦篆进一步字形抽象化变得不像马了。马背的鬃鬣还能见，四只马脚变成四点了，成为繁体的“馬”字。后来简化成今天的“马”字。从甲骨文字形来看，“马”最初之义就是指马这种动物。《说文解字》：“马，怒也。武也。象马头，髦尾，四足之形。”许慎的意思是：马，是昂首怒目的动物；是勇武的动物。秦篆“马”的字体不仅形象地表现出马的头部、鬃毛、尾巴、四只脚，而且还显现出“怒，武”的样子。

一、“马”：马的外形特点

(1) 头的正面像是长方形，人发怒时往往把脸拉长，此时的脸与马的脸相似，人们就以此称为马脸。

(2) 由于马的身体粗大，人们就用这个特征来形容较大体形的昆虫及草类。章炳麟《新方言 释言》：“古人于大物辄冠马字。”如：～蜂、～蓼、～蜩。

(3) 由形体的粗大引伸为指心的粗疏。如：～大哈。

(4) 由心的粗疏引伸为做事马虎。如：～～虎虎。

二、“马”：善跑

由于马善跑，人们用它比喻心思飘浮不定。如：心猿意～。

豕

豕(shǐ)是一个象形字。甲骨文字形,是一头侧面竖着的猪,右边略微弯曲的线条表示头、脊背和尾巴。顶部一斜线表示耳朵，中间表示肚子。金文字形更像猪形。头上一横表示猪的大耳朵，尾部的一笔表示猪的尾巴，左边几笔表示猪腿，只是猪的肚子没有了。秦篆字形在金文基础上进一步符号化，形成了“豕”的形状。汉隶字形与秦篆大致相同。从甲骨文字形来看，“豕”最初之义就是指猪。《说文解字》：“豕，彘（zhì）也。”又说：“彘，豕也。”段玉裁《说文解字注》：“小雅传曰：‘豕，猪也。’”左安民《细说汉字》：“我们现在所说的‘猪’是不管大小的。但是古代却有不同的叫法，一般说，‘豕’和‘彘’是指大猪，‘猪’和‘豚’是指小猪。”《诗·小雅·渐渐之石》：“有豕白蹢（dí），烝（zhēng）涉波矣。”（蹢：蹄。烝，众多。）此诗句大意是，有群白蹄子猪，游在水波中。《孟子·尽心上》：“舜之居深山之中，与木石居，与鹿豕游。”

“豕”最初之义是指猪,古代文献一直用这字义。也就是说,文言文中“豕”的含义就是猪。如：狼奔～突、封～、～牢、～祈、～心、鲁鱼亥～、～交兽蓄。

鹿

鹿（lù）是一个象形字。甲骨文、金文的字形就像一只鹿的形状，头上之角很像鹿角的形状，字形突出鹿头上的大大眼睛。秦篆字形由于符号化而有很大的变化，鹿角、鹿头都变得看不出来了,腿形还可以看出来。汉隶字形则在秦篆基础上进一步变化,成为今天的“鹿”字。从甲骨文字形来看，“鹿”最初之义就是指鹿科动物。《诗·小雅·鹿鸣》：“呦呦鹿鸣，食野之苹。”宋朝梅尧臣《鲁山山行》：“霜落熊升树，林空鹿饮溪。”

一、“鹿”：粗劣

(1) 鹿身体的皮被人做成较为粗劣的东西，因此鹿就引伸为粗劣。《晏子春秋·外篇重而异者七》：“晏子相景公,布衣鹿裘以朝,公曰:‘夫子之家若此贫也,是奚衣之恶也？”《吕氏春秋·贵生》：“颜阖守闾，鹿布之衣而自饭牛。”如：～裘、～布、～车、～床。

(2) 鹿皮贱，就用于作装粮食的器皿，后引伸为指粮仓。也写作“簏”。《广雅·释宫》：“鹿，仓也。”《国语·吴语》：“市无赤米，而囷鹿空虚。”韦昭注：“员（圆）曰囷，方曰鹿。”这里的“囷”与“鹿”是指粮仓的形状的方与圆。

二、“鹿”：政权

(1) 鹿身上有贵重的东西，由贵重的东西引伸为指政权。《史记·淮阴侯列传》：“秦失其鹿，天下共逐之。”裴骃《史记集解》引张晏曰：“以鹿喻帝王也。”如：逐～中原。

(2) 由政权引申掌政权的人。《文选·扬雄〈解嘲〉》：“往昔周網解结，群鹿争逸。”李善注引服虔曰：“鹿，喻在爵位者。”如：～死谁手。

三、“鹿”：山脚

“鹿”多于在大山的外围，即山脚下活动。就引申指山脚。后来写成“麓”字。清朝朱骏声《说文通训定声·需部》：“鹿，假借为麓。”《周易·屯》：“六三，即鹿无虞。”陆德明《经典释文》：“鹿，王肃作麓。云：山足。”

象

象（xiàng）是一个象形字。甲骨文字形是一头竖着的象，上部是象头，长长的象鼻向上方伸展；中间是身子，下面是尾巴。金文字形是一个非常形象的大象。秦篆字形的象，整个身子被线条化了，但还能看出其形状。汉隶字形在秦篆基础上变成今天的“象”字。从甲骨文、金文的字形来看，“象”最初之义就是指陆地最大的哺乳动物大象。《说文解字》：“象，南越大兽，长鼻牙，三年一乳。”从“象”这个字可以看出，远古时期在中原大地上是有象这种动物。象是陆地上最大的动物，象的庞然大物形体给人最为深刻的印象。因此古人把自然万物给人心中留下的具体形状称为“象”。因此“象”由指单一物体引伸为泛指万物之形。即我们说的“形象”的“象”，这个“象”就是“形”，即形状的意思。

一、“象”：万物之形

(1) 由动物之形引伸为指万物之形。《周易·系辞上》：“在天成象，在地成形。”《文选·傅毅〈舞赋〉》：“其始兴也，若俯若仰，若来若往，雍容惆怅，不可为象。”如：天～、星～、物～、表～、印～、病～、～征、包罗万～。

(2) 由指万物的具体形状引申指现象、场景。鲁迅《纪念刘和珍君》：“惨象，已使我目不忍视了。”如：现～、景～、迹～、险～、假～、气～万千、万～更新。

(3) 由指万物具体的形状引申指万事万物变化的规律，即道。《老子》三十五章：“执大象，天下往。”河上公注：“象，道也。”

(4) 由万事万物变化的规律引伸为法、法令。《国语·齐语》：“合群叟，比较民之有道者，设象以为民纪，式权以相应。”韦昭注：“设象，谓设教象之法于象魏也。《周礼》：‘正月之吉，悬法于象魏，使万民观焉。’”（“象魏”古代的一种阙的建筑，上面刻有法令。）

(5) 由法令引伸为执法，依法治理。《尚书·舜典》：“象以典刑，流宥五刑。”孔传：“象，法也。法用常刑，用不越法。”《管子·君臣上》：“是故能象其道于国家，加之于百姓，而足以饰官化下者，明君也。”尹知章注：“象，法也。谓能本道而立法。”

(6) 由执法引伸为效法。《广雅·释诂三》：“象，效也。”《墨子·辞过》：“人君为饮食如此，故左右象之。”唐朝刘禹锡《蜀先主庙》：“得相能开国，生儿不象贤。”

二、“象”：相貌

(1) 由万物之形引伸为相貌、肖像。《尚书·尧典》：“静言庸违，象恭滔天。”孔传：

“言起用行事而违背之，貌象恭敬而心傲很若漫天。”晋朝潘岳《寡妇赋》：“上瞻兮遗象，下临兮泉壤。”现在“象”被“像”取代。

(2) 由肖像、相貌引伸为临摹、描绘。汉朝王延寿《鲁灵光殿赋》：“千变万化，事各缪形，随色象类，曲得其情。”《汉书·艺文志》：“周官保氏……教之六书，谓：象形、象事、象意、象声、转注、假借。”

(3) 由临摹、描绘引伸为相似、好像。《周髀算经》卷下：“天象盖笠。”唐朝李白《古风五十九首》之三：“额鼻象五岳，扬波喷云雷。”

(4) 由相似、好像引伸为象征。《荀子·正论》：“治古无肉刑而有象刑。”杨倞注：“象刑，异章服耻其形象，故谓之象刑也。”唐朝韩愈《为宰相贺白龟状》：“白者西方之色，刑戮之象也。”

三、“象”：象牙

(1) 由象引伸为指象牙。《楚辞·离骚》：“为余驾飞龙兮，杂瑶象以为车。”王逸注：“象，象牙也。”《史记·宋微子世家》：“纣始为象箸，箕子叹曰：‘彼为象箸，必为玉杯。’”

(2) 由象牙引申指用象牙、象骨制成的装饰品。《诗·小雅·采薇》：“四牡翼翼，象弥鱼服。”朱熹注：“象弥，以象骨饰弓弰也。”《战国策·齐策三》：“孟尝君出行国，至楚，献象牀。”

(3) 象牙为其宝贵，所以以象牙喻代高贵事物。如：～牙之塔。

熊

熊（xióng）是一个形声字。金文早期字形是一个熊的形象。左边上方一竖是熊的耳朵，耳朵下面的圆形是熊的头，左边下方像“月”的形状是熊的大嘴巴。右上一横表示熊的身子，后面上竖一短横是尾巴，右下面是熊的四条腿，用“匕”的形状来表示熊的掌。金文后期字形将头、嘴与身子、脚掌相分离，字形开始向“能”字变化（看“能”字的解释）。篆秦字形则变成，上面是“能”字，下面是“火”字，应该说是上声而下形的字。从字形来看，熊的字义是表示火势凶猛，旺盛。从春秋开始，“能”借为表示才能之能，人们就借“熊”字来表示熊这一类动物。徐灏《段注笺》：“能，古熊字。假借为贤能之能，后为借义所专，遂以火光之熊为兽名之能。”从秦篆字形来看，“熊”最初之义是指火势凶猛、旺盛。后才借用为表示“熊”这种动物。《说文解字》：“熊，兽也。”

一、“熊”：类似熊的动物

“熊”表示指熊这类动物，引伸为外貌像熊的一种动物，即大熊猫。

二、“熊”：无能

(1) 这种大动物有笨重、不敏捷特点。人们以此引伸为无能、怯懦。如：～包；你真～，这点事都应付不了。

(2) 由表现无能，怯懦引伸为训斥。如：不要老～人、被～了一顿。

虫

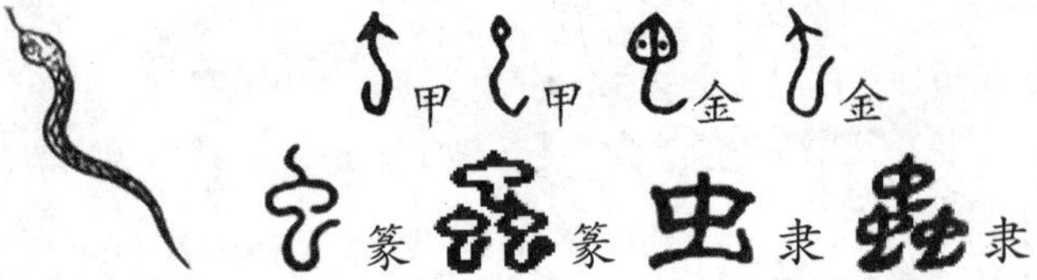

虫（蟲）（huǐ）是一个象形字。甲骨文字形，像一条虫（蛇）。上部是三角形或尖形的头，下部是弯曲细长的身子。金文字形：一种字形是大的三角头，两点是眼睛，很像眼镜蛇。另一种字与甲骨文相同，是尖形头。秦篆字形则将金文形象的头变成抽象的符号，突出蛇的大大的头，头上的一笔表示舌头。秦篆后期字形将“虫”增加为三个。汉隶字形则在秦篆基础上变成“虫”字。从甲骨文字形来看，“虫”最初之义是指蛇，这个“虫”字读“huǐ”。专指一种毒蛇。《说文解字》：“虫，一名蝮（虺（huǐ）蝮：一种蛇）。”后来写作“虺”。用“虺”来表达毒蛇的含义。《玉篇·虫部》：“虫，此古文“虺”字。”“虫”就用来指有足的动物，读“chóng”。还有一种秦篆、汉隶的字形，是三条虫（蟲），“蟲”读“chóng”。其义是指有足的昆虫。《说文解字》：“蟲，有足谓之蟲，无足谓之豸（zhì）从三虫。”后来“蟲”简化成“虫”，“虫”的字义就包含了“蟲”的字义。

(1) 指昆虫。《诗·齐风·鸡鸣》：“虫飞薨薨，甘与子同梦。”如：飞～、蝗～、～子、米蛀～、～灾、百足之～。

(2) 由有足的昆虫引申指无足的虫豸。《尔雅·释虫》：“有足谓之虫，无足谓之豸。”在古代“虫”与“豸”连用。如：蛆～、毛～、爬～、蚜～。

(3) 由有足的昆虫引伸为有足无足、有翅无翅的小动物。如：益～、害～、～害、寄生～、冬～夏草。

(4) 由有足无足、有翅无翅的小动物引伸为指一切动物。《大戴礼记·曾子天圆》：“羽虫之精者曰凤，介虫之精者曰龟，鳞虫之精者曰龙。”如：大～（老虎）、长～（蛇）。

(5) 由动物引伸为指人。如：懒～、蛀～、跟屁～、蠹书～、糊涂～、瞌睡～、可怜～、应声～、害人～、你们这些～豸。

第十五章 江河生物

渔、龟、鱼、贝

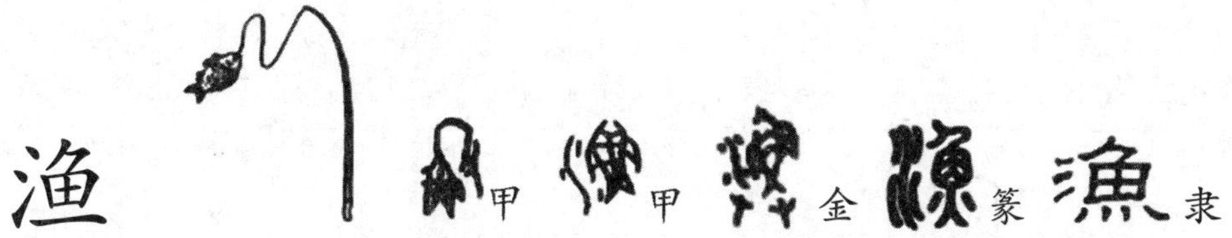

渔（漁）（yú）是一个会意字。甲骨文有多个字形。一种字形是左边是一条鱼，右边是一只手握着鱼竿，竿上一条线连着左边的鱼头，表示在钓鱼。一种字形是河里有鱼在游着，表示要捕河里游着的鱼。金文字形的上半部分与甲骨文后一种字形相同，下半部分是一双手，整个字形表示用手抓河里的鱼。秦篆字形，左边是水，右边是鱼，但鱼尾变成了“火”字。汉隶字形在秦篆的基础上把“水”变成“氵”，把“火”字变成“灬”，就成了繁体的“漁”。简体字则把“漁”变成“渔”。从甲骨文字形来看，“渔”最初之义就是捕鱼。《说文解字》：“渔，捕鱼也。”《玉篇·水部》：“渔，捕鱼也。”《周易·系辞下》：“作结绳而罔罟，以佃以渔。”欧阳修《醉翁亭记》：“临溪而渔，溪深而鱼肥。”苏轼《前赤壁赋》：“况吾与子渔樵于江渚之上。”如：～夫、～翁、～民、～业、～场、～猎、～具、～区、～汛、～网、休～、～人得利、竭泽而～。

一、“渔”：捕鱼的人

(1) 由捕鱼引伸为指捕鱼之人。南朝刘孝威《奉和六月壬午应令时》：“神心重丘壑，散步怀渔樵。”清朝姚燮《岁暮四章》：“旅船守关停市易，贫渔掠海抗官僚。”如：～歌、～家、～村。

(2) 由捕鱼引伸为指捕鱼之船。唐朝张继《枫桥夜泊》：“月落乌啼霜满天，江枫渔火对愁眠。”如：～轮、～港。

(3) 由捕鱼引伸为指与捕鱼相关的产业。如：～业、～产。

(4) 由捕鱼相关的产业引伸为经营、管理。如：～政、～师。

二、“渔”：掠夺

(1) 由捕鱼引伸为掠夺、侵占财物。《商君书·修权》：“秩官之吏，隐下以渔百姓，此民之蠹也。”《汉书·景帝纪》：“渔夺百姓，侵牟万民。”如：～夺、～食、侵～、～霸、从中～利。

(2) 由掠夺、侵占财物引申猎取女色。《礼记·坊记》：“诸侯不下渔色。”孔颖达疏：“渔色，谓渔人取鱼，中网者皆取之，比如取美色，中意者皆取之，若渔人求鱼，故云渔色。”

龟

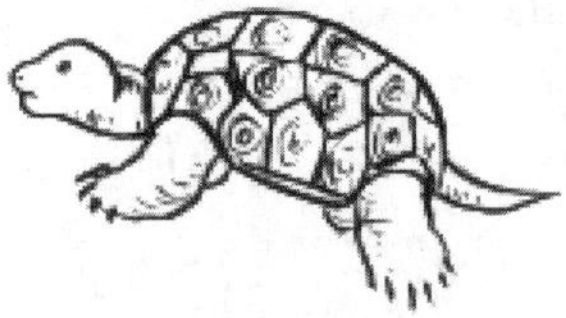

甲 金 篆 隶

龟（龜）（guī）是一个象形字。甲骨文字形，是一个头朝上，左侧的乌龟。其形状是：上部是头，左边是四只脚，右边是腹部及龟背。金文字形是龟的正面形体，头、腹部、四肢、尾巴全现。秦篆字形沿袭甲骨文，是龟的侧面形体，只是字形符号化了。汉隶字形与秦篆相同。楷书（繁体字）的“龜”与汉隶相同。简体字则将“龜”简化成“龟”。已看不出龟的形体模样了。从甲骨文字形来看，“龟”最初之义是指乌龟。《说文解字》：“龟，旧（旧，指龟活得久。）也，外骨内肉者也。”古人将龟作为灵性之物。《礼记·礼运》：“麟、凤、龙、龟，谓之四灵。”曹操《步出夏门行》：“神龟虽寿，犹有竟时。”如：乌～、海～、草～、～龄、麟凤～龙、～毛兔角。

一、“龟”：龟甲

(1) 由乌龟引伸为指龟甲。

(2) 古代龟甲用作占卜，遂为占卜之称。《礼记·曲礼上》：“龟为卜，筴为筮。”《楚辞·卜居》：“龟策诚不能知此事。”如：～策、～鉴、～镜。

(3) 远古时期，龟甲用作货币。《广雅·释诂四》：“龟，货也。”《汉书·食货志上》：“货谓布帛可衣，及金刀龟贝。所以分财布利通有无者也。”如：～币。

二、“龟”：龟形物品

(1) 由龟的形状引申指龟形的古代印纽，故以龟代指印章。《太玄·格》：“龟緺厉。”范望注：“龟为印，緺为绶。”唐朝李翰《凤阁王侍郎传论赞》：“公侯保辅之尊，令仆卿尹之贵，钮龟鸣玉，紫盖朱轩。”如：～纽、～绶。

(2) 以龟形引伸为龟形之袋（唐代官员的一种佩戴）。如：～袋。

(3) 由龟形引申指类似龟形的物，即龟形碑座。唐朝刘禹锡《奚公神道碑》：“螭首龟趺，德辉是纪。”如：～趺。

(4) 由龟甲之形引伸为指兽类背部隆起的部分。《左传·宣公十二年》：“麋兴于前，射麋丽龟。”杜预注：“龟，背之隆高当心者。”孔颖达疏：“龟之形背高而前后下，此射麋麗龟，谓著其高处。”

(5) ①由龟引申指类龟形的地形。《诗·鲁颂·閟宫》：“奄有龟、蒙，遂荒大东。”毛传：“龟，山也。”毛泽东《水调歌头·游泳》：“风樯动，龟蛇静，起宏图。”② 由山形引伸为地名之称。《春秋·桓公十二年》：“冬，十有一月，公会宋公于龟。”杜预注：“龟，宋地。”

(6) 由乌龟把头、尾、四肢缩在龟甲内引伸为胆怯、退缩的行为。如：～缩、缩头乌～。

(7) ①由龟形的物引伸为指男性外生殖器。如：～头。② 由男性外生殖器引伸为指旧时开设妓院的男子。清朝徐珂《清稗类抄·娼妓类》：“天津之妓……其龟、鸨曰掌柜。”③ 由指男性外生殖器引伸为讥称其妻子有外遇的人。明朝陶宗仪《辍耕录》：“宅眷皆为撑目兔，舍人总作缩头龟。”

三、“龟（qiū）”

龟读“qiū”时，作音译词“龟兹”，指汉朝西域国的名称。

四、“龟（jūn）”

龟读“jūn”时，可写作“皲”，指手足因寒冷或干燥而坼裂。《集韵·谆韵》：“龟，手冻坼也。”《庄子·逍遥游》：“宋人有善为不龟之药也。”如：～坼。

鱼

甲 金 篆 隶

鱼（魚）（yú）是一个象形字。甲骨文字形就是一条鱼的形状：有头、有尾，背部、腹部各有一鳍。金文字形与甲骨文相似，更突出鱼的鳍。秦篆字形将金文的鱼嘴变成“⺈”，鱼身变成“目”，鱼尾变成“火”。汉隶字形在秦篆基础上，将“目”变成“田”，将“火”变成“灬”，形成楷书（繁体字）的“魚”。简体字则把繁体字“魚”的“灬”简化成“一”，变成“鱼”。从甲骨文字形来看，“鱼”最初之义就是指河里游的鱼。《说文解字》：“鱼，水虫也。像形。鱼尾与燕尾相似。”《诗·大雅·旱麓》：“鸢飞戾天。鱼跃于渊。”如：池～、～苗、～儿、金～、黄～、～游、～跃、～汛、武昌～、～秧子、～死网破、漏网之～、～米之乡、浑水摸～、～游釜中、临渊羡～、沉～落雁、得～忘筌、缘木求～、如～得水、大～吃小～、水至清则无～、人为刀俎，我为～肉。

一、“鱼”：像鱼的动物

（1）引伸为指像鱼的动物。《诗·小雅·采薇》：“四牡翼翼，象弥鱼服。”朱熹注：“鱼，兽名。似猪东海有之。”如：鳄～、鲸～、鲍～、鱿～。

（2）由像鱼的动物引伸为指其他的动物、植物。如：蠹～、衣～、～狗、～龙、～藤、～腥草。

（3）由动植物引伸为指物。如：木～、枋～、～雷、～雷艇、～石脂。

（4）由事物引伸为指现象，像鱼肚斑纹的天空云。如：天边出现～肚白。

（5）由现象引伸为指天上的星宿的名称。属尾宿。《晋书·天文志上》：“天汉起东方，经尾箕之间，谓之汉津。乃分为二道，其南经傅说、鱼、天籥、天弁、河鼓。”

二、“鱼”：人

（1）引申指人。如：～水之情、～龙混杂。

（2）由人引伸为指人遭淹死。《左传·昭公元年》：“美哉禹功，明德远矣。微禹，吾其鱼乎！”《新唐书·马燧传》：“使城中尽鱼而独完其家，吾不忍。”

（3）由人引伸为指中医穴位名称（指拇指后方的掌骨处的肌肉隆起部，状如鱼腹）。

三、“鱼”：捕鱼

“鱼”引伸为捕鱼，后来写作“渔”。《左传·隐公五年》：“公将如棠观鱼者。”杨伯峻注：“鱼者，意即捕鱼者。”《列子·说符》：“争鱼者濡，争兽者趋。”

贝

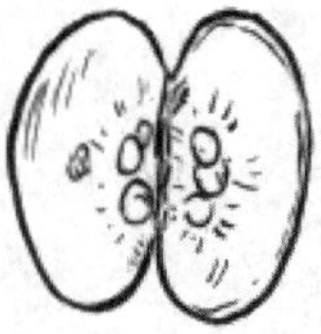

贝（bèi）是一个象形字。甲骨文字形像张开着的两扇贝壳，里面的斜线表示贝肉。金文字形与甲骨文相似，只是更加突出两扇贝壳是连在一起的，里面的横线表示贝肉连着了两扇贝壳。秦篆字形则发生很大的变化，成为上“目”，下“八”的“貝”字。汉隶字形与秦篆相同。简体字则把“貝”变成“贝”。从甲骨文字形来看，“贝”最初之义就是指贝。《说文解字》：“贝，海介虫也……象形。”如：～壳、海～、河～。

一、“贝”：钱币

“贝”由动物之贝引伸为指钱币。《盐铁论·错币》：“夏后以玄贝，周人以紫石，后世或金钱刀布（钱的形状）。”《说文解字·贝部》：“古者货贝而宝龟……至秦废贝行钱。”在先秦时期，人们用贝作为交换物品的货币。到了秦朝，统治者就废弃贝作货币，转而用钱作货币。由于当时社会用贝作货币，因此，产生许多用“贝”作部首的字。如：财、货、贩、買（买）、賣（卖）、贪、贫。这些字都与财富有关联。

二、“贝”：贝状植物

“贝”由形状引申指一些相似的植物。如：～母、川～、浙～。

(1) 因地形像贝形，而以“贝”名之。《广韵·泰韵》：“贝，州名……周置贝州，以贝丘为名。”

(2) 由贝上的花纹引伸为指织锦的贝形花纹。《诗·小雅·巷伯》：“萋兮斐兮，成是贝锦。”毛传：“贝锦，锦文也。”唐朝杜甫《寄贾司马严使君》：“贝锦无停织，朱丝有断弦。”如：～锦。

(3) 用贝做乐器引伸为乐器名。北魏杨衒之《洛阳伽蓝记·城北》：“晨夜礼佛，击鼓吹贝。”《新唐书·南蛮传下》：“乐用龟兹、胡部、金钲、攂鼓、铙、贝、大鼓。”

第十六章 动物器官

毛、爪、皮、角、尾、羽

毛  

金 篆 隶

毛（máo）是一个象形字。金文字形像向上长着的毛发。秦篆字形基本与金文相同。汉隶字形则变成今天的“毛”字。从金文字形来看，“毛”最初之义是指人的毛发和动物之毛。《说文解字》：“毛，眉发之属及兽毛也，象形。”段玉裁《说文解字注》：“眉者，目上毛也。发者，首上毛也。”徐灏《说文解字注笺》：“人，兽曰毛。鸟曰羽，浑言同曰毛。”

一、“毛”：头发

(1) 指人的头发。《左转·僖公二十二年》：“君子不重伤，不擒二毛（斑白头发）。”唐朝贺知章《回乡偶书》：“少小离家老大回，乡音无改鬓毛衰。”如：胎～、奶～、～发、鬓～、眉～、睫～、～孩子、黄～丫头、嘴上无～、火烧眉～、一～不拔。

(2) 毛指兽类之毛。《左传·僖公十四年》：“皮之不存，毛将安傅（依附）？”鲁迅《故事新编·起死》：“鸟有羽，兽有毛。”如：～皮、羊～、牛～、～驴、～笔、～毯、～线、～衣、轻于鸿～、羽～未丰。

(3) 由兽类之毛物引伸为指带毛的兽皮。《后汉书·舆服志下》：“上古穴居而野处，衣毛而冒皮。”

(4) 由带毛的兽皮引申指兽类动物。《吕氏春秋·观表》：“地为大亦，而水泉、草木、毛羽、裸麟未尝息也。”《镜花缘》第一回：“那穿绿袍的，总司天下毛族，乃百兽之主，名百兽大仙。”

二、“毛”：细小之物

(1) 由毛发引伸为指像毛发一样细小之物。如：～尖、绒～、～巾、茸～、～竹、～桃、～～虫、～茸茸、～细血管、～～细雨。

(2) 由细小引伸为轻微。《广雅·释诂三》：“毛，轻也。”如：鸡～蒜皮、吹～求疵、九牛一～、千里送鸿～。

(3) 由细小之物引伸为指苗和草。如：不～之地。

(4) 由细小引伸为粗糙。如：～坯、～铁、～片。

(5) 由细小引伸为指币值小的角钱。如：一～钱。

(6) 由币值小的角钱引伸为货币贬值。如：钱～了。

(7) 由货币贬值引伸为无，没有。宋朝郭忠恕《佩觿（xī）》卷上：“河朔谓无曰毛。”《后汉书·冯衍传》：“饥者毛食，寒者裸跣。”

三、“毛”：做事粗疏

(1) 由毛发之间的缝隙引伸为做事粗疏。柳青《创业史》第一部第十章：“毛头毛脑的高荣在门台上蹲下来了。”如：～糙、～手～脚、～里～燥。

(2) 由粗疏引伸为粗略。如：～重、～利、～估。

(3) 由粗疏引伸为缺点。如：～病。

(4) 由缺点引伸为慌里慌张。《红楼梦》第九十九回：“谁不知道李十太爷是能事的，把我一诈就吓毛了。”

(5) 由慌张引伸为惊慌、恐惧。如：～骨悚然、心里直发～。

(6) 由惊恐引伸为发怒。如：别把他惹～了。

爪(zhǎo)是一个象形字。甲骨文字形像一只覆着、掌心向下的手；也像指尖向下的“爪”形。金文早期字形与甲骨文相同，后期字形则有些变化，手掌抬起，五指（三指中间再增加两指）张开，像抓东西的样子。秦篆字形则沿袭甲骨文、金文早期字形的形状，虽然字形符号化，还是能看出手或爪的形态。汉隶字形在秦篆的基础上字形方块化，成为现在的“爪”字。从甲骨文字形来看，“爪”最初之义是指手指张开的手，或指鸟兽的脚趾。《说文解字》：“覆手曰爪，象形。”徐灏《说文解字注笺》：“戴氏侗曰：‘爪，鸟爪也，象形。人之指叉或亦通作爪。’”

一、“爪”：人的手指

(1) 指人的手指。《六书故·动物三》：“爪，人之指叉，或亦通作爪。”《列子·天瑞》：“亦如人自世（生）至老，貌色智态，亡日不异，皮肤爪发，随世（生）随落。”《儒林外史》第三十三回：“杜少卿看那先生细瘦，通眉长爪，双目炯炯，知他不是庸流，便也一见如故。”

(2) 由指人的手指引伸为抓、掐。《说文解字》：“爪，丮（jí）也。”《说文解字》：“丮，持也。象手有所丮据也。”唐朝柳宗元《种树郭橐驼传》：“甚者爪其肤以验其生枯，摇其本以观其疏密。”明朝陶宗仪《辍耕录》卷二十七：“节妇以手爪地，以头触石流血，骂贼不绝耳，遂遇害。”

二、“爪”：鸟兽的爪子

(1) 指鸟兽的脚趾或趾甲。《六书故·动物三》：“爪，鸟爪也。兽亦有爪。”三国魏贾岱宗《大狗赋》：“爪类刀戈，牙如交戟。”鲁迅《呐喊·兔和猫》：“这爪痕倘说是大兔的，爪该不会有这样大，伊又疑心到那常在墙上的大黑猫。”

(2) 由爪引伸为像爪的东西。《六书故·动物三》：“爪，车盖之爪以玉饰之，亦曰爪。”

唐朝李白《初月》：“云畔风生爪，沙头水浸眉。”宋朝周密《癸辛杂识续集上·海蛆》：“铁猫四爪皆折。”

三、“爪（zhuǎ）”

爪，鸟兽的脚爪。多用于口语。如：～子、～尖儿。

皮   金  篆 皮 隶

皮(pí)是一个会意字。金文字形的左上部是一把平头铲子，中间的圆圈是手握的地方；右下方是手。整个字形表示手拿铲剥离兽皮。秦篆、汉隶的左上角已经看不出平头铲的模样，只有手（“又”）的形体还保留着。《说文解字》：“皮，剥取兽革者谓之皮。”从金文字形和《说文解字》的解说来看，“皮”最初之义是剥离兽皮。当然也包含剥离兽皮的行为动作。《广雅·释诂三》：“皮，离也。”《广雅·释言》：“皮，剥也。”段玉裁《说文解字注》：“剥，裂也，谓使革与肉分裂也。”

(1) 由剥离兽皮引伸为指带毛的兽皮。《周礼·天官·掌皮》：“掌皮，掌秋敛皮，冬敛革，春献之。”孙诒让《周礼正义》：“宋锦初云：‘凡连毛者曰皮，裘材也。”《左传·僖公十四年》：“皮之不存，毛将安傅（附）。”如：毛～、～袄、裘～、～货、与虎谋～、拉大旗，作虎～。

(2) 由带毛的兽皮引申指裘衣。《洪武正韵·支韵》：“皮，狐貉之裘曰皮也。”《公羊传·宣公十二年》：“古者杅不穿，皮不蠹，则不出于四方。”何休注：“皮，裘也。”

(3) 由带毛的兽皮引申指制皮革的工匠。如：～匠。

(4) 由带毛的兽皮引伸为去毛的兽皮（革）。《篇海类编·身体类·皮部》：“皮，兽革。”《新序·杂事一》：“昔者吾先君中行穆子，皮车十乘，不忧其薄也。”如：猪～、牛～、～包、～箱、～鞋、～衣、～影戏、狗～膏药、鸡～疙瘩。

(5) 由去毛的兽皮引伸为指人和生物体表面的一层组织。如人～、～肤、头～、肚～、树～、厚脸～、细～嫩肉、嬉～笑脸、～开肉绽。

(6) 由生物体表面的一层组织引伸为指包在外面的一层东西。如：封～、包袱～去净重。

(7) 由指包在外面的一层东西引伸为指表面。如：地～、浮～、奶～、俏～。

(8) 由外面的一层东西引伸为指薄片状的东西。如：铁～、铅～、～革、～纸、面～、粉～、豆腐～。

(9) 由于薄片状的物体有柔性，因此就引申指不酥脆，有韧性的物体。如：～糖、胶～、橡～、花生～了。

(10) 由有韧性引伸为指顽皮的性格特征。如：玩～、顽～。

(11) 由指顽皮的性格特征引伸为指流氓、无赖之人。如：泼～、青～。

(12) 由指顽皮的性格特征引伸为指惩罚多次而无所谓。如：说～了。

我们经常说皮革。“皮”与“革”二字是有区别的。“皮”是指带毛的兽皮，“革”是指去毛的兽皮。但是在古人的语言运用中，皮革二字的字义是无区别，都用来泛指动物的皮。如：“马革裹尸”的“革”应该是指带毛的兽皮。

角

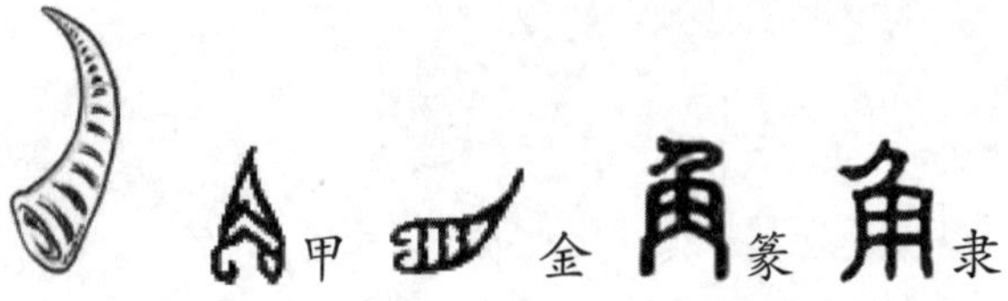

角（jiǎo）是一个象形字。甲骨文、金文字形像是动物头上角的形状，角形内的曲线表示角的纹理。秦篆字形有较大的变化：把金文的角尖变成“⺈”，把金文的角身变成“肉”。汉隶字形在秦篆基础上进一步演变，将“肉”变成“用”，成为今天的“角”字。从甲骨文字形来看，“角”最初之义是指动物头上的角。《说文解字》：“角，兽角也，象形。”《玉篇·角部》：“角，兽头上骨出外也。”《周易·大壮》：“羝羊触藩，羸其角。”王充《论衡·物势》：“鹿之角，足以触犬。”如：羊～、牛～、鹿～、凤毛麟～。

一、“角”：动物

(1) 由动物之角引伸为指动物、禽兽。《太玄·穷》：“山无角，水无鳞。”范望注：“角，禽也；鳞，鱼也。”

(2) 由动物之角引伸为指动物头上像角的东西。《庄子·则阳》：“有国于蜗之左角者，曰触氏；有国于蜗之右角者，曰蛮氏。”唐朝杜甫《姜楚公画角鹰歌》：“楚公画鹰鹰戴角，杀气森森到幽期。”如：触～。

(3) 由动物之角引伸为指形状像角的东西。《广雅·释草》：“豆角谓之荚。”唐朝杜甫《奉陪郑驸马马韦曲》之一：“石角钩衣破，藤梢刺眼新。”如：菱～、皂～、豆～、水～（水饺）、鼓～、～冠、不露圭～。

(4) ①由动物之角引伸为指人头上的角状部位（额骨）。《释名·释形体》：“角者，生于额角也。”《孟子·尽心下》：“若崩厥角稽首。”杨伯峻注：“角，额角。”《新唐书·李密传》：“额锐角方，瞳子黑白明澈。”②由人头上的角状部位引申指脸上的三角部位。如：口～、嘴～、眼～、～膜。③由人头上的角状部位引申指男孩头顶两侧留的头发。《字汇·角部》：“角，头髻也。”《玉篇·角部》：“角，男女未及冠、笄，为总角。”《诗·卫风·氓》：“总角之宴，言笑晏晏。”如：总～、鬓～。

(5) 由动物之角引伸为用动物之角做的东西。如：～枕。

二、“角”：量具名

(1) 由角引伸为量谷物的工具。《管子·七法》：“尺寸也，绳墨也，规矩也，衡石也，斗斛也，角量也，谓之法。”尹知章注：“角，亦器量之名。”

(2) 由量谷物的工具引伸为量词。①计算饮料的单位。《儒林外史》第三十九回：“叫店家买了三角酒，割了二斤肉。”②牛一头称一角。宋濂《凤阳单氏先生茔碑铭》：“赠田三千亩，牛七十角。”③公文一份称一角。《红楼梦》三十五回：“一角文书，将薛蟠放出。”④面积单位。一角为四分之一亩。清朝钱泳《履园丛话·水丘太夫人坟》：“在锦南乡上钱王堡，计十一亩一角。”

三、“角”：号角

(1) ①由动物之角引伸为军中之号。如：号～。②由号角引伸为古乐器之名。唐朝李贺《雁门太守行》：“角声漫天秋色里，塞上燕脂凝夜紫。”如：画～。

（2）①由动物之角引伸为指平面上的角（数学名词）。如：三～、直～、～度、锐～、钝～、四～、多面～。②由平面上的角引伸为空间中的立体之角。如：墙～、转～、拐～、棱～、～楼、岬～、犄～、死～、桌子～、钩心斗～、转弯抹～。

（3）①由动物之角（尖形）引伸为小问题。如：钻牛角。②由钻研小问题引伸为才能。如：崭露头～。

（4）动物之角（尖形）引伸为之天上的星。《尔雅·释天》：“寿星，角、亢也。”

（5）动物之角尖小引伸为指钱币的值小。如：～子（小银元）、两～钱（人民币）。

四、“角（juě）”：搏击

①由动物之角引伸为用手抓住动物之角。《左传·襄公十四年》：“比如捕鹿，晋人角之，诸戎犄之。”孔颖达疏：“角之，谓执其角也。”②由抓住动物之角引伸为当面迎击敌人。《左传·宣公十二年》：“晋人逐之，左右角之。”《尉缭子·五议》：“夫将，提鼓挥枹，临难决战，接兵角刃，鼓之而当，则赏功立名。”如：～刃。③由抓住动物之角引伸为人与人搏击。如：～抵、古典式～力。④由人与人搏击引伸为较量、竞争。《广韵·觉韵》：“角，競也。”如：～力、口～。⑤由较量引伸为衡量、考察。《孙子兵法·虚实》：“角之，而知有余不足之处。”曹操注：“角，量也。”

（2）由动物之角引申酒杯。在古代，早期喝酒是用牛角。朱骏声《说文通训定声·角部》：“疑古酒器之始，以角为之，故觚、觶、觵等字多从角。”

（3）①由酒杯（角）引伸为古代五声音阶之一：宫、商、角（juě）、徵、羽。②由音乐引申演唱的人。如：宋朝的～妓。③由演唱的人引申指戏曲中的人物。如：主～、配～、旦～、丑～。④由戏中人物引伸为指演员。如：名～。

尾

尾（wěi）是一个象形字。甲骨文字形像一个人侧立，屁股上插着一条大尾巴（装饰品）。秦篆字形变得不像人，下面的尾巴变成倒着的“毛”字形。汉隶字形沿袭秦篆进一步变化，上面成为“尸”字，下面变成“毛”字。从甲骨文字形来看，“尾”最初之义应该是指人的“尾巴（装饰品）”。《说文解字》：“尾，微也。从倒毛在尸（人）后。古人或饰系尾，西南夷亦然。”段玉裁《说文解字注》：“尾为禽兽之尾。”许慎说“尾”，是指把（动物）尾巴倒系在人的屁股上所作的装饰品。段玉裁认为，“尾”就是指禽兽的尾巴。从甲骨文字是“尸”和“毛”形来看，许慎说的没错。在远古，人常用动物的尾巴来充作人的尾巴作装饰品。古人就这个装饰品（人的尾巴）造出一个文字符号“尾”。后来才把动物的尾巴也称作“尾”。

一、“尾”：动物的尾巴

（1）由指人的作装饰品的尾巴引伸为指动物（鸟、兽、虫、鱼）的尾巴。《左传·昭公十一年》：“尾大不掉（掉，摆动）。君所知也。”《三国志·魏志·许褚传》：“褚乃出阵前，一手逆曳牛尾，行百余步。”如：鱼～、牛～、狗～续貂、摇～乞怜、摇头摆～、虎头蛇～、畏头畏～、藏头露～、神龙见首不见～。

(2) 由动物的尾巴引伸为指整体（量词）。如：一～鱼。

(3) 由动物的尾巴引申指动物的交配。《尚书·尧典》：“鸟兽孳尾。”孔传：“乳化曰孳，交接曰尾。”《列子·黄帝》：“雄雌在前，孳尾成群。”如：交～。

(4) 由动物的尾巴引申某些物体的尾部。《玉篇·尾部》：“尾，末后稍也。”宋朝苏轼《王晋卿示诗欲夺海石诗》：“风骏掠原野，电尾梢涧谷。”如：船～、～灯、～气、追～、街头巷～。

(5) 由物体的尾部引申末端、末尾。《汉书·儒林传·孔安国》：“又采《左氏传》、《尚书叙》为作首尾，凡百二篇。”如：月～、年～、～期、首～、榜～、排～、～声、韵～、附骥～、掐头去～、有头有～。

(6) 由末端引申指主要部分之外没有结束的事情。如：～数、收～、结～、煞～、扫～。

二、“尾”：在后面

(1) 由尾巴引申跟在后面。《广雅·释诂四》：“尾，后也。”《战国策·秦策五》：“王若能为此尾，则三王不足四，五伯不足六。”高诱注：“尾，后也。”如：～随、～击、～后、压～。

(2) 由后面引伸为指水流的下游。清朝王引之《经义述闻·尔雅中》：“尾者，下游也。”《左传·昭公十二年》：“楚子狩于州来，次于颍尾。”杜预注：“颍水之尾，在下蔡。”陈毅《赠缅甸友人》：“我住江之头，君住江之尾。”

羽

 甲 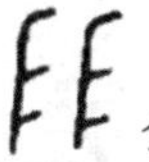 金  篆  隶

羽（yǔ）是一个象形字。甲骨文字形，像两把倒竖着的扫帚，后世学者认为此字形为两根羽毛之形；也有人认为字形是翅膀之形。金文、秦篆、汉隶的字形与甲骨文相似。从甲骨文字形来看，“羽”的最初之义就是指鸟翅膀上的长长、扁形羽毛。《说文解字》：“羽，鸟长毛也。”《玉篇·羽部》：“羽，鸟毛羽。”《周易·渐》：“鸿渐于陆，其羽可用为仪、吉。”《左传·隐公五年》：“皮革、齿牙、骨角、毛羽，不登于器。”如：～毛、～冠、～扇、箭～、～毛球。

(1) 由鸟翅膀上的长羽毛引伸为鸟的翅膀。《广韵·遇韵》：“羽，鸟翅也。”王筠《说文释例》：“象形者，鸟立时两翅形也。”如：～翼、振～、铩～而归。

(2) 由鸟的翅膀引伸为指鸟类。《礼记·月令》：“其虫羽。”《淮南子·原道训》：“羽者妪伏，毛者孕育。”宋朝梅尧臣《河南张应之东斋》：“池清少游鱼，林浅无栖羽。”

(3) 由鸟的翅膀引伸为指昆虫的翅膀。《诗·周南·螽斯》：“螽（昆虫）斯羽，诜诜兮。”如：～化、振～。

（4）由鸟的羽毛引伸为动物之毛。如：吉光片～。

（5）由鸟的羽毛引伸为指带羽毛的书信。如：～檄、～书。

（6）由鸟的羽毛引伸为指带羽毛的旌旗。《国语·晋语一》：“被羽先升，遂克之。”

（7）①由鸟的羽毛引伸为指古代文舞所执的羽毛。《周礼·地官·舞师》：“教羽舞，帅而舞四方之祭祀。”②由羽舞引伸为之古代五音之阶之一：宫、商、角、徵、羽。③由鸟的羽毛引伸为指集团的辅助人。如：党～。